· 毛泽东谈文论史全编 ·

顾 问：龙新民 郑欣淼 陈 晋 阎晓宏

评点中国古代散曲赏析

MAOZEDONG PINGDIAN ZHONGGUO
GUDAI SANQU SHANGXI

毕桂发 主 编
陈锡祥 副主编

中国文史出版社

图书在版编目（CIP）数据

毛泽东评点中国古代散曲赏析 / 毕桂发主编 . -- 北京：中国文史出版社，2023.12
（毛泽东谈文论史全编）

ISBN 978-7-5205-4569-3

Ⅰ . ①毛… Ⅱ . ①毕… Ⅲ . ①毛泽东著作研究②散曲 - 文学欣赏 - 中国 - 古代 Ⅳ .
① A841.68 ② I207.24

中国国家版本馆 CIP 数据核字 (2023) 第 244916 号

责任编辑：窦忠如
特约编辑：王德俊　窦广利　赵增越　张幼平　邓文华　张永俊

出版发行：中国文史出版社
社　　址：北京市海淀区西八里庄路 69 号院　邮编：100142
电　　话：010-81136606　81136602　81136603（发行部）
传　　真：010-81136655
印　　装：水印书香（唐山）印刷有限公司
经　　销：全国新华书店
开　　本：787 毫米 × 1092 毫米　1/16
印　　张：32.75
字　　数：486 千字
版　　次：2024 年 1 月北京第 1 版
印　　次：2024 年 1 月第 1 次印刷
定　　价：98.00

总　序

2023 年 12 月 26 日，是中国人民的伟大领袖毛泽东同志诞辰 130 周年。经过多年酝酿策划和组织编撰，我们于今年正式出版发行《毛泽东谈文论史全编》（以下简称《全编》）以示隆重纪念。

十年前，习近平总书记在纪念毛泽东同志诞辰 120 周年座谈会上的重要讲话中指出："毛泽东同志是伟大的马克思主义者，是伟大的无产阶级革命家、战略家、理论家，是马克思主义中国化的伟大开拓者，是近代以来中国伟大的爱国者和民族英雄，是党的第一代领导核心，是领导中国人民彻底改变自己命运和国家面貌的一代伟人。"同时，毛泽东同志又是世所公认的伟大的文学家、史学家、诗人和作家。在深入学习贯彻党的二十大精神、纪念毛泽东同志诞辰 130 周年的重要时间节点上，组织编撰出版这一大型项目图书，为人们缅怀毛泽东同志的丰功伟绩，学习毛泽东同志的伟人品格、政治智慧和文化思想，提供了一套非常重要的文化历史资料；对于弘扬中华优秀传统文化，学习贯彻党的二十大报告中关于"推进文化自信自强，铸就社会主义文化新辉煌"的重要精神，具有十分宝贵的启示和积极的意义。

在组织编撰这部大型项目图书的过程中，我们坚持以习近平新时代中国特色社会主义思想为指导，认真学习党中央关于历史问题的三个决议精神，特别是十九届六中全会通过的《中共中央关于党的百年奋斗重大成就和历史经验的决议》精神，对全部书稿的政治观点和思想内容进行了认真把关，使其符合三个决议精神，也符合习近平总书记十年来有关论述毛泽东同志历史功绩和毛泽东思想指导地位的重要讲话精神，以及关于学习党史国史和弘扬中华传统文化的重要讲话精神。

《全编》计 27 种 40 册 1500 万字。编撰者耗费数十年心血收集、整理、阐析、赏评，把毛泽东在各个时期的文章、诗词、书信、讲话、谈话中引用、化用、批注、圈阅、点评、编选的古今人物和文史作品，把毛泽东传记、年谱、回忆录中提及或引用和评点的古今人物和文史作品，即使片言只语、寸缣尺楮也收集入册，希望能够集散为专、分门别类，尽量避免遗珠之憾，力求内容全面系统、表述科学客观。

这部《全编》有以下几个特点：

资料齐全。毛泽东同志一生酷爱读书，可以说是博览群书、通古贯今。他曾说："饭可以一日不吃，觉可以一日不睡，书不可以一日不读。"他熟读《二十四史》《资治通鉴》等中国历代著名历史著作，熟读中国历代优秀的诗词文学作品，且不动笔墨不读书，读书时做了大量批注和圈画，还常常在自己的文章、诗词、讲话、谈话中引经据典、巧妙运用，真可谓博学约取、学以致用。这就给我们留下了浩如烟海的珍贵史料。在编著这部《全编》时，我们想最大限度地收集、整理、汇编其所涵盖的各个方面的文献史料，力争做到文献可靠、史料精准，可读性、知识性和趣味性兼具，使其成为研究毛泽东思想特别是毛泽东文化思想的重要资料。

分类精细。毛泽东同志喜欢中国古代文学，阅读、圈评了大量各类体式的文学作品，他的诗词创作尤为脍炙人口。因此，收录《全编》中关于毛泽东同志的文史资料，浩瀚如海，编撰者都进行了认真严格的划分整理，将其分三辑，文学类就有两辑，所占分量最大。比如，编撰者将其细分为评点名诗、名词、散曲、辞赋、小说、散文、戏曲的"毛泽东同志评点中国传统文化赏析"7 种 19 册，以及《跟着毛泽东学诗词》《毛泽东诗话》《周世钊论毛泽东诗词》《毛泽东致周世钊书信手迹》与毛泽东读唐诗、宋词、元曲、古文等的"毛泽东与中国诗词曲赋"8 种 9 册。

评述允当。在这部《全编》中，编撰者将每篇作品分为毛泽东评点、人物、事件评述或毛泽东评点、原文和赏析，力求评述或赏析允妥、适当，即深刻理解毛泽东原文含义，紧扣毛泽东的评点，不作过多发挥，文字力求简明生动。同时，编撰者注重史料收集整理的文献性，兼顾知识性和趣味性，这就使得这部大型项目图书兼具很强的可读性。

这部《全编》还有一个最突出的重要特点，那就是比较集中地梳理和呈现了毛泽东同志的历史自信和文化自信。习近平总书记在纪念毛泽东同志诞辰120周年座谈会上的讲话中明确指出，毛泽东同志"是马克思主义中国化的伟大开拓者，是近代以来中国的爱国者和民族英雄"。这个评价反映在毛泽东同志学习和运用、继承和发展中华优秀传统文化方面，鲜明地体现为他的历史自信和文化自信。因此，我们认为这部《全编》的编撰出版，有益于读者更深入体会党的二十大报告论述的"坚持和发展马克思主义，必须同中华优秀传统文化相结合"的重大论断。在这部《全编》中，有关毛泽东圈阅、评点历史人物和文史作品的材料，就很具体地体现了他作为"马克思主义中国化的伟大开拓者"，是如何运用马克思主义的世界观和方法论，去激活中华优秀传统文化的；又是如何通过继承、运用和发挥中华优秀传统文化，为坚持和发展马克思主义提供深厚滋养的。

《全编》除了引用毛泽东同志的相关评点外，主要篇幅是介绍、叙述和评论毛泽东同志评点的对象即历史人物和文史作品，所引毛泽东的评点内容都出自公开的出版物并注明出处。从目前已出版的各类关于毛泽东同志的书籍来看，这是目前更加全面系统反映伟人毛泽东同志的一部大型丛书，但每册又可独立成书，以满足不同读者的阅读喜好与多样需求。当然，限于编撰者的水平和时间，这部《全编》的体例编排和文字表述等方面还有改进和完善空间，恳请专家学者和广大读者朋友不吝批评指正。

《毛泽东谈文论史全编》编委会

2023 年 12 月 18 日

凡　例

一、本书收入的毛泽东同志评点圈阅的中国古代散曲，都有直接或间接的可靠依据，或引用，或化用，或手书，各不相同。

二、每篇作品分为毛泽东评点、人物、事件评述或毛泽东评点、原文和赏析。毛泽东评论或评点准确、权威，用另体排出，以求醒目；原文尽量采用毛泽东批注的版本或善本；评述或赏析则紧扣毛泽东的评点，不作过多发挥，文字力求简明生动。

三、本书收录作者大体依年代先后为序，其间偶有参差，是为局部参照内容微有调整。

四、本书一律采用简体汉字排印，在可能引起歧义时，酌情采用繁体字或异体字。行文中括注部分汉语拼音，以便读者阅读。

五、本书涉及的历史地名，一律在旧地名后括注今地名。括注内的地名，一般省去"省""市""县"等字样。

目　录

元　曲

明 曲

清　曲

元曲

刘秉忠

刘秉忠（1216—1274），初名侃，字仲晦，自号藏春散人，原籍瑞州（今江西高安）。曾祖于金朝时任职邢州（今河北邢台），因此移住邢州。元代政治家、文学家。

蒙古灭金后，刘秉忠出任邢台节度府令史，不久归隐武安山，后从虚照禅师，更名子聪。他曾与海云禅师一起入见忽必烈，被留在身边，商议军国大事。忽必烈即位后，他曾参与国家典章、制度设计草定，拜光禄大夫太保，参领中书省事，改名秉忠。刘秉忠向忽必烈建议，取《易经》"大哉乾元"之意，将蒙古更名为"大元"，被忽必烈采纳，这就是元王朝命名的来历。他参与蒙元建国初期的重大决策，成为元朝开国名臣。

刘秉忠的作品有诗、词和散曲。他的诗流露出归隐、用世和在尖锐的阶级斗争中进退两难的思想感情，风格萧散闲淡，有粗疏笨厉之病。词宗豪放派，但偏于直露。散曲多描写自然景物，其《干荷叶》《蟾宫曲》较有名。著有《藏春散人集》。《全元散曲》录其小令十二首。

【原文】

〖南吕〗干荷叶

干荷叶，色苍苍

干荷叶，色苍苍⁽¹⁾，老柄风摇荡。减了清香⁽²⁾越添黄，都因昨夜一场霜。寂寞⁽³⁾在秋江上。

【毛泽东评点】

毛泽东圈阅过这支曲子，首先在题目上方天头处画了一个大圈，并在前三句旁加了两个墨点，后三句旁加了两个墨圈，还把"减了清香越添黄""都因昨夜一场霜"二句后的句号改为逗号。

——中央档案馆整理：《毛泽东评点诗词曲精选·曲选》第15页，中央档案出版社1998年版

【注释】

（1）苍苍，深青色。《庄子·逍遥游》："天之苍苍，其正色邪？"

（2）清香，清淡的香味。

（3）寂寞，冷清，孤单。三国魏曹植《杂诗》之四："闲房何寂寞，绿草被阶庭。"

【赏析】

【南吕】，曲调名。干荷叶，曲牌名，又名翠盘秋。原是以"干荷叶"起兴的民间小调。刘秉忠以此曲牌自度小令八首（见《全元散曲》，后四首有人疑为误收）。《乐府群珠》收录时，在调名下题作"即名漫兴"。这是其中一首。

这支小令就曲调名立意遣词，写荷叶在深秋的风霜侵凌下翠减香消的形状和情态。"干荷叶，色苍苍，老柄风摇荡。"碧绿的叶子已变成深青色，黯淡无光，由枯黄老柄擎举着，在深秋的寒风中摇来荡去。作者从形到色，由静至动，层次分明地写出了残荷的形象。接着作者又用"减了清香越添黄"继续状写，"减""添"之间，更突出了衰荷翠减香消的形象，便是从味又写到色了。作者用明快的语言、淋漓尽致的刻画，描绘出荷叶的叶干、柄老、香减、色黄的憔悴形态。我们不禁要问：这是为什么呢？"都因昨夜一场霜，寂寞在秋江上。"原先那"接天莲叶无穷碧，映日荷花别样红"（南宋杨万里《晓出净慈寺送林子方》）的动人景观，如今变作萧瑟一片，原因盖出于昨夜那场冷酷无情的寒霜，于自然景物的描状中，渗入了作者的无限深情。"寂寞在秋江上"，末句又以拟人的手法，表现出干荷叶的气韵，使本是无知无情的残荷变得有知有情，一种萧疏寂寞之气扑面而来，那种因美的事物受摧残、被毁灭的同情与怜悯便油然而生，也许

寄寓着作者青春不再、年华易逝之人生体味吧。

毛泽东很喜爱这支曲子，首先在题目上方天头处画了一个大圈，这是他对优秀作品的习惯画法，然后又对全首每一句都加了圈点，可见对其思想内容与艺术表现的赞同。

【原文】

〔南吕〕干荷叶

即事咏南宋

南高峰，北高峰⁽¹⁾，惨淡烟霞洞⁽²⁾。宋高宗⁽³⁾，一场空，吴山依旧酒旗风⁽⁴⁾，两度江南梦⁽⁵⁾。

【毛泽东评点】

毛泽东在《干荷叶》开头处"南高峰"上面也画了一个大圈，并把"一场空"后面的句号改作逗号，末二句还各加了两个墨点。

——中央档案馆整理：《毛泽东评点诗词曲精选·曲选》第 15 页，中央档案出版社 1998 年版

毛泽东曾手书〔干荷叶〕（南高峰）这首小令。

——中央档案馆管理：《毛泽东手书选集》第十卷（古诗词下）第 162 页，北京出版社 1996 年版

【注释】

（1）"南高峰"二句，杭州西湖景观之一。南高峰在西湖西南，北高峰在南高峰之北，两峰合称"双峰插云"。南宋康与之《长相思》："南高峰，北高峰，一片湖光烟霞中，春来愁杀侬。"

（2）惨淡，暗而无光，暗淡。烟霞洞，在南高峰下烟霞岭，洞内幽深，并有"观音"等石刻。

（3）宋高宗（1107—1187），名赵构。徽、钦二帝被俘后，赵构于建

炎元年（1127）在南京（今河南商丘市）称帝，迁扬州，金兵南下，弃长江以北土地，后定都临安（今浙江杭州市），史称南宋。削夺主战派岳飞等人兵权，重用奸相秦桧等投降派，以割地、纳贡、称臣等屈辱条件，与金签订"绍兴和议"。在位三十五年。

（4）吴山，杭州山名，俗称城隍山，为游览胜地。依旧酒旗风，风光依旧之意。

（5）两度江南梦，指五代时吴越国王钱镠和宋高宗赵构在杭州建都立国，今已消亡。两度，两次。

【赏析】

这首曲子是［南吕］干荷叶的第五首。作者的笔触离开对荷叶本身的刻画，而把南宋都城杭州作为描写对象，以便抒写南宋的建立及覆亡的感慨。曲的前三句点出杭州，南、北高峰及山下的烟霞洞，为杭州西湖的著名景观之一。点出足以代表杭州，而且第一、二句中的"高"字与第四句"宋高宗"的"高"一脉相牵，把其地、其人连结起来，十分巧妙地展示了南宋偏安一隅的历史。但接着以"一场空"三字把这段历史一笔抹去。由历史回到现实，只有吴山上的酒旗空自在迎风招展。"吴山依旧酒旗风"句中的"酒旗风"，出自唐杜牧的《江南春》："千里莺啼绿映红，水村山郭酒旗风。南朝四百八十寺，多少楼台烟雨中。"杜牧的诗既写出了江南春天的美丽景观，而后两句又写到南朝，游目于烟雨之中留下来的寺庙楼台，也有咏怀古迹、寄托感慨之意。在此曲中，作者之写"酒旗风"，其视角也着眼于杭州曾偏安于江南的王朝的兴废；"依旧"二字，更寓有风景不殊、人事已非的感叹。最后结以"两度江南梦"，余意不尽。显然其一是指宋高宗建立的南宋王朝。而事实是：元军攻占杭州在1276年，而刘秉忠在此前一年多已去世，未及见到南宋亡后的杭州景观。所以，这是一个征服者的宰相对南宋覆灭的预言。二是指五代时的吴越王钱镠。镠字具美，原为石镜镇将董昌部下。后董昌叛乱，他奉唐昭宗密诏击败董昌，被封为镇东军节度使，占据两浙十三州之地。五代后梁开平元年（907）被封为吴越王，龙德三年（923）称吴越国王，建都杭州，后向北宋纳贡称臣，吴越灭亡。即是说，当年钱镠占据江南被其祖上赵匡胤所灭，而今赵氏不肖子孙又偏安一隅，岂不要重蹈覆辙吗？历史何其相似乃尔，极富讽刺意味！

毛泽东生前在杭州曾多次攀登南高峰、北高峰，对历史又极稔熟，自然喜欢刘秉忠的这支曲子，曾加以圈阅并手书过，说明他对此曲饶有兴致。

杨 果

杨果（1195—1269），字正卿，号西庵，祈州蒲阴（今河北安国）人，元散曲作家。他幼丧父母，以章句授徒为业。金哀宗正大元年（1224）举进士，为偃师（今河南偃师）令，以廉干著称。金亡，流浪江湖。入元，始在河南课税杨奂的幕下任经历。史天泽经略河南，任为参议。中统元年（1260），拜北京宣抚使，次年拜参知政事。至元六年（1269）出为怀孟路总管。不久，以老致仕。卒于家，年七十五，谥文献。"果性聪敏，美风姿，工文章，尤长乐府"。著有《西庵集》。贯云石称他的曲子"平熟"（《阳春白雪序》），朱权称他的曲词"如花柳芳妍"（《太和正音谱》）。《全元散曲》录存其小令十一首，套数三首。《元史》有传。

【原文】

〔仙吕〕赏花时

春 怨

【赏花时】花点苍苔绣不匀，莺唤垂杨语未真⁽¹⁾，帘外絮纷纷⁽²⁾。日长人困，风暖兽烟温⁽³⁾。

【幺篇】再不去闷坐珠楼盼好春⁽⁴⁾，再不去暗掷金钱卜远人⁽⁵⁾。只一捻小腰身⁽⁶⁾，旧时衣褙⁽⁷⁾，宽放出二三分。

【赚煞】调养就旧精神⁽⁸⁾，妆点出姣风韵⁽⁹⁾，将息好护春葱一双玉笋⁽¹⁰⁾。拂掉了香冷妆奁宝镜尘⁽¹¹⁾，舒展开系东风两叶眉颦⁽¹²⁾。晓妆新绾赐乌云⁽¹²⁾。也不管日暖珠帘鹊噪频⁽¹³⁾。从今后鸦鸣不嗔⁽¹⁴⁾，灯花休问⁽¹⁵⁾，一任他子规声啼破海棠魂⁽¹⁶⁾。

【毛泽东评点】

毛泽东在阅读顾名编《曲选》收录的这首套曲时，对首曲［赏花时］开头二句用墨笔各点了一个墨点；［么篇］前二句每句画了两个墨圈，后三句每句各画了一个圈；［赚煞］曲的前三句和倒二、倒三句每句各画一个墨圈，第三句和第五句各点画了两个墨圈，末句画三个墨圈。

——中央档案馆整理：《毛泽东评点诗词曲精选·曲选》第73—74页，中央档案出版社1998年版

【注释】

（1）莺，黄莺，黄鹂。垂杨，垂柳，古诗文中杨柳常通用。南朝齐谢朓《隋王鼓吹曲·入朝曲》："飞甍夹驰道，垂杨荫御沟。"

（2）絮，白色易扬而轻柔似棉絮的东西，此指柳絮。北周庾信《杨柳歌》："独忆飞絮鹅毛下，非复青丝马尾垂。"

（3）兽烟，兽形香炉中冒出的香烟。宋周邦彦《少年游》："兽烟不断，相对坐调笙。"

（4）珠楼，华丽的楼阁。唐于濆《宫怨》："临江起珠楼，不卖文君酒。"

（5）暗掷金钱卜，指以金钱掷卦。古代用蓍草占卜，后人代以钱。用三枚钱，三掷卦成，故称。清翟灏《通俗编·艺术》："《挥尘录》：'掷卦以钱，自严君平始。唐诗：并有君平掷卦钱。'"远人，远行的人，远游的人，多指亲人。《诗经·齐风·甫田》："无思远人，劳心忉忉。"又唐李白《乌夜啼》："停梭怅然忆远人，独宿孤房泪如雨。"此指女子的丈夫。

（6）一捻，一点点，可捻在手指间，形容小或纤细。

（7）裉（kèn掯），上衣靠腋下的接缝部分，俗称挂肩或腰身。

（8）调养，调理保养。

（9）妆点，装饰，打扮。南朝陈后主《三妇艳词》之二："小妇初妆点，回眉对月钩。"姣，美好。风韵，风度，韵致，形容仪态优美，后多用以指女子的美好姿态。宋罗烨《醉翁谈录·张时与福娘再会》："张时年少风韵，又善谈笑。"

（10）将息，养息，休息。唐王建《留别张广文》："千万求方好将

息，杏花寒食约同行。"玉笋，比喻女子手指。唐韩握《咏手》："腕白肤红玉笋芽，调琴抽线露尖斜。"

（11）妆奁（lián 帘），女子梳妆用的镜匣。北周庾信《镜赋》："暂设妆奁，还抽镜屉。"

（12）乌云，比喻妇女的黑发。宋苏轼《岐亭道上见梅花戏赠季常》："行当更向钗头见，病起乌云正作堆。"

（13）珠帘，珍珠串成的帘子。《西京杂记》卷二："昭阳殿织珠为帘，风至则鸣，如珩珮之声。"鹊噪，喜鹊的鸣声，俗谓喜兆。《禽经》："灵鹊兆喜。"晋张华注："鹊噪则喜生。"

（14）鸦鸣，乌鸦叫，俗以为不吉利之兆头。

（15）灯花，灯芯余烬结成的花状物，俗以灯花为吉兆。唐杜甫《独酌成诗》："灯花何太喜？酒绿正相亲。"

（16）子规声啼破海棠魂，子规鸟，别名杜鹃。传说为蜀帝杜宇的魂魄所化。常昼夜悲鸣，啼至出血乃止，故借以抒悲苦哀怨之情。《埤雅·释鸟》："杜鹃，一名子规。"唐杜甫《子规》："两边山木合，终日子规啼。"海棠，落叶乔木，春季开花，有红、白诸色，此指红海棠。

【赏析】

此曲《阳春白雪后集》二、《词谑》《雍熙乐府》五、《北宫词纪》六俱有收录，《北词广正谱》引［赏花时］一曲。《阳春白雪后集》《雍熙乐府》失注撰人，《词谑》《北宫词纪》《北词广正谱》俱属杨西庵，兹从之。《北宫词纪》题作《春情》。

杨果这一套曲共四套，这是第三套，抒写夫妇团聚之情，内容健康，简明扼要。首曲［赏花时］写暮春天气夫妻迟起。唐孟浩然《春晓》诗有云："春眠不觉晓，处处闻啼鸟。夜来风雨声，花落知多少？"写春天易困，不知不觉中已经天亮了，表现诗人为浓郁的春光所陶醉。此曲开头三句写景，与孟诗相仿佛。暮春时节飞花片片落在青苔之上，黄莺在翠柳上鸣啭，帘外柳絮随风飘荡，纷纷下落，这是典型的暮春景色，点明时令。后二句抒情，天长了，人容易困乏，暖风微吹，兽香氤氲，也容易使人疲倦。揭出晏起原因。然而这些都是女子贪睡的客观原因，此外，还有一个主观原因，这就是丈夫回来了，久别胜似新欢，夫妻贪睡晏起，自在情理之中。［幺篇］一曲揭破了这个秘密。首二句用排比句式叙事。因为丈夫就在身边，所以再不需要烦闷地坐在华丽的绣楼，企盼着风情好事，再不需要暗暗地掷钱问卜，惦记着远游的丈夫。二句写出夫妻相聚的喜悦。后三句抒情，说自从夫妻团聚之后，心宽体胖，原来只有"一捻"的柔细腰身，胖了起来，以至旧时衣服的腰身放大了二三分。末曲［赚煞］进一步写女子全身心地投入你恩我爱的夫妻生活。前五句描写，仍用排比句式，以有力的气势，摹写女子以全副精力妆饰自己：调理保养自己的精神，装饰打扮美好的风韵，将养好如同春笋一般的纤手，拂掉梳妆匣框上和镜面上的灰尘，两弯常皱的柳叶眉也舒展开了，一大早就对镜梳妆，高高地挽起乌黑的头发。当然，这一切都是做给自己的丈夫看的，希望以此得到他的欢心。后四句叙事，因为已和丈夫相亲相爱在一起，所以，鹊喜鸦噪事不关己，灯花子规无动于衷。因为喜事到手，吉兆用不着关心；心情喜悦，故乌鸦噪叫子规啼血也不嗔怪。进一步抒写了女子在夫妻聚首之后的喜悦之情。

从毛泽东阅读这套曲子圈阅的情况来看，他是比较喜欢这首套曲的，所以大部分句子都分别加了圈和点，他所圈点的字句较之其他未圈点的字句，也更为生动形象，所以他的圈点是很高明的，符合作品实际的。

徐 琰

徐琰（1210—1301，一作琰），字子方，号容斋，一号养斋，又自号汶叟，东平（今山东东平）人，元散曲作家。严实领东平行台，招诸生肄进士业，迎元好问试校其文，预选者四人，阎复为首，徐琰、李谦、孟祺次之，世名四杰。翰林承旨王磐荐于方才，至元初为陕西行省郎中。二十三年（1286），拜岭北湖南道提刑按察使，二十五年（1288），以侍御中丞董文用荐，拜南台中丞，建台扬州，日与苟宗道、程钜夫、胡长儒等互相唱和，极一时之盛。二十八年（1291），迁江南浙西肃政廉访使，召拜翰林学士承旨。大德五年（1301）卒，谥文献。子方人物魁岸，襟度宽洪，有文学重望，尝与侯克中、姚燧、王恽等游。东南人士，翕然归之。著有《爱兰轩诗集》。《全元散曲》存其小令十二首，套数一首。

【原文】

〖南吕〗一枝花

怨 别

【一枝花】风吹散楚岫云[1]，水净断蓝桥路[2]。硬分开莺燕友[3]，生拆散凤鸾雏[4]。暗想当初，实指望常相聚；怎知道好姻缘成间阻[5]？月初圆忽被阴云；花正放顿遭骤雨。

【梁州第七】我为他画阁中倦拈针黹[6]，他为我绿窗前懒诵诗书。过时不见心忧虑，琴闲雁足[7]，歌歇骊珠[8]，身心恍惚，鬼病揶揄[9]。望夕阳对景嗟吁，倚危楼朝暮踌躇[10]。觑不的尘池中一来一往交颈鸳鸯，听不的疏林外一递一声啼红杜宇[11]，看不的画檐前一上一下斗巧蜘蛛。事虚，望孤。蜘蛛丝一丝丝又被风吹去，杜宇声一声声唤不住，鸳鸯对一对对分飞不趁逐，感起我一弄嗟吁。

【尾声】几时得柔条儿再接上连枝树[12]，暖水儿重温活比目鱼[13]。那的是着人断肠处！窗儿外夜雨，枕边厢泪珠，则我这一点芳心做不得主[14]。

【毛泽东评点】

毛泽东在阅读顾名编《曲选》收录的这首套曲时，在［梁州第七］一曲中"琴闲雁足"以下六句旁加了墨点，在"觑不的小池中一来一往交颈鸳鸯"以下三句旁和"蜘蛛丝一丝丝又被风吹去"以下三句旁都画了墨圈；在［尾声］中"几时得柔条儿再接上连理树"以下二句旁也画了墨圈，并将"歌歇骊珠"后的句号改为逗号。

—— 中央档案馆整理：《毛泽东评点诗词曲精选·曲选》第80—81页，中央档案出版社1998年版

【注释】

（1）楚岫（xiù 秀），楚地山峦，此指巫山。为楚王梦与巫山神女欢会之地，泛指男女欢会处。唐皇甫枚《三水小牍·步飞烟》："所恨洛川波隔，贾午墙高，连云不及于秦台，荐梦尚遥于楚岫。"

（2）淊，通"淹"。蓝桥，桥名。在今陕西蓝田县东南蓝溪之上。相传其地有仙窟，为唐裴航遇仙女云英处。唐裴铏《传奇·裴航》："一饮琼浆百感生，玄霜捣尽见云英。蓝桥便是神仙窟，何必崎岖上玉清。"后常用为男女约会之处。

（3）莺燕友，即莺俦燕侣之意，以黄莺和燕子的成双作对比喻情侣或夫妇。

（4）凤鸾，泛指凤凰之类的神鸟，比喻佳偶。雏，幼鸟。

（5）姻缘，旧时谓婚姻的缘分。《京本通俗小说·志诚张主管》："开言成匹配，举口合姻缘。"间阻，阻隔。

（6）画阁，彩绘华丽的楼阁。南朝梁庾肩吾《咏舞曲应令》："歌声临画阁，舞袖出芳林。"针黹（zhǐ 止），针线活。针，做针线，刺绣。《周

礼·春官·司服》："祭社稷五祀则希冕。"汉郑玄注："希，读为缔，或作黹，字之误也。"

（7）琴闲雁足，琴也不弹了，书信也不写了。雁足，指书信，即雁足书，系于雁足的书信。典出《汉书·苏武传》："昭帝即位。数年，匈奴与汉和亲。汉求武等，匈奴诡言武死。后汉使复至匈奴，常惠请其守者与俱，得夜见汉使，具自陈道。教使者谓单于，言天子射上林中，得雁，足有系帛书，言武等在某泽中。使者大喜，如惠语以让单于。单于视左右而惊，谢汉使曰：'武等实在'。"后遂以雁足指书信。南朝梁王僧孺《咏捣衣》："尺素在鱼肠，寸心凭雁足。"

（8）歌歇骊珠，歌也不唱了，宝珠也不戴了。骊珠，宝珠。传出自骊龙项下，故名。《庄子·列御寇》："夫千金之珠，必在九重之渊，而骊龙颔下。"

（9）鬼病，相思病。揶揄（yé yú 爷于），嘲笑，戏弄。《东观汉记·王霸传》："上令霸至市口募人，将以击郎，市人皆大笑，举手揶揄之，霸惭而去。"

（10）景，亮光，日光。《文选·班固〈东都赋〉》："岳修贡兮川效珍，吐金景兮歃浮云。"高步瀛义疏引李贤曰："景，光也。"嗟吁（jiē xū 节虚），伤感长叹。唐元稹《酬乐天东南行诗一百韵》："耽眠稀醒素，凭醉少嗟吁。"危楼，高楼。北魏郦道元《水经注·沮水》："危楼倾崖，恒有落势。"踌躇（chóu chú 仇除），踯躅，徘徊不进。《楚辞·东方朔〈七谏·怨世〉》："骥踌躇于弊辇兮。"王逸注："踌躇，不行貌。"

（11）杜宇，即杜鹃鸟。据《成都记》载，杜宇又名杜主，自天而降，称望帝，好稼穑，治郫城。后望帝死，其魂化为鸟，名曰杜鹃。宋王安石《将母》："月明闻杜宇，南北总关心。"

（12）连枝树，枝叶相连的树木，比喻恩爱的夫妻或兄弟。旧题汉苏武《诗》之一："况我连枝树，与子同一身。"

（13）比目鱼，鲽、鲆、鲽、鳎、舌鳎等鱼类的统称。这几种鱼身体皆扁平而阔，成长后两眼逐渐移到头部的一侧，平卧在海底。此鱼中一类，须两两相并始能游行，故古代常用以比喻形影不离的情侣或朋友。宋梅尧臣《八月二十二日回过三沟》："不见沙上双飞鸟，莫取波中比目鱼。"

（14）芳心，本指花蕊，喻指女子的情怀。唐李白《古风》之四九："美人出南国，灼灼芙蓉姿。皓齿终不发，芳心空自持。"

【赏析】

这套曲《盛世新声》巳集、《词林摘艳》八、《雍熙乐府》九、《北宫词纪》六、《词林白雪》一、《北曲拾遗》俱加收录，《南北词广韵选》五引［梁州］［尾声］二曲。《盛世新声》无题，不注撰人。原刊本徽藩本《词林摘艳》题作《间阻》，注明侯正夫作，他本《词林摘艳》无题，不注撰人。《雍熙乐府》题作《间阻》，不注撰人。《南北词广韵选》谓元人，不知作者。《北曲拾遗》无题，亦不注撰人。兹从《北宫词纪》题作《怨别》，《词林白雪》属闺情类，两书并注徐子方作。

这套散曲题作《怨别》，写一年轻女子和她的丈夫或情侣被拆散后的幽怨。它共包括三支曲子，首曲写夫妇或情侣被拆散，后两曲写其怨恨。

首曲［一枝花］，开头三句用典兼比喻，楚岫，指巫山。巫山为楚王梦遇神女交欢之所，见于楚宋玉《神女赋》，此后便指男女欢会之处。蓝桥，是唐代书生裴航得遇仙女云英之地，后来也用作男女约会之地。楚岫、蓝桥二典，暗示这位女子和她钟情的男子，是对恩爱夫妻或偷期密约的情侣。楚岫云被风吹散，蓝桥路被水淹，它形象生动地写他们的欢爱出现了波折，比喻十分恰切。三、四两句，以莺俦燕侣的被"硬分开"，雏凤般的佳偶被"生拆散"，比喻情侣间出现了不可逾越的障碍。接下来三句叙事，自己私下想，本来诚心诚意地希望二人能常常欢聚，怎么也没有想到这样好婚姻的缘分却出现了阻隔？这是天真无邪的少女所始料不及的。写出了她的困惑和不解。末二句仍用比喻，说他们恩爱夫妻或情侣的被拆散，好像月亮刚圆又被阴云遮盖，花正盛开突遭骤雨袭击，写出这种间阻是他们不可抗拒的。于是，劳燕分飞，便成了严酷的现实。

恩爱夫妻或情侣被拆散之后，受害的男女主角，既然无力回天，剩下的便只有深长的相思之苦。［梁州第七］一曲，起首二句，双管齐下，合写男女互相思念。这女子在绣楼中是懒做针线活，那青年在书房是倦读诗书，整日沉浸在你思我念之中。接下来便着重写女子对其丈夫或情侣的思念。"过时不见心忧虑"以下七句直抒胸臆，错过约会时间见不到情郎，她就忧心忡忡，琴也不弹了，信也不写了，歌也不唱了，宝珠也不佩戴了，整日神思恍惚，受到相思病的折磨。以至望着夕阳而兴叹，倚高楼而徘徊。这相思之苦是强烈的，抒写得淋漓尽致。接下来却借景抒情，继续写思念之苦。由于自己与丈夫或情侣被迫分开，所以，她不敢看池塘中来来往往的交颈鸳鸯，不敢听疏林外一声连一声杜鹃鸟凄苦的叫声，不敢看房檐边上下忙碌的蜘蛛。因为这些事对她来说，都是虚的、无用的，而自己团圆的美梦却希望很小。况且蜘蛛丝一丝丝又被风吹跑了，杜鹃声却唤个不停，成双作对的鸳鸯却不能比翼双飞，这众多的外界景物，使她触景生情，弄得她只有伤感长叹的分儿。

[尾声] 则写女子的想望。这女子伤感之余，还心存幻想。首二句用典，以"连枝树""比目鱼"这两种比喻夫妻恩爱或情侣形影不离的事物，表达自己对破镜重圆、重温旧梦的奢望和希冀。但希望终归不是现实的，也可能经过一番认真的思考之后，觉得绝无可能，于是便堕入更深的痛苦深渊，简直令人肝肠寸断，痛不欲生。作为一个弱女子，她还能有什么作为呢？剩下的只有听着窗外的雨声，枕边泪水如断线之珠，流个不停，怨恨自己不能做主，遂心所愿。总之，此套曲语言生动，层次分明，比喻贴切，用典得当，感情真挚强烈，极富艺术魅力。

从毛泽东对这首套曲的圈点来看，他是比较喜爱这首作品的，他的圈点也是十分精彩的：直抒胸臆的"琴闲雁足"等六句，他都用墨笔加上点；对"觑不的小池中一来一往交颈鸳鸯"等借景抒情的佳句，他都在句旁画了墨圈。比较起来，这些句子比未加圈点的句子更加生动形象，更富有表现力，因而，他的圈点是符合作品实际的，也是相当高明的。

马致远

马致远（1300？—1321至1324间），号东篱，一说字千里，大都（今北京）人，元代戏曲家、散曲家。曾任江浙行省务官（一作"提举"）。又曾加入"书会"，并与书会才人合编过杂剧。生平未详，但从他的散曲中可以了解到，他年轻时"写诗曾献上龙楼"，热衷过进取功名。然而仕途不达，晚年退隐山林，以诗酒自娱。著有杂剧十五种，今存《汉宫秋》《荐福碑》《岳阳楼》《任风子》《陈抟高卧》《青衫泪》等七种。《汉宫秋》较著名。另《误入桃源》仅存一曲。一说南戏《牧羊记》也是他所作。剧作多有逃避现实、向往仙道的消极思想，但也显示出对社会的不满。马致远是个享有盛名的戏曲家。元代周德清以关、郑、白、马并列，明代朱权《太和正音谱》更说他"宜在群英之上"。

马致远在散曲上的成就，为元代之冠。明代贾仲明称他为"曲状元"。作品主要内容有叹世、咏景、恋情三类。在艺术上声调和谐优美，语言清新豪爽，并且善于捕捉形象以熔铸诗的意境，提高了曲的格调，他的套曲〔般涉调耍孩儿〕《借马》还打破了散曲言情咏景的程式，另辟一条叙事讽物的蹊径，这些都对散曲的发展和提高做出了贡献。散曲有今人任讷辑本《东篱乐府》，其中〔天净沙〕《秋思》、〔双调夜行船〕《秋思》较著名。

【原文】

〖越调〗天净沙

秋　思

枯藤老树昏鸦⁽¹⁾，小桥流水人家⁽²⁾，古道西风瘦马。夕阳西下，断肠人在天涯。

【毛泽东评点】

毛泽东曾两次书写这支小令。

——中央档案馆整理：《毛泽东手书选集》第 10 卷《古诗词下》

第 174—175 页，北京出版社 1996 年版

毛泽东在这支曲子的题头上画了一个大圈，并对前二句加了圈点，后三句加了圆圈，还将"小桥流水平沙"句中、"平沙"二字圈去，改为"人家"。

——中央档案馆整理：《毛泽东评点诗词曲精选·曲选》第 14 页，

中央档案出版社 1998 年版

【注释】

（1）枯藤，干枯的藤树。藤，同"藤"。昏鸦，黄昏时的乌鸦。昏，天刚黑的时候，傍晚。《诗经·陈风·东门之杨》："昏以为期，明星煌煌。"又唐杜甫《对雪》："无人竭浮蚁，有待至昏鸦。"自注云："何炜诗云：'城阴度堑黑，昏鸦接翅归。'"

（2）小桥流水，宋苏轼《东坡乐府·如梦令》："居士，居士，莫忘小桥流水。"人家，《曲选》作"平沙"，毛泽东将二字圈去，手书作"人家"，故改作"人家"。

（3）断肠人，悲哀、伤心到极点的人。断肠，形容极度思念或悲痛。蔡琰《胡笳十八拍》："空断肠兮思愔愔。"李白《清平调》："一枝红艳露凝香，云雨巫山枉断肠。"天涯，天边。涯，边际。

【赏析】

【越调】天净沙《秋思》，此曲载《梨园乐府》《中原音韵》《庶斋老学丛谈》《尧山堂外纪》六八。《梨园乐府》无题，《中原音韵》《尧山堂外纪》题目俱作《秋思》。《尧山堂外纪》将此曲属马致远，余书皆不署撰人或作无名氏。今从《尧山堂外纪》。

这是马致远的代表作，也是元人小令中的佳品，素有"秋思之祖"（周德清《中原音韵·小令定格》）之誉。谈到"秋思"，我们就不难想起宋玉的《九辩》开头对秋天的描写："悲哉，秋之为气也！萧瑟兮，草木摇落而变

衰。憭慄兮，若在远行；登山临水，送将归。"这就是我国文学史上"悲秋"的最早表述，从此以后，悲秋成了我国文学描写秋天的主调。所以秋思是一种萧条、寂寞、悲凉的情思。这种情思之所以冠以"秋"字，就因为它是"秋"景引发的。那么，这支曲子中写了哪些秋景呢？"枯藤老树昏鸦，小桥流水人家，古道西风瘦马"。前三句只用了十八个字，便写了藤、树、鸦、桥、水、家、道、风、马等九种事物，每种事物都是一景，每样景物都有自己的特点，藤是枯的，树是老的，鸦是昏的，桥是小的，家是别人的，道是古的，风是西风，马是瘦马。这些加在名词前的定语，体现了"断肠人"对于那些景物的独特感受。并且作者省略动词和一切表示语法关系的词语，只罗列名词或名词片语以塑造意象。表面上这些景物都是孤立的，每句中三种事物为一组，共三组，形成三个画面，但三组画面又密不可分，共同组成了一幅完整的秋色图。"夕阳西下"，使上面九种景物都笼罩在一片昏黄的暮霭之中。黄昏是飞鸟归巢、牛羊上圈、人们归家的时刻，最易引起羁旅在外长期奔波无家可归或者由于种种原因有家不能归的天涯游子的归思。末句"断肠人在天涯"，是画龙点睛之笔，它不仅表现了流落天涯的游子悲苦到极点的感情，而且成了贯穿全曲的情感线索。有了这一句，才能把前四句写景和末句写人绾合起来，使笔下的景物成为人物活动的环境，人物的感情的触媒。当然，如果只有前四句写景，没有末句写人，那么人物的活动也就失去了典型环境，"断肠人"之所以"断肠"，也就丧失了客观的依据。总之，末句写人，使前四句写景有了中心，强化了感情色彩；前四句写景，则为末句写人提供了典型环境，更加衬托出"断肠人"沦落天涯的凄苦酸辛。

此曲写景全用白描，抒情重在衬托，情景交融，妙合无垠。清王夫之在《姜斋诗话》中谈到情与景的关系时说："情景名为二，而不可离。神于诗者，妙合无垠。"此曲中写的景情，确实做到了景中有情，情中有景，堪称"妙合无垠"。这种被认为是我国古典诗词曲画的最高境界，此曲是当之无愧的。近人王国维称赞它"纯是天籁，仿佛唐人绝句"（《宋元戏曲考·元剧之文章》）。所谓"天籁"，本指自然界的音响，用于诗词创作，就是清新自然、不假雕饰之意。换言之，天籁就是天然，就是李白所说：

"清水出芙蓉，天然去雕饰。"（《赠江夏韦太守良宰》）秋思是抽象的，作者通过那位断肠人的所见所感，把秋思写活了：写秋色之苍凉全用景物缀成，二十八个字写了十种景物，一个人物。寓秋思于如诗如梦的白描图景之中，又烘托出天涯游子孤寂无依的情怀与心境，并从作品中透露出当时沉闷的时代气息，思想和艺术都达到了很高的成就。

毛泽东非常喜爱这支小令，两次手书过，并在阅读时加以圈点，足见其对此曲的赞美之情。

【原文】

〖双调〗夜行船

秋　思

【双调　夜行船】百岁光阴一梦蝶⁽¹⁾，重回首往事堪嗟。今日春来，明朝花谢，急罚盏夜阑灯灭⁽²⁾。

【乔木查】想秦宫汉阙⁽³⁾，都做了衰草牛羊野，不恁么渔樵没话说⁽⁴⁾，纵荒坟横断碑，不辨龙蛇⁽⁵⁾。

【庆宣和】投至狐踪与兔穴，多少豪杰。鼎足虽坚半腰里折⁽⁶⁾，魏耶⁽⁷⁾，晋耶⁽⁸⁾？

【落梅风】天教你富，莫太奢，没多时好天良夜。富家儿更做到你心似铁，争辜负了锦堂风月⁽⁹⁾。

【风入松】眼前红日又西斜，疾似下坡车。不争镜里添白雪⁽¹⁰⁾，上床与鞋履相别。莫笑巢鸠计拙⁽¹¹⁾，葫芦提一向装呆⁽¹²⁾。

【拨不断】利名竭，是非绝。红尘不向门前惹⁽¹³⁾，绿树偏宜屋角遮，青山正补墙头缺；更那堪竹篱茅舍⁽¹⁴⁾。

【离亭宴煞】蛩吟罢一觉才宁贴⁽¹⁵⁾，鸡鸣时万事无休歇，何年是彻？看密匝匝蚁排兵，乱纷纷蜂酿蜜，急攘攘蝇争血⁽¹⁶⁾。裴公绿野堂⁽¹⁷⁾，陶令白莲社⁽¹⁸⁾。爱秋来时那些：和露摘黄花⁽¹⁹⁾，带霜分紫蟹⁽²⁰⁾，煮酒烧红叶⁽²¹⁾。想人生有限杯，浑几个重阳节⁽²²⁾？人问我，顽童记者⁽²³⁾："便北海探吾来⁽²⁴⁾，道东篱醉了也。"

【毛泽东评点】

毛泽东曾手书这首套曲。

——中央档案馆整理：《毛泽东手书选集》第十卷《古诗词下》第 176—177 页，北京出版社 1996 年版

毛泽东在顾君义编的《曲选》中读到这套散曲时，进行了详细的圈点：在正文天头的空白处画了一个大圈；改动了六个标点：将"明朝花谢""都做了衰草牛羊野"和"爱秋来时那些""鸡鸣万事无休歇"等句后的句号改为逗号，"是非绝""陶令白莲社"后的逗号改为句号；在"知他是魏耶，晋耶""没多时好天良夜""眼前红日又西斜，疾似下坡车""密匝匝蚁排兵，乱纷纷蜂酿蜜，急攘攘蝇争血"后数句旁加了圆点，在"红尘不向门前惹"等三句和"和露摘黄花"至篇末等八句旁加了圆圈。

——中央档案馆整理：《毛泽东评点诗词曲精选·曲选》第 67—68 页，中央档案出版社 1998 年版

【注释】

（1）"百岁光阴一梦蝶"，人生如梦之意。典出《庄子·齐物论》："昔者庄周梦为蝴蝶，……俄然觉，则蘧蘧然周也。不知周之梦为蝴蝶与，蝴蝶之梦为周欤？"

（2）罚盏，指饮酒。古人饮酒，没有喝完的，要罚饮。夜阑，夜尽。

（3）秦宫汉阙，秦朝国都咸阳，汉代都城长安和洛阳，这里指这些地方的古代宫殿。

（4）恁（rèn 刃）么，如此，这样。

（5）不辨龙蛇，刻在石碑上的文字，已经剥蚀得分辨不清了。秦汉时的篆书是盘屈曲折的，故用龙蛇来形容它。

（6）鼎足，鼎足三分的略语，指三国时期魏、蜀、吴三国鼎峙时期。半腰里折，三国鼎立的局面，蜀、吴很快被魏攻灭，结束了三国对峙的局面。鼎是古代用以煮东西用的器物，三足两耳。

（7）魏，三国时期曹丕建立的国家（220—265）。

（8）晋，司马炎篡魏所建立的国家（265—420）。

（9）争，怎。锦堂，华美的庭堂。风月，清风明月，指美好的景色。《南史·褚彦回传》："初秋凉夕，风月甚美。"

（10）不争，只为。白雪，形容头发雪白。

（11）巢鸠计拙，典出《诗经·召南·鹊巢》："维鹊有巢，维鸠居之。"鸠，鸤鸠，即布谷鸟。不善于筑巢，占其他鸟巢而居，故说"计拙"。

（12）葫芦提，糊里糊涂。宋张耒《明道杂志》："钱穆父内相本以文翰风流著称，而尹京为近时第一……一日，因决一大滞狱，内外称之。会朝处，苏长公誉之曰：'所谓霹雳手也。'钱曰：'安能霹雳手？仅免葫芦提也。'"

（13）红尘，指尘俗的世务。不向门前惹，不再去招惹争名于朝、争利于市的俗务。

（14）那堪，兼之，何况。宋柳永《雨霖铃》："多情自古伤离别，更那堪，冷落清秋节。"

（15）蛩（qióng 穷）吟，蟋蟀叫。蟋蟀秋鸣，所写的是秋天景色，题目《秋思》就是由此而来。宁贴，安心。

（16）攘攘（rǎng 壤），纷乱的样子。

（17）裴公绿野堂，裴度的别墅。裴公，指唐人裴度，唐宪宗时累官至中书侍郎同平章事，以讨平蔡州吴元济，封晋国公，主持朝政三十年，后因宦官当权，退居东都洛阳，筑绿野堂，与白居易、刘禹锡等名士饮酒吟咏其间，不问世事。

（18）陶令，即东晋诗人陶渊明，他曾做过彭泽令，故称陶令。白莲社，晋代高僧惠远在庐山东林寺集方士和名士十八人结白莲社。无名氏《白莲社高贤传》中有陶渊明传。

（19）黄花，菊花。

（20）分，擘开。紫蟹，蟹壳深青色，故称紫蟹。

（21）红叶，枫叶。

（22）浑，还。

（23）顽童，指身边侍奉的小童。记者，记着。者，着。

（24）北海，指汉末北海（在今山东东部）相孔融。他性好客，常说："座上客常满，樽中酒不空，吾无忧矣。"

【赏析】

这首散套载《梨园乐府》上、《中原音韵》《盛世新声》午集、《词谑》《雍熙乐府》《尧山堂外纪》六八、《九宫大成》六七，《太和正音谱》引《夜行船》《风入松》《离亭宴煞》。《梨园乐府》《九宫大成》不署撰人，《中原音韵》《尧山堂外纪》题目俱作《秋思》，今从之；又题作《秋兴》，见《词林摘艳》《北宫词纪》；毛泽东圈阅的《曲选》亦题作《秋兴》。

此首套曲是马致远的代表作。马致远的散曲，以豪放著称。在这首套曲里，我们可以领略他那笔酣墨饱、淋漓尽致的挥写，汪洋恣肆的风格，不愧是名家名作。

此套曲包括七个曲子，可以分为三个部分。第一支曲子为第一部分，总写对社会、人生的看法。"百岁光阴一梦蝶"，首句用典。战国时的庄周，曾做了一个奇怪的梦，梦见自己变成了一只蝴蝶，活灵活现，就像真的蝴蝶一样。这句是说，人即使能活到一百岁，也不过像庄子做梦化成蝴蝶一样。简言之，就是人生不过是一场梦而已。也即如苏轼所说："人生如梦。"（《念奴娇·赤壁怀古》）这便是诗人对人生的总看法。这种看法是由作者"回首"往事，即回顾历史和个人遭际之后得出的，已领起下面所要写的两个内容。"今朝春来"等三句，又用花开花落只在朝暮之间，饮酒之时，"夜阑灯灭"，两组生活意象，加强时光飞逝的印象。所以这支曲子有统领全篇的作用。

接着三个曲子为第二部分，是作者对社会人生的考察，分别从帝王、豪杰、富人着笔，意在说明功名富贵的无常。[乔木查]一曲先写帝王。"秦宫汉阙"，秦朝国都咸阳，两汉国都分别是长安和洛阳。这里指这些地方的古代宫殿。"不辨龙蛇"，指刻在石碑上的文字，已经剥蚀得看不清了。封建帝王有至高无上的权威，是否值得羡慕呢？让我们想一想吧，秦宫汉阙到头来还不是成了牧场，如果没有这种翻天覆地的变化，渔翁和樵夫还有什么谈天的资料呢？尽管帝王的陵墓上还有些断碑残碣供人凭吊，但文字已经看不清了。雄才大略的秦皇汉武等封建帝王，如今又在哪里呢？令人慨叹。

帝王如此，辅佐他们成就大业的英雄豪杰又该如何呢？[庆宣和]这支曲子作了描述。"鼎足"句用典，指三国时魏、蜀、吴三国鼎峙时期，但很快蜀、吴即被魏晋攻灭，所以说"半腰里折"。"魏"，三国时曹丕所建立的国家（220—265）。"晋"，司马炎篡魏所建立的国家（265—420）。"投至"，及至，等到。"狐踪与兔穴"，指上面提到的荒坟，成了狐狸和野兔出没作穴的场所。"豪杰"，指辅佐帝王的文臣武将。"多少豪杰"，宋苏轼《念奴娇·赤壁怀古》："江山如画，一时多少豪杰。"用典不露痕迹。这支曲子是说，辅佐天子成就大业的文臣武将的坟墓，如今都成了狐兔的巢穴。想当年，众多英雄，各为其主，造成了三足鼎立的局面，蜀、吴为魏所灭，魏又被晋所代。他们是魏的英雄呢？还是晋的英雄呢？慨叹古代英雄豪杰下场不妙。

再说富人。富人中有两种：过奢和悭吝。诗人告诫这两种富人说，即使命运注定你富足，也不要过分奢侈，因为好景不长，这是对过奢的富人讲的；对那些守财奴来说，也不要心硬似铁，怎么好辜负了良辰美景而不去及时行乐呢？以上三支曲子是"叹世"的感想。

后面三支曲子则转到个人处世态度的描绘上。[风入松]起首二句"眼前红日又西斜，疾似下坡车"，比喻自己到了暮年，很快就过完一生了。"不争"，作只为讲。"白雪"，指白发。"上床与鞋履相别"，是指睡觉。"巢鸠计拙"是用典。"鸠"，鸤鸠，即布谷鸟。不善于筑巢，占其他鸟巢而居，故说"计拙"。《诗经·召南·鹊巢》："维鹊有巢，维鸠居之。""葫芦提"，糊里糊涂。这是说，人已经到了暮年了，头发也白了，在世的日子不多了。人家笑我像布谷鸟那样笨拙，不会营生，我就这么糊涂装呆好了！[拨不断]这支曲子写自己看破世情，安贫隐居，"名利竭，是非绝"，是说自己对功名利禄都看透了，断绝了。"红尘"，指尘俗的世务。"不向门前惹"，是说不再去招惹那争名于朝、争利于市的尘俗的世务，意谓要闭门家居，不问世事了。这是观察历史、人生得出的教训，是从反面得出的教训，是对前面"叹世"的回应。接下去，诗人用三个排比句"绿树偏宜屋角遮，青山正补墙头缺；更那堪竹篱茅舍"，状写闭门居家生活的悠然自得。绿树长在屋角处，既可遮阴又可不挡光线，故说"偏宜"。墙缺了本是缺点却正好青山来补，意即可由此远望青山，所以缺点又变成了优点；更兼之那竹篱笆、茅草房，这一切对于断绝了名利、是非之心的诗人来说是最好不过的了。三个排比句，一气贯注，生动传神，韵味十足。

末一支曲子［离亭宴煞］，诗人又比较了两种不同的处世态度，表示要以诗酒自娱，安度晚年。起句"蛩吟"，指蟋蟀叫。蟋蟀秋鸣，所以写的是秋天景色，题目《秋思》就是由此而来。"宁贴"，安心。这是说，夜里听罢了秋虫的叫声，才得安心睡觉。天还没亮，听到鸡叫就起来，整天为衣食劳累，没完没了。接着又用三个排比句描绘追名逐利之徒的丑态：他们密密地围绕着像争食的蚁群一样你争我夺，闹闹嚷嚷像酿蜜的蜜蜂，争来抢去又像争着吸血的苍蝇。"攘攘（rǎng 壤）"，纷乱的样子。几句惟妙惟肖地描绘了那些世俗之人争名夺利的可怜相，进行了辛辣的讽刺。这是一种人生态度，作者对此持否定态度。下面接写自己的人生态度。"裴公绿野堂，陶令白莲社"，二句用典。"裴公"，即唐人裴度，唐宪宗时累官至中书侍郎同平章事，以讨平蔡州吴元济，封晋国公，主持朝政三十年。后因宦官当权，就退居东都洛阳，筑绿野草堂，与白居易、刘禹锡等名士饮酒吟咏其间，不问世事。"陶令"，即晋代诗人陶潜，他曾做过彭泽令，故称陶令。白莲社，晋代高僧慧远在庐山东林寺集方士和名士多人结白莲社。无名氏《白莲社高贤传》有陶潜传。这里诗人自比于裴度、陶潜的闲适高逸。接着"爱秋来时那些"，明点"秋思"题意，然后用三个排比句："和露摘黄花，带霜分紫蟹，煮酒烧红叶"，清露、黄花、白霜、紫蟹、红叶，几种典型的秋天景物，构成一幅色彩斑斓的秋色图，趣味盎然，形象地描绘了诗人悠然自得的生活。又想到人生不过百年，即使重阳节（即农历九月九日）都喝酒，又能喝多少呢？末四句又设问自答，嘱童子传语表示闭门谢客。"顽童"，指身边侍奉的小童。"记者"，记着。"北海"句用典，"北海"，指汉末北海（在今山东省东部）相孔融。他性好客，常说："座上客常满，樽中酒不空，吾无忧矣。"这是说，诗人嘱咐仆童记着，即使有像孔北海那样的名士来看我，你只说我喝醉了就是。超然物外，与世无涉，其乐无穷，有力地突出了题旨。

这套曲子造词运笔，都臻妙境。有许多排比的句子，如"密匝匝蚁排兵，乱纷纷蜂酿蜜，闹攘攘蝇争血"，描摹世俗之人争名夺利的丑相生动之至；"红尘不向门前惹，绿树偏宜屋角遮，青山正补墙头缺"和"和露摘黄花，带霜分紫蟹，煮酒烧红叶"，写诗人悠闲自得的生活十分透彻，此外此曲在使事用典上也很出色，如"裴公绿野堂，陶令白莲社""北海探吾来"等处都用得妥帖自然，"多少豪杰"化用苏轼《念奴娇》词句，不露痕迹，都是难能可贵的。

这首曲子的突出成就，受到文学批评家们的高度赞扬。元末曲学专家周德清在《中原音韵》里说："此方是乐府（按：指散曲），不重韵，无衬字，韵险，语俊。谚曰：'百中无一。'余曰：'万中无一。'"明代文学批评家王世贞在《曲藻》里说："马致远'百岁光阴'，放逸宏丽，而不离本色。……元人称为第一，真不虚也。"由此可见此曲功力深细、匠心独运的特点。

毛泽东在读此套曲的详写圈点如上述，由此我们可以看出他对这首曲子是非常喜欢的。

【原文】

〖南吕〗四块玉

叹　世（带月行，披星走）

带月行，披星走[1]。孤馆寒食故乡秋[2]，妻儿胖了咱消瘦。枕上忧，马上愁，死后休[3]。

【毛泽东评点】

毛泽东在顾名编《曲选》中阅读这支小令时，在后四句旁加了圆点。

——中央档案馆整理：《毛泽东评点诗词曲精选·曲选》第14页，中央档案出版社1998年版

【注释】

（1）带月行，披星走，化用成语"披星戴月"（亦作"披星带月"），形容早出晚归或连夜奔波。

（2）孤馆，孤寂的客舍。唐许浑《瓜洲留别李翊》："孤馆宿时风带雨，远帆归处水连云。"寒食，节日名，在清明前一日或二日。相传春秋时晋文公负其功臣介之推，介愤而归隐于绵山。文公悔悟，烧山逼其出仕，介抱木焚死。人民同情介的遭遇，相约于其忌日禁火冷食，以为纪念。以后相沿成俗，谓之寒食。其实，寒食与介之推事无关。《周礼·秋官·司烜氏》中就有"中春以木铎禁于国中"的记载，说明禁火为周朝旧制。寒食日有在春、在冬、在夏诸说，唯在春之说为后世沿袭。南朝梁宗懔《荆楚岁时记》："去冬节一百五日，即有疾风甚雨，谓之寒食。禁火三日，造饧大麦粥，斗鸡、镂鸡子、斗鸡子、打球、秋千、施钩之戏。"

（3）死后休，《乐府群珠》作"死若休"。汉贾谊《鵩鸟赋》："其生兮若浮，其死兮若休。"颜师古注："休，息也。"

【赏析】

【南吕】四块玉，叹世，共九首，载《梨园乐府》下、《乐府群珠》二。从第一首中"两鬓皤，中年过"的句子来看，这组曲子当写于作者晚年；第四首中又有"佐国心，拿云手，命里无时莫强求"的诗句，说明它写于作者出任"江浙行省务官"之时或之后，是作者饱经沧桑之后，对以前生活的追叙。《叹世》是元散曲中常见的题目，由于元代知识分子地位低下，因而他们常常借这一类散曲来发泄胸中的愤怒和不平。一般以看破红尘嚣嚷，主张恬退隐居、及时行乐为主要内容。此是第五首。抒写为妻儿衣食奔走担忧的心境。

"带月行，披星走。孤馆寒食故乡秋"前两句化用成语披星戴月，写日夜奔忙、艰辛备尝之状，这是就一天来写；而下句在寒食节时一个人孤零零地住在孤寂的旅馆里，是就节候写。在这个特定的节候，"可堪孤馆闭春寒，杜鹃声里斜阳暮"（宋秦观《踏莎行·郴州旅舍》)，最易勾起人们的乡思。在作者笔下，故乡的生活是令人钦羡的："爱秋来那些：和露摘黄花，带霜烹紫蟹，煮酒烧红叶。"既然如此，作者为什么还要连天加夜一年到头在外奔波呢？答案只有一个：迫于生计。"妻儿胖了咱消瘦"，只要妻子儿女生活好了，长得胖些，自己瘦削不堪也心甘情愿，也许妻子儿女并没有真的长胖，因为自己太瘦了，反显得他们胖了。不管是在外做官也好，或是别的生活门路也好，往往好景不长，所以还要日夜担忧："枕上忧，马上愁，死后休。"极言不管梦中还是路上，无时无刻不在担忧、愁闷，一直到死为止。为了妻子儿女生活得好些，将不辞劳苦，竭心尽力，至死方休。或解作者的忧、愁，是宋范仲淹在《岳阳楼记》中所说的："是进亦忧，退亦忧。"忧是忧国家社稷，愁是愁自己的前程，那就是国事、家事、天下事、事事关心了。"死后休"，如同诸葛亮在《后出师表》中所说的"鞠躬尽瘁，死而后已"，也未尝不可。正是这种忧国忧民的思想，使作者归隐田园而时时不忘为国分忧。明人顾炎武说："天下兴亡，匹夫有责。"这是一个有良知的知识分子的爱国之情、报国之志的表现。

毛泽东阅读这支曲子时，在后四句旁都加了圆点，表明他对此曲是比较欣赏的。

【原文】

〖双调〗湘妃怨

和卢疏斋《西湖》（四选一）

金厄满劝莫推辞[(1)]，已是黄柑紫蟹时[(2)]。鸳鸯不管伤心事[(3)]，便白头湖上死。爱园林一抹胭脂[(4)]，霜落在丹枫上[(5)]，水飘着红叶儿，风流煞带酒的西施[(6)]。

【毛泽东评点】

毛泽东阅读顾名编《曲选》时在此曲题头上画了一个大圈，并在前四句旁加了圆点，后四句旁加了圆圈。

——中央档案馆整理：《毛泽东评点诗词曲精选·曲选》第14—15页，中央档案出版社1998年版

元曲

【注释】

（1）金卮（zhī汁），亦作"金卮"，金制酒器，亦为酒器的美称。南朝齐陆厥《京兆歌》："寿陵之街走狐兔，金卮玉盌会销铄。"

（2）黄柑，果名。柑的一种。明李时珍《本草纲目·果二·柑》：集解引陈藏器曰："柑有朱柑、黄柑、乳柑、石柑、沙柑。"紫蟹，螃蟹。蟹壳紫青色，故称紫蟹。

（3）鸳鸯，鸟名，似野鸭，体形较小，嘴扁，颈长，趾间有蹼，善游泳，翼长，能飞，为我国著名特产珍禽之一，旧传雌雄偶居不离，古称"匹鸟"。《诗经·小雅·鸳鸯》："鸳鸯于飞，毕之罗之。"毛传："鸳鸯，匹鸟也。"晋崔豹《古今注·鸟兽》："鸳鸯，水鸟，凫类也。雌雄未尝相离，人得其一，则一思而死，故曰匹鸟。"

（4）一抹，一条，一片（用于痕迹、景物等）。唐罗虬《比红儿》诗之十七："一抹浓红傍脸斜，妆成不语独攀花。"胭脂，一种用于化妆和国画的红色颜料。亦泛指鲜艳的红色。唐杜甫《曲江对雨》："林花着雨胭脂湿，水荇牵风翠带长。"

（5）丹枫，经霜泛红的枫叶。唐李商隐《访秋》："殷勤报秋意，只是有丹枫。"

（6）风流煞，风韵美好动人到极点。前蜀花蕊夫人《宫词》之三十："年初十五最风流，新赐云鬟便上头。"

【赏析】

〔双调〕湘妃怨《和卢疏斋〈西湖〉》，共四首，和卢挚原作，皆载于《阳春白雪》前集卷二。卢疏斋，即卢挚，疏斋是他的号。《阳春白雪》前集二载卢挚〔双调〕湘妃怨西湖四首，分咏春、夏、秋、冬四景，以西湖比西施，末句分别作"是××的西施"。马致远的和作，也是分咏四景，也比作西施，末句则用"××煞××的西施"。这是第三首，咏西湖秋景的。作者采用比拟的手法，把西湖拟人来描写。"金卮满劝莫推辞，已是黄柑紫蟹时。"开头二句写时届秋天，"黄柑紫蟹"，色彩鲜明，相映成趣，黄中透紫，正是秋色的基调；因是拟人，故说西施在金制的酒杯中斟满酒殷勤劝客。西施这位古代著名的越国美女，去国离乡，为吴王夫差作妃，自然无限伤情，满腹幽怨。她放眼西湖，看到的都是成双作对的鸳鸯，长相厮守，永不分离，直到老死。西施触景生情，无限悲伤，这是自然的。"鸳鸯不管伤心事，便白头湖上死"，好像与西施毫不相关，实则既体现出"悲秋"特色，又切合西施的身世。可谓闲句不闲。接下来四句重笔浓彩写西湖秋色："爱园林一抹胭脂，霜落在丹枫上，水飘着红叶儿，风流煞带酒的西施。"四句层层皴染，放眼整个园林一片绯红，十分可爱；丹枫经霜而愈红，所谓"霜叶红于二月花"（唐杜牧《山行》）；西风一吹，片片红叶落入西湖，飘浮于水面之上；四围山上，枫林欲燃，西湖水面，片片流红，山上湖中，红成一片，像西施艳若桃花的脸上透着红晕，更加妩媚动人，这便是"风流煞带酒的西施"。总之，这首曲子写西湖的秋景，黄柑紫蟹，胭脂丹枫，黄中透红，以红为主，拟作美人带酒，颇出新意。宋代苏轼有"若把西湖比西子，淡妆浓抹总相宜"的诗句，此曲所写秋景应该是西子"浓抹"之时，十分准确地写出了西湖秋景的美丽动人。

毛泽东在《曲选》中读到这支曲子时，在天头上画了一个大圈，并在前四句旁加了圆点，后四句都加了圆圈，可见他对这首曲相当喜爱。

白　朴

　　白朴（1226—1307），字太素，号兰谷，初名恒，字仁甫，祖籍隩州（今山西河曲），元代戏曲作家、词人。其父白华任金朝枢密院判官，金哀宗开兴元年（1232），蒙古军攻南京（今河南开封），白华随哀宗奔归德（今河南商丘），白朴与母亲留南京。次年金将崔立叛降，掠王公大臣妻女送往蒙古军中，白朴母亲亦在其中。年幼的白朴由父亲好友元好问带领，渡河至山东聊城，又迁居山西忻州。数年后白朴北归，白朴随父依元将史天泽，客居真定（河北正定）。至元十七年（1280）移居金陵（今江苏南京）。入元后，终身未仕。

　　白朴自幼聪慧，善于默记，早年习诗歌，后精于度曲。与关汉卿、马致远、郑光祖并称为"元曲四大家"。白朴的杂剧代表作是《梧桐雨》，其他尚有《墙头马上》《东墙记》及《流红叶》《箭射双雕》二剧残曲。白朴的词传至今有一百余首，大致为怀古、闲适、咏物与应酬。词风受宋词豪放派影响，但也不乏清丽之作。清朱彝尊评他的词说："原出苏辛而绝无叫嚣之气。"白朴的散曲，内容大抵是叹世、咏景和闺怨之作，艺术上以清丽见长，是当时有成就的作家之一。今存小令三十七首，套数四首。后人辑有词集《天籁集》、散曲集《天籁集摭遗》。

【原文】

〔仙吕〕醉中天

佳人脸上黑痣

　　疑是杨妃在[1]，怎脱马嵬灾[2]？曾与明皇捧砚来[3]。美脸风流杀[4]。叵奈挥毫李白[5]，觑着娇态[6]，洒松烟点破桃腮[7]。

　　毛泽东在阅读顾名编《曲选》时在此曲题目上方天头空白处画了一个大圈，在后四句旁各点了两个墨点，并将"叵奈挥毫李白""觑着娇态"二句末的句号改为逗号，然后又在此曲上部画了一斜墨杠，像似删去的样子。

——中央档案馆整理：《毛泽东评点诗词曲精选·曲选》第13页，
中央档案出版社 1998 年版

【注释】

　　（1）杨妃，即杨贵妃（719—756），小字玉环，名太真，唐蒲州永乐（今山西永洛）人，善音律。初为玄宗子寿王瑁妃。后入宫得玄宗喜爱，天宝四年（745）封为贵妃。

　　（2）马嵬（wéi 韦）灾，天宝十四年（755）安禄山叛乱，以诛杨国忠为名。玄宗逃奔到马嵬驿（今陕西兴平西）时，军以咎在杨家，杀杨国忠，杨贵妃亦被迫自缢。

　　（3）明皇，唐明皇，即唐玄宗李隆基，因谥号为至道大圣大明孝皇帝，故称。

　　（4）风流杀，风流极了。风流，风韵美好动人。前蜀花蕊夫人《宫词》之三十："年初十五最风流，新赐云鬟便上头。"

　　（5）叵奈（pǒ 颇），无可奈何，可恶。卢仝《哭玉碑子》："颇奈穷相驴，行动如跛鳖。"叵，不，不可。

　　（6）觑（qù 去），偷看。

　　（7）松烟，指墨。松烟是松木燃烧后所凝之黑灰，是制墨的原料。晋卫铄《笔阵图》："其墨取庐山之松烟，代郡之鹿胶十年以上强如石者为之。"故用松烟指代墨。

【赏析】

　　如果一个漂亮的美人，艳若桃花的脸上再长一颗胭脂痣（美人痣），那就会更加楚楚动人，这是人之常态。黑痣长在美人的脸上，不仅无碍风景，简直不可思议。这首小令，描写美女脸上长了一颗黑痣，更显得分外美貌异常。

"疑是杨妃在，怎脱马嵬灾？"作者冲口而出，怀疑这位美人是杨妃再生，她是怎样逃脱马嵬驿那场灾难呢？杨妃，就是唐明皇的宠妃杨贵妃，是古代著名的美人之一。她"回眸一笑百媚生，六宫粉黛无颜色"，致使风流天子唐明皇"后宫佳丽三千人，三千宠爱在一身"。然而安史乱中，唐明皇带着杨贵妃仓皇出逃，走到马嵬驿，"六军不发"，万般无奈，唐明皇才不得不忍痛割爱将她赐死。起始二句，把这位美人比作杨妃复活，已足以写出她的美貌非凡。杨妃深得明皇欢心，形影不离，捧砚磨墨之事自不可免，进一步写出她的恩宠，恩宠之中又见出其美貌，这是从效果来写美。接下去："美脸风流杀"，才正面写佳人之美。佳人之美常见于脸上，脸能眉目传神，这位佳人的风韵美好动人到了极点，无以复加。所以，意想不到的事情便发生了。据文献记载，诗仙李白天宝初年曾奉召入宫，在沉香亭畔当着明皇和杨贵妃的面写成了《清平调》三首。当面写诗赞颂，和画家画肖像相类，自然要对描写的人物进行观察，不是这种特定场合，一个臣子哪怕看贵妃一眼也是罪过。"觑着娇态，洒松烟点破桃腮。"也许杨贵妃实在太漂亮了，致使有仙风道骨、不食人间烟火的李白看着她那娇媚之态，也不觉忘情，执着饱蘸墨汁的笔点着了她那杏脸桃腮。于是绝代佳人的粉面上平添了一个才华横溢的诗人点染而成的黑痣，更增加了一段风流，更惹人怜爱。这真是石破天惊之笔。这首小令题名《佳人脸上黑痣》，而又无只字直写，想象丰富离奇，用语出神入化，生动活泼，妙趣横生，充分体现出散曲的艺术特色。

庾天锡

庾天锡，字吉甫，大都（今北京）人，元剧曲家、散曲作家。曾任中书省掾、员外郎、中山府判等职。著有杂剧《骂上元》《琵琶怨》等十五种，均失传。钟嗣成《录鬼簿》把他列入"前辈已死名公才人，有所编传奇行于世者"之列。贯云石的《阳春白雪·序》，品评当时的散曲作者，以庾天锡和关汉卿并论，说两人"造语妖娇，却如小女临怀，使人不忍对弸。"《全元散曲》录存其小令六首，散套四支。

【原文】

〖商角调〗黄莺儿

金陵怀古

【黄莺儿】怀古怀古。废兴两字⁽¹⁾，干戈几度⁽²⁾？问当时富贵谁家？陈宫后主⁽³⁾。

【踏莎行】残照底西风老树，据秦淮终是帝王都⁽⁴⁾。爱山围水绕，龙蟠虎踞⁽⁵⁾，依稀睹六朝风物⁽⁶⁾。

【盖天旗】光阴迅速，多半晴天变雨。待拣搭溪山好处⁽⁷⁾，吞一壶，嚎数曲？身有欢娱，事无荣辱。

【垂丝钓】引一仆，着两壶，谢老东山⁽⁸⁾，黄花时好去⁽⁹⁾。过适意林泉游未足⁽¹⁰⁾，烟波暮，堪凝伫⁽¹¹⁾，谪仙诗句⁽¹²⁾。

【尾】一线寄乌衣⁽¹³⁾，二水分白鹭⁽¹⁴⁾。台上凤凰游，井口胭脂污⁽¹⁵⁾。想玉树后庭花⁽¹⁶⁾，好金陵建康府。

【毛泽东评点】

毛泽东在阅读顾名编《曲选》收录的这首套曲时，在［黄莺儿］中"废兴两字，干戈几度"？［踏莎行］首句"残照底西风老树"句旁和［尾］曲每句旁都用墨笔加了圆点。

——中央档案馆整理：《毛泽东评点诗词曲精选·曲选》第79—80页，中央档案出版社1998年版

【注释】

（1）废兴，兴亡，盛衰。《孟子·离娄上》："国人所以废兴存亡者亦然。"

（2）干戈，干（盾牌）和戈（矛）是古代战争的常用武器，因以干戈指代战争。《史记·儒林列传序》："然尚有干戈，平定四海，亦未暇遑庠序之事也。"

（3）陈后主（553—604），名叔宝，字元秀，小字黄奴。宣帝子。即位后，不理政事，起临春、结绮、望仙诸阁，日与嫔妃、佞臣宴饮赋诗行乐。隋开皇八年（588）贺若弼、韩擒虎等伐陈，次年攻入建业，后主与张孔二妃匿入景阳殿井中，引出，执至长安。《陈书》《南史》均有纪。

（4）秦淮，河名，流经南京，是南京名胜之一。相传秦始皇南巡至龙藏浦，发现有王气，于是凿方山、断长垄为渎入于江，以泄王气，故名秦淮。唐杜牧《泊秦淮》："烟笼寒水月笼沙，夜泊秦淮近酒家。"

（5）龙蟠虎踞，《太平御览》卷一五六引《吴录》："刘备曾使诸葛亮至京，因睹秣陵山阜，叹曰：'钟山龙蟠，石头虎踞，此帝王之宅。'"后因以"龙蟠虎踞"形容地势险要雄壮，宜作帝王之都。唐李白《永王东巡歌》之四："龙蟠虎踞帝王州，帝子金陵访古丘。"

（6）依稀，隐约，不清晰。六朝，三国吴、东晋和南朝宋、齐、梁、陈，相继建都建康（吴名建业，今江苏南京），史称六朝。唐钱起《江行无题》之六九："只疑云雾窟，犹有六朝僧。"

（7）拣搭，挑选，选择。

（8）谢老，指东晋谢安。东山，此指在今南京市东的东山，又名土

山。唐李白《小东山》："不到东山久，蔷薇几度花。"据《晋书·谢安传》载，谢安早年曾辞官隐居在会稽之东山，经朝廷屡次征聘，方从东山复出，官至司徒要职，成为东晋重臣。又，临安、金陵亦有东山，也曾是谢安游憩之地。

（9）黄花，菊花。

（10）林泉，山林和泉石。《梁书·处士传·庾诜》："而性讬夷简，特爱林泉。"

（11）凝伫，凝望伫立，停滞不动。宋张元干《念奴娇》："万点胭脂遮翠袖，谁识黄昏凝伫。"

（12）谪仙，原指谪居世间的仙人，此指唐诗人李白。唐孟棨《本事诗·高逸》："李太白初自蜀至京师，舍于逆旅。贺监知章闻其名，首访之。既奇其姿，又请所为文。出《蜀道难》以示之，读未竟，称叹数四，号为'谪仙'。"

（13）一线寄乌衣，乌衣巷依托着秦淮河。一线，一根线，形容秦淮河细长如线。乌衣，乌衣巷，地名。在今南京市秦淮河南。三国吴时在此置乌衣营，以士兵着乌衣而得名。东晋时王谢等望族居此，因此著名。唐刘禹锡《乌衣巷》："朱雀桥边野草花，乌衣巷口夕阳斜。旧时王谢堂前燕，飞入寻常百姓家。"

（14）二水分白鹭、台上凤凰游二句，语出唐李白《登金陵凤凰台》："凤凰台上凤凰游，凤去台空江自流。吴宫花草埋幽径，晋代衣冠成古丘。三山半落青天外，二水中分白鹭洲。总为浮云能蔽日，长安不见使人愁。"凤凰台，相传是南朝宋元嘉十四年（437）建，故址在今南京市凤凰山上。白鹭洲，据史正志《二水亭记》载，秦淮河横贯金陵城中，由城西流入长江，而白鹭洲横截于其间，所以说"二水分白鹭"。

（15）井口胭脂污，指隋军攻入建康，陈后主及张、孔二贵妃匿景阳殿井引出被执一事。

（16）《玉树后庭花》，乐府吴声歌曲名，南朝陈后主作。《陈书·皇后传·后主张贵妃》："后主每引宾客对贵妃等游宴，则使诸贵人及女学士与狎客共赋新诗，互相赠答。采其尤艳丽者以为曲词，被以新声……其曲有

《玉树后庭花》《临春乐》等，大指所归，皆张贵妃、孔贵嫔之容色也。"
唐李白《金陵歌送别范宣》："天子龙沉景阳井，谁歌《玉树后庭花》？"

【赏析】

　　此套曲见于《阳春白雪》前集二，《北词广正谱》《九宫大成》五九引
［踏莎行］［盖天旗］二曲。

　　这首套曲题作《金陵怀古》。金陵，即今江苏南京市，古代不同历史
时期有不同称谓，金陵、建康、建业、石头城皆其名。此曲写游览金陵古
迹，抒发诗人游赏之乐及兴废之慨。首曲［黄莺儿］概写金陵怀古题意。
曲子以"怀古怀古"起首，点明题意。"兴废两字，干戈几度？"纵观历
史，历代王朝的兴盛与灭亡，往往是通过战争的手段来实现的。这既是金
陵的历史，也是一部中国史。二句用语简明，概括性极强。末二句用典，
指南朝的陈后主这位亡国之君，在当时富贵已极，淫乐无度，最终却落个
做亡国奴的下场，语极沉重。

　　［踏莎行］一曲写金陵城的险要雄壮及盛时景状。前二句先总赞金陵
城是王朝建都的理想之地。在夕阳照射下，西风吹着古木老树，突出其古
老特点。以切怀古之"古"。后三句写金陵的雄壮险要。其中"龙蟠虎踞"
系用典，三国时诸葛亮曾奉使入吴，看到金陵山阜，曾感叹地说："钟山龙
蟠，石头虎踞，此帝王之宅也。"金陵北有长江，秦淮河又横贯市区，又
有钟山等环绕，所以说"山围水绕，龙蟠龙踞"，形容金陵城雄壮险要，
是封建王朝建都的理想之所。所以，历史上金陵就先后有三国时吴、东晋
和南朝的宋、齐、梁、陈等六个封建王朝在此建都。现在还隐约可见六朝
时的风光景物。

　　接下来［盖天旗］和［游丝钓］二曲写诗人游观金陵之乐。［盖天旗］
一曲首二句先写金陵气候特点，天气变化很快，大多原是大好晴朗天气很
快就下起雨来。这是江南气候的特点。所以要挑选山水形胜之处游览，喝
上一壶酒，喊上几句话（或谓写上几支曲），只图心里高兴，这事不关光
荣与耻辱。［垂丝钓］一曲则接写游赏之乐。以上是泛写，此曲是特写去游
东山。一个仆童跟随，携带两壶美酒，在菊花盛开的秋天，到东晋谢安常

去游憩的东山去游览。山光水色特别诱人，暮色苍茫、烟波浩淼的景色，还引人伫立凝视，不忍离去。这美景不禁令人想起唐代大诗人李白咏金陵的诗句。"谪仙诗句"，既总括上文，又开启下曲。

［尾］曲抒写兴废的感慨。全曲用典，共用三个有关金陵的典故。首句"一线寄乌衣"，是用乌衣巷的典故。乌衣原是三国孙吴的军营，因兵穿乌（黑）衣而得名。想当年，孙吴雄据江东，以抗蜀、魏，鼎足三分，何等兴盛，然而没有多时便被晋灭。东晋时乌衣巷又成了王谢等世家大族聚居之处，当时又是何等繁华。然而又几多时，"旧时王谢堂前燕，飞入寻常百姓家"，历史又发生翻天覆地的变化。接下二句写白鹭洲、凤凰台二处胜景，出自李白《登金陵凤凰台》一诗，李白在诗中除了歌颂金陵的名胜之外，还抒发了"总为浮云能蔽日，长安不见使人愁"的感慨，作者化用李诗，当亦含有李诗一意，实际也是抒发自己对贤路闭塞的感慨。第三个典故是《玉树后庭花》，南朝陈后主作。陈后主继位后，不理朝政，终日与侍臣、狎客饮酒赋诗，诗多描摹其张、孔二贵妃容貌，其一为《玉树后庭花》。后终被隋灭亡，成了亡国之君、阶下之囚。当城破时，陈后主和张、孔二贵妃曾匿景阳殿井中，后被引出做了俘虏，"井口胭脂污"即指此事。在本篇的典故中，这一典故最为沉重，故首曲提出，末曲又重用，由此可见，兴废荣辱的感慨，乃是本篇的主旨。末句"好一个金陵建康府"，亦不可轻轻放过，此句语义甚丰，它不仅照应题目，还有给人无限启迪之意，况且昔日帝王都，如今却变成了元王朝统治下的一个府（地方行政区划），岂不令人深长思之吗？总之，此套曲语言明快，形象生动，用典贴切，含义丰富，是一篇很好的曲作。

从毛泽东对这套曲子的圈点来看，他读得是非常认真的，圈点是极严格的：五支曲子中，首支曲子点了两句，第二支曲子点了一句，三、四两支曲子一句未点，末曲则全部加点；而且所圈点各句，确比未圈点各句更为出色，的确高明。

贯云石

贯云石（1286—1324），本名小云石海涯，别号酸斋，又号芦花道人，维吾尔族，元代散曲家。祖、父皆贵显。初因父荫袭两淮万户府达鲁花赤，让爵于弟，北上从姚燧学汉族文化，诗、文、书法都有一定成就，尤以散曲最著。仁宗朝拜为翰林侍读学士，中奉大夫，知制诰同修国史。不久称疾辞官，隐于杭州一带。

贯云石的散曲以写山林逸乐生活与男女恋情为主，风格豪放，以清俊见长，艺术成就较高。当时南方另一散曲作家徐再思，号甜斋，和他有唱和。近人任讷将他的散曲与徐再思作品合辑为《酸甜乐府》，存其小令八十六首，套曲九首。

【原文】

〔中吕〕红绣鞋

挨着靠着，云窗同坐[1]；偎着抱着，月枕双歌[2]；听着数着愁着怕着，早四更过。四更过，情未足。情未足，夜如梭[3]。天哪，更闰一更妙甚么[4]！

【毛泽东评点】

毛泽东在读顾名编《曲选》中收录的这支小令时，圈阅了这支曲子，在正文的天头空白处画了一个大圈，并对全文每句都加了圆圈。

——中央档案馆整理：《毛泽东评点诗词曲精选·曲选》第22—23页，中央档案出版社1998年版

【注释】

（1）云窗，华美的窗户，常以指女子居处。隋姚察《赋得笛诗》：

"宛转度云窗，逶迤出黼帐。"

（2）月枕，形如月牙的枕头。

（3）夜如梭，比喻时间飞快地过去。赵德麟《侯鲭录》卷二："织乌，日也，往来如梭之织。"日月如梭之意。梭，织机上用以引导纬线使与经线交织的圆锥形长方体，体腔中空以容纳纬线。

（4）闰，余数。历法纪年与地球环绕太阳运行的一周时间有一定差数，故每隔数年必设闰日或闰月加以调整。旧时计时一夜分五更，这里"闰一更"是增加一更次，想使夜间延长之意。

【赏析】

此曲在《乐府群珠》传本中题作"欢情"，是写一个青年女子在自己的房中和她的情人"偷情"，描摹生动，用语泼辣，饶有情趣。

开头三句描绘二人纵情欢洽的情态。"挨着靠着"，写青年女子和她的情人初见时便在华丽的窗户下你挨我靠地挤坐在一起，欢乐之状初见；"偎着抱着，月枕双歌"，两人共坐了一会儿之后，便你偎我抱地同床共枕，云雨情欢，高兴至极，并乐不可支地唱起了情歌。欢洽备至却不能持久，因为偷情者往往是"夜半来，天明去"，人不知，鬼不觉，所以一夜的时间是不能尽享的，因此便担心起来。他们一边尽情欢谑，一边担心地听更鼓，数更筹，愁分离，怕天亮。旧时洞壶滴漏，一夜分为五更，不知不觉四更早已过去，天就要亮了，意味着他们的欢情很快就应该结束了，真是太遗憾了。三句话，三个层次，逐步推进，把"偎红依翠"的情态、"伊其相谑"的欢笑，淋漓尽致地描写了出来。挨、靠、偎、抱四种动作，听、数、愁、怕四种心态，都用叠字表现，写出了男女主人公动作和心态的连续性，渲染了气氛。

"四更过，情未足。情未足，夜如梭。""夜如梭"，比喻时间飞逝。赵德麟《侯鲭录》卷二："织乌，日也，往来如梭之织。"此是光阴似箭、日月如梭之意。这两句，连上句末，运用顶针的修辞手法，把"欢娱嫌夜短"的矛盾心理，着意渲染，产生了强烈的艺术效果。

"天哪，更闰一更妨甚么？""闰"，农历一年与地球公转一周相比，约差十日多，每数年积所余之时日为"闰"，而置闰月，这一年为十三个月，故闰有增加之意。末二句想入非非，直呼苍天，提出"更闰一更妨甚么"的无理要求，看似违反常识，但却是至性的流露，感情的高潮。语常而意新，思巧而情挚，给人以极新极美的艺术享受。

毛泽东对这支小令十分欣赏，在读顾名编的《曲选》中收录的这支曲子时，在天头上画了一个大圈，并对全文每句都加了圆圈。

【原文】

〔双调〕寿阳曲

新秋至⁽¹⁾，人乍别⁽²⁾，顺长江水流残月⁽³⁾。悠悠画船东去也⁽⁴⁾，这思量起头儿一夜⁽⁵⁾。

【毛泽东评点】

毛泽东在顾名编《曲选》中读到这支小令时，在"顺长江水流残月"句旁加了圆点。

——中央档案馆整理：《毛泽东评点诗词曲精选·曲选》第23页，中央档案出版社1998年版

【注释】

（1）新秋，初秋。《初学记》卷三引南朝陈张正见《和衡阳王秋夜诗》："高轩扬丽藻，即是赋新秋。"

（2）乍别，突然分别。乍，突然，忽然。《孟子·公孙丑上》："今人乍见孺子将入于井，皆有怵惕恻隐之心。"朱熹集注："乍，犹忽也。"

（3）残月，将落的月亮。唐白居易《客中月》："晓随残月行，夕与新月宿。"

（4）悠悠，遥远之状。《诗经·王风·黍离》："知我者谓我心忧，不知我者谓我何求，悠悠苍天，此何人哉？"毛传："悠悠，远意。"画船，装饰华美的游船。南朝梁元帝《玄圃牛渚矶碑》："画船向浦，锦缆牵矶。"

（5）思量，想念，相思。《敦煌曲子词·凤归云·征夫数载》："想君薄行，更不思量。谁为传书？与表妾衷肠。"

【赏析】

这是一首送别的曲子。被送之人究竟是谁人？是亲戚，是朋友，是妻妾，或是恋人，不得而知。但作者却抒发一种因离人远去而产生怅惘伤感之情。开首三句，交代送别节候、时间和事由，即在初秋的拂晓送别离人，字里行间饱含着作者送别时所产生的伤感之情。在写法上，作者不去正面描写分别的具体情形，而是转换视角，写初秋拂晓之时，江水顺流而下，随波荡漾的残月，所有的感情都寄托在江流的景象之中。"悠悠画船东去也"，载着离人的船只，顺着长江，渐渐远去，终于消失在水天相接之处，而此时江岸仅剩作者一人兀然孤立，出神地向远处眺望。这种意象使我们不难想起李白的名作《黄鹤楼送孟浩然之广陵》的结语："孤帆远影碧空尽，唯见长江天际流。"可以说，二者同一机轴，但又有不同，李白是篇终接混茫，寓情于景；而作者却卒章显其志，以景写情："这思量起头儿一夜。"结末一句，强调这"思量"只是开头的第一夜，寓含着此后的离别相思之苦，将是绵绵无期。至此，作者内心感情的抒发达到了高潮，全曲的主题也得到了升华，意蕴深远，令人回味无穷。

毛泽东在读顾名编的《曲选》中收录的这支小令时，仅在"顺长江水流残月"句旁加了圆点，说明他认为这支曲子还是清新可读的。

【原文】

〖北中吕〗粉蝶儿

西湖游赏

【北中吕】粉蝶儿描不上小扇轻罗(1)，你便是真蓬莱赛他不过(2)，虽然是比不得百二山河(3)。一壁厢岭平堤连绿野(4)，端的有亭台百座(5)。暗想东坡(6)，逋仙诗有谁酬和(7)？

【南好事近】漫说凤凰坡⁽⁸⁾，怎比繁华江左⁽⁹⁾？无穷千古，真个是胜迹留多。烟笼雾锁，绕六桥翠嶂如螺错⁽¹⁰⁾。青霭霭山抹如蓝⁽¹¹⁾，碧澄澄水泛金波⁽¹²⁾。

【北石榴花】我则见采莲人唱采莲歌⁽¹³⁾，端的是，胜景胜其他⁽¹⁴⁾。则他那远峰倒影蘸着清波，晴岚翠锁⁽¹⁵⁾，怪石嵯峨⁽¹⁶⁾。我则见沙鸥数点湖光破⁽¹⁷⁾，咿咿哑哑，橹声摇过⁽¹⁸⁾。我则见娇羞倚定雕栏坐⁽¹⁹⁾，恰便是宝鉴对嫦娥⁽²⁰⁾。

【南好事近】缘何⁽²¹⁾？乐事赏心多⁽²²⁾，诗朋酒侣吟哦。花浓酒艳，破除万事无过⁽²³⁾。嬉游玩赏，对清风皓月安然坐⁽²⁴⁾。任春夏秋冬天，但适兴四时皆可⁽²⁵⁾。

【北斗鹌鹑】闹攘攘急管繁弦⁽²⁶⁾，齐臻臻兰舟画舸⁽²⁷⁾，娇滴滴粉黛相连⁽²⁸⁾，颤巍巍翠云万朵⁽²⁹⁾。端的是洗古磨今锦绣窝⁽³⁰⁾，你不信试觑呵⁽³¹⁾！绿依依杨柳千枝⁽³²⁾，红馥馥芙蕖万颗⁽³³⁾。

【南扑灯蛾】清风送蕙香⁽³⁴⁾，岫月穿云破⁽³⁵⁾。清湛湛水光浮岚碧⁽³⁶⁾，响珰珰晓钟敲破。呜咽咽猿啼古岭，见对对鸳鸯戏着清波。迢迢似渔舟钓艇⁽³⁷⁾，碧澄澄满船雨笠共烟蓑⁽³⁸⁾。

【北上小楼】密匝匝那一窝⁽³⁹⁾，疏刺刺这几夥⁽⁴⁰⁾。我这里对着晴岚，倚着清风⁽⁴¹⁾，泛着清波。微雨初收，微烟初散，微云初过。再休题淡妆浓抹⁽⁴²⁾。

【南扑灯蛾】叠叠的层楼兼画阁，簇簇的奇葩与异果⁽⁴³⁾，远远的绿沙茵⁽⁴⁴⁾，茸茸的芳草坡⁽⁴⁵⁾，趷蹬的马蹄踏破⁽⁴⁶⁾。稳稳似长桥卧波⁽⁴⁷⁾，细袅袅绿柳金拖⁽⁴⁸⁾。我实丕丕放开眼界⁽⁴⁹⁾，这整齐齐楼台金碧，天上也无多。

【尾声】阴晴昼夜皆行乐⁽⁵⁰⁾，不信这好风景横被他人摧挫⁽⁵¹⁾。再寻个风雅的湖山何处可⁽⁵²⁾？

【毛泽东评点】

毛泽东在读顾名编《曲选》中收录的这首套曲时，改动了三个标点：将"虽然是比不得百二山河"句后的逗号改为句号，将"漫说凤凰坡""绿依依杨柳千枝"二句后的句号改为逗号；在"我则见娇羞倚定雕栏坐，恰便是宝对嫦娥""颤巍巍翠云万朵""绿依依杨柳千枝，红馥馥芙蕖万颗"等数句旁加了圆点；在"美甘甘一湖明镜对嫦娥""我这里对着晴岚"等六句，"稳稳似长桥卧波"等五句旁加了圆圈。

——中央档案馆整理：《毛泽东评点诗词曲精选·曲选》第70—72页，中央档案出版社 1998 年版

【注释】

（1）小扇轻罗，即轻罗小扇，一种丝制的小扇。

（2）蓬莱，蓬莱山。古代传说中的神山名，亦泛指仙境。《史记·封禅书》："自威、宣、燕昭使人入海求蓬莱、方丈、瀛洲，此三神山者，其传在勃海中。"

（3）百二山河，喻山河险固之地。唐卢宗回《登长安慈恩寺塔》："九重宫阙参差见，百二山河表里观。"百二，以二敌百，一说百的一倍，后比喻山河险固之地。《史记·高祖本纪》："秦，形胜之国，带河山之险，县隔千里，持戟百万，秦得百二焉。"裴骃集解引苏林曰："得百中之二焉。秦地险固，二万人足当诸侯百万人。"司马贞索隐引虞喜曰："言诸侯持戟百万，秦地险固，一倍于天下，故云得百二焉，言倍之也，盖言秦兵当二百万也。"

（4）一壁厢，亦作"一壁"，一边，一旁。《宣和遗事》前集："直至中夜，马县尉等醒来，不见那担仗，只见酒桶撇在那一壁厢。"

（5）端的，真的，确实。宋晏殊《风衔杯》："端的自家心下，眼中人，到处里，觉尖新。"

（6）东坡，宋代文学家苏轼，号东坡居士。

（7）逋仙，北宋诗人林逋（967—1028），字君复，钱塘（今浙江杭州）人。隐居西湖孤山，赏梅养鹤，终身不仕，也不婚娶，旧时称其"梅妻鹤子"，卒谥和靖先生。其诗风格淡远，内容大都反映他的隐逸生活和闲适心情。有《林和靖诗集》。酬和（hè 贺），以诗文相酬答。酬，应对，对答。

元曲

（8）凤凰坡，当为北方一名胜之地，不详何处。

（9）江左，江东，本指今安徽芜湖，至南京市长江河段以东地区，后泛指江南各地。魏禧《日录杂说》："江东称江左，江西称江右，盖自江北视之，江东在左，江西在右耳。"

（10）六桥，浙江杭州西湖外湖苏堤的六桥：映波、锁澜、望山、压堤、东浦、跨虹，宋苏轼所建。翠嶂，翠绿的山峰。嶂，耸立如屏障的山峰。《文选·沈约〈钟山诗应西阳王教〉》："郁律构丹，峻嶒起青嶂。"吕向注："山横为嶂。"螺，具有回旋形贝壳的软体动物。种类很多。错，参差不齐，错落。

（11）青霭霭，指云气，因其色紫，故称"青霭"。叠言"霭"字，言其云气浓郁。

（12）碧澄澄，形容湛蓝而明净。金波，反射着耀眼光芒的水波。

（13）采莲歌，即采莲曲，乐曲清商曲名，本于"江南可采莲，莲叶何田田"的《江南曲》。

（14）胜景，美妙的景色。

（15）晴岚，晴日山中的雾气。唐郑谷《华山》："峭仞耸巍巍，晴岚染近畿。"岚，山林中的雾气。

（16）嵯峨，山高峻之状。

（17）沙鸥，栖息于沙滩、沙洲上的鸥鸟。

（18）橹，比桨长大的划船工具，安在船尾或船旁。

（19）雕栏，饰有雕花和彩绘的栏板。

（20）宝鉴，宝镜，镜子的美称。《新唐书·张九龄传》："千秋节，公、王并献宝鉴。"嫦娥，神话中的月中女神。

（21）缘何，因何，为何。

（22）乐事赏心，即赏心乐事，欢畅的心情和高兴的事情。语出南朝宋谢灵运《拟魏太子邺中集诗序》："天下良辰、美景、赏心、乐事，四者难并。"

（23）无过，不能胜过。

（24）清风皓月，清凉的风，明亮的月，比喻清闲无事。皓月，明月。

（25）适兴（xìng杏），遣兴。

（26）闹攘攘，亦作"闹嚷嚷""闹穰穰"，喧闹嘈杂之状，急管繁弦，节拍急促，演奏热闹的乐奏。

（27）齐臻臻，整齐之状。兰舟画舸，木兰舟和画船。

（28）娇滴滴，娇媚柔嫩之态。粉黛，原是敷面的白粉和画眉的黛墨，均为女子化妆用品，用以指代美女。唐白居易《长恨歌》："回眸一笑百媚生，六宫粉黛无颜色。"

（29）颤巍巍，抖动摇晃之状。翠云，形容妇女头发乌黑浓密。南唐李煜《菩萨蛮》："抛枕翠云光，绣衣闻异香。"

（30）锦绣窝，形容美好的地方。锦绣，比喻美丽或美好的事物。窝，比喻人或物所在或所占有的位置。

（31）觑（qù去），看。

（32）绿依依杨柳千枝，此句化用《诗经·小雅·采薇》"昔我往矣，杨柳依依"。杨柳，泛指柳树。依依，柳枝轻柔披拂之状。

（33）红馥馥，形容鲜明的红色。芙蕖，荷花的别名。《尔雅·释草》："荷，芙蕖。"郭璞注："（芙蕖）别名芙蓉，江东呼荷。"

（34）蕙香，蕙草的香气。蕙，香草名。所指有二：一指熏草，俗称佩兰；二指蕙兰。《楚辞·离骚》："余既滋兰之九畹兮，又树蕙之百亩。"

（35）岫（xiù秀）云，山间的云气。岫，峰峦。晋陶渊明《归去来兮辞》："云无心以出岫，鸟倦飞而知还。"

（36）清湛湛，清明深湛之状。

（37）迢迢，水流绵长之状。宋姜夔《除夜自石湖归苕溪》之一："细草穿沙雪半销，吴宫烟冷水迢迢。"

（38）碧澄澄，形容湛蓝而明静。雨笠烟蓑，亦作"雨蓑烟笠"。防雨用的蓑衣笠帽，为渔夫的衣饰。唐翁洮《渔者》："一叶飘然任浪吹，雨蓑烟笠肯忘机。"此句一本作"美甘甘一湖明镜对嫦娥"。

（39）密匝匝，严实稠密之状。

（40）疏刺刺，稀拉拉，空荡荡。

（41）清风，一作"青山"。

（42）淡妆浓抹（mǒ么），淡雅和浓艳两种不同的妆饰打扮。语出宋苏轼《饮湖上初晴后雨》："欲把西湖比西子，淡妆浓抹总相宜。"

（43）簇簇，一丛丛，一堆堆。奇葩（pā啪），奇花。

（44）绿沙茵，绿色沙草地。

（45）茸茸（róng戎），柔细浓密之状。唐白居易《红线毯》："彩丝茸茸香拂拂，线软花虚不胜物。"

（46）趷蹬，象声词，形容马蹄声。

（47）长桥卧波，长桥横跨水面。

（48）细袅袅，形容纤细柔软。

（49）实丕丕，实实在在。

（50）行乐（lè勒），消遣娱乐，游戏取乐。汉杨恽《报孙会宗书》："人生行乐耳，须富贵何时？"

（51）摧挫，挫折，损害。

（52）风雅的湖山，意谓能激起人们诗情画意的湖山。风雅，指诗文之事。南朝梁萧统《文选序》："故风雅之道，粲然可观。"

【赏析】

这首套曲《盛世新声》辰集、《词林摘艳》三、《雍熙乐府》六、《南北词广韵选》一二、《北宫词纪》一、《词林白雪》五、《乐府珊珊集怡春锦》俱有收录，《九宫大成》一三引［粉蝶儿］［石榴花］［斗鹌鹑］和［上小楼］数曲。《盛世新声》重增本、内府本和《词林摘艳》《雍熙乐府》俱不注撰人。原刊本《词林摘艳》注元贯石屏作，《北宫词纪》《词林白雪》俱注贯酸斋作。《盛世新声》无题，原刊《词林摘艳》题作《钱塘湖景》，《雍熙乐府》题作《西湖十景》，《南北词广韵选》题作《西湖》，《词林摘艳》题作《西湖游赏》。"西湖十景"与内容不符，它主要抒写人们的游赏之乐，故以"西湖游赏"更切合曲意，兹从之。

全套由九支曲子织成。第一支曲［粉蝶儿］，是全曲的引子，总写对西湖的印象。作者对西湖美景评价极高："你便是真蓬莱赛他不过。""蓬莱仙境"是我国古代传说中的仙山琼阁之一，景物之丽自非人间景观可比；而这样的仙境也比不过西湖景美，西湖之美便可想而知了。西湖不仅风景美丽，而且是形胜之地。诗人用"百二山河"的典故来形容它。"百二山河"语出《史记·高祖本纪》，意谓只要踞险要之地，二万人便足当一百万人，或一万人能当二百万兵力。宋代，特别是南宋把杭州作为国都，不仅地势险要，而且有重兵防守，自然是形胜之地，北宋柳永《望海潮》一开始便唱道："东南形胜，三吴都会，钱塘自古繁华。""岭平堤，连绿野，端的有亭台百座"，则是西湖的大观。这样规模宏大、美不胜收的西湖景色，如要绘上丝罗小扇，那将是很困难的。"暗想东坡，逋仙诗有谁酬和？"古往今来，不知有多少文人墨客为西湖美景所倾倒，吟诗作画，加以礼赞，但最著名的两位诗人当数苏东坡和林逋，苏氏有《饮湖上初晴后雨》诗，脍炙人口，林逋有"疏影横斜水清浅，暗香浮动月黄昏"佳句，众口相传。这个引子，紧扣题意，一下子把读者引入笔者笔下的西湖胜境。

从［南好事近］到［南扑灯蛾］这七支曲子是此套曲的主体部分，作者分三个层次，为我们逐一展现西湖美景。

首先写作者领略西湖之美。［南好事近］一曲写西湖的静态之美。放眼望去，玲珑的六桥点缀于西湖苏堤之上，四围青山如螺座一般错比排列。山，苍翠欲滴，水，湛蓝清澈，烟笼雾锁，湖光山色自相辉映，雄姿绰约，充分展现了西湖的静态之美。

［北石榴花］一曲又描绘了西湖的动态之美。请看作者笔下："这峰倒影，蘸着清波。晴岚翠锁，怪石嵯峨。"湖光闪闪，沙鸥点点，不时传来一阵阵"咿咿哑哑"的橹声，以及采莲人那悠扬婉转的歌声；这景色已经够迷人的了，猛然间又瞥见画船雕栏上倚着一个娇羞少女，美若天仙，简直是嫦娥对镜梳妆，这一点染出神入化，给西湖美景平添了无穷的光彩，更让人心旷神怡了。

其次写旁观他人游赏。这一层次包括［北石榴花］［南好事近］［北斗鹌鹑］和［南扑灯蛾］等四支曲子。这几支曲子，作者从对写西湖的秀丽妩媚之美，转到写人们的游赏之乐。

［南好事近］一曲化用谢灵运《拟魏太子邺中集诗序》中"天下良

辰、美景、享心、乐事，四者难并"的名言。曲中写到的诗酒吟哦，清风皓月，嬉游玩赏，四时适兴，表明"赏心乐事多"。接下来［北斗鹌鹑］和［南扑灯蛾］二曲，则具体地描写了游人们尽情取乐的景象：古往今来，岁月磨洗，达官贵人，名流仕女，骚人墨客，浪迹游子，或沉湎于急管繁弦、兰舟画舸的声乐之娱，或徜徉于依依杨柳、馥馥红荷的湖山之秀；更有那清风吹香，明月穿云，钟鸣萧寺，猿啼古岭，鸳鸯戏水，渔翁垂钓，这锦绣窝中种种不同景色，令文人雅士流连忘返。游览西湖的各色人等，都能从自己的审美眼光出发，得到某种心理上的满足。

再次写自己西湖游赏之乐。这个层次包括［北上小楼］和［南扑灯蛾］两支曲子。作者与"密匝匝那一窝，疏剌剌这几夥"凑热闹的游人不同，他喜欢远离繁华喧嚣，独自对景静观："我这里对着晴岚，倚着清风，泛着清波。"他的审美眼光也与众不同，更欣赏西湖上"微雨初收，微烟初散，微云初过"的情景，真正领略西湖风光之美的韵味。作者确是别具一格的高明鉴赏家，其对西湖之美的感悟，妙不可言，连苏轼概括西湖之美的名句"欲把西湖比西子，淡妆浓抹总相宜"也不能比拟。如果上支曲子是写作者对西湖风景的独特嗜好的话，那么［南扑灯蛾］一曲则是写作者对众人欣赏的西湖常景也有独特视角。请看：层层楼台亭阁，簇簇奇花异果，远远的绿沙茵，茸茸的芳草坡，跣蹬的马蹄窝，更有那"长桥卧波""绿柳金拖"，这都是作者亲眼所见，人共所睹，但作者亦有独特领会："天上也无多。"进一步赞颂了西湖的风光之美。

［尾声］与第一支曲［粉蝶儿］首尾相应，归结于应及时行乐，未免有点消极，但如不及时游赏，放着这好风景白白被糟蹋，况且像西湖这样能激起人们诗情画意的名胜找不到第二个呢！这样设身处地一想，也就无可指责的了。

在艺术上，叠字的大量运用，增加了语言的雕塑感和色彩感，如"青霭霭"形容山色，"碧澄澄"形容水光，"绿依依"状柳，"红馥馥"状荷，"响珰珰""呜咽咽""咿咿哑哑"摹声，"娇滴滴"摹神，十分生动形象；描写人东一堆，西一伙，用"密匝匝""疏剌剌"等口语入曲，更显本色；他如"叠叠""簇簇""茸茸""稳稳""袅袅""迢迢"等叠字，连贯运用便产生了美如贯珠的效果。

此曲艺术上的另一特色，是南北曲合套。南北曲各有自己的声调系统，北尚阳刚，南偏阴柔，融南北曲一炉，则刚柔相济，得中和之美。此曲一南一北，相间不乱，当年歌唱起来，一定十分悦耳动听。

毛泽东在顾名编《曲选》中读到这支曲子时，除改正几个标点之外，对不少精警的句子都加了圆点和圆圈，可见他是十分欣赏的。

吕止庵

吕止庵，生平不详。别有吕止轩，疑即一人。《阳春白雪》与《太平乐府》姓氏表以及《太和正音谱》《古今群英乐府》格式，皆仅有吕止庵而无吕止轩，《阳春白雪》于下收小令《醉扶归》及套数《风入松》，皆署吕止轩，《雍熙乐府·彩笔情辞》于《醉扶归》署吕止轩，于《风入松》则署吕止庵，《北词广正谱》引套数《夜行船》署止轩。近人隋树森《全元散曲》则将作品合并，皆署吕止庵。

【原文】

〔仙吕〕后庭花

六桥烟柳颦⁽¹⁾，两峰云树分⁽²⁾。罗袜移芳径⁽³⁾，华裾生暗尘⁽⁴⁾。冷泉春⁽⁵⁾，赏心乐事⁽⁶⁾，水边多丽人⁽⁷⁾。

【毛泽东评点】

毛泽东在读顾名编《曲选》所录这支小令时，在前五句旁都加了圆点（圆点点在柳、分、罗袜、华裾、冷泉等字上），并将"两峰云树分"的异体"云"字改为常用的"雲"。

——中央档案馆整理：《毛泽东评点诗词曲精选·曲选》第16页，中央档案出版社1998年版

【注释】

（1）六桥，浙江省杭州市西湖外湖苏堤上之六桥：映波、锁澜、望山、压堤、东浦、跨虹，宋苏轼所建。参阅田汝城《西湖游览志·孤山三堤胜迹》。颦（pín 频），皱眉。南唐张泌《浣溪沙》："人不见时还暂语，

令才抛后爱微謩。"此处是合拢之意。

（2）两峰，指南高峰、北高峰，杭州西湖景色之一。南高峰在西湖西南，北高峰在南高峰之北，两峰合称"双峰插云"。

（3）罗袜，丝罗制的袜。芳径，花径。宋范成大《岩桂》之二："越城芳径手亲栽，红浅黄深次第开。"

（4）华裾（jù句），美服。唐李贺《高轩过》："华裾织翠青如葱，金环压辔摇玲珑。"裾，衣服的前后襟，亦泛指衣服的前后部分。《说文·衣部》："裾，衣袌也。"段玉裁注："衣前襟谓之袌。"俞樾《群经平议·尔雅二》："裾，衣袌也。袌，衣前襟也。襟即古襟字，然则襟裾同物矣……裾则前后皆有之。"暗尘，积聚的尘埃。前蜀薛昭蕴《小重山》："思君切，罗幌暗尘生。"

（5）冷泉，泉名。在浙江省杭州市西湖西灵隐寺前的飞来峰下，唐元英建亭其上，名叫冷泉亭。唐徐夤《游灵隐天竺二寺》："丹井冷泉虚易到，两山真界实难名。"

（6）赏心乐（lè勒）事，欢畅的心情和快乐的事情。南朝宋谢灵运《拟魏太子邺中集诗序》："建安末，余时在邺宫，朝游夕燕，究欢愉之极。天下良辰、美景、赏心、乐事，四者难并。"

（7）水边多丽人，语出唐杜甫《丽人行》："三月三日天气新，长安水边多丽人。"丽人，美人，佳人。三国魏曹植《洛神赋》："睹一丽人，于岩之畔。"

【赏析】

这支小令见《阳春白雪》一、《雍熙乐府》一九。《雍熙乐府》连下三首（碧湖环武林、香飘桂子楼、江南春已通）同题，作冷泉亭四时景，不注撰人。作者并有同曲牌题作《冷泉亭》曲五首，分咏"冷泉东""冷泉西""冷泉南""冷泉北"和"冷泉亭"景色。

[后庭花]（六桥烟柳謩）是一支描写杭州西湖春游的曲子。作者先从大处落笔，写西湖景色之美。写西湖而不写波光粼粼的湖水，也不写著名的三潭印月，而是写西外湖的苏堤，写苏堤也不写长虹卧波的雄姿，而只

写长堤的六座桥梁及苏堤两边烟笼雾锁中的依依杨柳，这就是著名的"苏堤春晓"；远望湖西，南高峰、北高峰在烟云绿树之中，一分为二，这便是"双峰插云"。前两句抓住远山、近水勾勒出西湖的风光之美。接下来"罗袜移芳径，华裾生暗尘"二句，写游人之盛。花径之上，游人如织，摩肩接踵，脚步轻移，罗袜和美服的衣襟上，也积满了灰尘。"冷泉春，赏心乐事，水边多丽人"，末三句写游人之乐。"冷泉春"三字，不可轻看，它既点明了时令——春游，又聚焦了冷泉这个游赏的中心，使游赏达到高潮。"赏心乐事"四字，即欢畅的心情和高兴的事情，点醒题意。不是吗？人们游山玩水，耗资费时，又消磨体力，为了什么？就是为开阔视野，长养精神，何况在这风光旖旎的西湖岸边，有很多妙龄女郎，士女杂沓，异性相吸，更能激起人们的游兴呢？末句"水边多丽人"，化用杜甫《丽人行》"三月三日天气新，长安水边多丽人"入曲，不着痕迹，确为制曲高手。总之，这支小令，写西湖春游，远山近桥，细描芳径，聚焦冷泉，全用白描，写来层次井然，最后点出题旨，不愧为上乘佳作。

　　毛泽东在顾名编选的《曲选》中读到这支曲子时，对前五句都加了圆点，并把第二句中的异体"云"字改为常用的"雲"字，说明他读得十分认真。

卢 挚

卢挚（约 1243—1315 后），字处道，一字莘老，号疏斋，又号嵩翁，涿郡（今河北涿州）人，元代文学家。至元五年（1268）进士。他是元世祖即位后较早起用的汉族文人之一，曾供职宫廷。后任江东道提刑按察副使、少中大夫、河南府路总管等职；大德年间，以大中大夫、集贤学士为湖南岭北道肃政廉访使；又入朝为翰林学士，官至翰林承旨。他平生足迹遍及西北、河南、两湖、江浙诸行省，与著名散曲作家马致远、女艺人珠帘秀有唱和。他在元初是一个比较有影响的作家，人称其诗文与姚燧比肩，诗与刘因齐名。散曲成就更高，与姚燧齐名，也称"姚卢"。实际上成就比姚燧高，代表了元代前期杨果、刘秉忠等一批达官文人的创作成就。

卢挚的散曲以"怀古"题材为多，感慨时势兴衰，调子比较低沉，如《洛阳怀古》《夷门怀古》等；也有不少写闲适隐居生活的作品，语言本色，质朴自然，如［双调］蟾宫曲《田家》等；写恋情的作品蕴藉委婉，明晓自然，如［落梅风］《赠珠帘秀》等。其散曲风格明丽自然，贯云石说："疏斋媚妩如仙女寻春，自然笑傲。"（《阳春白雪·序》）

卢挚有《疏斋集》《疏斋后集》，今皆佚。诗文散见于《元诗选》《天下同文集》等。其散曲作品见录于《太平乐府》《阳春白雪》等集中。近人隋树森《全元散曲》录存其小令一百二十首。在元前期作家里除马致远外，他是现存作品最多的。

【原文】

〖双调〗落梅风

送　别

才欢悦⁽¹⁾，早间别⁽²⁾，痛煞俺好难割舍⁽³⁾。画船儿载将春去也⁽⁴⁾，空留下半江明月。

【毛泽东评点】

毛泽东在顾名编《曲选》中读到这支小令时，在后两句旁加了圆点。

——中央档案馆整理：《毛泽东评点诗词曲精选·曲选》第16页，中央档案出版社1998年版

【注释】

（1）欢悦，喜悦，欢乐。《吕氏春秋·尊师》："观欢悦，问书意。"汉高诱注："视师欢悦，以问书意。"

（2）间（jiàn件）别，离别，分别。间，阻隔，间隔。《穆天子传》卷三："道里悠远，山川间之。"

（3）痛煞俺，极其悲痛之状。煞，甚词，亦作"杀"，见张相《诗词曲语辞汇释》。一本作"痛煞煞"。割舍，舍不得分开。

（4）画船，有彩绘雕饰的船。春，情欲，春情。《诗经·召南·野有死麕》："有女怀春，吉士诱之。"

【赏析】

这是一首送别曲，写作者晚上在江边送别一位女友。这首曲别本题作《别珠帘秀》，可知作者的这位女友是珠帘秀。珠帘秀，原名朱帘秀，元代著名杂剧演员，"杂剧为当今独步"（夏庭芳《青楼集》）。当时许多名公文士如胡祇遹、冯子振、王恽、关汉卿等，都写有词曲赠给她。她是一位散曲作家。卢挚写了这首送别的曲赠给她，她也写了一首［落梅风］《答送》回赠卢挚。

这支曲子，作者巧妙地把人物、时间、环境和分别时的情感交织在一起，写得很真切动人。"才欢悦，早间别，痛煞俺好难割舍。"前三句纯用白描手法描绘，纯用活人口语入曲，又以"才"与"早"构成对比，以"痛煞俺"活现作者捶胸顿足之态，情调高昂激越，内蕴怨恨绵长，盖由诗人当时的感情汹涌澎湃，不可遏抑，冲口而出，不暇雕饰，越少做作，越有真意，把二人分别时强烈而真实的感情写得淋漓尽致，感人至深。曲的后两句则用象征的手法，通过具体的形象，表现与之相似或相近的概念与思想，是婉曲的、含蓄的。"画船儿载将春去也，空留下半江明月。"不难看出，这是从宋人俞国宝《风入松》中"画船载取春归去，余情付湖水湖烟"的句意脱化而来，但却更富韵味，更具形象。"春"这个字，含义很丰富，与此曲有关，至少有三种含义皆可通：一是指情欲，即春情。注释中已引《诗经》作证。又南唐牛希济《临江仙》："弄珠游女，微笑自含春。"也是指男女欢爱之事。二是指草木生长，鲜花开放，借以喻指生机、生命活力。唐刘禹锡《酬乐天扬州席上见赠》："沉舟侧畔千帆过，病树前头万木春。"这是大家熟知的。三是指春色、喜色。南朝陆凯《赠范晔》："折梅逢驿使，寄与陇头人。江南无所赠，聊赠一枝春。"便是这种用法。诗人与珠帘秀这位女友关系究竟亲密到何种程度，我们不好妄加推测，换言之，他们是挚友，还是已经升华为恋人，不好断定。所以我们兼取"春"字数义，笼统言之，好像珠帘秀一去，春的温暖、春的明媚、春的生机与活力，都被那只画船儿载走了，于是诗人眼前一片空白——"空留下半江明月"，心中一阵空虚，一种空虚寂寞、凄凉惆怅之情油然而生，字里行间把这种丧魂失魄的强烈感情透露了出来。如果我们拿珠帘秀《答送》中"倚篷窗一身儿活受苦，恨不随大江东去"对读，就知道他们之间的感情是何等深厚、何等真挚了。通观全篇，前三句极俗，后两句极雅；前三句明朗，后两句含蓄，而在这么短的篇幅中，作者却能熔雅俗于一炉，使明朗与含蓄相统一，决非通常作手所能为。

毛泽东在顾名编选的《曲选》中读到这支小令时，对末二句加了圆点，说明他还是比较欣赏的。

王伯成

王伯成，涿州（今河北涿州）人，元散曲家、剧曲家。为马致远忘年交，张仁卿的好友。著有《天宝遗事诸宫调》见称于世，今残，杂剧《贬夜郎》《泛浮槎》《兴项灭刘》三种，今存《贬夜郎》。《全元散曲》录存其小令二首，套数三首。

【原文】

〖越调〗斗鹌鹑

赏　春

【斗鹌鹑】酒力禁持(1)，诗魔唤起(2)。紫燕喧喧(3)，黄莺呖呖(4)。红杏香中，绿杨影里。丽日迟，节序催(5)。柳线摇金(6)，桃花泛水。

【紫花儿序】香馥馥花开满路(7)，磨粼粼水绕孤舟，绿茸茸芳草烟迷。扬鞭指处，堪画堪题。依稀。看竹坞人家傍小溪。采绳高系，春色飘零(8)，花事狼藉(9)。

【小桃红】一帘红雨落花飞(10)，酝酿蜂儿蜜。跨蹇携壶醒还醉(11)，草萋萋，融融沙暖鸳鸯睡(12)。韶光景美(13)，和风暖日，惹起杜鹃啼。

【秃厮儿】凝眸处黄莺子规(14)，动情的绿暗红稀(15)。莺慵燕懒蝶纷飞。冷落了，这芳菲(16)，又早春归。

【圣药王】醉似泥(17)，仆从随，见小桥流水隔花溪(18)。柳岸西，近古隄，数枝红杏出疏篱(19)，墙外舞青旗(20)。

【煞尾】四围锦绣繁华地，车马喧天闹起。看了这红紫翠乡中，堪写在丹青画图里(21)。

【毛泽东评点】

毛泽东在读顾名编《曲选》收录的这首套曲时，在"数枝红杏出疏篱，墙外舞青旗"二句旁，用墨笔加了圆点。

—— 中央档案馆整理：《毛泽东评点诗词曲精选·曲选》第82—83页，中央档案出版社1998年版

【注释】

（1）禁持，摆布。宋朱淑真《诉春》："残滞酒杯消旧恨，禁持诗句遣新愁。"又宋赵溍《临江仙·西湖春泛》："闲情不受酒禁持，断肠无立处，斜日欲归时。"

（2）诗魔，好像入魔一般的强烈的诗兴。唐白居易《醉吟》之二："酒狂又引诗魔发，日午悲吟到日西。"

（3）紫燕，燕名，也称越燕，体形小而多声，颔下紫色，营巢于门楣之上，分布于江南。见宋罗愿《尔雅翼·释鸟三》。唐顾况《悲歌》："紫燕西飞欲寄书，白云何处逢来客。"喧喧，形容声音喧闹。南朝梁何逊《学古赠丘永嘉征还诗》："结客葱河返，喧喧动四邻。"

（4）呖呖，形容鸟类清脆的鸣叫声。

（5）丽日迟，节序催，表示春光不待人。丽日，明媚的太阳。《清平山堂话本·洛阳三怪记》："这一年四季，无过是春天，最好景致。日之谓'丽日'，风之谓'和风'。"节序，节令，节气，此指节令的顺序。南朝梁江淹《谢仆射混游览》："凄凄节序高，寥寥心悟永。时菊耀岩阿，云霞冠秋岭。"

（6）柳线，柳条细长下垂其状如线，故名。南朝梁范云《送别诗》："东风柳线长，送郎上河梁。"

（7）馥馥，形容香气浓郁。汉苏武《别友》："烛烛晨明月，馥馥秋兰芳。"

（8）春色，春天的景色。飘零，凋谢，凋落。唐卢照邻《曲池荷》："常恐秋风早，飘零君不知。"

（9）花事，关于花的事情。春季百花盛开，故多指游春看花等事。

宋杨万里《买菊》："如今小寓咸阳市，有口何曾问花事。"狼藉，纵横散乱之状。《史记·滑稽列传》："日暮酒阑，合尊促坐，男女同席，履舄交错，杯盘狼藉。"

（10）红雨，比喻落花。唐李贺《将进酒》："况是青春日将暮，桃花乱落如红雨。"

（11）跨蹇，骑着劣马或跛驴。蹇，劣马或跛驴。汉班彪《王命论》："是故驽蹇之乘，不骋千里之途；燕雀之畴，不奋六翮之用。"

（12）融融沙暖鸳鸯睡，语出唐杜甫《绝句二首》之一："迟日江山丽，春风花草香。泥融飞燕子，沙暖睡鸳鸯。"

（13）韶光，美好的时光，常指春光。南朝梁简文帝《与慧琰法师书》："五翳清空，韶光表节。"

（14）子规，杜鹃鸟的别名。《埤雅·释鸟》："杜鹃，一名子规。"

（15）绿暗花稀，形容暮春时绿荫幽暗、红花凋谢的景象。唐韩琮《暮春沪水送别》："绿暗红稀出凤城，暮云楼阁古今情。"

（16）芳菲，香花芳草。唐李峤《二月奉教作》："乘春重游豫，淹赏玩芳菲。"

（17）醉似泥，醉得像一摊泥，形容烂醉之态。唐李白《襄阳歌》："落日欲没岘山西，倒著接䍦花下迷。襄阳小儿齐拍手，拦街争唱《白铜鞮》。旁人借问笑何事，笑杀山公醉似泥。"

（18）小桥流水隔花溪，语出元马致远《天净沙·秋思》："枯藤老树昏鸦，小桥流水人家。"小桥，小型桥梁。

（19）数枝红杏出疏篱，语出南宋叶绍翁《游园不值》："应怜屐齿印苍苔，小扣柴扉久不开。春色满园关不住，一枝红杏出墙来。"

（20）青旗，指酒旗。唐元稹《和乐天重题别东楼》："唤客潜挥远红袖，卖垆高挂小青旗。"

（21）丹青画图，图画。丹青，丹砂和青�’膗，可作颜料，此指图画。宋陆游《游锦屏山谒少陵祠堂》："涉江亲到锦屏上，却望城郭如丹青。"

【赏析】

此曲《阳春白雪后集》四、《盛世新声》未集、《词林摘艳》十、《雍熙乐府》一三俱有收录，《太和正音谱》下引〔斗鹌鹑〕〔紫花儿序〕和〔尾〕曲，《九宫大成》二七引〔斗鹌鹑〕〔紫花儿序〕〔秃厮儿〕和〔尾〕曲。兹据《阳春白雪》，题作《赏春》，注王伯成作。《盛世新声》目录及原刊本《词林摘艳》俱题作《春遂》，注明王伯成作，重增本、内府本《词林摘艳》无题，《雍熙乐府》题作《春游》，不注撰人。

这套曲共包括六支曲子，写作者赏春的经过和感受，赞美春色的绚烂多姿、明媚艳丽。首曲〔斗鹌鹑〕写出游原因。诗人为什么要去赏春呢？直接的原因是酒力的摆布，着魔一般的诗兴大发。而深层的原因则是美丽春色的召唤。你听，"紫燕喧喧，黄莺呖呖"，先从听觉入手，写百鸟闹春；"红杏香中，绿杨影里"，又从视觉落笔，以色彩的大红大绿描摹春色。在艳阳的照射下，柳条摇曳，金光闪闪，桃花落入水中，顺流而下，时令的变化，告诉人们万紫千红的春景在召人赏观，写诗人出游赏春的主观原因。

〔紫花儿序〕以下四支曲子写诗人赏春经过，是赏春正文。〔紫花儿序〕一曲写去时路上所见春景。前三句总写，出游的路上，两旁百花盛开，香气扑鼻，一条清澈的小河，从一条孤零的小船边流过，绿茸茸的花草笼罩在烟雾之中。"扬鞭指处，堪画堪题"，既交代了诗人是乘骑出游，赞扬了如许春色之美，又开启下文，像电影中的特定镜头一样：在小溪旁边有一户竹坞人家，院子里彩绳高系，挂着一个空无人影的秋千架，仿佛如世外桃源，令人钦羡。末二句写春色凋谢，花事无多，暗示已是暮春景色。

〔小桃红〕一曲写诗人继续观赏春景，隔帘而望，桃花随风飘落，勤劳的蜜蜂上下飞舞，正忙着采花酿蜜。"红雨"一句用典，系化用唐李贺《将进酒》中"桃花乱落如红雨"诗意。"跨蹇携壶醒还醉"，与上面"扬鞭"照应，说明诗人骑的是一匹驽马或跛驴，境况并不十分富裕，但他却很旷达，随身携带着酒壶，边喝酒，边赏花，惬意得很。映入他眼帘的又是一幅美丽的图画：芳草萋萋，艳阳高照，和风微吹，在暖融融的河边沙滩上有成双作对的鸳鸯鸟睡卧，偶尔还可以听到一两声杜鹃的啼叫，真是无限春光。

［秃厮儿］一曲写诗人伫立凝望所见。所见春鸟，莺（黄莺）、子规，即杜鹃鸟，再加上昆虫类的蝴蝶，这些动物，作者用"莺慵燕懒蝶倦飞"来描绘其动态；对于百花盛开的春天的植物，作者则用"绿暗红稀"来描状，准确地写出了树荫幽暗、红花凋谢的景象，这种景色，总归一句是冷落了香花芳草，又早春归，惜春将归去，惜春之情跃然纸上。此曲写暮春景色生动如绘，要言不烦。

［圣药王］一曲写酒醉中所见春景。诗人边饮酒边赏春，虽有仆人跟随，还是喝得烂醉如泥。在醉眼蒙眬中，他看见小桥流水隔着花溪，在靠近古堤的杨柳披拂的小河西岸，有数枝红杏从疏疏落落的竹篱笆中伸出来，墙外边还有面酒旗在迎风招展，的确是醉人眼中景观。

［尾］曲是套曲的总收束，在这繁花似锦之地，红花绿柳之乡，车马喧天，游人如织。诗人顿生感慨，这春景不仅值得人们观赏，而且应该把它画下来，存之永远，是对春景的描写的最后一笔。

此曲语言明快，写景生动，层次井然，结构完整，不失为一首优秀的咏物之作。

毛泽东在阅读这支套曲时，仅对其中"数枝红杏出疏篱，墙外舞青旗"二句加上圆点，表示欣赏，其余则未加圈点，说明他对这首套曲评价不是很高。

管道昇

管道昇，字仲姬，一字瑶姬，吴兴（今浙江湖州）人，元代诗人、书画家。著名书法家越孟頫之妻，封魏国夫人，世称赵夫人、管夫人。画工梅兰竹菊、山水佛像，兼善书牍行楷、翰墨词章。

【原文】

锁南枝

你侬我侬⁽¹⁾，忒煞情多⁽²⁾。情多处，热如火。把一块泥，捻一个你⁽³⁾，塑一个我⁽⁴⁾。将咱两个，一齐打破，用水调和⁽⁵⁾！再捻一个你，再塑一个我。我泥中有你，你泥中有我，与你生同一个衾⁽⁶⁾，死同一个椁⁽⁷⁾。

【毛泽东评点】

中国有首古诗：两个泥菩萨，一起都打碎。用水调和，再做两个。我身上有你，你身上有我。

——转引自李超然《外交舞台上的新中国领袖》第164页，解放军出版社1989年版

毛泽东在阅读顾名编《曲选》收录的这首小令时，用铅笔在末二句旁各画了三个圈。

——中央档案馆整理：《毛泽东评点诗词曲精选·曲选》第59—60页，中央档案出版社1998年版

【注释】

（1）你侬（nóng 农），你。元宋褧《江上棹歌》："我侬一日还到驿，你侬何日到邕州？"我侬，我。吴语方言。唐司空图《力疾山下吴村看杏

花》之七："王老小儿吹笛看，我侬试舞尔侬看。"侬，人。泛指一般人。
《乐府诗集·清商曲辞一·子夜四时歌夏歌十六》："赫赫盛阳月，无依不
握扇。"

（2）忒（tè 特）煞，太，过分。《朱子语类》卷二三："陈少南要废
《鲁颂》，忒煞轻率。"

（3）捻（niē 捏），捏，揉塑。南朝宋刘义庆《世说新语·容止》：
"谢车骑道谢公：'游肆复无乃高唱，但恭坐捻鼻顾睐。'"

（4）塑，塑造，即用石膏或泥土等可塑材料塑成人、物形象。《资治
通鉴·后汉隐帝乾祐三年》："希广信巫觋语，塑鬼于江上。"胡三省注：
"抟填为神鬼之形曰塑。"

（5）调和（tiáo huó 条活），搅拌均匀。和，在粉状物中加水搅拌或
搓弄，使之黏在一起。

（6）衾（qīn 亲），大被。《诗经·召南·小星》："肃肃宵征，抱衾
与裯，寔命不犹。"毛传："衾，被也。"

（7）椁（guǒ 果），亦作"椁"。古代套于棺外的大棺。《周礼·地
官·闾师》："不树者无椁，不蚕者不帛。"郑玄注："椁，周棺也。"

【赏析】

管道昇这首《锁南枝》是写男女爱情的。它构思巧妙，语言清新，十分
有趣。全曲分四个层次来写。"你侬我侬，忒煞情多。情多处，热如火。"
开头四句抒情。"你侬我侬"，就是你与我，连介词都省去，直用吴语方言
入曲，显得格外亲密。"忒煞"，就是过分。"情多处，热如火"，二人感
情炽热得像一团火似的，爱情之热烈无以复加矣。"把一块泥，捻一个你，
塑一个我。"三句叙事，这是第二层。由于两人感情太好了，这女子便产
生了一个想法：用同一块黄泥来为两人塑像，"捻一个你，塑一个我"，自
然就密不可分了，仍是你我对举，十分亲切。但这女子转念一想，又不满
足了。因为所塑的"你""我"两个，虽然同出于一块黄泥，但毕竟你是
你，我是我，未免不够亲密。于是她突发奇想："将咱两个一齐打破，用
水调和！再捻一个你，再塑一个我。"这五句仍是叙事，是第三层。将两

个泥人打碎，重新调和之后，虽然重新塑造的还是"你"和"我"，却发生了质的变化："我泥中有你，你泥中有我，与你生同一个衾，死同一个椁。"后四句抒情。重新塑的两个泥人，与原塑不同，是我中有你，你中有我，水乳交融，不可分割。既然两人已经分割不开，便决心誓同生死：活着同盖一个大被，死后共装一口棺，生生死死，永不分离，表现了两人生死不渝的爱情追求，感人至深。

　　毛泽东十分熟知这首《锁南枝》。他在顾名编的《曲选》一书中读到这首小令时，用铅笔在末二句旁各画了三个小圈，表示对二人誓同生死的认同。他还用这支曲子说明重大现实问题。1957年，全世界共产党和工人党莫斯科会议期间，11月20日，苏共中央主席团在克里姆林宫叶卡捷琳娜大厅为各国党的代表团举行送别宴会，毛泽东在祝酒词中引用这支曲子里的话比喻世界共产党人的团结，他说："中国有首古诗：两个泥菩萨，一起都打碎。用水调和，再做两个。我身上有你，你身上有我。"用这支曲子揭示的生活哲理，生动形象地说明世界共产党人钢铁般团结的重要意义，发人深思。用小曲子说明大问题，不愧为伟大政治家的一个创造。

珠帘秀

珠帘秀，本名朱帘秀，元代著名杂剧女演员。她排行第四，又被称为朱四姐，后辈尊称为朱娘娘。夏芝庭说她"杂剧为当今独步，驾头（帝王）、花旦、软末泥（文弱书生）等，悉造其妙"。当时的著名的散曲家卢挚、冯子振、关汉卿、胡祗遹等都写过词曲赠她。主要活动于元至元、大德年间，初在大都（今北京）表演，南宋灭亡后，南下江淮演出。散曲作品今仅存小令一首，套数一首。

【原文】

〔双调〕落梅风

答　送

山无数，烟万缕，憔悴煞玉堂人物[1]。倚蓬窗一身儿活受苦[2]，恨不得随大江东去[3]。

【毛泽东评点】

毛泽东阅读顾名编《曲选》中收录的这支曲时，在末二句旁分别墨笔加了两个、四个圆点。

——中央档案馆整理：《毛泽东评点诗词曲精选·曲选》第16—17页，中国档案出版社 1998 版

【注释】

（1）憔悴，黄瘦，瘦损。《国语·吴语》："使吾甲兵钝弊，民离落人而日以憔悴，然后安受吾烬。"韦昭注："憔悴，瘦病也。"玉堂人物，

泛指显贵的文人，此指卢挚。玉堂，官署名。汉侍中有玉堂署，宋以后翰林院亦称玉堂。卢挚曾任翰林学士，故称他为玉堂人物。

（2）蓬窗，船窗。蓬，当作"篷"。宋张元干《满江红·自豫章阻风吴城作》："倚篷窗无寐，引杯孤酌。"

（3）随大江东去，即了此一生之意。"大江东去"，宋苏轼《念奴娇·赤壁怀古》："大江东去，浪淘尽、千古风流人物。"

【赏析】

珠帘秀是元代著名杂剧演员，也善写散曲，常和一些杂剧、散曲作家交往唱和。这支曲子见于《太平乐府》二、《尧山堂外纪》六九。《太平乐府》此曲之前为卢疏斋［寿阳曲］（即落梅风）《别珠帘秀》，此曲题目原作《答送》，有的本子径改作《答卢疏斋》。卢疏斋即卢挚，也是著名散曲家。二人交谊甚深，甚或有一段情缘。可能是因为双方社会地位悬殊，得不到社会认可，最终还是分手了。在相别之际，二人各制曲抒怀，含恨而别。卢挚有一首［落梅风］《送别》，写目送珠帘秀乘船离去，十分惆怅。此曲是答卢的上述曲子的，题作《答送》，表达离别时的痛苦心情。珠帘秀乘船东下，依依不舍，倚窗回眺，只见千重青山、万缕云烟的背景下，长江岸边伫立着形容枯槁、面色憔悴的挚友，想起艺人地位的低下，不能和身居玉堂显位的心上人结合，恨不得投身大江，随水东去，了却一生。

此曲有情有景，情景交融，情深意长，真挚感人，在艺术上颇有功力。作者以写景起，"山无数"二句，既是眼前景色，渲染分手时的氛围，也有起兴和象征意义。第三句由景写到人，说出送别之人的悲凉情绪，也反衬出自己的感伤。四、五两句又从卢挚写到自己。据卢曲原作中"画船儿载将春去也"一句推测，珠帘秀这次乘船而去，不是一次平常的离别，至少是一次长别，甚至将成为永诀，因此双方的心情都很沉重。珠帘秀乘船东去，越走越远，想到从此天涯孤旅，孑然一身，孤枕独眠，只有那滔滔的江水与悠悠的离恨与自己做伴。这处境实在是"活受苦"，由此想到一死了之。"恨不得随大江东去"，化用苏东坡《念奴娇·赤壁怀古》中"大江东去，浪淘尽、千古风流人物"句意，做鬼也风流，表现了珠帘秀的一腔热血豪情，不再留恋人生的悲愤，也是对封建等级制度的抗议。

毛泽东在顾名编选《曲选》中读到这支曲子时，在后两句旁加了圆点，表明他是比较喜欢读的。

姚燧

姚燧（1238—1313），字端甫，号牧庵，原籍营州柳城（今辽宁朝阳），迁居河南洛阳，元代文学家。少孤，为伯父姚枢所抚养。及长，为国子祭酒许衡所赏识。三十八岁为秦王府文学，后历任奉议大夫、提刑按察司副使、翰林直学士等。仁宗时为太子宾客、太子少傅等官。七十六岁卒于家。

姚燧的散文大部分是碑、铭、诏诰等应用文，文学趣味较少。但是非分明，结构严谨，叙事简要，气势流畅，格调高古，宋濂撰《元史》说他的文辞，闳肆该洽，豪而不宕，刚而不厉，舂容盛大，有西汉风。其诗词有些描写民生疾苦的作品。散曲有不少随意抒写心情与描摹儿女风情之作，语言浅白，笔调流畅。当时人把他与卢挚并称，是士大夫里有意采用散曲这种新诗体来抒情而成就较高的作家，因此在散曲的发展史上影响较大。著有《文集》五十卷，今存《牧庵集》三十六卷，内有词曲二卷，门人刘时中为其作有《年谱》。

【原文】

〔越调〕凭阑人

寄征衣

欲寄君衣君不还[1]，不寄君衣君又寒。寄与不寄间，妾身千万难[2]。

【毛泽东评点】

毛泽东在顾名编《曲选》中读到这支小令时，在题目的天头处画了一个大圈，全文都加了套圈。

——中央档案馆整理：《毛泽东评点诗词曲精选·曲选》第17页，中央档案出版社1998年版

元曲

【注释】

（1）君，对对方的尊称，犹言您，此指女子的丈夫。

（2）妾，旧时女子自称的谦词。战国楚宋玉《高唐赋》："妾，巫山之女也。"

【赏析】

此曲原载《太平乐府》三、《尧山堂外纪》六九，题目《寄征衣》。征衣，泛指旅人之衣。唐岑参《南楼送卫凭》："应须乘月去，且为解征衣。"又特指出征将士之衣。唐赵嘏《送李裴评事》："寒垣从事识兵机，只拟平戎不拟归。入夜笳声含白发，报秋榆叶落征衣。"女子的丈夫是旅居在外的游子，还是从戎边塞的征夫，语焉不详，但不管是哪种情况，都是不得不离乡背井，两地分居。分别愈久，思念愈炽，转眼之间，时届深秋，担心丈夫受冷受寒，寄征衣便成了这位女子考虑的迫切问题。这首曲的前两句写一个妻子的心理活动：丈夫在夏天就去了外地，现在冬天来了，她怕丈夫冷着，打算把冬衣寄去；但转念又想，如果他有了冬衣，就不回家了。索性不寄冬衣，好让丈夫回家来取，又怕他身不由己，不能回家，白白挨冻。前两句语意一正一反、一波一折，把思妇对征人的思念和关切的心理刻画得十分细腻。后两句则是前两句矛盾心理的扩展与深化：欲寄征衣，担心"君不还"；不寄征衣，忧虑"君又寒"，到底是寄好，还是不寄好，千难万难，一时难以决断。每一踌躇，每一反复，都在深化思妇的思念、关切和痛苦的感情。在短短的四句里，思妇的矛盾心理刻画得真挚自然，非常动人。此外，语言明白如话，自然流畅，看似随口道出，实则颇为精警，表现出一种"炼俗为雅"的特色，也值得注意。

毛泽东对这支曲子很感兴趣，在顾名编的《曲选》中读到这首曲子时，于题头空白处画了一个大圈，并在全文每句旁都加了套圈。

〔中吕〕醉高歌

感　怀

十年燕市歌声⁽¹⁾，几点吴霜鬓影⁽²⁾。西风吹起鲈鱼兴⁽³⁾，晚节桑榆暮景⁽⁴⁾。

【毛泽东评点】

毛泽东在顾名编《曲选》中读到这支小令时，将第二句后的逗号改作句号，并且全曲各句旁都加了两个墨点。

——中央档案馆整理：《毛泽东评点诗词曲精选·曲选》第18页，中央档案出版社1998年版

【注释】

（1）燕市，燕京，即今北京市，一作"燕月"，元代建都大都（今北京）。作者曾任翰林学士等职。

（2）吴，古国名，战国时吴国（都苏州）、三国东吴（都建业）均称吴，据有今江苏及长江中下游一带地域。作者曾于大德五年（1301）出任江东廉访使，时已六十余岁。

（3）鲈鱼兴，南朝宋刘义庆《世说新语·识鉴》："张季鹰辟齐王东曹掾，在洛，见秋风起，因思吴中菰米羹、鲈鱼脍，曰：'人生贵得适意尔，何能羁宦数千里以要名爵？'遂命驾便归。俄尔齐王败，时人皆谓之见机。"后因以鲈鱼脍为思乡赋归之典。

（4）桑榆暮景，夕阳斜照桑榆时的黄昏景象。桑榆，桑树和榆树。日落时光照桑榆树端，因以指日暮，比喻人的晚年、垂老之年。《文选·曹植〈赠白马王彪〉》："年在桑榆间，影响不能追。"李善注："日在桑榆，比喻人之将老。"

【赏析】

[中吕]醉高歌《感怀》，共四首，此曲是第一首，《太平乐府》四、《中原音韵》《词品》《尧山堂外纪》六九、《花草粹编》诸书均有著录，原文依《中原音韵》，别本"燕市"作"燕月"，"吹起"作"吹老"，"晚节"作"已在"。

这首曲是作者感于游宦半生，晚年思归家园而作。作者曾于京中供职多年，任翰林学士、大司农丞等职。元代建都大都（今北京），是古燕国之地，故说"燕市"。首句"十年燕市歌声"，是说壮年的时候游宦北方，经历过夜夜笙歌、寻欢作乐的生活。"吴"是古国名，战国时吴国和三国时孙吴政权皆称"吴"，据有今长江中下游一带地方。作者曾于大德五年（1301）出任江东廉访使，那时已经六十多岁。"几点吴霜鬓影"，次句是说，游宦半生，到经历吴地风霜的时候，已经老了，鬓发也像霜雪那样点点斑白了。"吴霜"一词，在这里语意双关。"西风吹老鲈鱼兴"，第三句用典。晋人张翰，是吴郡人，曾入洛阳做官。因秋风起，他忽然想起了自己家乡的莼（chún 唇）菜和鲈鱼的美味，就说："人生贵得适意尔，何能羁宦数千里以要名爵？"于是就坐着车子回家乡去了。由于作者是洛阳人，又正在吴地做官，就借用了张翰的故事，写自己思归的情怀。太阳下山，在桑榆之间，是日暮的时候，比喻人之晚年。作者于至大四年（1311）告归，时已七十多岁。"晚节桑榆暮景"，末句是说，自己已是晚年，该回归家园了，思归之情更为迫切。

这首曲子确如标题所言，作者是有感而发，抒发情怀，前两句自叙游宦经历，后两句寄托思归情怀，转接自然，着墨无多，读来情感真挚动人。

毛泽东在顾名编《曲选》中读到这支小令时，在每句旁都加了圆点，并将第二句末的逗号改为句号，说明他读得十分认真，还是比较欣赏的。

真 氏

真氏，生平未详。又名真真，建宁（今福建建瓯）人。据陶宗仪《辍耕录》卷二十二"玉堂嫁妓"条载，她是南宋诗人真德秀之后，"父官朔方时，禄薄不足以给，侵贷公币无偿，遂卖入娼家"。在一次宴会上，翰林学士姚燧怜悯她的遭遇，报请丞相三宝奴，替她脱乐籍，后来把她嫁给一个属官为妻。

【原文】

〔仙吕〕解三酲

自 述

奴本是明珠擎掌[1]，怎生的流落平康[2]? 对人前乔做作娇模样[3]，背地里泪千行[4]! 三春南国怜飘荡[5]，一事东风没主张[6]。添悲怆[7]，那里有珍珠十斛来赎云娘[8]。

【毛泽东评点】

毛泽东在顾名编《曲选》读到这支曲子时，在前四句旁都加了两个圆点，后三句旁加了套圈。

——中央档案馆整理：《毛泽东评点诗词曲精选·曲选》第17页，中央档案出版社1998年版

【注释】

（1）奴，古代女子自称。明珠擎（qíng 晴）掌，言其出身于上流社会，父母把她当成掌上明珠。擎，举。

（2）怎生的，怎么。平康，唐代长安里名，是妓女聚居之处，旧时因用以泛指妓院。

（3）乔，乔装，假装。

（4）背地里，背人处，暗中。

（5）三春，旧称阴历正月为孟春，二月为仲春，三月为季春，合称三春，亦指三年。南国，泛指我国南方。《楚辞·九章·橘颂》："受命不迁，生南国兮。"王逸注："南国，谓江南也。"

（6）一事东风没主张，意谓一事当头，如小草随风摇摆而无主意。一事，一件事。《淮南子·缪称训》："察于一事，通于一伎者，中人也。"东风，草名。《文选·左思〈吴都赋〉》："草则藿、蒳、豆蔻……东风、扶留。"刘逵注："东风，亦草也，出九真。"亦可食，《齐民要术·五谷果蓏菜茹非中国物产者》引晋顾微《广州记》："东风华叶似'落娠妇'，茎紫。宜肥肉作羹，味如酪。"即所谓"东风菜"，还能入药。

（7）悲怆，悲伤。添悲怆，顾名编《曲选》无此三字。

（8）珍珠十斛（hú 胡）二句，用晋豪富石崇用明珠买绿珠事，唐乔知之《绿珠怨》："石家金谷重新声，明珠十斛买娉婷。"斛，旧量器名，古以十斗为一斛，南宋末年为五斗。赎（shú 熟），用钱物或其他代价换回人身或抵押品。《诗经·秦风·黄鸟》："如可赎兮，人百其身。"云娘，仙女云英，见《太平广记》卷十五《裴航》。这里指美貌女子，即真氏自己，或指崔云娘，唐代澧州官妓，形容瘦瘠，事见范摅《云溪友议》。

【赏析】

此曲录自近人吴梅《顾曲麈谈》，本事见元陶宗仪《辍耕录》卷二十二"玉堂嫁妓"条。原无题，顾名《曲选》题作《自述》。

本首为歌妓真氏所作。真实地反映了妓女的苦难生活和哀怨。"奴本是明珠擎掌，怎生的流落平康？"自叙其不幸落入风尘的经历。真氏本是官宦之家、书香门第的小姐，父母爱之如掌上明珠。据说她是南宋诗人真德秀之后，其父在朔方做地方官，俸禄微薄，挪用公款，无力偿还，遂把她卖为官妓偿债。这个过程她当然不会不清楚，为什么还要发问呢？平康巷是唐代官妓聚居之所，流落平康就是人前卖笑，供人驱使。从一个娇小姐，流落为卑贱的官妓，一下跌入万丈深渊，巨大的反差，真氏心里如何承受得起？"怎生"一词，呼天抢地，悲愤异常。"对人前乔做娇模样，背地里泪千行。"三、四句采用对比手法，写官妓生活的酸辛。官妓要随时承应官吏的一切公私宴会，进献歌舞，侑酒娱宾。内心酸楚，却须强颜欢笑，假装妖媚，博取买笑者欢心，有泪只能在无人处暗自抛洒，这是何等的酸辛！"三春南国怜飘荡，一事东风没主张"二句，进一步写自己流落已久和身不由己的苦难生活。这种可怜的生活已非一朝一夕，而已整整三年（或说春天），沦为官妓一事，使自己就像东风草一样随风摇摆，完全失去了自主能力。不能自主，即失去了自由。这种生活使她无法忍受，可又无法摆脱，只能日甚一日地添加内心的悲痛。"添悲怆，那里有珍珠十斛来赎云娘！"末二句写真氏的悲愤及从良的愿望。妓女要想除掉乐籍获得自由，只有两个办法：或靠家人重金赎身，或嫁士大夫弃贱从良。父母无钱，前路已断，嫁士大夫，亦非易事。所以她只能忽发奇想：像晋代巨富石崇用"珍珠十斛"赎买绿珠一样，来解除唐代澧州官妓崔云娘，或云《裴航》中的仙女云英。真氏还真有个喜剧的结局：一次偶然的机会，她有幸得遇翰林学士、散曲家姚燧。姚燧怜其不幸，报告丞相三宝奴，为之脱籍，认为义女，嫁与其属官王林为妻。这是不幸中的万幸，而一般妓女是无此福分的！

此曲自述身世，现身说法，风尘女写风尘事，情真意切，字字血泪。它从一个侧面反映出封建社会的罪恶和妇女的不幸遭遇，感人至深。

毛泽东在顾名编的《曲选》中读到这支小令时，在前四句旁加了圆点，后三句旁加了套圈，表明他是比较欣赏的。

张可久

张可久（约 1280—1348 后），一说名久可，号小山，庆元（今浙江宁波）人，元散曲家。生平不可详考。《录鬼簿》说他"路吏转首领官"，首领官为民务官，相当于税课大使。曾为"桐庐典使"，七十多岁为"昆山幕僚"，八十岁左右尚"监税松源"。他时官时隐，足迹遍及江、浙、皖、闽、湘、赣等地，晚年定居杭州，一生奔波，不太得志。

他的作品题材比较狭窄，大多数是欣赏湖光山色（尤其是西湖风景）和抒写个人情怀的，还有不少应酬和怀古之作。其散曲的主要艺术特色是：讲究格律音韵；炼字炼句，对仗工整，字句和美；融合运用诗词手法，讲究蕴藉工丽，而且常常熔铸诗词名句，藉以入于典雅。风格清丽，而不失自然，成为元散曲中清丽派的代表作家。明朱权《太和正音谱》誉之为"词林之宗匠"，许光治"俪辞追乐府之工，散句撷宋唐之秀"（《〈江山风月谱〉自序》）。张可久享誉当时，是一代曲风转换的关键人物。元代前期散曲崇尚自然真率，后期则追求清丽雅正。张可久以他的创作实践，为一些从诗词转向散曲的作者开了一条路，足见他在散曲史上的重要地位。

张可久的散曲作品，当时即已集成。今存张可久散曲集，有天一阁本《小山乐府》、影元抄本《北曲联乐府》、明李开先辑《张小山小令》、徐渭辑《小山乐府》、清夏煜《张小山小令选》、劳权辑《张小山北曲联乐府》及近人任讷散曲丛刊本《小山乐府》等。隋树森《全元散曲》存其小令八百五十五首，套曲九首。

〔中吕〕珠履曲

隐　士

叹孔子尝闻俎豆⁽¹⁾，羡严陵不事王侯⁽²⁾。百尺云帆洞庭秋⁽³⁾。醉呼元亮酒⁽⁴⁾，懒上仲宣楼⁽⁵⁾，功名不挂口⁽⁶⁾。

【毛泽东评点】

　　毛泽东在顾名编《曲选》中读到这支小令时，在题目上方天头上画有一个大圈，并在前二句旁加了圆点，后四句旁加了圆圈，还将第二句后的逗号改为句号。

——中央档案馆整理：《毛泽东评点诗词曲精选·曲选》第 18 页，
中央档案出版社 1998 年版

【注释】

　　（1）叹，一本作"学"。孔子，即孔丘，鲁国曲阜（今山东曲阜）人。春秋末期思想家、政治家、教育家，儒家的创始者。俎（zū 租）豆，俎和豆，古代祭祀、宴食时盛食物用的两种礼器，亦指祭祀，奉祀。《论语·卫灵公》："俎豆之事则尝闻之矣，军旅之事未之学也。"

　　（2）羡，一本作"喜"。严陵，即严光，光字子陵，省称严陵，东汉会稽余姚人，隐士。少曾与汉光武帝刘秀同游学。秀即帝位后，光变姓名隐遁。秀遣人觅访，征召到京，授谏议大夫，不受，退隐于富春山。后人称他所居之地为严陵山、严陵濑、严陵钓台等。诗文中常用其事。

　　（3）洞庭，即洞庭湖，位于湖南省北部、长江南岸。

　　（4）元亮，晋诗人陶潜，字元亮，曾为彭泽令，因不愿为五斗米折腰归隐。农事之余，常以诗酒自娱，有《饮酒》诗。

　　（5）仲宣楼，即当阳城楼，在今湖北省。汉王粲字仲宣，为建安七子之一。博学多识，文思敏捷，善诗赋，曾登此楼作《登楼赋》，故称。后遂用为典故，借指诗人登临抒怀之处。

（6）功名，功业和名声。《庄子·山木》："削迹损势，不为功名。"成玄英疏："削除圣迹，捐弃权势，岂存情于功绩，以留意于名誉。"

【赏析】

［中吕］珠履曲《隐士》，题目及正文均依《中原音韵》，《乐府群珠》卷四俱同。别本题作《次崔雪竹韵》，崔雪竹生平未详，其曲《全元散曲》无收。"叹孔子尝闻俎豆，羡严陵不事王侯。"开头二句提出入世与出世、做官与归隐两种对立的人生态度。孔子是儒家学说的创始人，其基本的人生道路是读书做官、经邦济世。俎豆之事，指礼仪一类的事情，孔子周游到卫国，灵卫公向他请教布阵的事，孔子回答说："礼节仪式方面的事情，我还懂得；军队作战方面的事情，我没有学过。"孔子以克己复礼为己任，主张积极用世，治理好国家。作者认为这是可叹的。东汉的严子陵是著名的隐士。他年轻时与汉光武帝刘秀共同游学。刘秀当了皇帝，他急忙隐名埋姓。后被刘秀派员访得，授予他谏议大夫之职，他却拂袖而去，归隐今浙江桐庐之富春山，以垂钓为乐。这种放着官不做，而去做隐士，当然是一种不与统治者合作的道路，作者颇为钦羡。"百尺云帆洞庭秋"，第三句则写高挂云帆，浪迹江湖，是对决意归隐的形象描绘。接下来，"醉呼元亮酒，懒上仲宣楼。"两个对句进一步描写了作者想象中的隐士生活。"醉呼元亮酒"，元亮是东晋诗人陶渊明的字。陶氏曾做过彭泽令，后因不肯向乡里小儿折腰而归隐田园，过着亦耕亦隐的生活，以诗酒自娱。此句作者肯定的不是他做官而是归隐的道路。"懒上仲宣楼"，仲宣是建安七子之一王粲的字。王粲曾到荆州依刘表，不受重用。当他登上当阳城楼，眺望故乡，写下了著名的《登楼赋》，抒发他怀才不遇、客居思乡的情思。"懒上"二字表明连王粲这样的忧思怀乡之情也没有了，走的是彻底归隐的道路。"功名不挂口"，意谓再不提功业和名誉之事，一心一意去做隐士，篇末点题，表明对功名利禄的鄙视。

全曲六句，四句用典，两两相对，贴切恰当，很好地表现了题旨；两句则用白描和直叙，衔接自然，使全篇浑然一体，颇见功力。

毛泽东在顾名编的《曲选》中对这支小令的评点圈画，说明他是比较喜欢这支曲子的。

【原文】

〖中吕〗满庭芳

春　晚

知音到此[(1)]，舞雩点也[(2)]，修禊羲之[(3)]。海棠春已无多事[(4)]，雨洗胭脂[(5)]。谁感慨兰亭古纸[(6)]？自沉吟罗扇新词[(7)]。急管催银字[(8)]，哀弦玉指[(9)]，忙过赏花时。

【毛泽东评点】

毛泽东在读顾名编《曲选》收录的这首小令时，在"舞雩点也，修禊羲之"二句旁画了直杠，在"海棠春已无多事"以下四句旁各加了两个圈点，并将"急管催银字"句后的句号改作逗号。

——中央档案馆整理：《毛泽东评点诗词曲精选·曲选》第18—19页，中央档案出版社 1998 年版

【注释】

（1）知音，通晓音律。《列子·汤问》载，伯牙善鼓琴，钟子期善听琴。伯牙琴音志在高山，子期说："峨峨兮若泰山"；琴音意在流水，子期说："洋洋乎若江河"。伯牙所念，钟子期必得之。后世遂以知音比喻知己、同志。

（2）舞雩（yú 于），指舞雩台，地名，原是祭天求雨的地方，在今山东曲阜。《论语·颜渊》："樊迟从游于舞雩之下。"何晏集解引包咸曰："舞雩之处，有坛树木，故下可游焉。"点，曾皙（xī 析）名点，字子皙，曾参的父亲、孔子的弟子。《论语·先进》："（曾点）曰：'莫春者，春服既成，冠者五六人，童子六七人，浴乎沂，风乎舞雩，咏而归。'夫子喟然叹曰：'吾与点也！'"后指乐道遂志，不求仕进。

（3）修禊（xì 细），古代民俗于农历三月上旬的巳日（三国魏以后始固

定为三月初三）到水边嬉戏，以被除不祥，称为修禊。羲之，东晋大书法家王羲之，字逸少，琅玡临沂（今山东临沂）人，居会稽山阴（今浙江绍兴）。有"书圣"之称。曾任右军将军，也称"王右军"。其《兰亭集序》曰："永和九年，岁在癸丑，暮春之初，会于会稽山阴之兰亭，修禊事也。"

（4）海棠春，春天。海棠，落叶乔木，叶子卵形或椭圆形，春季开花，白色或淡红色，故称。

（5）胭脂，一种用于化妆和国画的红色颜料。亦泛指鲜艳的红色。唐杜甫《曲江对雨》："林花着雨胭脂湿，水荇牵风翠带长。"

（6）感慨，感触，感叹。兰亭古纸，指王羲之《兰亭集序》。文中有言："及其所之既倦，情随事迁，感慨系之矣。"古纸，一作"故纸"。

（7）沉吟，低声吟味。南朝梁刘勰《文心雕龙·风骨》："是以怊怅述情，必始乎风；沉吟铺辞，莫先乎骨。"罗扇，丝罗制成的扇子。瞿本《太平乐府》作"罗帕"，《李辑小令》《曲选》皆作"桃扇"。新词，当指散曲。

（8）急管，节奏急促的管乐。南朝宋鲍照《代白纻曲》之一："古称《绿水》今《白纻》，催弦急管为君舞。"银字，笙笛类管乐器上用银作字，以表示音调的高低，借指乐器。唐白居易《南园试小乐》："高调管色吹银字，慢拽歌词唱《渭城》。"

（9）哀弦，悲凉的弦乐声。三国魏曹丕《善哉行》："哀弦微妙，清气含芳。"玉指，称美人的手指。《乐府诗集·清商曲辞一·子夜歌之四十一》："朱口发艳歌，玉指弄娇弦。"

【赏析】

此曲据《中原音韵》。一本题作《春晓梅友元帅席上》。这首小令描写了春天的傍晚一群好友在修禊之后听歌吟诗的情事，表现出及时行乐的思想。

"知音到此，舞雩点也，修禊羲之。"开首三句写亲朋好友，志同道合之人，在春天的傍晚一起做修禊的事。这里用了两个典故，一个是孔子的弟子曾皙在言志时说的："在暮春时节，春服做好之后，我和五六个成年人，六七个少年，到沂水洗洗澡，在舞雩台上吹吹风，一路唱着歌走回来。"这种做法，后来沿以成俗，定于农历三月上旬的第一个巳日到水边嬉戏，以祓除不祥，便是所谓修禊。另一个典故就是东晋穆帝永和九年（353）三月三日，王羲之和当时的名士孙绰、孙统、谢安、支遁等四十一人，为过修禊日，宴集于会稽山阴的兰亭。王羲之的《兰亭集序》记载了此次宴集的盛况与观感。用此二典，指明修禊之事。修禊在暮春三月，海棠花多凋谢，胭脂红的花色变得浅淡了，故说"雨洗胭脂"。二句点明时令。"谁感慨兰亭古纸？自沉吟罗扇新词。"二句由修禊过渡到听歌吟诗。人们谁还为修禊之事而感叹？各自都在低声吟诵自己喜爱的新曲，反映出人们欣赏趣味的变化，作者对这种情况不无感慨。"急管催银字，哀弦玉指，忙过赏花时。"镶有银字的笙笛等乐器奏出节奏急促的声调，美人的手指弹奏出悲凉的乐声，好像急急忙忙抢着过这赏花的好时节。字里行间，流露出一种时不我待、及时行乐的思想情绪。

从毛泽东对这首小令的圈画情况来看，他对这支曲子还是比较喜欢的。

【原文】

〖正宫〗醉太平

感　怀

人皆嫌命窘[(1)]，谁不见钱亲？水晶丸入面糊盆[(2)]，才沾粘便滚。文章糊了盛钱囤[(3)]，门庭改做迷魂阵[(4)]，清廉贬入睡馄饨[(5)]，葫芦提倒稳[(6)]。

【毛泽东评点】

毛泽东在顾名编《曲选》中读到这支小令时，在题头上方的天头处画了一个大圈，并对全曲每句都加了套圈，还将"清廉贬入睡馄饨"句后的句号改为逗号。

——中央档案馆整理：《毛泽东评点诗词曲精选·曲选》第19页，中央档案出版社1998年版

元

曲

79

【注释】

（1）窘（jiǒng 炯），穷困。

（2）水晶丸，宋欧阳修《浪淘沙》之三："五岭麦秋残，荔子初丹，绛纱囊里水晶丸。"后因以作为荔枝的品名。一本作"水晶环"，水晶做的环子。水晶，无色透明的结晶石英。古称"水玉"。比喻清白无瑕的人。面糊盆，盛储面糊的盆子，比喻混乱龌龊的社会。滚，滚动。

（3）盛（chéng 呈）钱囤（dùn 盾），存放钱币的器具。盛，以器装物。囤，用竹篾，荆条、稻草等编成的贮粮器具。

（4）门庭，迎着门的空阔地方。《易·节》："不出门庭，凶。"《周礼·天官·阍人》："掌埽门庭。"郑玄注："门庭，门相当之地。"此指家门，门户。迷魂阵，本是旧小说中一种能使人灵魂迷失、令人不辨方向的阵列，比喻能使人迷惑的阵势、圈套。

（5）睡馄饨，放倒的馄饨，意谓站不起，犹言软骨头。馄饨，一种用薄皮包馅的面食，一说即"混沌"，糊涂。形容无知无识。

（6）葫芦提，糊里糊涂。稳，稳妥，可靠。

【赏析】

此曲《中原音韵》题作《感怀》，《北词纪外集》题作《叹世》。它辛辣地讽刺了某些不择手段追求金钱的无耻之徒的卑劣行径，深刻地揭露了元代社会的病态与腐败。

"人皆嫌命窘，谁不见钱亲？"小令以议论开端，在元代社会，人人都怨恨、惧怕自己命运穷困，谁不见钱眼开？一句陈述，一个反诘，概括了这种丑恶现象的普遍性，揭示了贪财乃是世风腐败的根源。接着，铺写这种腐败风气的具体表现。"水晶丸入面糊盆，才沾粘便滚。"二句先打了一个形象的比喻：好像一个状如水晶的荔枝，掉到面糊盆里，刚被沾得黏糊糊的，便滚动起来。"水晶丸"，一作"水晶环"，指水晶做的圆环，皆比喻清白纯洁的人，两种解法都可通。面糊盆，取其沾黏特性，以喻社会环境。这两句是说，整个元代社会就像一个面糊盆、大染缸，就是本质清白纯洁的人，一掉进去，也会受沾染，不能自拔，也会营私舞弊，拼命去搞钱。"文章糊了盛钱囤，门庭改作迷魂阵，清廉贬入睡馄饨。"三句一连列举三种腐败风气的具体表现。在这个唯钱是亲、一切向钱看的社会里，读书写文章，成了升官发财、贪污受贿的手段，或者说，文章无人去读，只能用来糊制盛钱的器具；标志着一个家族的门户，竟变成了专门坑别人圈套、捞足钱财的陷阱；不贪财的清正廉洁的人，备受贬斥和打击，被弄成站不起来的"睡馄饨"。这三句辛辣地讽刺了拜金主义者的卑鄙无耻，揭露元代社会是非颠倒、贤愚不分的丑恶现象。"葫芦提倒稳"意谓世俗名利、是非贤愚我都不管，不如权装糊涂，反倒觉得安稳。这是一种无可奈何的喟叹，其实是一种愤激不平的反语。结尾一句，表明自己的处世态度，在幽默中收束全文。

毛泽东十分欣赏这首小令，在读顾名编的《曲选》中收录的这支曲子时，对全文每句都加了套圈，并将倒数第二句的句号改为逗号。

【原文】

〔商调〕山坡羊

春　睡

云松螺髻(1)，香温鸳被(2)，掩春闺一觉伤春睡(3)。柳花飞(4)，小琼姬(5)，一片声"雪下呈祥瑞"(6)，把团圆梦儿生唤起(7)。谁？不做美(8)。呸，却是你！

【毛泽东评点】

毛泽东在顾名编《曲选》中读到这支小令时，在"掩春闺"一句和"一片声"以下六句旁都加了墨点。

——中央档案馆整理：《毛泽东评点诗词曲精选·曲选》第19页，中央档案出版社1998年版

【注释】

（1）云松螺髻，螺壳形的鬟髻蓬松了。云，喻指头发轻柔舒卷如云之状。唐程长文《狱中书情上使君》："高髻不梳云已散，蛾眉罢扫月仍新。"螺髻，螺壳状的发髻。晋崔豹《古今注》："童子结发，亦为螺髻，亦谓其形似螺壳。"

（2）鸳被，即鸳鸯被，绣有鸳鸯的锦被，为夫妻共寝之用。《西京杂记》卷一："鸳鸯被，鸳鸯襦，鸳鸯褥。"唐骆宾王《从军中行路难同辛常伯作》："雁门迢递尺书稀，鸳被相思双带缓。"

（3）春闺，女子的闺房。南朝梁简文帝《和湘东王名士悦倾城》："非怜江浦珮，羞使春闺空。"一觉（jiào 叫），睡醒，亦指一次睡眠。《列子·周穆王》："西极之南隅，有国焉……其民不食不衣而多眠，五旬一觉。"伤春，因春天到来而引起忧伤、苦闷。唐司空曙《送郑明府贬岭南》："青枫江色晚，楚客独伤春。"

（4）柳花，柳树开的花，呈鹅黄色，亦指柳絮，白色。南朝陈后主《洛阳道》之四："柳花尘里暗，槐色露中光。"

（5）琼姬，传说芙蓉城中仙女名，借指美女。宋赵彦卫《云麓漫钞》卷十："王回字子高，族弟子立，为苏黄门婿，故兄弟皆从二苏游。子高后受学于荆公。旧有周琼姬事，胡徽之为作传，或用其传作《六么》。东坡复作《芙蓉城》诗，以实其事。"

（6）雪下呈祥瑞，即"瑞雪兆丰年"之意。我国民间认为应时的冬雪预示着明年是个丰收年。瑞，瑞雪，应时之雪。祥瑞，吉祥的预兆。汉刘向《新序·杂事二》："成王任周召而海内大治，越裳重译，祥瑞并降。"

（7）生，硬。

（8）不做美，不肯成全人的好事。

【赏析】

此曲以嗔怪小丫头报告"下雪"唤醒"团圆梦"，来表现女主人对离人的思念，构思十分巧妙。"云松螺髻，香温鸳被，掩春闺一觉伤春睡。"前三句叙事，为我们描绘了一幅迷人的美人春睡图。你看她，头发蓬松，螺髻半散，鸳鸯被中露出雪白的肌肤，透出一股馨香，虚掩着房门，睡得正酣。俗话说，春困秋乏夏打盹。春季人容易疲乏，贪睡也是常情。但这位女子贪睡，不仅因此，还另有别的原因。"鸳被"二字透露出个中消息，她是一位已有丈夫的少妇。丈夫远行，少妇单栖，自然心烦意乱，不是个滋味，为什么还要贪睡呢？"伤春"二字，指出其因得不到正常的爱情生活而伤感。原来那女子由于思夫心切，在梦中正与丈夫团圆呢！这与唐人金昌绪《春怨》中"啼时惊妾梦，不得到辽西"对思妇的描写，有异曲同工之妙。

开头三句写作品的女主角少妇，接下来"柳花飞"四句，则把笔触转向这位少妇的小丫头。这位幼稚活泼的小丫头，偶然抬头，看见窗外柳絮飞舞，误认为是下春雪了，便欢呼雀跃起来，竟忘记了主人还春睡未起。一声"雪下呈祥瑞"，硬是把少妇的团圆梦惊醒。末四句把笔触再转向少妇。当这位少妇还睡眼惺忪没有弄清是谁把她吵醒了，只轻声地问了句："谁？"嗔怪道："不做美。"意即搅了人家的好事。当她完全清醒过来，发现原来这蠢事竟是她的小丫头干的，便不那么客气了："呸，却是你！"少妇的娇嗔薄怒之态、无可奈何的心理，跃然纸上，耐人寻味。

从毛泽东对这首小令的圈点来看，他还是比较喜欢这支曲子的。

【原文】

〔越调〕凭阑人

暮春即事

小玉阑干月半掐(1)，嫩绿池塘春几家(2)？鸟啼芳树丫(3)，燕衔黄柳花(4)。

【毛泽东评点】

毛泽东在读顾名编《曲选》收录的这支小令时，改动了两个标点：将第二句后的叹号改作问号，第三句后的句号改作逗号。

——中央档案馆整理：《毛泽东评点诗词曲精选·曲选》第20页，
中央档案出版社1998年版

元
曲

83

【注释】

（1）阑干，栏杆。用竹、木、砖石或金属等构制而成，设于亭台楼阁或路边、水边等处作遮拦用。唐李白《清平调》之三："解释春风无限恨，沉香亭北倚阑干。"月半揢（qiā），半月形的曲栏杆。揢，用拇指按住另一指头尖。

（2）嫩绿池塘春几家，南朝宋谢灵运《登池上楼》："池塘生春草，园柳变鸣禽。"金元好问《论诗三十首》之二十九："池塘春草谢家春，万古千秋五字新。"因诗句表现了春天的气息，故谓之谢家春。

（3）丫，通"桠""枒"，树木的分叉。宋汪元量《湖州歌九十八首》："宫人夜泊近人家，瞥见红榴三四丫。"

（4）黄柳花，柳树开的花，呈鹅黄色，故称。唐杜甫《曲江陪郑八丈南史饮》："雀啄江头黄柳花，鸂鶒鸂鶒满晴沙。"

【赏析】

《暮春即事》原作二首，此是第二首。《太平乐府》卷三题作《暮春》，《李辑小令》卷下同。此曲写暮春景色生动如画，全用白描。"小玉阑干月半揢，嫩绿池塘春几家？"前二句写静景，在暮春的池塘边，绿草如茵，波平如镜，临水的台榭，小巧玲珑的玉石栏杆形如半圆新月。显然这不是平民百姓家的春天，而是豪门贵族之家的春天景色。作者以反诘出之，无限感喟之情寓于字里行间。"嫩绿池塘"显系由谢灵运《登池上楼》"池塘生春草"脱化而来。元代诗论家元好问在评谢诗时说："池塘春草谢家春，万古千秋五字新。""池塘生春草"句，透露了春天的信息，所以被元好问誉为"谢家春"。这里以"春几家"发问，不难看出二者之间的联系。后二句仍用白描，但写的却是动景，你看，小鸟（一说作"乌"，指乌鸦，似与诗的意境不合）在散发着花香的树枝上啼叫，燕子这位被誉为春天的使者，在悠闲地衔食鹅黄色的柳花。全曲写暮春景色，一静一动，动静结合，相映成趣。

毛泽东在读顾名编的《曲选》中收录的这首小令时，原文中的四个标点，他改动了两个，说明他读得很认真，很有兴致。

〖中吕〗朝天子

游庐山

朝霞，晚霞，妆点庐山画⁽¹⁾？仙翁何处炼丹砂⁽²⁾？一缕白云下。客去斋余⁽³⁾，人来茶罢。叹浮生指落花⁽⁴⁾。楚家，汉家⁽⁵⁾，做了渔樵话⁽⁶⁾。

【毛泽东评点】

毛泽东在顾名编《曲选》中读到这支小令时，在题目上方天头上画了一个大圈，并在"客去斋余，人来茶罢"二句旁加了圆点，其余各句都加了套圈。

——中央档案馆整理：《毛泽东评点诗词曲精选·曲选》第20页，中央档案出版社1998年版

【注释】

（1）妆点，妆饰点缀。庐山，即今江西九江市南庐山，为我国著名风景胜地。

（2）仙翁何处炼丹砂，指庐山仙人洞，在牯岭西北，为悬崖峭壁上天然形成的石洞，高约两丈，深广各三四丈，传为唐朝仙人吕洞宾居住炼丹之处。仙翁，指吕洞宾。吕为传说中的人物，八仙之一，相传为唐京兆人，一说关西人，名岩（一作嵒），号纯阳子，咸通中及第，两为县令。后移家终南山修道，不知所终。炼丹砂，即炼丹，道教法术，源于古代方术，原指置朱砂于炉中炼制，后有内丹、外丹之分，以气功修炼人体精、气、神谓之内丹，以炉火炼药石谓之外丹。

（3）斋，斋宫的简称，即供斋戒用的宫室、屋舍。《国语·周语上》："王即斋宫，百官御事，各即其斋三日。"韦昭注："所斋之宫也。"

（4）浮生，人生。语出《庄子·刻意》："其生若浮，其死若休。"人生在世飘浮不定，因称人生为"浮生"。

（5）楚家，汉家，指秦汉之际，项羽自称西楚霸王，他封刘邦为汉

王。二人分据称王所建立的两个政权，被称为楚、汉。

（6）渔樵话。渔人和樵夫的话头、谈资。渔樵，渔人和樵夫。唐王维《桃源行》："平明闾巷扫花开，薄暮渔樵乘水入。"

【赏析】

庐山，位于我国长江中下游，气吞大江，影落鄱阳湖，是我国著名的风景名胜之地。这里有峭壁悬崖的峰峦叠嶂、瞬息万变的云海，奔雷堆雪的银泉飞瀑，星罗棋布的名胜古迹。历代的文人墨客，在美丽的庐山留下了不少名作佳制。元代张可久的［中吕］朝天子《游庐山》便是其中之一。这首小令描绘了风景如画的自然和人文景观，抒发了世事变迁的感慨。

"朝霞，晚霞，妆点庐山画。"开头三句，总写庐山自然景观之美。游览庐山，登高峰，看飞瀑，俯视大江，远眺鄱阳湖，而且阴晴雨雪，各具面目，但庐山最美的时候，莫如朝霞满天、夕阳西下之时。在早晚之际，庐山宛如一幅天然的画卷，美丽极了。这确是游人眼中的庐山，写来概括而又真实生动。"仙翁何处炼丹砂？一缕白云下。"接下来二句写庐山的人文景观。庐山的文物古迹很多，作者只择取了一个最有代表性的仙人洞来写。位于牯岭西北佛手崖下的仙人洞，相传是八仙之一的吕洞宾居住炼丹之处，下临深涧，白云缭绕，置身洞前，可以纵览云飞，景色非常优美。庐山有仙人洞这样的道教胜地，也有东林寺、西林寺等古寺名刹。佛教道教信徒烧香朝拜者自然不少。下面二句"客去斋余，人来茶罢"，自然从写景过渡到寄慨。信徒们斋戒后离去，客舍空了，人们来到这里，吃茶之后，便天南海北、古今中外地闲聊起来。有的指着残败的落花，而感叹人生的沉浮不定；有的则大谈项羽和刘邦的楚汉之争。这些人生意蕴探讨的严肃课题，和楚汉之争的重大历史事件，如今都成了捕鱼人和打柴人的茶余饭后的谈资。所以，末四句抒发了作者对世事变迁的感慨。此曲以《游庐山》为题，前半写景，后半寄慨，过渡自然，浑然一体，确有特色。

从毛泽东对这支小令的圈点来看，他是非常喜欢这首曲子的。

〖正宫〗端正好

渔家乐

【端正好】钓艇小苫寒波⁽¹⁾，蓑笠软欺风雨⁽²⁾，打渔人活计萧疏⁽³⁾。侬家鹦鹉洲边山⁽⁴⁾，初真模住，对景堪趣⁽⁵⁾。

【滚渡】如雪堆，红蓼滩似锦铺⁽⁶⁾。野鸥闲自来自去，暮云闲或卷或舒。日已无，月渐出，映蟾光满川修竹⁽⁷⁾，助风声两岸黄芦⁽⁸⁾。收纶罢钓寻归去⁽⁹⁾，酒美鱼鲜乐有余，此乐谁如？

【倘秀才】睡时节把扁舟缆住，觉来也流在芦花浅处，荡荡悠悠无束拘。市朝远⁽¹⁰⁾，故人疏，有樵夫作伴侣⁽¹¹⁾。

【脱蘋绣衫】过江升才雨⁽¹²⁾，（白球）糊日色树影扶疏⁽¹³⁾，却离了聚野猿白云洞口，早来到散清风绿阴深处。

【醉太平】相逢伴侣，岂问贤愚⁽¹⁴⁾？人间开口说樵夫，俺会谈今论古。放怀讲会诗中句，忘忧饮会杯中趣，消闲钓会水中鱼。心足意足。

【尾声】樵夫别我山中去，我别樵夫水上居。来日相逢共一处，旋打香醪旋取鱼⁽¹⁵⁾，散诞逍遥看古书⁽¹⁶⁾。问甚么谁是谁非，俺两个慢慢数。

【毛泽东评点】

毛泽东在阅读顾名编《曲选》收录的这套散曲时，在〔脱蘋绣衫〕一曲中"却离了聚野猿白云洞口"等二句旁用毛笔加了墨点；在〔醉太平〕一曲中"放怀讲会诗中句"等三句旁画了墨圈；并将"（白球）糊日色树影扶疏"句后的句号改为逗号。

——中央档案馆整理：《毛泽东评点诗词曲精选·曲选》第84页，中央档案出版社1998年版

【注释】

（1）钓艇，钓鱼船。唐朱庆余《湖中闲夜遣兴》："钓艇同琴酒，良宵背水滨。"苫（shàn 扇），覆盖，遮蔽。

（2）蓑笠（suō lì梭立），蓑衣和笠帽，遮雨的服饰。欺，一本作"遮"。

（3）萧疏，稀少。

（4）侬家，我，自称。家，后缀。唐寒山《诗》之一六九："侬家暂下山，入到城隍里。"鹦鹉洲，在今湖北省武汉市西南长江中。相传东汉末江夏太守黄祖长子射在此大宴宾客，有人献鹦鹉，祢衡作《鹦鹉赋》，故名。后衡为黄祖所杀，葬此。自汉以来，由于江水冲刷，屡被浸没，今鹦鹉洲已非宋以前故地。唐崔颢《黄鹤楼》："晴川历历汉阳树，芳草萋萋鹦鹉洲。"

（5）初真模住二句，一本作"对江景真堪趣"。

（6）如雪堆二句，《雍熙乐府》此二句作"白渡如雪堆，红蓼滩似锦铺。"白，亦作"白萍"，水中浮草。白蘋渡，即长满白色萍草的渡口。红蓼，蓼的一种，多生水边，花呈淡红色。红蓼滩，即长满红蓼花的沙滩。二处均应距鹦鹉洲不远。

（7）蟾（chán蝉）光，月色，月光。南朝梁萧统《锦带书十二月启·太簇正月》："飘飘余雪，入箫管以成歌；皎洁轻冰，对蟾光而写镜。"传说月中有蟾蜍，因借指月光。修竹，高竹。

（8）黄芦，枯黄的芦苇。

（9）收纶（guān官）罢钓，收起钓丝，停止钓鱼。纶，粗丝线。多指钓丝。《史记·老子韩非列传》："走者可以为罔，游者可以为纶，飞者可以为矰。"

（10）市朝，市场和朝廷，此指争名逐利之所。《战国策·秦策一》："臣闻争名者于朝，争利者于市。今三川、周室，天下之市朝也。"

（11）樵夫，砍柴的人。

（12）过江升才雨，一本作"雨才过山色模糊"。

（13）（白球）糊日色树影扶疏，《雍熙乐府》此句作"月初长树影扶疏"。扶疏，花木枝枝繁茂分披之状。《吕氏春秋·任地》："树肥无使扶疏，树欲专生而族居。"

（14）贤愚，贤，德才兼备。《书·大禹谟》："野无遗贤，万邦咸宁。"愚，愚笨，愚昧。《论语·为政》："吾与回言终日，不违如愚。"

（15）旋，随即。香醪，美酒。唐杜甫《崔驸马山亭宴集》："清秋多宴会，终日困香醪。"

（16）散诞，放荡不羁，逍遥自在。南朝梁陶弘景《题所居壁》："夷甫任散诞，平叔坐谈空。"

【赏析】

这套曲子《盛世新声》子集、《词林摘艳》六、《雍熙乐府》二、《北宫词纪》外集四均加收录。《盛世新声》重增本、《词林摘艳》俱无题，不注撰人，原刊本《词林摘艳》作《渔乐》，注无名氏。《雍熙乐府》题作《渔乐》，不注撰人。顾名编《曲选》据原刊本《词林摘艳》和《雍熙乐府》题作《渔家乐》，归于无名氏。兹据《北宫词纪》外集题作《渔家乐》，系于张小山（可久）名下。

张可久早年为地方官，一生不得志，晚年辞官归隐，久居杭州。这首散曲当写于他晚年隐居西湖时。作者以渔人自况，通过对渔人闲散生活的描写，表现了作者厌弃功名利禄的人生态度和纵情诗酒的恬淡情怀。首曲〔端正好〕是打渔人自我介绍，家住著名的鹦鹉洲边，拥有一只小渔船，平日里头戴斗笠身穿蓑衣，出没在风波之中，活儿也并不多，正可以静心欣赏长江美景。一开篇便把渔人生活写得悠然自得，从中我们可以看到唐张志和《渔歌子》对其的影响。

接下来〔滚渡〕〔倘秀才〕和〔脱蓑绣衫〕三曲写渔人一昼夜的日常生活。〔滚渡〕一曲先写白天的活计。打渔的地方，风景十分优美：长满白色萍花的渡口如白雪堆成，开满红蓼花的沙滩像锦缎铺就。他在风景如画的环境中穿梭，像野鸥般自来自去，如暮云般或卷或舒。夕阳西下，玉兔东升，皎洁的月光照着满川修竹，飒飒的风声吹动两岸黄芦。这时他收起钓钩渔网，驾船归去。等待他的是享用不尽的美酒鲜鱼的丰盛晚餐，这种快乐有谁知道呢？把打渔人的生活写得其乐无穷。

接下来应将〔倘秀才〕〔脱蓑绣衫〕二曲顺序调换。〔脱蓑绣衫〕一曲写归途景况。看来，傍晚时下了一阵雨，所以说："雨过后山色模糊，月初升树影扶疏。"暮色苍茫，山色朦胧，月色照射，树影斑驳，描写的是月夜景色。"却离了聚野猿白云洞口，早来到散清风绿阴深处"，二句既交代了渔翁行程，又写得极富诗意，确是难得的佳句。

〔倘秀才〕一曲写渔人夜宿。绿荫深处便是渔人的家了。到家之后，渔翁把小船系在岸边，一觉醒来，小船却被冲到了芦花浅处，荡荡悠悠，无拘无束，是何等惬意的生活啊！他对自己目前的生活很满意，因为离争名于朝、争利于市的是非之地远了，那些为官作宦的老朋友也都生疏了，却交了个打柴的新朋友作为伴侣，所以特别令人高兴。

〔醉太平〕和〔尾声〕则写和樵夫交往之乐。〔醉太平〕一曲首二句讲交友之道，不分聪明愚笨，只求心心相印。接下二句渔樵合写，这个打柴的朋友也非等闲之辈，所以社会上很多人都谈论他，自己更是饱学之士，惯能谈今论古。所以两个人到一处，一会儿放怀谈论古今诗词名句，一会儿高兴了喝一阵子酒，一会儿清闲了再去钓一阵子鱼。两个人心满意足，还有何求。极写渔人自由自在的生活。

〔尾声〕一曲首二句叙二人行踪，"樵夫别我山中去，我别樵夫水上居"，一天生活就此结束。接下来五句期于来日：来日还要相逢，随时沽酒随时钓鱼，酒足饭饱之后，逍遥自在，放荡不羁，谈古论今，讲论古书，哪管什么谁是谁非，俺两个再慢慢品评。末二句有画龙点睛之妙，辛辣地讽刺了是非不分、贤愚不辨的黑暗社会，表达了作者在看破红尘后的逍遥心境。

此套曲抒写渔家之乐。全用白描，不用典实，用语浅近质朴，言志不留余韵，体现了张可久散曲的豪放特色。

从毛泽东对这套曲子的圈点来看，他是比较喜欢的。他画圈加点的句子，都是描摹最生动形象的句子，赢得他的喜爱是很自然的。

【原文】

〖南吕〗一枝花

春 怨

【一枝花】莺穿残杨柳枝，虫蠹损蔷薇刺[(1)]，蝶扇干芍药粉[(2)]，蜂压断海棠花[(3)]。怕近花时，白日伤心事，清宵有梦思[(4)]。间阻了洛浦神仙⁽⁵⁾，没乱煞苏州刺史⁽⁶⁾。

【梁州第七】好情缘别来久矣⁽⁷⁾，好人才梦想何之？一春多少探芳使⁽⁸⁾，着情疼热，痛口嗟咨⁽⁹⁾，往来迢递⁽¹⁰⁾，终始参差⁽¹¹⁾。一简儿写就情词，一般儿寄与娇姿。麝脐薰五花瓣翠羽香钿⁽¹²⁾，猫眼嵌双转轴乌金戒指⁽¹³⁾，獭髓调百合香紫蜡胭脂⁽¹⁴⁾。念兹⁽¹⁵⁾，在兹，愁和泪须传示。更属咐两三次⁽¹⁶⁾，诉不尽心间无限思！倒羞了燕子莺儿⁽¹⁷⁾。

【尾声】无心学写钟王字⁽¹⁸⁾，遣兴闲观李杜诗⁽¹⁹⁾。风月关情随人志⁽²⁰⁾，酒不到半卮⁽²¹⁾，饭不到半匙⁽²²⁾，瘦损了青春少年子。

【毛泽东评点】

毛泽东在阅读顾名编《曲选》收录的这首套曲时，在［一枝花］一曲的"怕近花时"以下三句旁用毛笔各加了两个墨点；在［梁州第七］一曲，"诉不尽心间无限思"以下二句旁各加了两个墨圈；在［尾声］一曲前二句旁各画了墨圈，后四句旁各加了两个墨点；并将"痛口嗟咨"和"猫眼嵌双转轴乌金戒指"句末的句号改为逗号。

—— 中央档案馆整理：《毛泽东评点诗词曲精选·曲选》第67—68页，中央档案出版社1998年版

【注释】

（1）蠹（dù杜）损，蛀蚀损坏。宋庞元英《谈薮》："譬之猛虎，人不能害，反为毛间虫所蠹损。"蠹，蜗牛。蔷薇，植物名。落叶灌木，茎细长，蔓生，枝上密生小刺，羽状复叶，小叶倒卵形或长圆形，花白色或淡红色，有芳香。花可供观赏，果可入药。南朝梁江洪《咏蔷薇》："当户种蔷薇，枝叶太葳蕤。"

（2）扇，一作"搧"，动词，摇动扇子或扁状物以生风。芍（sháo韶）药，多年生草本植物，五月开花，花大而美丽，有紫、粉、白等多种颜色，供观赏，根可入药。《诗经·郑风·溱洧》："维士与女，伊其相谑，赠之以勺药。"勺药即"芍药"。

（3）海棠，落叶乔木，叶子卵形或椭圆形，春季开花，白色或淡红

色，品种颇多，可供观赏。

（4）清宵，清凉的夜晚。南朝梁萧统《钟山解讲诗》："清宵出望园，诘晨届钟岭。"梦思，梦中的思念。唐严武《酬别杜二》："但令心事在，未肯鬓毛衰。最怅巴山里，清猿醒梦思。"

（5）间阻，阻隔，障碍。洛浦神仙，洛神，传说中的洛水神女，即宓妃，后诗文常用以指代美女。《楚辞·离骚》"吾令丰隆乘兮，求宓妃之所在。"王逸注："宓妃，神女。"《文选·司马相如〈上林赋〉》："若非青琴、宓妃之徒，绝殊离俗。"李善注引如淳曰："宓妃，伏羲氏女，溺死洛，遂为洛水之神。"

（6）苏州刺史，唐代诗人刘禹锡曾任苏州刺史，其《赠李司空妓》："高髻危冠宫样妆，春风一曲杜韦娘。司空见惯浑闲事，断尽苏州刺史肠。"诗中作者以"苏州刺史"自称，此指曲中男主人公。

（7）情缘，男女间爱情的缘分。

（8）探芳使，探问女子的使者。芳，指贤德的人。《楚辞·离骚》："昔三后之纯粹兮，固众芳之所在。"此指该男子所钟情的女子。

（9）嗟咨，慨叹。《新唐书·裴矩传》："蛮夷嗟咨，谓中国为'仙晨帝所'。"

（10）迢（tiáo 条）递，遥远之状。三国魏嵇康《琴赋》："指苍梧之迢递，临回江之威夷。"

（11）参差（cēn cī 穆刺），蹉跎，错过。唐李白《送梁四归东平》："莫学东山卧，参差老谢安。"

（12）麝脐，雄麝的脐，麝香线所在，借指麝香。唐唐彦谦《春雨》："灯荧昏鱼目，薰炉咽麝脐。"五花瓣翠羽香钿，五花瓣形绿色羽毛妆饰的古代妇女贴在鬓颊上的饰物。翠羽，绿色的羽毛。香钿，古代妇女贴在额上鬓颊饰物的美称。钿，以金、银、玉、贝等镶嵌饰物。

（13）猫眼嵌双转轴乌金戒指，一种镶有猫儿眼宝石的乌金指环。猫眼，亦称猫儿眼，即猫眼石，一种珍贵的宝石。乌金，铁的别称。戒指，指环，套在手指上的做纪念或装饰用的小环，用金属或玉石做成。

（14）獭髓调百合香紫蜡胭脂，一种名贵的胭脂。獭髓，獭的骨髓，相传与玉屑、琥珀和合，可作灭疤痕的贵重药物。晋王嘉《拾遗记》："（太医）曰：'得白獭髓，杂玉与琥珀屑，当灭此痕'。"百合香，百合是一种多年生观赏植物，地下鳞茎供食用，亦可入药，提炼香料。紫蜡，蜡的一种。蜡是一种动物、植物或矿物所产生的物质，具有可塑性，不溶于水，有蜂蜡、白蜡、石蜡、紫蜡等多种。

（15）念兹，在兹，语出《书·大禹谟》："帝念哉！念兹在兹，释兹在兹。名言兹在兹，允出兹在兹，惟帝念功。"孔传："兹，此；释，废也。念兹人，在此功；废兹人，在此罪。言不可诬。"后谓念念不忘于某一事情。晋陶潜《命子》："温恭朝夕，念兹在兹。"

（16）属咐，即嘱咐。属，通"嘱"。

（17）倒羞了燕子莺儿，此句化用"燕约莺期"之意，意谓因误了相爱男女的约会时日而感到羞愧。

（18）钟王，三国魏书法家钟（一作钟）繇和晋书法家王羲之的并称。《晋书·王羲之传论》："伯英临池之妙，无复余踪；师宜悬帐之奇，罕有遗迹。逮乎钟王以降，略可言焉。"

（19）遣兴（xìng杏），抒发情怀，解闷散心。唐杜甫《可惜》："宽心应是酒，遣兴莫过诗。"李杜，唐代伟大诗人李白和杜甫的并称。

（20）风月，指男女间情爱之事。前蜀韦庄《古离别》："一生风月供惆怅，到处烟花恨别离。"

（21）卮（zhī支），古代盛酒器。《礼记·内则》："敦牟卮匜。"郑玄注："卮，酒浆器。"

（22）匙（shī师），舀取食物等的小勺。

【赏析】

这套散曲《词谑》《雍熙乐府》九、《南北词广韵选》三、《北宫词纪》六、《词林白雪》二、《彩笔情辞》俱加收录。《词谑》无题，《南北词广韵选》题作《题情》，《词林白雪》属闺情类，《彩笔情辞》题作《春思》，《雍熙乐府》题作《牵挂》，兹从《北宫词纪》题作《春怨》。《雍熙乐府》《南北词广韵选》俱不注撰人。

这首套曲题作《春怨》，写一个青年与其情侣的被阻隔后的相思之情。全套三曲，首曲［一枝花］写一个青年与其情侣的间阻。事情发生在暮春时节，故开头四句写暮春景色，黄莺穿残杨柳枝，蛀虫蚀断蔷薇刺，蝴蝶搧干芍药花粉，蜜蜂压断海棠枝。杨柳、蔷薇、芍药、海棠，都是具有春天特色的花木品种，可在作者笔下，却都残破不堪，不仅点明时是暮春，而且为这些景物带上了强烈的感情色彩。这是为什么呢？"怕近花时，白日伤心事，清宵有梦思"，三句抒情。春天百花盛开，不是很好吗？作者为什么要害怕这个美好的季节呢？原来这个季节里发生了使他伤心的事。而且这件事对他刺激很大，隐痛很深，以至于日思夜想，放心不下，白天想的是这件伤心事，夜晚做梦梦的还是这件伤心事，其烙印之深可知矣！这到底是一件什么事呢？"间阻了洛浦神仙，没乱煞苏州刺史"，二句用典。"洛浦神仙"，原指洛水神女宓妃，后代诗文中用以代指美女，此处指这位男主人公的情侣。"苏州刺史"原是唐代诗人刘禹锡在《赠李司空妓》一诗中的自谓，此是曲中男主人公自指。原来这青年男子与他的情侣之间出现了障碍，被迫分手了。

［梁州第七］一曲写分别后男子对其女友的寻觅和寄书简、信物，"好情缘别来久矣，好人才梦想何之？"这样好的爱情缘分被隔断很久了，这样美貌的女子做梦也不知道到哪里去找。怎么能不让这男子焦急万分呢！所以一个春天他派了一批又一批使者去探问，嘘寒问暖，感叹病痛，但往来遥远，机会都错过了。以上五句抒情，写青年男子对其女友的关切。派使者问讯，没有达到目的。这男子一计不成，又生一计，接着便采取了寄信赠物的办法："一简儿写就情词，一般儿寄于娇姿。"此二句叙事。除了充满柔情蜜意的情书之外，他还寄给女友三件贵重物品："麝脐薰五花瓣翠羽香钿，猫眼嵌双转轴乌金戒指，獭髓调百合香紫蜡胭脂"这三种物品，不用说，都是女友心爱之物，希望能讨得她的欢心。使她在愁苦之中，垂泪之时，能反复观看，以便勾起二人旧情，念念不忘。并且又复叮咛，诉不尽心中对女子的无限思念。"倒羞了燕子莺儿"，此句化用"燕约莺期"之意入曲，意谓燕子和黄莺也因误了相爱男女约会的时日而感到羞耻。这里燕子莺儿喻指传信使者。

［尾声］一曲写男子相思瘦损并期望与女子重逢。"无心学写钟王字，遣送闲观李杜诗"，二句叙事。钟繇和王羲之是我国书法史上最伟大的书法家，他们的墨迹历来为后代学书者仿效，如今之男子却无心"学写"；唐代伟大诗人李白和杜甫的诗篇成了他消愁解闷的工具。"风月关情随人志"，就是说他一心想的是他与女子的爱情能够如愿以偿，学业荒废了，茶饭无心，每次酒喝不到半杯，饭每顿吃不到半汤勺，致使青年小伙子变得瘦骨嶙峋了。末三句，通过相思的后果来写相思之深，极富表现力。

　　此套曲抒写男女情爱出现间阻后的相思和怨恨，语言明快，层次分明，逐层推进，层层加浓，达到了抒情的目的。毛泽东正是针对这首套曲的抒情特点加以圈点的。他或圈或点的句子都是极富表现力的抒情佳句，对于曲中叙事和描写的句子则未加圈点。

乔　吉

　　乔吉（1280—1345），一称吉甫，字梦符，号鹤笙翁，又号惺惺道人，太原人，流寓杭州，元代杂剧家、散曲作家。《录鬼簿》说他"美容仪，能辞章，以威严自饬，人敬畏之"，大略可见他的为人。

　　乔吉一生潦倒，流落江湖，寄情诗酒，自称"江湖醉仙""江湖状元"，因此散曲多啸傲山水、闲适颓放和青楼调笑之作，偶然也有些不满现实的作品。他的风格以清丽见长，注意词藻和格律的锤炼，少用衬字，喜欢引用或融化前人诗句，表现了典雅化的倾向，但还没有脱尽初期散曲质朴通俗的特点。他和张可久的风格相近，不同的是，乔吉的风格更为奇巧俊丽，还不避俗言俚语，具有雅俗兼备的特色。乔吉和张可久同是元代后期散曲的重要作家，明代朱权、李开先，清代厉鹗、刘熙载等人都给他很高的评价。李开先评他："蕴藉包含，风流调笑，种种出奇而不失之怪；多多益善而不失之繁；句句用俗而不失其为文。"他自己则说："作乐府亦有法，曰'凤头，猪肚，豹尾'六字是也。大概起要美丽，中要浩荡，结要响亮；尤贵在首尾贯穿，意思清新。苟若如是，斯可以言乐府矣。"（陶宗仪《南村辍耕录》卷八）这是他的经验之谈，颇有见地。

　　他博学多能，著有杂剧十一种，今存《两世姻缘》《扬州梦》《金钱记》三种。散曲元明间辑有《惺惺道人乐府》《文湖州集词》《乔梦符小令》三种。《全元散曲》收其小令二〇九首，套数十一套，是仅次于张可久的多产作家。

〖越调〗天净沙

即　事

莺莺燕燕春春[(1)]，花花柳柳真真[(2)]，事事风风韵韵[(3)]。娇娇嫩嫩，停停当当人人[(4)]。

【毛泽东评点】

毛泽东在读顾名编《曲选》收录的这首小令时，对全曲每句都加了两个圆点。

——中央档案馆整理：《毛泽东评点诗词曲精选·曲选》第20—21页，中央档案出版社1998年版

【注释】

（1）莺莺燕燕春春，此句喻一群（或一个）美女。莺莺燕燕，莺和燕，喻指众多的姬妾或妓女。语本宋苏轼《张子野年八十五尚闻买妾述古今作诗》："诗人老去莺莺在，公子归来燕燕忙。"王文诰辑注："李厚曰：'唐贞元中，有张生者，遇崔氏女于蒲，小名莺莺……'宋援曰：'《汉书·书戚传》：成帝尝微行出，过阳阿主，作乐。上见赵飞燕而悦之。先是有童谣曰：燕燕尾涎涎，张公子，时相见。盖帝每微行，尝与张放俱，而称富平侯家，故有张公子。'"春春，指春天，或谓一女名。

（2）花花柳柳，女子面容艳丽体态轻盈之状。真真，古美人名。唐杜荀鹤《松窗杂记》："唐进士赵颜于画工处得一软障，图一妇人甚丽，颜谓画工曰：'世无其人也，如可令生，余愿纳为妻。'画工曰：'余神画也，此亦有名，曰真真，呼其名百日，昼夜不歇，即必应之，应则以百家彩灰酒灌之，必活。'颜如其言，遂呼之百日……果活，步下言笑如常。"后因以"真真"泛指美人，此指罗真真。作者另有［双调］折桂令《赠罗真真》曰："罗浮梦里真仙，双锁螺鬟，九晕珠钿。晴柳纤条，春葱细腻，秋藕匀圆。酒盏儿里殃及出些脯腋，画上换下来的婵娟。试问尊前，月落

参横，今夕何年。"录以参看。

（3）风风韵韵，即风韵，风度，韵致。《晋书·桓石秀传》："石秀，幼有令名，风韵秀彻。"

（4）停停当当，即停当，妥帖，妥当。人人，用以称亲昵的人，多指女性。宋欧阳修《蝶恋花》："翠被双盘金缕凤。忆得前春，有个人人共。"

【赏析】

此曲《太平乐府》三、《乔梦符小令》《尧山堂外纪》七一俱有收录。在杨朝英编的《太平乐府》和李开先编的《乔梦符小令》中，和它排在一起的还有另外三首小令，《即事》是其总题。即事者，即眼前之事物有感而发也。四首皆写男女情思，但抒情主人公，并非一人口吻，故可分首理解。这首曲子所写的女子真真，罗姓，这由作者的另一首小令［双调］折桂令《赠罗真真》可证。《赠罗真真》一曲，《类聚名贤群玉》卷五题作《赠罗真真，高敬臣、胡善甫席上赋》，《乐府群珠》同此。若此，罗真真当是一名侑酒佐欢的歌伎。看来这次宴会侍女歌伎不少，而罗真真特别出众，引起了作者的兴致。这首曲子赞美罗真真和其他女子的美艳和风度。首句用春天的黄莺和燕子，比喻宴会上众多的姬妾和歌妓，亦含有莺歌燕舞形容她们的超群技艺。次句则用特写镜头，单写罗真真容貌艳丽和体态轻盈之态，真真之名，还可以使读者想起唐杜荀鹤《松窗杂记》所载画中百日复活之美女，衬托罗真真的美貌和绰约的姿态。后三句则赞美罗真真言谈得宜，举止大方，事事都很有风度，富于韵致；她又是娇美年轻，一切都恰到好处，妥帖入微，真是个无可挑剔的可意美人。

大约这次初见罗真真之后，不久，在高敬臣、胡善甫的宴会上，作者又见到了她，于是便又写了《赠罗真真》一曲，从各个角度描绘出罗真真的绝世娇美。一开头就说她恍如罗浮仙子下凡，腰肢苗条柔软如春天的柳丝，手指白嫩纤细如春葱，臀部匀称丰满如秋藕，喝酒后粉面透着微红更加妩媚动人，对罗真真的美貌和风度，描绘得更加生动具体，美妙绝伦，可与本曲对看。

明眼人一看便知，这支曲子在艺术表现上的一个特色，就是叠字的成功运用。通篇叠字，音韵谐美，一气如注，确有"大珠小珠落玉盘"之妙。其篇幅短小，虽不能与李清照《声声慢·寻寻觅觅》比肩，也颇清丽可喜。清陈廷焯《白羽斋词话》在盛赞李清照"寻寻觅觅"十四字之后，讥笑乔吉此首为"丑态百出"，"娇娇嫩嫩四字犹不堪"云云，未尝有失公正。

毛泽东在读顾名编的《曲选》中收录的这首小令时，每句都加了圆点，表明他认为这支曲子还是比较好的。

【原文】

〔双调中吕〕卖花声

香 茶

细研片脑梅花粉[(1)]，新剥真珠豆蔻仁[(2)]，依方修合凤团春[(3)]。醉魂清爽，舌尖香嫩，这孩儿那些风韵[(4)]。

【毛泽东评点】

毛泽东在读顾名编《曲选》中收录的这首小令时，把第三句后末的逗号改为句号。

——中央档案馆整理：《毛泽东评点词曲精选·曲选》第21页，中央档案出版社1998年版

【注释】

（1）片脑梅花粉，即龙脑香，香料。明李时珍《本草纲目·木一·龙脑香》："龙脑者，因其状加贵重之称也。以白莹如冰，及作梅花片者为良，故俗呼为冰片脑，或云梅花脑。"

（2）真珠，即珍珠。形圆如豆，乳白色，有光泽，是某些软体动物（如蚌）壳内所产，为贵重的装饰品，并可入药。李时珍《本草纲目·公二·真珠》："真珠入厥阴肝经，故能安魂定魄，明目治聋。"唐贾岛《赠

圆上人》："一双童子浇红药，百八真珠贯彩绳。"豆蔻，植物名，叶尖，披针形，花淡黄色，果实扁球形，种子有芳香气味，果实和种子可入药。

（3）修合，按一定的分量、程序制作药物。凤团春，宋代贡茶名。用上等茶末制成团状，印有凤纹，故名。宋张舜民《画墁录》："丁晋公为福建转运使，始制为凤团，后又为龙团。"亦指好茶。宋周邦彦《浣溪沙·春景》："闲碾凤团消短梦，静看燕子垒新巢。"

（4）孩儿，指孩儿茶，又名乌爹泥、乌垒泥，能清上膈热，化痰生津，止血去湿，生肌定痛，疗一切疮疡。明谢肇淛《五杂俎·物部三》："药中有孩儿茶，医者尽用之……俗因治小儿诸疮，故名孩儿茶也。"那些，指两个以上的人或事物。《乐府群玉》作"那道"。风韵，风味，韵味。

【赏析】

此曲《太平乐府》《乐府群珠》二、《中原音韵》《文湖州集词》《乔梦符小令》《乐府群珠》一、《尧山堂外纪》七一俱有收录。《中原音韵》不注撰人，《太平乐府》等题目俱作《香茶》，《文湖州集词》曲牌作"秋云冷"，题作《孩儿香茶》。

这是一首咏物之作，题目是《香茶》。香茶，指孩儿香茶，亦称儿茶、乌爹泥、乌垒泥，能清热化痰，止血去湿，生肌定痛，治疗一切疮疡。相传原为泰国等地产制，宋元间传入中国，始于云南、广西等地，后遍及各地，元代颇为流行，《饮膳正要》《本草纲目》《五杂俎》等都有著录。曲的前三句写孩儿香茶的成分和炮制过程。它的制作方法是，先把龙脑香和新剥的珍珠般的豆蔻仁研成粉末，按照一定的成分比例，制成茶饼。"凤团春"原为宋代的贡茶，意思是说此茶的名贵。这就写出了它的炮制过程和特殊形制。杜清碧《真州贾生索赋孩儿茶》："吾闻孩儿茶，始来自殊方，古人译其名，和以龙脑香。"可见是用龙脑粉搅拌掺和制作的。后三句写其特点和风味。爽心醒神，香甜可口，这些就是孩儿香茶的风味。"孩儿"一词，语意双关，既指孩儿香茶，宋元时又是一种昵称，指心爱的人物，读来倍感亲切、风趣。

总之，作者以清新的笔调，写出孩儿茶的特殊形制和韵味，恰到好处，是咏物之作中的佳作。

　　毛泽东在顾名编的《曲选》中认真地读了这支曲子后，只改动了一个标点，此外未加任何圈点，说明他不太欣赏这篇作品。

【原文】

〔商调〕集贤宾

咏　柳

　　【集贤宾】恨青青画桥东畔柳[(1)]，曾祖送少年游[(2)]。散晴雪杨花清昼[(3)]，又一天心事悠悠。翠丝长不系雕鞍，碧云寒空掩朱楼。揎罗袖试将纤玉手[(4)]，绾东风挼损轻柔[(5)]。同心方胜结[(6)]，缨络绣文毬[(7)]。

　　【逍遥乐】绾不成鸳鸯双扣[(8)]，空惊散梢头，一双锦鸠[(9)]。何处忘忧？听枝上数声黄栗留[(10)]，怕不弄春娇巧啭歌喉。惊回好梦，题起离情，唤醒闲愁。

　　【醋葫芦】雨晴珠泪收，烟鬟翠黛羞[(11)]，殢风流还自怨风流[(12)]。多病不禁秋信陡，早先消瘦，晓风残月在帘钩[(13)]。

　　【浪来里煞】不要你护雕阑花瓮香[(14)]，荫苍苔石径幽。只要你盼行人终日替我凝眸[(15)]，只要你重温灞陵别后酒[(16)]，如今时候，只要向绿杨深处缆归舟。

【毛泽东评点】

　　毛泽东在阅读顾名编《曲选》收录的这首套曲时，在〔集贤宾〕一曲"翠丝长不系雕鞍"二句旁用毛笔各加了两个墨点，在"揎罗袖拭将纤玉手"二句旁各画了两个墨圈；在〔逍遥乐〕一曲"惊回好梦"三句旁各加了一个墨点，在〔醋葫芦〕一曲"殢风流还自怨风流"二句旁各加了两个墨点，在"早先消瘦"二句旁分别加了一个、三个墨圈；在〔浪来里煞〕一曲"只要你盼行人终日替我凝眸"句旁画了三个墨圈，在末三句旁分别加了两个和三个墨点。

——中央档案馆整理：《毛泽东评点诗词曲精选·曲选》第69—70页，中央档案出版社1998年版

【注释】

（1）画桥，雕饰华丽的桥梁。南朝陈阴铿《渡岸桥》："画桥长且曲，傍险复凭流。"

（2）祖送，饯行。祖栈送行。《文选·〈荆轲歌〉序》："燕太子丹使荆轲刺秦王，丹祖送于易水上。"张铣注："祖者，将祭道以相送。"

（3）清昼，白天。唐李白《秦女休行》："手挥白杨刀，清昼杀仇家。"

（4）揎，捋袖露臂。

（5）绾，牵，拉住。挼（ruó 挼）损，揉折。挼，同"捼"，揉搓，摩挲。

（6）同心方胜结，两个连接在一起的菱形结，多以表示男女爱情。胜，原为女子头上菱形饰物，以金箔、丝绒或绢帛剪制而成。元王实甫《西厢记》第三本第一折："［张拱］不移时，把笺锦字，叠做个同心方胜儿。"

（7）缨络绣文毳，华美贵重的皮衣上带着刺绣的穗子。缨络，带穗子的物品，亦指穗状饰物及像穗子的东西。文毳，亦作"文裘"，华美贵重的皮衣。《文选·曹植〈七启〉》："冠皮弁，被文裘。"李善注："文裘，文狐之裘也。"

（8）鸳鸯双扣，即鸳鸯扣，比喻难以分舍的夫妇关系。《白雪遗音·岭儿调·焦心事儿》："你只图蝇头微利，蜗角虚名，把心抛弃。又谁知美满姻缘，生生拆散了你我的鸳鸯扣。"

（9）锦鸠，即鸠，鸟名，古为鸠鸽类，种类很多，如雉鸠、祝鸠、斑鸠等，亦有非鸠鸽类而以鸠名的如鸤鸠（布谷鸟）。今为鸠鸽科部分鸟类的通称，常指山斑鸠及朱颈斑鸠两类。鸠不善筑巢，常占鹊巢而居。《诗经·召南·鹊巢》："维鹊有巢，维鸠居之。"毛传："鸤鸠不自为巢，居鹊之成巢。"后用"鸠居鹊巢"比喻强占他人的居处或措置不当等，此指有爱人被夺之忧。

（10）黄栗留，亦作"黄鹂留"，即黄鹂。《诗经·周南·葛覃》："黄鸟

于飞。"三国吴陆玑注："黄鸟，黄鹂留也。或谓之黄栗留……桑葚熟时，来在桑间。故里语曰：'黄栗留我看，麦黄葚熟。'应是应节趋时之鸟。"

（11）颦，皱眉。翠黛，眉的别称。古代女子用螺黛（一种青黑色矿物颜料）画眉，故名。唐秦观《陪诸公子丈八沟携妓纳凉南乡子》："往事已酸辛，谁记当年翠黛颦。"

（12）嚵（tì 替）风流，沉溺于男女欢爱。嚵，沉湎，迷恋。唐许浑《送别》："莫嚵酒杯闲过日，碧村深处是佳期。"

（13）晓风残月，晨风轻拂，残月在天，情景冷清，常借以抒写离情。唐韩琮《露》："几处花枝抱离恨，晓风残月正潸然。"

（14）花瓮香，即瓮头香，指好酒。元高文秀《遇上皇》第一折："教我断消解闷瓮头香。"

（15）凝眸，举目远视，伫立不动。

（16）灞陵，即灞陵桥，在今陕西西安东郊灞水上，古人常送客至此，折柳赠别，此指男女分手处。

【赏析】

　　这套散曲《太平乐府》七、《盛世新声》中集、《词林摘艳》七、《乔梦符小令》《雍熙乐府》一四、《北宫词纪》六均加收录。《盛世新声》重增本内府本、《词林摘艳》俱无题，不注撰人，原刊本徽藩本《词林摘艳》题作《赠别》，注乔梦符作。《雍熙乐府》不注撰人，题作《悬望》。

　　这首套曲题为《咏柳》，又题作《赠别》《悬望》。它写一个游子回忆他的情侣为他送别时的情景及其别后的相思。全套共四曲，前二曲写送别情景，后二曲写别后相思，层次井然，缠绵悱恻，颇为感人。

　　首曲写送别时的情景。开头四句叙事，一个扬花轻舞的清凉暮春天气，在灞陵桥之东，其钟爱的女子曾为他设宴饯行、折柳送别，两人都心事重重，十分沉重。"画桥"，由后文可知，即是"灞桥"。灞桥为我国古代折柳送别之所；"少年"，即今之青年，是诗人自谓，指曲中的抒情主人公。四句交代了送别的环境和节令。"翠丝长不系雕鞍，碧云寒空掩朱楼"二句，一笔两面，兼写男子与他的情侣，把眼前的难割难舍的氛围和别后女子寂寞凄凉，组织在一个画面之中，构成了缠绵、凄凉的意境。后四句描状，写女子折柳送别的具体行动与装饰。女子挽起罗袖，用纤纤玉指折下轻嫩的柳枝赠给男子。她穿的皮裘上缀着穗子，胸前佩戴着两个连在一起的菱形结，表示永结同心之意。

〔逍遥乐〕一曲写分别时的氛围。"绾不成鸳鸯双扣，空惊散梢头，一双锦鸠"三句叙事，"鸳鸯双扣""一双锦鸠"都是恋人的象征。"绾不成""空惊散"，说明他们二人遇到了不可抗拒的力量，迫使他们不得不分开。"何处忘忧？"用设问句提起下文，抒写别时氛围。很显然，分别之后的相思之苦，将无法排遣，当他听到树枝上黄鹂的啼唱时，便会想起情侣的娇啭歌喉。他又推己及人，想到黄鹂的叫声，也可能把他的心上人从好梦中惊醒，勾起她的离情别绪，使她陷入无可名状的哀愁之中。这样，作者便巧妙地以黄鹂的啼叫为线索，把两地相思绾合在一起，表现了双方内心情感的呼应。

〔醋葫芦〕一曲写别后之思。作者是用男子的口吻，想象离别之后女子的生活情形和心态。"雨晴珠泪收，烟颦翠黛羞，殢风流还自怨风流。"紧承上曲的"惊回好梦"，也许女子在梦中与其情郎（那男子）有巫山云雨之事，梦醒之后不能自已，珠泪滚滚，一脸娇羞都表现在那紧锁的双眉上，沉湎于爱情的女子又怨恨爱情给她带来了痛苦。这男子又进一步悬想，女友多愁多病之身，怎能经得秋天突变的气候，恐怕秋天还未降临，她早就瘦削不堪、弱不禁风了。而憔悴如此的她也一定会想到自己，可能在晨风吹拂、残月在天的拂晓时分，帘钩还悬挂在那里，帘子尚未放下，意谓女子思念心切，通宵未眠，表现出那女子念念不忘心上人，"才下眉头，却上心头"的心态。

〔浪来里煞〕一曲抒写男子对情侣的深切关怀及期望与之重逢的愿望。前两句抒写男子对女友的关怀。他告诉她，你不要整天守护在雕花栏杆边的酒瓮边，随时准备用美酒款待我。你也不要久在长满青苔的幽径里徘徊，表现对女友十分关切。接着写自己的愿望，向女友提出殷切的要求：只要你终日专注地盼望我这个远方的"行人"，只要你时时想着在灞陵送别时殷勤劝酒的柔情蜜意，说不定某一天，正在你这样想这样盼的时候，你会一眼看去，我正在绿荫深处绾系归来的小船。全曲至此，戛然而止。虽曲中男女仍然天各一方，但割不断的情思已紧紧地把他们连在一起了。

总之，此套曲情真意切，含蓄蕴藉，风流而不失高雅，情浓而不流于香艳，表现出清丽华美的特色，确为元曲中抒情之佳作。

毛泽东在阅读这首散套时，画圈加点的句子约半数，说明他对这套曲子是比较欣赏的；同时他的圈点是很严格的，很准确地反映了作者的艺术成就。

郑光祖

郑光祖，字德辉，平阳襄陵（今山西临汾附近）人，生卒年不详，元代戏曲家、散曲作家。曾以儒补杭州路史。为人方直，不妄与人交，故诸公多鄙之，久则见其情厚，而为他人所不及。病卒，火葬于西湖之灵芝寺。他在元代后期的杂剧作家中，作品的数量最多，名声也最大。所著杂剧十八种，今存七种，《倩女离魂》《王粲登楼》和《㑇梅香》是他的代表作。钟嗣成在吊他的曲子中说："锦绣文章满肺腑，笔端写出惊人句。"并在《录鬼簿》中说他："名香天下，声振闺阁，伶伦辈称'郑老先生'，皆知其为德辉也。"周德清在《中原音韵·自序》中把他和前期的关汉卿、白朴、马致远并称，说是："自关、郑、白、马一新制作，韵共守自然之音，字能通天下之语；字畅语俊，韵促音调，……诸公已矣，后学莫及。"明代何良俊甚至说："马之词老健而乏媚姿，关之词激厉而少蕴藉，白颇简淡，所欠者俊语，当以郑为第一。"把他推为元曲四大家之首。以上评价皆单从语言着眼，未免偏颇。其实郑光祖作品的思想内容和生活气息，同关汉卿、王实甫作品相比，都较逊色，艺术上也有过于雕琢的弊病。

郑光祖的散曲今存小令六首，套数两首，讲究词藻音律，风格典雅清丽。涵虚子论曲说："其词出语不凡，若咳唾落于九天，临风而生珠玉，诚杰作也。"

【原文】

〔双调〕蟾宫曲

梦中作

半窗幽梦微茫[1]，歌罢钱塘[2]，赋罢高唐[3]。风入罗帏，爽入疏棂[4]，月照纱窗。缥缈见梨花淡妆⁽⁵⁾。

依稀闻兰麝余香⁽⁶⁾。唤起思量，待不思量⁽⁷⁾，怎不思量？

【毛泽东评点】

毛泽东在读顾名编《曲选》所收这首小令时，第一句旁加了两个圈，第二句加了一个圈，"赋罢高唐"以下四句和末三句旁都加了套圈，并把"依稀闻兰麝余香"句末的分号改为句号。

——中央档案馆整理：《毛泽东评点诗词曲精选·曲选》第21页，中央档案出版社1998年版

【注释】

（1）幽梦，隐约不清的梦境。宋张先《木兰花》："欢情去逐远云空，往事过如幽梦断。"微茫，隐约模糊。前蜀韦庄《江城子》："角声呜咽，星斗渐微茫。"

（2）歌罢钱塘，此用钱塘名妓苏小小的故事。《乐府诗集》卷八五《苏小小歌序》引《乐府广题》云："苏小小，钱塘名娼也，盖南齐时人。"她能歌善诗，宋何薳《春渚纪闻》载其《蝶恋花》云："妾本钱塘江上住，花落花开，不管流年度。"李贺、温庭筠、张祜都写有《苏小小歌》。钱塘，东汉县名，治所即今浙江杭州，因指代杭州。

（3）赋罢高唐，《高唐赋》，战国楚宋玉作。其序云："昔者楚襄王与宋玉游于云梦之台，望高唐之观。"楚王命宋玉："试为寡人赋之。"其赋写楚襄王在梦中与巫山神女欢会的故事。歌罢，《乐府群玉》作"唱罢"。

（4）疏棂（líng 另），稀疏的窗格。

（5）缥缈见梨花淡妆，唐白居易《长恨歌》："玉容寂寞泪阑干，梨花一枝春带雨。"本是形容杨贵妃的泪容，这里借梨花之白形容女子的淡妆。缥缈，远视隐约之状。《文选·木华〈海赋〉》："群仙缥缈，餐玉清涯。"李善注："远视之貌。"

（6）依稀闻兰麝余香，《史记·滑稽列传》：淳于髡说："日暮酒阑，合尊促坐。男女同席，履舄交错。……罗襦襟解，微闻芗泽。当此之时，

臣心最乐。"这里暗用此事。依稀，隐约，不清晰。南朝宋谢灵运《行田登海口盘屿山》："依稀采菱歌，仿佛含䌽容。"兰，兰花。麝，麝香。

（7）抄本《阳春白雪》《北词广正谱》《九宫大成》俱无"待不思量"句。

【赏析】

《梦中作》共三首，每首描写一个不同的梦境。此是第一首。《阳春白雪前集》二、《乐府群珠》三、《北词广正谱》《九宫大成》六五俱有收录。

这是一首写梦的作品，题为《梦中作》，实是记梦，写对情人的思忆。曲的前三句写梦中的欢会。这三句写梦境，微茫模糊的美梦，梦中见到了昼思夜想的情人，和她一起歌舞，云情雨意，乐不可支。但是，好梦不长，转瞬即逝。二、三句用典，借苏小小、巫山神女故事，来写二人梦中云雨之欢，含蓄蕴藉。接着，中五句写醒时的环境与回忆。"风入罗帏"三句写醒后，凉风入帏，清爽宜人，皓月临窗，人儿不见。环境的描写具有诗化的意境。"缥缈""依稀"二句写对梦境的回忆；月照窗纱，好像隐约见到白衣淡妆的情人；风透疏棂；漫着兰麝的馨香。这都是写由于思想追忆而引起的一连串的想象。末三句写醒后的思量。这时主人公已经完全清醒了。梦境引起了他对心上人的思念，而梦境毕竟不是现实，所以本来不想再去想了。但是，梦中的情人给他的印象太深了，一时无法抹去，又怎能不思量呢？通首以思量起，以思量结，中间又通过思忆和想象，写得迷离惝恍，似真似幻，缠绵悱恻，一往情深，表现出郑光祖散曲清俊婉丽的特色，开了清丽一派的先声。

毛泽东在读顾名编《曲选》收录的这首小令时，除两句未加圈点外，其余各句都加了圆圈，不少句子还加了套圈，表示他对这支曲子十分欣赏。

萨天锡

萨天锡（1305？—1355？），名都刺，字天锡，号直斋，回族人，一说蒙古族人，元代诗人。其祖思兰不花、父阿鲁赤世以膂力起家，累有功勋，受知于世祖、英宗，命仗节钺留镇云、代，故萨都刺的生地为雁门（今山西代县）。泰定四年（1327）进士及第。后任京口录事司达鲁花赤、江南行御史台掾史、燕南河北道肃政廉访司照磨、闽海福建首肃政廉访司知事等职，都是九品至七品小官。萨都刺为官清正，卓有政绩。在江南御史台掾史任上，更因弹劾权贵而受过贬谪。晚年寓居武林，寻幽探胜，寄情山水，后入方国珍幕府，卒。

萨都刺博学能文，兼善楷书。他的文学创作，以诗歌为主。诗词内容以游山玩水、归隐赋闲、慕仙礼佛、酬酢应答之类为多，思想价值不高；间有反映民间疾苦、揭露社会黑暗之作。萨都刺的词作虽然不多，但颇有影响，尤以《念奴娇·登石头城》《满江红·金陵怀古》最为著名。后人曾推崇他是"有元一代词人之冠"，并非溢美之辞。

著有《雁门集》十四卷，又有《武夷诗集序》文一篇。《雁门集》有近人殷孟伦点校本。《全元散曲》收录其［南吕］一枝花《使女蹴鞠》一套。

【原文】

〖梁州第七〗（摘）

使女蹴鞠

素罗衫[1]、垂彩袖、低笼玉笋[2]，锦鞠袜[3]、衬乌靴[4]、款蹴金莲[5]。占官场立站下人争羡[6]：似月殿里飞来的素女[7]，甚天风吹落的神仙？拂花露榴裙茬苒[8]，滚香尘绣带蹁跹[9]。打着对合扇拐[10]、全不斜偏。

踢着对鸳鸯扣⁽¹¹⁾、且是轻便。对泛处、使穿臁抹膝的撺搭⁽¹²⁾。捵俊处⁽¹³⁾、使拂袖沾衣的撒演。妆翘处、使迴身出鬓的披肩。猛然，笑喘，红尘两袖纤腰倦。越丰韵⁽¹⁴⁾，越娇软，罗帕香匀粉汗妍，拂落花钿⁽¹⁵⁾。

【毛泽东评点】

毛泽东在读顾名编《曲选》收录的这首曲子时，在"素罗衫""垂彩袖""锦靿袜""衬乌靴""打着对合扇拐""踢着对鸳鸯扣""对泛着""俊处"和"妆翘处"等句后都添加了顿号，并在"猛然"以下七句旁加了圆点。

——中央档案馆整理：《毛泽东评点诗词曲精选·曲选》第22页，中央档案出版社1998年版

【注释】

（1）罗衫，丝织衣衫。

（2）玉笋，喻女子手指。唐韩偓《咏手》："腕白肤红玉笋芽，调琴抽线露尖斜。"

（3）锦靿（yào 要）袜，丝织的长筒袜。靿，靴、袜的筒儿。《隋书·礼仪志七》："长靿靴，畋猎豫游则服之。"

（4）乌靴，黑色靴子。五代马缟《中华古今注·靴笏》："靴者，盖古西胡服也。昔赵武灵王好胡服，常服之。其制短靿黄皮，闲居之服。"

（5）款蹴（cù 促）金莲，缓踏一双小脚。款，缓，松。蹴，踏，踩。金莲，指女子的纤足。唐吴融《和韩致光侍郎无题》之二："玉箸和妆裛，金莲逐步新。"

（6）官场，旧时官家设立的市场。《宋史·食货志上三》："岭外唯产苎麻，许令折数，仍听织布，赴官场博市。"此指政府设立的娱乐场所。

（7）月殿，月宫。南朝梁简文帝《玄圃园讲颂序》："风生月殿，日照槐烟。"素女，本为传说中的古代神女，此指嫦娥。南朝梁江淹《水上神女赋》："青蛾羞艳，素女惭光。"

（8）榴裙，红如榴花的裙子。荏苒（rěn rǎn 忍染），柔弱。晋傅咸《羽扇赋》："体荏苒以轻弱，俟缟素于齐鲁。"

（9）绣带，用彩色丝线绣制的佩带。蹁跹（pián xiān 骈仙），旋转的舞姿。

（10）合扇拐，古代踢球动作名。大概是一种脚向内弯曲的动作。合扇，团扇。

（11）鸳鸯扣，即鸳鸯拐。古代踢球动作名。先后用左右外脚踝连续踢球的花样动作。

（12）膁，通"肩"。搧搭，跳起来踢。搧，同"搌"。搭，击，打。《魏书·李彪传》：（彪）高声大呼云："南台中取我木手去，搭奴肋折！"

（13）擞俊，炫耀其雄健英武。擞，通"耍"。俊，雄健、英武。唐范摅《云溪友议》卷六："初，上自击羯鼓，而不好弹琴，言其不俊也。"撇演，做拂拭、掠过的动作。撇，拂拭，掠过。《文选·扬雄〈甘泉赋〉》："历倒景而绝飞梁兮，浮蠛蠓而撇天。"李善注引张揖《三苍注》："撇，拂也。"

（14）丰韵，体态丰满而有风度。

（15）花钿，用金翠珠宝制成的花形首饰。南朝梁沈约《丽人赋》："陆离羽佩，杂错花钿。"

【赏析】

此曲原载《雍熙乐府》九、《北宫词纪》五、《雍熙乐府》，不注撰人。它摘自套数〔南吕〕一枝花《使女蹴踘》（一作《妓女蹴鞠》）。蹴鞠是我国古代的一种足球运动，用以练武、娱乐、健身。传说始于黄帝，初以练武士，战国时已流行。《汉书·枚乘传》："游观三辅离宫馆，临山泽，弋猎射双驭狗马蹵鞠刻镂，上有所感，辄使赋之。"颜师古注："蹵，足蹵之也。以韦为之，中实以物，蹴踏为戏乐也。"原套数包括〔一枝花〕〔梁州〕和〔尾声〕三支曲子，〔梁州〕为中曲。〔一枝花〕云："红香脸衬霞，玉润钗横燕，月弯眉敛翠，云弹鬓堆蝉。绝色婵娟，毕罢了歌舞花前宴。习学成齐云天下圆，受用尽绿窗前饭饱茶余，拣择下粉墙内花阴日转。"大意是说蹴踘使女是位绝色美女子，她能歌善舞，又善蹴踘。在宴会上歌舞之后，来到花园粉墙边的蹴踘场地。〔梁州〕一曲则专写她蹴踘的高超技艺。开头六句，写使女的妆束打扮。她身穿白绸子上衣，彩袖低垂，笼罩着她那玉笋般的小手，足登长筒丝袜，穿着黑色皮靴。与平时着装不同，俨然是一副运动员的打扮。接下来三句，写她飘飘欲仙的气质和风度。她往运动场上一站，就使人人称羡不已：说她是月宫嫦娥下界，又像天风吹落的神仙。"拂花露"二句，写她开始蹴鞠，石榴裙轻轻飘舞，绣制的佩带上下翻飞，汗水涔涔，香尘滚滚。接着她踢了合扇拐、鸳鸯扣两个花样动作，越发精彩。再下去，她又踢了"穿臁抹膝的揎搭""拂袖沾衣的撇演""回身出鬓的披肩"三个高难动作，使蹴鞠表演达到高潮。她突然收住招式，笑着喘作一团。这时她两袖尘土，腰肢倦软，丰满的体态更显得娇软，她连忙用罗帕轻匀粉面，不小心把乌发上花钿首饰也弄掉了。"猛然"以下七句，写她蹴鞠后的娇态，活灵活现。［尾声］则曰："若道是成就了洞房中惜玉怜香愿，媒合了翠馆内清风皓月宴，六片儿香皮做姻眷。荼蘼架边，蔷薇洞前，管教你到底团圆不离了半步儿远。"写愿与这位美貌而又多才多艺的女子结为姻眷，进一步衬托出女子的美丽可爱。

毛泽东在读顾名编《曲选》中收录的这支曲子时，添加了九处标点（顿号），又在末七句旁加了圆点，说明他读得十分认真，比较喜欢。

徐再思

徐再思，字德可，一说名徐饴。浙江嘉兴人，元代散曲作家。曾做过路吏，与贯云石、张可久为同时代人。据他的［折桂令］《钱子云赴都》看，到明初尚在世。

徐再思是元后期著名散曲作家，《全元散曲》录存其小令一〇三首。以恋情、写景、归隐等题材为主，也有一些咏物、赠答的作品。风格与贯云石、张可久相近，而以清丽工巧著称。他好吃甜食，自号甜斋，当时把他与自号酸斋的贯云石之作，并称"酸甜乐府"。近人任讷又将二人散曲合为一编，名为《酸甜乐府》。

【原文】

〖双调〗清江引

相　思

相思有如少债的[(1)]，每日相催逼。常排着一石愁[(2)]，准不了三分利[(3)]。这本钱见他时才算得[(4)]。

【毛泽东评点】

毛泽东在读顾名编《曲选》中收录的这支小令时，在题头上方空白处画了一个大圈，前四句每句旁都加了两个圆点，末句加了三个圆点。还将"准不了三分利"后的逗号改为句号。

——中央档案馆整理：《毛泽东评点诗词曲精选·曲选》第23页，中央档案出版社1998年版

【注释】

（1）少债，欠债，即借别人的财物等没有还或应给人家的事物还没有给。

（2）一石（dàn旦），旧制十斗为一石。石，计算容量的单位。《管子·揆度》："其人力同而宫室美者，良萌也，力作者也，脯二束，酒一石，以赐之。"或作计重量的单位，一百二十斤为一石。《书·五子之歌》："关石和钧，王府则有。"孔颖达疏："关者，通也。名石而可通者，惟衡量之器耳。"二者皆可通。此句一本作"常挑着一担愁"。担，亦是容器名，引申为一石或一百斤之量。《后汉书·宣秉传》："自无担石之储。"李贤注引《汉书音义》："齐人名小罂为担，今江淮人谓一石为一担。"亦通以计成挑的东西。《南史·陈伯之传》："君稻幸多，取一担何苦。"

（3）准不了，折了不，抵不得。准，抵偿，折兑。清赵翼《廿二史札记》卷三十："元太宗八年，始交钞……以贯计者，曰一贯文、二贯文，每二贯准白银一两。"三分利，十分之三的利息。

（4）本钱，用以营利、生息的钱财。

【赏析】

此曲为《太平乐府》二录载。

负债与相思本来是风马牛不相及的两种事物，但徐再思独具慧眼，敏锐地发现了二者之间的相似之处：负债要被债主日日追逼，相思要受日甚一日的煎熬；欠债难偿，相思也难以排遣。作者抓住二者的相似性构思比喻，设喻新奇。这支小令，以负债的沉重压力，喻相思的无法解脱；以债务的日日催逼，喻相思的时时纠缠。将无形的思念，化为具体的人际的债务关系，使生活在元代的人感受特别深刻。在元代，高利贷十分盛行，有一种羊羔利，甚至本利相等，只要欠了高利贷，负债人就是陷入了不能自拔的深渊。相思亦是如此，平时担着一百二十斤的重担，还抵不了三分利息，更不要还本钱了。那么什么时候才能还清这相思债呢？只有见到他昼思夜想的意中人才能还本付息，了却相思。这支小曲，不仅设喻新奇，而且语言明白如话，浅中显真，俗中见巧，表现出作者很高的语言技巧。

从毛泽东对这首小令的圈画情况来看，他是比较欣赏的。

〔双调〕水仙子

夜　雨

一声梧叶一声秋⁽¹⁾，一点芭蕉一点愁⁽²⁾，三更归梦三更后⁽³⁾，落灯花棋未收⁽⁴⁾。叹新丰逆旅淹留⁽⁵⁾。枕上十年事⁽⁶⁾，江南二老忧⁽⁷⁾，都到心头。

【毛泽东评点】

　　毛泽东在读顾名编《曲选》中收录的这首小令时，修改了两个标点符号：将"三更归梦"句末的句号改为逗号，"落灯花"句末的逗号改为句号，还对前三句都加了两个套圈，后四句都加了两个点。

——中央档案馆整理：《毛泽东评点诗词曲精选·曲选》第 30 页，
中央档案出版社 1998 年版

【注释】

　　（1）一声梧叶一声秋，夜雨落在梧桐叶上，一滴雨声一番秋意。唐温庭筠《更漏子》："梧桐树，三更雨，不道真情正苦。一叶叶，一声声，空阶滴到明。"

　　（2）一点芭蕉一点愁，雨打在芭蕉叶上，点点不断，更增添了游子的离愁。唐杜牧《芭蕉》："芭蕉为雨移，故向窗前种。怜渠点滴声，留得归乡梦。"

　　（3）三更，旧时一夜分五更，三更指半夜十一时至翌晨一时。《乐府诗集·清商曲辞二·子夜变歌一》："三更开门去，始知子夜变。"归梦，归乡之梦。

　　（4）灯花，旧时油灯的灯芯的余烬，结成花形，叫作灯花。宋赵师秀《约客》："有约不来过夜半，闲敲棋子落灯花。"

　　（5）叹新丰逆旅淹留，《新唐书·马周传》载：唐初文人马周，因不拘小节，为人所鄙薄，唐高祖武德年间，屡被刺史、浚仪令所诮让欺辱；去京都长安求官，舍新丰逆旅，主人又不之顾。淹留，羁留，逗留。《楚

辞·离骚》："时缤纷其变易兮，又何可以淹留？"新丰，古县名，治所在今陕西临潼东北。

（6）枕上十年事，指伏枕回忆往事。唐杜牧《遣怀》："落魄江湖载酒行，楚腰纤细掌中轻。十年一觉扬州梦，赢得青楼薄幸名。"

（7）江南二老，指家中年老的父母。

【赏析】

此曲《太平乐府》二、《中原音韵》《尧山堂外纪》七一俱有收录。兹据《中原音韵》。

这是首抒写羁旅愁怀的曲子。开头三句鼎足对，利用数字，写出风吹落叶声，雨打芭蕉声，声声敲打着旅人心头，使他秋夜难以入寐。半夜三更一觉醒来，归乡梦破，室内一片昏暗，灯花自落，棋局零乱。作者移情于景，情景交融，忧思重重、百无聊赖之态跃然纸上。"叹新丰逆旅淹留"，作者用唐初大臣马周未显贵时在新丰旅舍遭到冷遇的故事，以马周自喻，感叹自己怀才不遇。最后百感交集，既回忆往事，又怀念家中父母。点出秋愁的原因，以"都到心头"四字作结，使小令在情感的高峰戛然而止，耐人寻味。全曲对仗工巧，字句凝练，多次化用前人诗句和借用典故，抒情深细而又无雕琢痕迹。所以《中原音韵·作词十法》将它列为"定格"，《艺苑卮言》附录一说它是"情中紧语"，《雨村曲话》卷上称它是"人不能道"。

从毛泽东对此首小令标点符号的改动和圈点来看，他读得很认真，也比较欣赏。

〔双调〕水仙子

红指甲

落花飞上笋芽尖[(1)]，宫叶犹将冰箸粘[(2)]。抵牙关越显得樱唇艳[(3)]。怕阳春不卷帘[(4)]，捧菱花红印妆奁[(5)]。雪藕丝霞十缕，镂枣斑血半点，揩刘郎春在纤纤[(6)]。

【毛泽东评点】

毛泽东在读顾名编《曲选》中收录的这首小令时，改动了两个标点符号：把"抵牙关"句末的逗号改为句号，"镂枣斑"句末的句号改为逗号。并在"怕阳春"二句和末句旁各加了两个圆点。

——中央档案馆整理：《毛泽东评点诗词曲精选·曲选》第24页，中央档案出版社 1998 年版

【注释】

（1）笋芽尖，比喻指甲。笋，竹的嫩芽，比喻女子的纤手。

（2）宫叶，皇宫中的落叶。据唐范摅《云溪友议》卷十载，唐宣宗时，舍人卢渥赴京应举，偶从御沟中拾到一片红叶，上面题有绝句一首，遂珍藏于箱。后宣宗放宫女嫁人，卢渥恰娶题诗者。后遂以"宫叶"为男女相爱之典。冰箸，冰柱。五代王仁裕《开元天宝遗事·冰箸》："冬至日大雪，至午雪霁有晴色，因寒所结檐溜为冰条。妃子使侍儿敲下二条看玩，帝自晚朝视政回，问妃曰：'所玩何物也？'妃子笑而答曰：'妾所玩者冰箸儿。'"宋苏轼《满庭芳·佳人》："香暖雕盘，寒生冰箸，画堂别是风光。"

（3）牙关，本指上下颌之间的关节，此指口。唐孟郊《懊恼》："好诗更相嫉，剑戟生牙关。"

（4）阳春，春天，温暖的春天。唐酒肆布衣《醉吟》："阳春时节天气和，万物芳盛人如何。"一作"伤春"，因春天到来而引起忧伤、苦闷。唐司空曙《送郑明甫贬岭南》："青枫江色晚，楚客独伤春。"

（5）菱花，指菱花镜，亦泛指镜子。唐李白《代美人愁镜》："狂风吹却妾心断，玉箸并堕菱花前。"妆奁（lián 帘），女子梳妆用的镜匣。北周庾信《镜赋》："暂设妆奁，还抽镜屉。"

（6）刘郎，指东汉刘晨。相传刘晨和阮肇入天台山采药，为仙女所邀，留半年，求归，抵家子孙已七世。唐司空图《游仙》："刘郎相约事难谐，雨散云飞自此乖。"此借指女子的情郎。春，春情，情欲。《诗经·召南·野有死麕》："有女怀春，吉士诱之。"纤纤（xiān 仙），女手柔软之状。《古诗十九首·青青河畔草》："娥娥红粉妆，纤纤出素手。"

【赏析】

此曲《太平乐府》二、《尧山堂外纪》七一俱有收录。明大字本《太平乐府》"十缕"作"千缕"。

这是一首咏物曲，咏的是女子染的红指甲。染红指甲，是旧时年轻女子的一种嗜好，因而也成了诗人吟咏的题材。这种游戏之作，往往能展示作家的才华，故历代都有此类题材的佳作。这首小令对红指甲进行了多侧面、多角度的描写，一气流转，形象鲜活。前三句紧扣指甲红艳的特点，比喻生动，描绘传神。"落花""宫叶"二句，从正面落笔，以"落花""宫叶"之红比喻指甲红艳之色；以"笋芽""冰箸"比喻手指的洁白与纤细；又以"飞""粘"两个动词，将二者连为一体，意象生动活泼；又暗用"红叶题诗""明皇问箸"的典故，更显得意蕴丰厚。"抵牙关"句从侧面烘托，使红指甲与红唇本不相关的事物发生联系，比照中，更渲染了指甲的红艳。中间三句，对指甲的描写较为抒情。阳春美景（或伤春）容易惹人情思，致使这位少女连窗帘也不敢卷起，在闺房中手捧菱花对镜自怜，活画出她的伤春之态。结束三句再次对红指甲进行描画，"雪藕丝"状手之白皙，"霞十缕"喻十个纤指，"镂枣斑血"比拟红指甲。末句用典，写由手指引起的美好回忆：她曾用这双雪白纤手掐欢娱中的情郎，由色彩引出春情，隐喻着女主人公的万般风情，这是多么惬意的回忆啊！

从毛泽东读顾名编的《曲选》中收录的这首小令时，改动两个标点符号，和对其中三句加了圆点的情况看，他读得很认真，认为它还是可读的。

〖双调〗折桂令

题　情

平生不解相思⁽¹⁾，才会相思，便害相思。身似浮云⁽²⁾，心如飞絮⁽³⁾，气若游丝⁽⁴⁾。空一缕余香在此⁽⁵⁾，盼千金游子何之⁽⁶⁾？证候来时⁽⁷⁾，正是何时？灯半昏时！月半明时！

【毛泽东评点】

毛泽东在读顾名编《曲选》中收录的这首小令时，在题头上方空白处画了一个大圈，在前六句旁画了一道粗重的直杠，在末四句旁都加了套圈。

——中央档案馆整理：《毛泽东评点诗词曲精选·曲选》第24页，中央档案出版社1998年版

【注释】

（1）平生，平常，往常。《论语·宪问》："见利思义，见危授命，久要不忘平生之言，亦可以为成人矣。"相思，彼此思念，多指男女相悦而无法接近而引起的想念，此指相思病。金董解元《西厢记诸宫调》卷五："一天来好事里头藏，其间也没甚诸般丸散，写着个专治相思的圣惠方。"

（2）身似浮云，身子像天空中飘动的云彩。

（3）心如飞絮，心像飘飞的柳絮。北周庾信《杨柳歌》："独忆飞絮鹅毛下，非复青丝马尾垂。"

（4）气如游丝，气如飘动着的蛛丝。南朝梁沈约《三月三日率而成篇》："游丝映空转，高杨拂地垂。"

（5）空，徒然，白白地。《战国策·赵策四》："春平侯者，赵王之所甚爱也，而郎中甚之……今君留之，是空绝赵，而郎中之计中也。"

（6）千金游子，比喻游子高贵，即曲中女主人公的恋人。游子，离家远游的人。《管子·地数》："夫齐，衢处之本，通达之所出也，游子胜商之所

道。"何之,即"之何",到哪里去。何,哪里,什么地方。

（7）证候,病症,病状。证,通"症"。

【赏析】

此曲《太平乐府》一、《乐府群珠》三、《尧山堂外纪》七一俱有收录。一本题作〔双调〕蟾宫曲《春情》。

这首小令抒写一位多情少女的相思之情。"平生不解相思"三句,写少女坠入不能自拔的相思之中。"不解相思",说明这位少女尚是初恋。"才会相思",说她情窦初开,尝到了爱情的欢乐;"便害相思",说她很快便坠入了爱河情网,不能自拔,饱受着相思的煎熬。三句一气贯注,明白如话,感情波澜,已见于笔端。"身似浮云"三句,极言少女处于相思之中的病态心理和神情举止。"身似浮云",状其坐卧不安、游移不定之态;"心如飞絮",言其心烦意乱、神思恍惚的心理;"气若游丝",则刻画其相思成疾,气力弱微。一连串形象贴切的比喻,描绘出少女"身""心""气"三方面的情,使少女的痴情得到了充分的表现。"空一缕余香在此"二句,揭示出少女害相思的原因。现在少女的处境是空闺独守,余香尚在,而人已千里。"盼千金游子何之",才揭破她害相思的原因。原来她昼思夜想、梦绕魂牵的是位身份高贵的"千金公子",如今他又到哪里去了呢?结尾四句,以"灯半昏时""月半明时"的朦胧意象表现少女的相思之苦。作者设问:什么时候是少女相思最苦的时刻?那便是夜阑灯昏、月色朦胧之时。这时本是情侣成双作对、欢爱情浓的时刻,然而少女却孤枕单栖,满腹烦恼和忧愁,无情无绪,不是滋味,都是这相思病害的。

徐再思是言情高手,曲折尽致,细腻入微,首三句押了同一个"思"字,末四句则同押了一个"时"字,不忌重复,信手写去,自然本色,纯乎天籁。《坚瓠壬集》卷三说这首曲子"其得相思三昧者与?"《顾曲麈谈》卷下说这首曲"正镂心刻骨之作,直开玉茗(汤显祖)、粲花(吴炳)一派矣。"

从毛泽东读顾名编的《曲选》收录的这首小令时,在题头上方画了个大圈,在前六句旁画了粗重的直杠(着重线),末四句旁都加了套圈,说明他对这支曲子十分欣赏。

查德卿

查德卿，生平不详。《太平乐府》《尧山堂外纪》《乐府群珠》《北曲拾遗》都收有他的作品。《全元散曲》共录其小令二十三首。

【原文】

〔越调〕寨儿令

渔　夫

烟艇闲⁽¹⁾，雨簑干⁽²⁾，渔翁醉醒江上还⁽³⁾。啼鸟关关⁽⁴⁾，流水潺潺⁽⁵⁾，乐似富春山⁽⁶⁾。数声柔橹江干⁽⁷⁾，一钩香饵波寒⁽⁸⁾，回头观兔魄⁽⁹⁾，失意放鱼竿⁽¹⁰⁾，看、流下蓼花滩⁽¹¹⁾。

【毛泽东评点】

毛泽东在读顾名编《曲选》所录载的这首小令时，在"看"字后添加一个顿号，并在"数声柔橹江干"以下六句除独词"看"外各加了两个圆点。

——中央档案馆整理：《毛泽东评点诗词曲精选·曲选》第30页，中央档案出版社1998年版

【注释】

（1）烟艇，烟波中的小舟。

（2）雨簑（suō梭），遮雨的斗笠和簑衣。

（3）还，一本作"晚"。

（4）关关，鸟鸣的声音。《诗经·周南·关雎》："关关雎鸠，在河

之洲。"

（5）潺潺（chán chán），水流的声音。宋欧阳修《醉翁亭记》："山行六七里，渐闻水声潺潺。"

（6）乐似富春山，富春山，在今浙江桐庐西南富春江畔。相传东汉隐士严光（字子陵）曾隐居于此，并在江边垂钓，钓处叫严陵滩，其上有严陵钓台。此言其隐居之乐，像严光一样。

（7）柔橹，本指船桨轻摇，亦指轻轻的划桨声。宋释道潜《秋江》："数声柔橹苍茫外，何处江村人夜归。"江干，江边，江岸。南朝梁范云《之零陵郡次新亭》："江干远树浮，天末孤烟起。"一作"江浔"。

（8）香饵，渔猎所用之诱饵。汉桓宽《盐铁论·褒贤》："香饵非不美也，龟龙闻而深藏，鸾凤见而高逝。"唐李群玉《放鱼》："须知香饵下，触口是铦钩。"

（9）兔魄，月亮的别称。《参同契》卷上："蟾蜍与兔魄，日月无双明。"元范梈《赠郭判官》："慈乌夜夜向人啼，几度纱窗兔魄低。"

（10）失意，不遂心，不得志。一本作"失忆"。

（11）蓼（liǎo liǎo）花滩，开满蓼花的浅滩。蓼，植物名，为一年生或多年生草本植物，有水蓼、红蓼、刺蓼等种类，味辛，可作调味用。《诗经·周颂·良耜》："以薅荼蓼。"毛传："蓼，水草也。"

【赏析】

此曲《太平乐府》三、《中原音韵》俱有收录。兹据《中原音韵》题作《渔夫》，别本作《江上》。

这首曲子写渔夫垂钓之后驾船返航的情状。开头三句叙事，在傍晚时分，雨已停止，烟雾笼罩下的一叶小舟显得十分悠闲，渔翁酒醒之后，斗笠和蓑衣已被江风吹干，他驾起小舟回返。一切都显得从容不迫，突出一个"闲"字。接下三句写渔夫归途所见所感。他只听见关关鸟鸣，潺潺水声，心中十分惬意，快乐得像东汉的隐士严子陵隐居在富春山那样，言外之意他对世事有所不满。看来这位渔夫不是一般的渔夫，他既不为衣食所累，又不为官府所逼。所以，他钓鱼只不过是轻摇几下橹，在烟波江上垂下一钩香饵，到底能钓到多少鱼，似乎并不关心，所以当他回头一看，玉兔东升，便不遂心地放下鱼竿。看，他任凭小船直向开满蓼花的浅滩驶去。末六句是对渔父垂钓的补笔。全曲把渔夫恬然自适、悠然独住的生活，写得多么有情致。当然，这是作者美化了渔夫生活。此曲《中原音韵·作词十法》列为定格，《雨村曲话》说是"他人不能道"，对它都十分推崇。

从毛泽东对这首小令的添加标点符号和圈点来看，他是认真读了的，并且还比较满意。

汪元亨

汪元亨，字协真，号云林，别号临川佚老，饶州（今江西鄱阳）人，元散曲作家。曾做过浙江省掾，累官尚书。后徙居常熟，至正年间在世。《录鬼簿》说他著杂剧《斑竹记》《桃源洞》《仁宗认母》三种，今已佚。又说他"有《归思录》一百篇行世，见重于人"。今存《云林小令》恰符此数，内容多为警世归隐之作，间亦表现对当时现实的不满，是对他宦海生涯的反思和总结，疑即《归田录》百篇。《全元散曲》录其小令一百首，套数一首。

【原文】

〖正宫〗醉太平

警 世

憎苍蝇竞血[1]，恶黑蚁争穴[2]，急流中勇退是豪杰[3]，不因循苟且[4]。叹乌衣一旦非王谢[5]，怕青山两岸分吴越[6]，厌红尘万丈混龙蛇[7]，老先生去也[8]。

【毛泽东评点】

毛泽东在读顾名编《曲选》中收录的这首小令时，在题头上方天头处画有一个大圈，改正了两个标点：把"急流"句末的句号改为逗号，"不因循"句末的逗号改为句号；改正一个错字：原"叹乌衣"句的"叹"误作"欢"，毛泽东把它改正过来；还在"叹乌衣"以下四句旁各加了三个套圈。

——中央档案馆整理：《毛泽东评点诗词曲精选·曲选》第31页，中央档案出版社1998年版

【注释】

（1）苍蝇竞血，像苍蝇争舔血腥的东西一样。

（2）黑蚁争穴，典出唐李公佐《南柯记》，言大槐安国与檀萝国争夺领土引起战争的故事。以上二句从马致远〔双调〕夜行船《秋思》中"密匝匝蚁排兵，乱纷纷蜂酿蜜，闹穰穰蝇争血"浓缩而来，喻官场中争权夺利、丑态百出。

（3）争流勇退，典出宋邵伯温《闻见前录》卷七。宋陈抟约钱若水相晤。钱至，见陈与一老僧拥炉而坐。僧视若水良久，以火箸画灰作"做不得"三字，徐曰："是急流中勇退人也。"意思说钱若水做不得神仙，但也不是久恋官场的人。后钱官至枢密副使，年四十即退休。所以"急流勇退"比喻在官场得意时及时隐退，以明哲保身。宋苏轼《赠善相程杰》："火色上腾虽有数，急流勇退岂无人。"

（4）因循苟且，墨守成规，得过且过。唐白居易《为人上宰相书》："因循苟且之心作，强毅久大之性亏。"

（5）乌衣，乌衣巷，古地名，在今江苏南京东南。晋时是权豪王导、谢安等家族的聚居之地，后来这些贵族都衰落了。唐刘禹锡《乌衣巷》："朱雀桥边野草花，乌衣巷口夕阳斜。旧时王谢堂前燕，飞入寻常百姓家。"

（6）吴越，春秋时，吴国和越国（在今江苏浙江一带）相邻，为两个敌对的国家，后来吴为越所灭。宋程垓《摸鱼儿》："又难料，而今好梦分吴越。"

（7）红尘，本指车马扬起的飞尘，亦指繁华之地。南朝陈徐陵《洛阳道》之一："绿柳三春暗，红尘百戏多。"此指混浊的社会。龙蛇，龙和蛇，比喻贤愚，正邪、好坏两种人。

（8）老先生，旧时官场中的称呼，宋时已有之，但非仕途常称，元时始称于官场。此是作者自指。

【赏析】

〔正宫〕醉太平《警世》共二十首，此是第二首，载《雍熙乐府》一七。

这支曲子是作者对宦海生涯的反思。前四句用"苍蝇竞血""黑蚁争穴"和"急流勇退"三个生动而形象的比喻构成排比句式，描写官场争权夺利的丑恶现象，自己决定断然隐退，不愿与之同流合污。接着用一组工整的鼎足对，以乌衣巷已非王、谢之宅，言繁华易歇，好景不长；以青山分割吴、越的两国对峙，到吴被越灭，借指社会上钩心斗角、争权夺利；以社会上"龙蛇"混杂，言人世间好恶不辨、是非不分。在作者看来，富贵转头空，竞争也多余，尘世乱纷纷。这样就从人世沧桑、官场险恶和世俗可畏三个方面，将自己的思想进行深入的剖析，寓庄于谐，表现出鲜明的愤激感情和批判精神。在这首曲里，作者对腐朽混浊的社会表示憎恶，对富贵也不放在眼里。他觉得只有"急流勇退"，摆脱名利，才是出路，才算豪杰。所以他说："老先生去也。""老先生"是元代社会官场用语，用以自指，表示决意离开官场的决绝态度。但老先生要退到那里去，作者未明言，但从其思想来看，无非归隐山林一途，别无他法。这种不愿混迹官场、同流合污，有愤世嫉俗的一面，但也流露出明哲保身的消极思想。

从毛泽东对这首曲子原标点符号的修改，错字的纠正，以及对原文的圈画来看，他是比较欣赏这支曲子的。

曾　瑞

　　曾瑞（约1260—1330），字瑞卿，自号褐夫，河北大兴（今北京大兴）人，因喜江浙人才风物，后移家杭州，元散曲作家。他大约生活在元成宗大德（1297—1307）前后，平生志不屈物，不愿做官，"优游于市井，洒然如神仙中人"（《录鬼簿》）。临终，谒门吊者以千数。善丹青，能作隐语小曲。著有杂剧《才子佳人误元宵》，即《王月英元夜留鞋记》，今尚存。其散曲集《诗酒余音》，今已佚。《全元散曲》录存其小令九十五首，套数十七首。他的散曲以写男女恋情、山林隐逸为主，也有一些讽世的题材。情词直露明朗，而写山林隐逸及写景作品，则清放平实，意境旷淡。风格多样，往往于本色自然中，糅合着清丽典雅的韵味，具有元散曲由北而南、由民间而文人的过渡时的特点。

【原文】

〖黄钟〗愿成双

有　赠

　　【愿成双】娇莺态[(1)]，雏凤姿[(2)]。正生红闹簇枯枝[(3)]。含香蓓蕾未开时，没乱煞莺儿燕子[(4)]。

　　【么篇】恰初春又早残春至，只愁吹破胭脂[(5)]。忽惊风雨夜来时，零落了千红万紫[(6)]！

　　【出队子】阑珊春事[(7)]，恨题绝罗扇诗[(8)]。玉容香散粉慵施[(9)]，锦树花残蝶倦时。绿叶成阴子满枝[(10)]。

　　【么篇】暮年间即渐知心事，所为儿都操持。纵千般絮聒是好言词[(11)]，无半点虚脾谎话儿[(12)]；真一派真诚好意思。

【尾声】得见容颜越丰致⁽¹³⁾，旧风流不减动些儿⁽¹⁴⁾。一个鞋样儿倒宽了多半指。

【毛泽东评点】

　　毛泽东在阅读顾名编《曲选》中收录的这首套曲时，在"真一派真诚好意思"句旁用墨笔点了两个圆点。

　　——中央档案馆整理：《毛泽东评点诗词曲精选·曲选》第74—75页，中央档案出版社1998年版

【注释】

　　（1）娇莺态，指老妓年轻时妩媚可爱的体态。娇莺，妩媚可爱的黄莺。唐杜甫《江畔独步寻花七绝句》之六："留连戏蝶时时舞，自在娇莺恰恰啼。"娇莺，一作"娇鸾"。

　　（2）雏凤，幼凤，比喻有才华的子弟。唐李商隐《韩冬郎即席为诗相送，一座尽惊，他日余方追吟连宵侍坐裴回久之句，有老成之风，因成二绝，寄酬兼呈畏之员外》之一："桐花万里丹山路，雏凤清于老凤声。"冯浩笺注："《晋书》：陆云幼时，闵鸿奇之，曰：'此儿若非龙驹，当是凤雏。'"此指嫖客。

　　（3）正生，常性，人的自然习性。《晏子春秋·谏下》十三："鲁工不知寒温之节，轻重之量，以害正生。"红，吃得开，出名的时候。闹簇，聚集，簇聚。闹，簇聚，攒聚。宋陈师道《南乡子·咏棣棠南》："乱蕊压枝繁，堆积金钱闹作团。"枯枝，喻老妓。

　　（4）乱煞，忙乱到极点。煞，助词，用在动词后，表示程度深。唐李咸用《喻道》："长生客待仙桃饵，月里婵娟笑煞人。"莺儿燕子，黄莺和燕子。莺善歌，燕善舞，因以莺燕比喻歌妓、舞女或妓女。宋李莱老《浪淘沙》："宝押绣帘斜、莺燕谁家，银笋初试合琵琶。"

　　（5）胭脂，一种用于化妆和国画的红色颜料，亦泛指鲜艳的红色，此指脸色红晕。

　　（6）千红万紫，形容百花竞艳。宋辛弃疾《水龙吟·寄题京口范南

伯知县家文官花》：“人间得意，千红万紫，转头春尽。”

（7）阑珊，残，将尽。宋贺铸《小重山》：“歌断酒阑珊，画船箫鼓转，绿杨湾。”春事，指男女欢爱。

（8）题绝罗扇诗，意谓没有人在罗扇上题诗作为留念之物了。罗扇，丝罗制的小扇。

（9）玉容，对女子容貌的美称。晋陆机《拟〈西北有高楼〉》：“玉容谁得顾，倾城在一弹。”慵（yōng 拥），懒惰，懒散。

（10）绿叶成阴子满枝，宋计有功《唐诗纪事·杜牧》：“牧佐宣城幕，游湖州，刺史崔君张水戏，使州人毕观，令牧闲行，阅奇丽，得垂髫者十余岁。后十四年，牧刺湖州，其人已嫁，生子矣，乃怅而为诗曰：‘自是寻春去校迟，不须惆怅怨芳时。狂风落尽深红色，绿叶成阴子满枝。’”后以“绿叶成阴”比喻女子青春已逝，以“子满枝”比喻儿女成行。

（11）絮聒（guō 过），亦作“絮聒”“絮刮”，唠叨，吵闹。

（12）虚脾，虚情假意。金董解元《西厢记诸宫调》卷七：“说尽虚脾，使尽局段，把人赢勾厮欺谩，无须开眼。”

（13）丰致，风采韵致。

（14）风流，洒脱放逸，风雅潇洒。《后汉书·方术传论》：“汉世之所谓名士者，其风流可知矣。”

【赏析】

这套曲《太平乐府》八、《北宫词纪》五、《词林白雪》一和《彩笔情辞》一俱有收录。《词林白雪》归“美丽”类。题目又作《赠老妓》，共由五支曲子组成，写一位老妓女人老珠黄之后的凄苦生活。首曲〔愿成双〕写这位妓女年轻走红时的煊赫盛况。“娇莺态，雏凤姿。”“娇莺”，一本作“娇鸾”。娇鸾雏凤，指幼小的鸾凤，比喻青春年少的情侣。金董解元《西厢记诸宫调》卷五：“青春年少，一对儿风流种，恰似娇鸾配雏凤。”元王实《西厢记》第二本第四折：“他那里思不穷，我这里意已通，娇鸾雏凤失雌雄。”二剧都是指张生和崔莺莺这对情人。这里是说这位妓女和那些风流嫖客，正当青春年少，自然簇聚在一起寻欢作乐。当时这位妓女像蓓蕾尚未开放之时，嫖客盈门，可把欲与之争宠的妓女忙乱坏了。此曲寥寥几句，便写出了这位妓女的娇艳出众和走红时的盛况。但好景不长，青春不驻，不久，这位妓女便年老色衰了。[么篇]写妓女的年老色衰。人的青春年少，正像自然界的春天一样，刚到初春很快便到了暮春天气。百花凋零，春色无多，就像一个女子害怕脸色失去红晕。但愁归愁，自然规律是不能抗拒的，就像忽然一夜风雨，把万紫千红竞艳的百花吹得七零八落，春天就要过去了一样，转瞬之间，昔日风姿绰约、光彩照人的女子，为今虽然风韵犹存，早已徐娘半老了。[出队子]一曲写妓女晚年的凄凉生活。妓女本来是以色事人的生涯，年老色衰，自然嫖客就少了，也没有人再给她在罗扇题诗作画留作纪念了。她的美丽的容貌也大不如前，脂粉也懒得施用，嫖客们自然就不上门。"门前冷落鞍马稀"，她要生活下去，只有"老大嫁作商人妇"（白居易《琵琶行》），改嫁从良，为人生男育女，这便是"绿叶成阴子满枝"了。[么篇]写妓女从良后真心实意地过常人的生活。到了晚年，她渐渐懂得世俗生活之不易，所有的事她都操持，还整天一遍遍唠叨不停，没有半点虚情假意，更不会说谎，真正是一派诚心诚意过日子。写妓女真诚、善良、勤劳的品性未泯，真心实意过普通人的日常生活，也是对她早年倚门卖俏生活的反思和否定。[尾声]一曲写妓女风韵犹存，生活不易。这位妓女虽然徐娘半老，但风韵犹存。她的美貌越来越显得有风度，过去的风雅潇洒丝毫不减。但她已不以色事人了，她要操持家务，要劳作，脚太小是不利的。因此她不再刻意缠足，脚也慢慢地变大起来，致使她穿的鞋和过去是一个样儿"倒宽了多半指"。写出她从良生活的辛劳。总之，这套曲子写妓女从盛至衰的艰辛生活，全用比喻，骒栝其事，含蓄蕴藉，不涉淫邪，对之又寄予深切同情，感情是健康的，艺术表现上也是好的。

毛泽东在阅读这套曲子时，仅在"真一派真诚好意思"句旁加了两个圆点，表示欣赏，其余各句均未加圈点，说明他对套曲子评价不甚高。

睢景臣

睢景臣，一作睢舜臣，字景贤，扬州（今江苏扬州）人，元散曲家。生卒及生平事迹不详。钟嗣成《录鬼簿》把他列在"方今才人"之中，并说："大德七年（1303）公自维扬来杭州，余与之识。"可知他是钟嗣成同时代人。自幼读书以水沃面，双目红赤，不能远视，酷嗜音律。钟嗣成曾称他"吟髭撚断为诗魔，醉眼慵开为酒酲"。又说："维扬诸公俱作《高祖还乡》套数，公《哨遍》制作新奇，诸公皆出其下。"曾撰《睢景臣词》及杂剧《莺莺牡丹记》《千里投人》《屈原投江》三种，今俱不存。《全元散曲》录存其数三首，残曲一首。

【原文】

〖般涉调〗哨遍

汉高祖还乡

【哨遍】社长排门告示[1]：但有的差使无推故[2]。这差使不寻常，一壁厢纳草也根[3]，一边又要差夫索应付[4]。又言是车驾[5]，都说是銮驾[6]，今日还乡故。王乡老执定瓦台盘[7]，赵忙郎抱着酒葫芦[8]；新刷来的头巾，恰糨来的袖衫[9]，畅好是畅么大户[10]！

【耍孩儿】瞎王留引定夥乔男女[11]，胡踢蹬吹笛擂鼓[12]。见一彪人马到庄门[13]，匹头里几面旗舒[14]：一面旗，白胡阑套住迎霜兔[15]；一面旗，红曲连打着毕月乌[16]；一面旗，鸡学舞[17]；一面旗，狗生双翅[18]；一面旗，蛇缠葫芦[19]。

【五煞】红漆了叉，银铮了斧[20]，甜瓜苦瓜[21]黄金镀，明晃晃马蹬枪尖上挑[22]，白雪雪鹅毛扇上铺[23]。这几个乔人物[24]，拿作些不曾见的器仗，穿着些大作怪的衣服。

【四煞】辕条上都是马，套头上不见驴。黄罗伞柄天生曲⁽²⁵⁾。车前八个天曹判⁽²⁶⁾，车后若干递送夫；更几个多娇女⁽²⁷⁾，一般穿着，一样妆梳。

【三煞】那大汉下的车，众人施礼数。那大汉觑得人如无物⁽²⁸⁾。众乡老屈脚舒腰拜，那大汉挪身着手扶⁽²⁹⁾。猛可里抬头觑⁽³⁰⁾，觑多时，认得熟，气破我胸脯。

【二煞】你须身姓刘？你妻须姓吕⁽³¹⁾？把你两家儿根脚从头数⁽³²⁾。你本身做亭长⁽³³⁾，躯轵几杯酒⁽³⁴⁾，你丈人教村学⁽³⁵⁾，读几卷书。曾在俺庄东住：也曾与我喂牛，切草，拽坝，扶锄⁽³⁶⁾。

【一煞】春采了桑，冬借了俺粟，零支了米麦无重数。换田契强秤了麻三秤⁽³⁷⁾；还酒债偷量了粟几斛⁽³⁸⁾。有甚胡突处⁽³⁹⁾？明标着册历⁽⁴⁰⁾，见放着文书！

【尾】少我的钱，差发内旋拨还⁽⁴¹⁾：欠我的粟，税粮中私准除⁽⁴²⁾。只道"刘三，谁肯把你揪捽住⁽⁴³⁾，白甚么改了姓⁽⁴⁴⁾，更了名，唤做汉高祖！"

【毛泽东评点】

毛泽东在阅读顾名编《曲选》收录的这首套曲时，在［三煞］曲中"那大汉觑得人如无物"和"猛可里抬头觑"以下四句句旁，分别用墨笔点了三、二、一、一、二个圆点；在［尾］曲"谁肯把你揪捽住"等四句旁，各加了两个点；此外，还修改了三处标点符号：将"鸡学舞""狗生双翅"后的句号改作分号；将"躯轵几杯酒"后的句号改为逗号。

——中央档案馆整理：《毛泽东评点诗词曲精选·曲选》第76—78页，中央档案出版社1998年版

【注释】

（1）社长，一社之长。古代以社为基层地方组织，选年长晓农业者任社长。唐顾况《田家》："县帖取社长，嗔怪见官迟。"社，古代地区单位之一，其说法不一，一说方六里为社，一说二十五家为社，元代以五十家为社。

（2）无推故，不要借故推托。

（3）一壁厢，一边。也，衬字，无义。

（4）索应付，须认真对待。索，须。

（5）车驾，帝王所乘的车，亦用为帝王的代称。《汉书·高帝纪下》："车驾西都长安。"颜师古注："凡言车驾者，谓天子乘车而行，不敢指斥也。"

（6）銮驾，天子的车驾。天子车驾有銮铃，故称。《后汉书·荀彧传》："今銮驾旋轸，东京榛芜，义士有存本之思，兆人怀感旧之哀。"

（7）乡老，乡村中的头面人物。瓦台盘，陶制的台面、桌面。《诗话总龟·诙谐下》引《雅言杂载》："冯衮牧苏州日，多纵饮博，因大胜，以所得均与座客，吟云：'八尺台盘照面新，千金一掷斗精神。合是赌时须赌取，不妨回首乞闲人。'"

（8）忙郎，一般农民的称谓。

（9）糨（jiàng 匠）来，浆好，刷洗好。用米汁给洗净的衣服上浆，叫作"糨"。

（10）畅好是，真是，正是。畅么，一作"妆么"，装模作样。

（11）瞎，坏，胡来。王留，元曲中泛用的人物名称，如张三、李四之类，一般属于插科打诨的角色。乔男女，坏家伙，丑东西。

（12）胡踢蹬，胡乱，胡闹。踢蹬，语助词，起强调作用。

（13）飚（biāo），量词，用于军队人马，一飚人马，一大队人马。宋周密《癸辛杂识》别集下"一飚"条："虏中谓一聚马为飚，或三百匹，或五百匹。"一飚，又作"一彪"。

（14）匹头里，俗语，劈头里、打头里，当头时。

（15）白胡阑套住迎霜兔，指旗。胡阑，合音为"环"，即圆圈。迎霜兔，即玉兔。古代神话谓月中有玉兔捣药，故以玉兔代月亮。

（16）红曲连打着毕月乌，指日旗。曲连，合着为"圈"。红曲连，即红圈，像日的形状。毕月乌，古代传说日中有三足乌，后来的星历家又以上曜（日、月、水、火、木、金、土）及各鸟兽配二十八宿，如"昂日鸡""毕月乌"等。

（17）鸡学舞，指飞凤旗。

（18）狗生双翅，指飞虎旗。

（19）蛇缠葫芦，指蟠龙戏珠旗。

（20）红漆了叉，红漆的剑戟。银铮了斧，镀了银的斧钺。铮，这时是"镀"的意思。

（21）甜瓜苦瓜，指金瓜锤，帝王的仪仗。

（22）明晃晃马蹬枪尖上挑，指朝天蹬，帝王的仪仗。

（23）白雪雪鹅毛扇上铺，指雉毛宫扇，帝王的仪仗。

（24）乔人物，怪人物，装模作样的人物。

（25）黄罗伞，指帝王仪仗中的"曲盖"，其形象伞，柄是曲的，以黄罗纱制成。

（26）天曹判，天上的判官，形容威风凛凛、表情呆滞的侍从人员。天曹，道家所称天上的官署。《南齐书·高逸传·顾欢》："今道家称长生不死，名补天曹，大乘老庄立言本理。"

（27）多娇女，指美丽的宫娥。

（28）觑（qù 去）得人如无物，意谓不正眼看，目中无人。觑，斜视。

（29）挪身，挪动身子。

（30）猛可里，猛然间，忽然间。觑，偷看。

（31）你须身姓刘，你本人当姓刘。身，本人。你妻须姓吕，刘邦的妻子叫吕雉，"好相人"吕公的女儿，就是吕后，孝惠帝和鲁元公主的母亲。

（32）根脚，根基，即今所谓出身。

（33）亭长，战国时，国与国之间的防御敌人，在边境上设亭，置亭长。秦汉时在乡村每十里设一亭，置亭长，掌治安，捕盗贼，理民事，兼管停留旅客。《史记·高祖本纪》："高祖为人……不事家人生产作业，及壮，试为吏，为泗上亭长，廷中吏无所不狎侮。"张守节正义："秦法，十里一亭，十亭一乡。亭长，主亭之吏。"

（34）耽几杯酒，极好饮几杯酒。《魏书·裴叔业传》："[柳远]好弹琴，耽酒，时有文咏。"耽，同"耽"，爱好。

（35）丈人，指岳父。村学，指旧时乡村私塾。

（36）拽（zhuāi）坝，扶锄，亦作拽坝，扶犁，指务农，从事农业劳动。

（37）麻三秤，一作麻三杆，麻三十斤。旧时乡间以十斤为一杆。

（38）斛（hú 胡），量词，多用于量粮食，古代一斛为十斗，南宋末年改为五斗。《仪礼·聘礼》："十斗曰斛。"

（39）胡突，糊涂，含混不清。

（40）标，记载。册历，账簿。

（41）差发，差拨，官家派的差役和钱粮。旋，随即，马上。

（42）私准除，暗地里扣除。准除，抵偿，折算。

（43）刘三，刘邦，排行当为第三。因为他有一个哥哥排行第二，所谓"某业所就，孰与仲多"，仲即老二。揪捽，揪住，抓着。

（44）白甚么，说甚么。白，陈说。

【赏析】

这首套曲《太平乐府》九、《雍熙乐府》七俱加收录，前者注明睢景臣作，后者不注撰人。兹从前者。题作《汉高祖还乡》，汉高祖即刘邦。刘邦为沛（今江苏沛县）人。高祖还乡，史有明载。《史记·高祖本纪》："高祖还归，过沛，留。置酒沛宫，悉召故人父老子弟纵酒，发沛中儿得百二十人，教之歌。酒酣，高祖击筑，自为歌诗曰：'大风起兮云飞扬，威加海内兮归故乡，安得猛士兮守四方！'令儿皆和习之。高祖乃起舞，慷慨伤怀，泣数行下。"此事发生在刘邦做皇帝后的第十二年（前195）十月。刘邦此行除了设宴款待"父老子弟"外，还豁免了沛县的赋税，所以临行故乡人再三挽留，倾城出送。历代文人多据此写诗、度曲、编剧，以歌颂刘邦威加海内、不忘故土的情怀，而作者却从他"不事家人生产作业""好酒及色，常从王媪、武负赊酒"等记载，大胆地设计了刘邦的无赖形象，进行辛辣的嘲讽。

钟嗣成在《录鬼簿》卷下说："维扬诸公俱作《高祖还乡》套数，惟公（指睢景臣）《哨遍》制作新奇，皆出其下。"这套散曲的"新奇"之处，首先在于选择了一位村民作为叙述人，事件发展的全过程，都是他亲眼看见的、亲口说出的。这就是视角新，正由于采取了这样的视角，才便于对迎驾的队伍、皇帝的仪仗和扈从，乃至皇帝本人，进行真实而生动的描述，达到嘲弄、讽刺的效果。

全套共由八支曲子组成。首曲〔哨遍〕先写村社中的头面人物准备接驾和如何接驾。对于这些人物，那位村民当然深知底里，因而讲社长摊派差使和粮草，比平时更加蛮横无理。"又言是车驾，都说是銮舆"，以皇帝老子回归故乡的大帽子来吓唬人。王乡老执着台盘，赵忙郎抱着酒葫芦，戴着新浆洗的头巾，穿着新做的衣服，装模作样，冒充大户，准备迎接皇帝老儿的到来。

〔耍孩儿〕〔五煞〕和〔四煞〕三支曲子写迎驾的队伍、皇帝的仪仗和扈从。迎驾的队伍是由瞎王留带领一群不三不四的浮浪子弟，吹笛擂鼓的乐队则由胡踢蹬率领。这支欢迎队伍，作者用"瞎王留""乔男女""胡踢蹬"之类的贬义词语来形容，突出其乌七八糟，不是正经人。皇帝的仪仗极其威严盛大：走在最前面的月旗、日旗、飞凤旗、飞虎旗、蟠龙戏珠旗，之后便是红漆的剑戟、银镀的斧钺、金瓜锤、朝天蹬、雉扇等这些代表皇帝权威、神圣不可侵犯的东西，全都按农村中常见的事物加以比拟，用农民鄙俚的语言来描绘，既生动形象，又滑稽可笑。

仪仗队过去之后，接着便是皇帝的车驾及其扈从。皇帝乘坐的车子套的都是高头大马，不见一头驴子，上罩一把曲柄黄罗伞。车前是八个"天曹判"。天曹判，天上的判官。用以形容其威风凛凛，表情呆滞的"导驾官"。按元代制度，这些导驾官都是由御史大夫、御史中丞、侍御史、翰林学士、中书侍郎、黄门侍郎等达官贵人组成。因为他们在皇帝面前呆若木鸡，毫无表情，所以在乡里人眼中便成了天曹判官。车驾之后，便是侍从人员（递送夫）和宫娥彩女（多娇女）。

〔三煞〕一曲才写到皇帝本人。皇帝下车了，那村民不知道他就是君临天下、擅作威福的皇帝，称之为"那大汉"。欢迎的人们见了"那大汉"，赶忙匍匐在地，行跪拜之礼；"那大汉"却十分拿大，"觑得人如无物"，只挪动着身子扶起众人。就在那大汉示意众人起身的一刹那，那村民突然抬起头来，仔细辨认，终于认出来了，差一点没把胸脯气炸。那村民一开头就以第一人称出现，却省略了"我"，直到"气破我胸脯"一句，才自称"我"，而以下便直呼刘三为"你"，面对面地揭他的老底。

这便是末三支曲的内容。这老底揭得也很有层次。[二煞]一曲，从其出身来讲。你本身姓刘，你老婆姓吕。你丈人是个教书匠。你曾在俺庄东住，给我喂牛铡草，拽坝扶锄——原来你就是我那个佃户。[一煞]从其穷困上揭。春天采了俺的桑叶，冬天借了俺的谷子，零星借俺的小米和麦子不计其数。更换田契时强称了俺三十斤麻，还酒债时偷量俺的豆儿斛，账册上记得清清楚楚，一点也不糊涂。[尾]曲则从其赖债不还揭。那村民想，如今你阔起来了，"少我的钱"从官差中马上拨还，"欠我的粟"从税粮中私下扣除，也算一个办法。我说刘三呀刘三，难道还有谁揪住你不放不成？却为什么平白无故地更姓改名，"唤做汉高祖"。"汉高祖"是刘邦死后庙号，他活着的时候并没有这种称呼。那位村民指斥刘邦改姓"汉"，改名"高祖"，惹人发笑。然而从本质上来看，作为大汉皇帝的"高祖"，何等堂皇，何等尊贵；但追根究底，那本是无赖刘三一个，真有画龙点睛之妙。

这套散曲中塑造的刘邦是一个艺术典型。作者通过巧妙的构思、辛辣的语言，以一个乡民的口吻，生动地勾勒了那个流氓皇帝衣锦还乡的排场和神情，以及他微贱时的丑恶行径，从而揭露了封建最高统治者的本来面目，否定了他的至高无上的权威，把传统的歌颂变为辛辣的嘲讽，具有强烈的幽默感和艺术魅力。作者通过这个艺术典型，讽刺、鞭挞了历代帝王，特别是元朝的皇帝。元朝由一个落后的游牧民族入主中原近百年之久，皇帝之昏庸、政治之黑暗是空前的，人民的反抗也是空前激烈的。作者由于异常憎恨元朝皇帝的暴虐统治而孕育了反抗皇权的新观念、新思路，于是借历史上"高祖还乡"的故事而取材于现实生活，写出这首脍炙人口的讽刺杰作。

从毛泽东阅读这套散曲的圈点情况来看，他对这首曲子是比较欣赏的。他对表现那位村民义愤的几句曲词和揭露刘邦骄傲自大、目中无人、无赖行径的描写，都非常感兴趣，用墨笔加了点，因为这些句子和其他句子比较起来更为出色。

【原文】

〔商角调〕黄莺儿

秋　色

【黄莺儿】秋色，秋色，野火烘霞，孤鸿出塞[1]。俺则见寂寞园林，荷枯柳败。

【踏莎行】水馆烟中[2]，暮山云外。泊孤舟，古渡侧，息风霾[3]，净尘埃。宝刹清凉境界[4]，僧相待，借眠何碍。

【垂丝钓】风清月白，有感心不耐。更触目凄凉景色，供将愁闷来。月被云埋，风鸣天籁[5]？

【应天长】僧舍窄。蚊帐矮。独拥单衾[6]，一宵如半载[7]。旧恨新愁深似海。情缘在[8]，人无奈，几般儿可怪[9]？

【随煞】促织絮[10]，恼情怀。砧杵韵[11]，无聊赖。檐马奢，殿铎鸣[12]；疏雨滴，西风杀。能断送楚云台[13]，会禁持异乡客[14]。

【毛泽东评点】

　　毛泽东在阅读顾名编《曲选》中此套散曲时，在"月被云埋，风鸣天籁"二句旁各画了两个墨点。

　　　　——中央档案馆整理：《毛泽东评点诗词曲精选·曲选》第78—79页，中央档案出版社1998年版

【注释】

　　（1）孤鸿出塞（sài 赛），孤单的鸿雁飞往塞外。三国魏阮籍《咏怀诗》之一："孤鸿号外野，朔鸟鸣北林。"塞，险要之处，此指我国北部边界地区可以据险守卫的要地。

　　（2）水馆，临水的馆舍或驿站。南朝梁江淹《池上酬刘记室》："水馆次夕羽，山叶下暝露。"

　　（3）风霾（mái 埋），指风吹尘飞、天气阴晦的现象。《三国志·魏书·崔光传》："昨风霾暴兴，红尘四塞，白日昼昏，特可惊畏。"霾，飞

沙蔽天，日光无色之状。《尔雅·释天》："风而雨土为霾。"

（4）宝刹（chà 岔），本指佛国、佛土，此指佛寺。南朝梁沈约《内则序》："灵仪炫目，宝刹临云。"

（5）天籁（lài 赖），自然界的声响，如风声、雨声、鸟声、流水声等。《庄子·齐物论》："女闻人籁而未闻地籁，女闻地籁而未闻天籁夫！"

（6）独拥单衾（qīn 钦），独自盖着一个被子，指独宿。衾，大被。《诗经·召南·小星》："肃肃宵征，抱衾与裯，寔命不犹。"毛传："衾，被也。"

（7）一宵如半载，一夜如半年。

（8）情缘，男女间爱情的缘分。唐孟棨《本事诗·情感》："［徐德言］谓其妻曰：'以君之才容，国亡，必入权豪之家，斯永绝矣。傥情缘未断，犹冀相见，宜有以信之。'"

（9）几般，怎么，多么。宋辛弃疾《锦帐春》："几许风流，几般娇嫩。"可怪，令人诧异。《后汉书·光武帝纪上》："刘将军生平见小敌怯，今见大敌勇，甚可怪也。"

（10）促织，蟋蟀的别名。絮，腻烦。金董解元《西厢记诸宫调》卷六："促织儿外面斗得相聒，小即小，天生的口不曾合，是世间虫蚁儿里的活撮，叨叨的絮得人怎过？"

（11）砧杵（zhēn chǔ 珍楚），捣衣石和棒槌，亦指捣衣。南朝宋鲍令晖《题书后寄行人》："砧杵夜不发，高门昼常关。"

（12）檐马，也称风铃、铁马，挂在檐下，用以占风的金属小片，风起则叮咚作声。宋张半湖《扫花词》："又丁东，数声檐马。"殿铎，佛殿的风铃、檐铃。北魏杨衒之《洛阳伽蓝记·永宁寺》："宝铎含风，响出天外。"

（13）楚云台，一作"楚台云"，即楚台，指楚王梦遇巫山神女与之欢合的阳台，后多指男女欢会之处。唐吴融《重阳日荆州作》："惊时感事俱无奈，不待残阳下楚台。"

（14）禁持，摆布，折磨，使受苦。宋姜夔《浣溪沙·丙辰岁不尽五日吴松作》："雁怯重云不肯啼，画船愁过石塘西，打头风浪恶禁持。"

【赏析】

这首套曲《太平乐府》七、《雍熙乐府》十六、《北宫词纪》六、《太和正音谱》下引［垂丝钓］曲,《北词广正谱》引［踏莎行］曲,《九宫大成》五九引全套。《雍熙乐府》题作《僧舍秋怀》,不注撰人。兹从《北宫词纪》。

这套散曲共由五支曲子组成。它抒写羁旅在北国僧舍的一个男子对其情侣的怀念。前三曲叙事兼写景,交代借宿僧寺的经过,后二曲抒发单栖独宿的感慨。一路写来,层次井然。首曲［黄莺儿］概写塞外秋色,点出节候和大的环境。开首二句,叠言"秋色",点明时令。秋色怎样? 中国幅员之大,江南塞北,秋色也各自不同。大地野火焚烧,天上晚霞一片,突出一个以红为基调的秋色特点;孤单的鸿雁飞出塞外,交代了大的地域,是在塞外。后二句又以"寂寞园林,荷枯柳败",状写秋景,春夏间花红柳绿的园林,已经变得寥落一片,很少有人问津了,写出塞外秋色特点。

［踏莎行］一曲接写自己的行踪,傍晚寄居佛寺。在临水的馆舍边,云笼雾罩的山外,一叶孤舟停泊在河边的古渡口旁。这时风息了,沙尘不飞。为借宿来到一个佛寺里,受到了僧人的殷勤接待。不仅交代了诗人行踪,而且"孤鸿""孤舟"一路写来,衬托出孤旅的情怀。

［垂丝钓］写借宿僧舍的凄凉景色。月白风清,花前月下,本来是情侣约会的大好时机,如今却只身借宿僧舍,便觉得不可忍耐。因为看到这满目的凄凉景色,更勾起自己的忧愁和烦闷。不多时,月亮钻入云中,寒风又刮得嘶嘶作响,就更使人情绪不佳了。

［应天长］一曲写僧舍孤栖况味。僧舍狭窄,蚊帐矮小,再加上自己是独自一个拥被孤栖,竟觉得这一夜有半年那么长。这是为什么呢? 以下四句揭示原因。原来他虽然旅途劳累,困乏交加,却不能很快入睡,是另有原因。"旧恨新愁深似海","情缘在,人无奈,几般儿可怪?"他想起了自己的情侣,过去有不如意之处,现在又被迫分离,即"旧恨新愁"。虽然劳燕分飞,却藕断丝连,爱情的缘分还在,可是又没有办法成就好事,这是多么令人诧异啊? 此曲先写僧舍借宿景况,再抒思念情侣之情,情景交融,和谐统一。

末曲［随煞］进一步抒写对情侣的深切思念。诗人在僧舍夜不成眠,于是外界的各种细小声音都成了干扰的因素，促织叨叨不停的叫声、有节奏的捣衣声、佛殿檐间的风铃声，乃至飒飒的秋风声、漾漾的细雨声，声声入耳，都折磨着这个羁旅之人。他悲哀地感到，他和情侣的欢爱之情可能会永远被断送。"能断送楚云台"，是用典。楚云台，即楚台，就是战国时楚王梦与巫山神女交欢的阳台，多指男女欢爱之处。担心不能与情侣再有欢爱的机会，乃是诗人内心深处的秘密。此套曲语言清新明快，写景生动形象，抒情真挚强烈，并且创造了情景交融的境界，是一首抒情佳作。

毛泽东在阅读这套散曲时圈点甚少，仅在"月被云埋，风鸣天籁"二句旁加了圆点，表示欣赏，确是独具慧眼，但也表明他对这首曲子总的评价不高。

赵天锡

赵天锡，字受之，号宛邱，冠氏（今山东冠县）人，元散曲作家。曾以功授冠氏令，迁元帅左都监。后病死于伐宋途中。

隋树森《全元散曲》无赵天锡，而有赵禹圭，并介绍说："赵禹圭，字天锡，汴梁人。承直郎，至顺间官镇江府判。著杂剧二种：《何郎傅粉》《金钗剪烛》，今皆不存。"并录存小令七首。二者恐非一人，录以备考。

【原文】

〖双调〗折桂令

金山寺

长江浩浩西来⁽¹⁾，水面云山⁽²⁾，山上楼台⁽³⁾。山水相连，楼台上下，天地安排⁽⁴⁾。诗句就云山失色⁽⁵⁾，酒杯宽天地忘怀⁽⁶⁾。醉眼睁开，回首蓬莱⁽⁷⁾，一半云遮，一半烟埋。

【毛泽东评点】

毛泽东在读顾名编《曲选》中收录的这首小令时，在题头上方空白处画了一个大圈，并对全曲每句都画了套圈，还在"天地安排"和末句后各画了一条横斜线，表示层次。

—— 中央档案馆整理：《毛泽东评点诗词曲精选·曲选》第31页，中央档案出版社1998年版

【注释】

（1）浩浩，水盛大之状。《书·尧典》："汤汤洪水方割，荡荡怀山

襄陵，浩浩滔天。"孔传："浩浩，盛大若漫天。"

（2）水面云山，长江水面映着天上云霞状如山峰。

（3）山，指金山，在江苏镇江市西北长江岸边。楼台，指金山寺的建筑。

（4）天地安排，天造地设，自然生成。

（5）"诗句"句，诗句描绘得云山失去光彩。就，写就，写完。

（6）"酒杯宽"句，酒喝多了，就忘记了天地安排。

（7）蓬莱，东海中的仙山名，亦泛指仙境。《史记·封禅书》："自威、宣、燕昭使人入海求蓬莱、方丈、瀛洲，此三神山者，其传在勃海中。"此指金山寺。

【赏析】

此曲《阳春白雪前集》二、《云庄乐府》《中原音韵》《乐府群珠》三、《雍熙乐府》一七俱加收录。《雍熙乐府》失题，不注撰人，张养浩《云庄乐府》亦收此曲，题作《过金山寺》，《阳春白雪》题作《金山寺》，注赵天锡作，兹从之。

金山寺，又名沁山寺、龙游寺、江心寺，在今江苏镇江市西北金山上，东晋时创建，为国内佛教禅宗名寺。民间传说《白蛇传》中的金山寺即指此。金山本在江中，清末泥沙淤积，始于南岸相连。元时尚在江中。历代文人以诗词曲歌颂者甚多，如唐李翱《金山寺》："山载江心寺，鱼龙是四邻。"宋苏轼亦有《游金山寺》，都较有名。这首曲子写金山寺的雄伟壮丽和虚无缥缈，别具机杼，不同凡响。全曲分两个层次，前六句为正面描写，后六句是回头眺望。开头三句总写金山寺概貌：滚滚滔滔的长江从金山寺西奔涌而来，水面上是云雾缭绕的高山，金山寺就雄踞在这从江中拔地而起、耸入云天的高山上。作者以"浩浩西来"的长江作背景，以动衬静，写出金山寺的雄伟气势。接下来三句写金山寺的特色：金山峙立江中，山在水中，水在山上，宛如一派仙境；金山寺的塔楼台殿参差错落，依山而建，故有"上下"；这一切犹如天造地设，自然生成，故说"天地安排"。这就写出了金山寺的特点。面对如此壮丽河山，诗人想发为吟咏，诗句写成后使雄伟壮丽的山光水色失去光彩，多喝几杯酒，灵感一来，文思泉涌，也就忘记了它是"天地安排"，难以状写。睁开蒙眬的醉眼，回头眺望金山寺，就如传说中的蓬莱仙岛，一半被云霞遮盖，一半被烟水掩埋。金山寺的虚无缥缈的神奇景观跃然纸上。

从毛泽东对这首小令的圈画来看，他是非常欣赏这支曲子的。

钱　霖

钱霖（？—1356），字子云，松江（今上海松江）人，元代后期散曲作家。天历、至顺年间，出家为道士，更名抱素，号素庵，又号秦窝道人。晚年寓居嘉兴，曾与邵亨贞、杨维桢等交游。徐再思〔折桂令〕《钱子云赴都》云："赋河梁渺渺予怀，今日阳关，明日秦淮。鹏翼风云，龙门逐浪，马足尘埃。"可见他明初曾应朱元璋的征召到南京去谋官做。他擅长乐府词曲，曾集当时诸公之作为《江湖清思集》。《录鬼簿》说他自作的曲集《醉边余兴》"词语极工巧"；又有词集《渔樵谱》，今皆失传。《全元散曲》录存其小令四首，套曲一首。其中套数〔般涉调〕哨遍颇为有名。

【原文】

〔双调〕清江引

恩情已随纨扇歇(1)，攒到愁时节(2)。梧桐一叶秋(3)，砧杵千家月(4)，多的是几声儿檐外铁(5)。

【毛泽东评点】

毛泽东在读顾名编《曲选》中收录的这首小令时，将"砧杵千家月"后的句号改为逗号，并在"梧桐一叶秋"等二句旁各加了两个圆点，末句旁加了三个圆圈。

——中央档案馆整理：《毛泽东评点诗词曲精选·曲选》第32页，中央档案出版社1998年版

【注释】

（1）纨扇，细绢制成的团扇。唐刘禹锡《和牛相公雨后寓怀见示》：

"晓看纨扇恩情薄，夜觉纱灯刻数长。"纨，白色细绢。

（2）攒（cuán 巑），簇聚，聚集。

（3）一叶秋，即一叶知秋。看见一片落叶，就知道秋天来临。语本《淮南子·说山训》："以小明大，见一叶落而知岁之将暮，睹瓶中之冰而知天下之寒。"宋唐庚《文录》、陈元靓《岁时广记》卷三引唐人诗："山僧不解数甲子，一叶落知天下秋。"

（4）砧杵（zhēn chǔ 珍楚），捣衣石和棒槌。千家月，李白《子夜吴歌·秋歌》："长安一片月，万户捣衣声。秋风吹不尽，总是玉关情。何日平胡虏，良人罢远征？"

（5）檐，通"檐"，房檐。铁，檐马，即檐铃，悬于檐间的铃，风吹发声。

【赏析】

此曲原载《乐府群珠》三，总题四首，此是第四首。

这首曲子写一个女子对远征丈夫的殷切思念。开头二句叙事，随着季节的转换，夫妻恩爱之情好像纨扇弃置不用而消歇了，但她对丈夫的思念却聚集起来，与日俱增，愁肠百结。一个"攒"字，写出女子思夫愁思百结情状。后三句写景，寓情于景，借景抒情。一叶知秋暗示秋天的到来，月下砧杵为出征丈夫捣衣的联想，再加上檐间铁马叮咚作响的烘托，描绘出一幅寒夜秋思图，思妇的凄苦、对征夫的牵挂，跃然纸上。其中"砧杵千家月"，化用李白《子夜吴歌·秋歌》诗意，寓指女子愁思原因，在于良人远征，乃是点睛之笔。这首小令采用女主人公自述口吻，显得委婉曲折，景物烘托，又从视觉和听觉角度调动读者的审美感官，增强了艺术魅力。

从毛泽东对这首小令标点符号的修改和字句的圈点来看，他还是比较喜欢这支曲子的。

曹　德

曹德，字明善，曾任衢州路吏，甘于自适。顺帝时曾作［清江引］二首讽刺伯颜，遂遭缉捕，出避吴中僧舍。数年后伯颜事败，方返大都。与薛昂夫、任昱有唱和。所作套曲华丽自然，"不在小山之下"（《录鬼簿》）。《全元散曲》录存其小令十八首。

【原文】

〖双调〗清江引

长门柳

长门柳丝千万结[1]，风起花如雪[2]。离别重离别[3]，攀折复攀折[4]，苦无多旧时枝叶。

【毛泽东评点】

毛泽东在阅读顾名编《曲选》中收录的这首小令时，在末句旁加了两个圆点。

——中央档案馆整理：《毛泽东评点诗词曲精选·曲选》第32页，中央档案出版社 1998 年版

【注释】

（1）长门，长门宫，汉置，旧址在今陕西西安市西北汉长安故城东。汉司马相如《长门赋序》："孝武皇帝陈皇后，时得幸，颇妒，别在长门宫，愁闷悲思。闻蜀郡成都司马相如天下工为文，奉黄金百斤，为相如、文君取酒，因于解悲愁之辞。而相如为文以悟主上，陈皇后复得亲幸。"后

以"长门"借指失宠女子居住的寂寥凄清的宫院。唐杜牧《长安夜月》："独有长门里，蛾眉对晓晴。"

（2）花，此指柳絮，色白。

（3）重（chóng 虫），副词，表示动作行为的重复，相当于"再""又""重新"。

（4）攀折（zhé 哲），拉折，折取。南朝梁简文帝《和湘东王横吹曲三首·折杨柳》："杨柳乱成丝，攀折上春时……曲中无别意，并为久相思。"

【赏析】

此曲见于《乐府群珠》一、《辍耕录》八、《尧山堂外纪》七四。原题二首，此是第一首。

关于这首［双调］清江引《长门柳》的写作背景，元末陶宗仪《辍耕录》"岷江绿"条说太师伯颜当权时，擅杀剡王彻彻都、高昌王帖木儿不花，诬害良人，他曾作"清江引"小令讽之，几至丧生。清人褚稼轩《坚瓠集》三集卷四："太师伯颜擅权，戕杀士类，山东宪吏曹明善时在都下，作《岷江绿》二首以讽之，大书揭于午门之上，伯颜怒，令左右暗中得察，肖形捕之，明善出避吴中僧舍，居数年，伯颜败，方入京。"这样看来，说这两首小令是为刺伯颜诬害良人而作，是不错的。但诗人为什么要用"长门"陈皇后被幽于冷宫之典呢？看来此事还与后妃事有关。查《元史》有三个伯颜，此为元顺帝时的伯颜，他因拥戴顺帝有功，皇后伯牙吾氏之亲属忌伯颜专权，发生内争。伯颜尽杀皇后党羽，幽皇后于冷宫，不久加以暗杀。［清江引］二曲显然也与皇后被杀有关。

"长门柳丝千万结，风起花如雪。"首二句写景，又暗用汉陈皇后故事。点出所写之柳，是"长门"之柳，长门为汉代宫殿名，相传汉武时，陈皇帝失宠，曾被幽禁于此。此处暗喻元顺帝时伯颜皇后事。我国古代有折柳赠别的习俗，一般是在长安东的灞陵。"长门柳"不是灞陵之柳，更不是章台之柳，是不能任人攀折的，而如今却被人"攀折复攀折"，以至于到了"无多旧时枝叶"的地步。后三句寄慨，巧用折柳习俗和反复的修辞手法，讽刺伯颜迫害皇后、滥杀无辜，对被害者寄予满腔同情。

我国古代诗人，往往用花木来暗喻人事。这支曲子也是这样。它通篇妙用比兴，无一贬词，愤激之情溢于言表，典故和反复手法的运用，加强了批判力量。

毛泽东在读了这首小令后，仅在末句旁加了两个圈点，说明他虽然对这支曲子评价不高，但还认为是可读的。

王实甫

王实甫，名德信，大都（今北京）人，元代杂剧作家。生卒年不详。生平事迹资料缺乏。钟嗣成《录鬼簿》将他列入"前辈已死名公才人"，周德清《中原音韵》在称赞关汉卿、郑光祖和白朴、马致远"一新制作"的同时，也称赞了《西厢记》的曲文，并说"诸公已矣，后学莫及"。由此可以推知，王实甫活动的年代可能与关汉卿等相去不远。他的主要创作活动当在元成宗元贞、大德年间。从他的［商调］集贤宾《退隐》的散套来看，他曾经做过官，宦途不无坎坷，晚年归隐，至少活到六十岁。

王实甫所作杂剧十四种，现存《崔莺莺待月西厢记》《吕蒙正风雪破窑记》《四大王歌舞丽春堂》三种，还有《韩彩云丝竹芙蓉亭》《苏小卿月夜贩茶船》两剧的残曲。其《西厢记》赢得广泛赞誉。《中原音韵》曾把《西厢记》第一本第三折的曲文作为定格的范例标举。元末明初贾仲明的［凌波仙］吊曲说王实甫"作词章，风韵美，士林中等辈伏低。新杂剧，旧传奇，《西厢记》，天下夺魁"。明初朱权《太和正音谱》誉王实甫词如"花间美人""铺叙委婉，深得骚人之趣""极有佳句"。可见，他的作品在元代和元明之际很为人所推重，《西厢记》其时已被称为杂剧之冠。

王实甫还有散曲流传，《全元散曲》收有小令一首，套曲三套（其中有一残套）。小令［中吕］十二月过尧民歌《别情》较有特色，词采旖旎，情思委婉，与《西厢记》的风格相近。

〔中吕〕十二月过尧民歌

别　情

【十二月】自别后遥山隐隐⁽¹⁾，更那堪远水粼粼⁽²⁾，见杨柳飞绵滚滚⁽³⁾，对桃花醉脸醺醺⁽⁴⁾，透内阁香风阵阵⁽⁵⁾，掩重门暮雨纷纷。

【尧民歌】怕黄昏忽地又黄昏⁽⁶⁾，不销魂怎地不销魂⁽⁷⁾? 新啼痕压旧啼痕，断肠人忆断肠人⁽⁸⁾。今春，香肌瘦几分，缕带宽三寸⁽⁹⁾。

【毛泽东评点】

　　毛泽东在阅读顾名编《曲选》中收录的这首小令时，在〔十二月〕各句旁都加了两个圆点，在〔尧民歌〕每句旁分别画了四、四、二、二、一、二、二个圆圈。

——中央档案馆整理：《毛泽东评点诗词曲精选·曲选》第 35 页，中央档案出版社 1998 年版

【注释】

　　（1）隐隐，隐约不分明之状。南朝宋鲍照《还都道中》之二："隐隐日没岫，瑟瑟风发谷。"

　　（2）更那堪，怎能再经得起。更，岂，难道。堪，受。粼粼，流水清澈之状。

　　（3）杨柳飞绵，柳絮飞扬。飞绵，柳絮色白似绵。

　　（4）醉脸醺醺，酒喝得醉醺醺，脸泛红色，状如桃花，以指红色的桃花。

　　（5）内阁，内室，深闺。

　　（6）忽地，忽然。

　　（7）销魂，失魂落魄，形容极其哀愁。南朝梁江淹《别赋》："黯然销魂者，唯别而已矣。"怎地，怎的，怎么会。

　　（8）断肠人，相思伤痛至极的人。忆，相思。马致远〔天净沙〕

《秋思》："断肠人在天涯。"

（9）缕带，一作"搂带"，裙带。

【赏析】

此曲《中原音韵》《尧山堂外纪》六八俱有收录，《中原音韵》不注撰人，故有的归于"无名氏"，兹据《尧山堂外纪》归于王德信（实甫）。

十二月过尧民歌，这是中吕宫里的带过曲，由［十二月］和［尧民歌］两支曲子组成。称某曲"过"某曲，或用"带"字，或用"兼"字，或全略去，只写两调之名都可以。两支曲子都不能单独用作小令。［十二月］的句式是总共六句，每句四字。"自别后""更那堪"等皆为衬字。［尧民歌］的句式是：七七七七、二五五。

这首带过曲是作为一个女子忆别她的朋友而写的。［十二月］一曲写景。前四句先写与别情有关的外界景物。青山隐约迷茫，遮住了她向"遥山"眺望的视线；碧波粼粼，把她的思绪引向那关情的"远水"。关山阻隔，山遥水远，何日能再相见？这二句不仅点出二人相隔之远，而且还渲染了一种气氛。如果说"遥山""远水"是远距离的描写，接下来"见杨柳飞绵滚滚，对桃花醉脸醺醺"二句便是近景刻画。杨柳依依，飞絮滚滚，桃花盛开，醉脸醺醺，如此宜人的景色今已无人共赏，触景生情，使她黯然神伤。作者通过与别情相关的遥山、远水、柳絮、桃花的描绘，写出外界环境。接下来透过风、雨，写内阁、重门，暗写闺中之人。"透内阁香风阵阵，掩重门暮雨纷纷。"二句写暮春傍晚景色：花香阵阵，透入闺阁，暮雨纷纷，惹人愁思。这使我们想起宋李清照《念奴娇》："萧条庭院，又斜风细雨，重门须闭。"李重元《忆王孙》："欲黄昏，雨打梨花深闭门。"景物的描写表现了女主人公的无情无绪和忧思烦闷的心态。［尧民歌］抒情，极写离别之苦和相思之深。"怕黄昏忽地又黄昏，不销魂怎地不销魂？"黄昏，容易引起人们寂寞孤独之感，故曰"怕黄昏"。李清照《声声慢》："梧桐更兼细雨，到黄昏点点滴滴，这次第，怎一个愁字了得？"周邦彦《庆宫春》："生怕黄昏，离思牵萦。"销魂，是一种因过度刺激而呈现出来的失魂落魄之状。江淹《别赋》云："黯然销魂者，唯别而已矣。"二句巧妙化用前人诗文名句，另铸新词，很好地表现了女主人公矛盾而复杂的心理活动。"新啼痕压旧啼痕，断肠人忆断肠人。"二句写从黄昏引起断肠人的思忆之情。昔日洒泪而别，罗帕上留下了"旧啼痕"；今日相思，又洒忧伤之泪，罗帕上又留下了"新啼痕"，这新旧啼痕重重叠叠，表明女子忧思之深。"断肠人忆断肠人"，则兼写女子及其所思之人。一对情人，两地相思，与日俱增，怎不叫人肝肠寸断，极写两地相思之苦。最后以香肌消瘦作结。"今春"二字，不仅回应了开头柳绵桃花等春景的描写，而且表明了时间的推移，二人分别只不过一年间的事，已经香肌瘦几分，裙带宽了三寸。"香肌瘦"二句，形容女主人公为离愁而憔悴、消瘦。这使我们想起《古诗十九首》："相去日以远，衣带日以缓。"宋柳永《蝶恋花》："衣带渐宽终不悔，为伊消得人憔悴。"还有作者杂剧《西厢记》四本三折："昨宵今日，清减了小腰围。"都是对这种感情生活的出色描写，可以对照来看。

这是一首闺情曲。前曲六句，句句用叠字，又交错运用比兴、暗喻手法，写出别后所见景物，更增思念之情；后曲运用重叠回环的句式和透过一层的手法，进一步抒写思念之深、悲痛之切。全曲叙述委婉，对仗工整，比喻妥帖，音调优美，表现了作者深厚的艺术功力和娴熟技巧。《中原音韵·作词十法》把这个带过作为"定格"，并说"对偶、音律、平仄、语句皆妙"所评得当。

从毛泽东对这首小令的圈画情况来看，毛泽东是非常欣赏这支曲子的。

白 贲

白贲，字无咎，号素轩，钱塘（今浙江杭州）人，祖籍太原文水（今山西文水）。元散曲作家。至正间任平阳州教授，历常州路知事，后官文林郎，南安路总管府经历。父珽，长于诗文。贲能曲善画，有名于时。所著小令《鹦鹉曲》，意境高远，纷纷传唱，著名散曲家王恽、卢挚、刘敏中、冯子振、张可久等纷纷和作，皆不能胜，遂使其名远播于大江南北。《太和正音谱》将其曲列入"最上品"，并说他的词"如太华孤峰，孑然独立，峣然挺出，若孤峰之插青昊，使人莫不仰视也。宜乎高荐"。《全元散曲》收其小令二首，套数三首，残套一首。

【原文】

〔正宫〕黑漆弩

渔 父

【黑漆弩】侬家鹦鹉洲住⁽¹⁾，是个不识字渔父⁽²⁾。浪花中一叶扁舟⁽³⁾，睡煞江南烟雨⁽⁴⁾。

【幺篇】觉来时满眼青山⁽⁵⁾，抖擞绿蓑归去⁽⁶⁾。算从前错怨天公，甚也有安排我处⁽⁷⁾。

【毛泽东评点】

毛泽东在阅读顾名编《曲选》中收录的这首小令时，改正了一个别字："鹦鹉洲"的"婴"字添了"鸟"旁；改正了两个标点符号：把"抖擞绿蓑归去"句末的逗号改为句号，末句后的句号改为叹号；并在"睡煞江南烟雨"以后各句旁都加了两个圆点。

——中央档案馆整理：《毛泽东评点诗词曲精选·曲选》第36页，中央档案出版社1998年版

【注释】

（1）侬（nóng 农）家，自称，我。家，后缀，吴语方言。唐寒山《诗》之六九："侬家暂下山，入到城隍里。"鹦鹉洲，在今湖北武汉西南长江中，后来被江水淹没。三国时祢衡在此作《鹦鹉赋》，后被黄祖杀害于此而得名。

（2）不识字渔父，化用陆游《鹊桥仙》中"时人错把比严光，我自是、无名渔父"的语意。渔父，老渔翁。《庄子·秋水》："夫水行不避蛟龙者，渔父之勇也。"

（3）一叶扁（piān 片）舟，一只小船。语出宋苏轼《前赤壁赋》："驾一叶之扁舟，举匏樽以相属。"扁舟，小船。《史记·货殖列传》："范蠡既雪会稽之耻……乃乘扁舟浮于江湖。"

（4）睡煞，一作"睡杀"，沉睡。煞，助词，用在动词后，表示程度深。唐李咸用《喻道》："长生客待仙桃饵，月里婵娟笑煞人。"烟雨，烟雾般的蒙蒙细雨。宋陆游《鹊桥仙》："一竿风月，一蓑烟雨，家在钓台西住。"

（5）觉（jiào 较）来，一觉醒来。觉，睡醒，清醒。《诗经·王风·兔爱》："尚寐无觉。"

（6）抖擞，这里作抖动、打点讲。宋辛弃疾《沁园春·和吴子似县尉》："直须抖擞尘埃。"此句意境是从唐张志和《渔歌子》"青箬笠，绿蓑衣，斜风细雨不须归"脱化而来。

（7）甚也有，真也有，正也有。在词曲中，甚，有真、正等义。南宋张炎《甘州》："甚消磨不尽，惟有古今愁。"安排，安置。五代南唐李煜《蝶恋花》："一片芳心千万绪，人间没个安排处。"

【赏析】

此曲《阳春白雪后集》一、《太平乐府》一、《太和正音谱》上、《雍熙乐府》二十、《尧山堂外纪》七十、《北词广正谱》《九宫大成》三三

均有收录。《阳春白雪》作无名氏撰,《太平乐府》载冯海粟《鹦鹉曲序》云:白无咎作。《太和正音谱》等皆从之。《雍熙乐府》误以此曲属冯海粟。

此曲原名"黑漆弩",系北宋田不伐所创。田作今已不存。因白氏起句为"侬家鹦鹉洲边住",故有的本子改名"鹦鹉曲"。兹仍用原题。

这首曲子写以打鱼为生的渔翁,徜徉在青山绿水之中,自得其乐的愉快生活和感慨。"侬家鹦鹉洲边住,是个不识字渔父。"起首二句叙事,自报家门,说明自己的籍贯和职业。看似两句极平淡的话,实则大有深意。既是渔翁,江边何处不可住?为什么说"鹦鹉洲边住"。原来鹦鹉洲有个典故:东汉末年黄祖任江夏太守,其子于此大会宾客,有献鹦鹉者,祢衡因之作《鹦鹉赋》,洲因此而得名。但后来这位敢于裸衣击鼓辱骂曹操的文士,竟又被黄祖杀死在这里。在英雄辈出的三国时代,像祢衡这样大名鼎鼎的文士且被冤杀,而在"九儒十丐"的元代社会,文人地位之卑微,其遭遇之可悲,就可想而知了。所以"是个不识字渔父",大字不识一个,愤激之语也。中间四句写景,描写渔父在青山绿水间悠然自得的生活。浪花扁舟,江南烟雨,景色宜人,有一种朦胧美,作者却无心观赏。不仅蒙头昏睡,而且"睡煞"。煞,极甚之词也。这"睡煞"二字,透露出作者的处世态度。在这个"贼做官,官做贼"(元无名氏〔醉太平〕)的黑暗社会里,作者既不愿混迹官场、同流合污,又无力与之抗争,只能做一个垂钓烟波的渔父,"睡煞江南烟雨"了。谁知一觉醒来,只见满目青山已笼罩在迷迷茫茫的暮霭之中,于是老渔翁抖了抖绿蓑衣,咿咿哑哑,荡舟而去。悠然自得的潇洒之态、恬淡放达的情怀便跃然纸上了。然而老渔翁对这种生活是不是十分满意呢?看来也不是,这从末二句抒情可以得到证实。"算从前错怨天公,甚也有安排我处!"意谓就算是我从前错怪了老天爷,他这不是给我安排了一个安身立命之处吗?然而,老天爷的这一安排,这种恬淡自适的渔夫生活,并非老渔翁所向往追求、真心喜爱的,而是不得已而为之。一个"算"字,一个"甚"字,透露出他心中的不平之气,是对黑暗的不满和讥讽。

近人吴梅《顾曲麈谈》卷上说:"此词亦不减'西塞山'风致也。""西塞山"指唐张志和《渔歌子》:"西塞山前白鹭飞,桃花流水鳜鱼肥。青箬笠，绿簑衣，斜风细雨不须归。"这是写渔夫生活的名作。的确，这支散曲袭用了张词的人物、环境，在继承我国"渔夫词"的基础上，进行了更深入的开掘拓展，塑造了一个远离尘俗、不慕荣利的高士形象，但又在淡泊寡欲、强作豁达之中，透露出一种不平之气，表现出对现实的不满，在传统的渔父形象中，打下了时代的烙印，加进了新的内容。"甚也有安排我处"，与其说是自嘲，毋宁说是讥刺；与其说是自适，毋宁说是诅咒。这讥刺，这诅咒，无疑是指"不读书有权，不识字有钱"（无名氏《朝天子·志感》）和"这壁厢拦住仕途，那壁厢挡住贤路"（马致远《荐福碑》）的元代黑暗社会的。言近旨远，代表了元代文人的共同心声，因而成为脍炙人口的名作。一时广为流传，和作如林，可以说造成某种程度的轰动效果，是有着其深刻的时代和社会原因的。

从毛泽东对这支曲子的别字和标点符号的改动和圈点来看，他是比较喜欢这首小令的。

朱庭玉

朱庭玉，一作朱廷玉，生平不详。元代散曲作家。工曲善写散套，长于锤炼字句，风格含蓄清丽。朱权《太和正音谱》评其曲说："朱庭玉之词，如百卉争芳。"《全元散曲》录存其小令四首，套数二十六首。

【原文】

〖大石调〗青杏子

咏　梅

【青杏子】客里过黄钟⁽¹⁾，阿谁道冷落穷冬⁽²⁾。玉壶怪得冰澌冻⁽³⁾。云抵四野，霜摧万木，雪老千峰。

【归塞北】寻梅友，联控辔青骢⁽⁴⁾。乘兴不辞溪路远，赏心相约灞桥东⁽⁵⁾，临水见幽丛。

【么篇】清更雅，装就道家风⁽⁶⁾。蕾破嫩黄金的烁⁽⁷⁾，枝横柔碧玉玲珑⁽⁸⁾。不与杏桃同。

【尾声】果为斯花堪珍重，时复暗香浮动⁽⁹⁾，萧然鼻观通⁽¹⁰⁾，依约罗浮旧时梦⁽¹¹⁾。

【毛泽东评点】

毛泽东在阅读顾名编《曲选》收录的这首套曲时，在"云低四野"等三句和"蕾破嫩黄金的烁"二句旁，用墨笔分别圈了一个和两个圆圈，把"赏心相约灞桥东""时复暗香浮动"二句末的句号改为逗号，并把原"云低四野"的"低"误排作"抵"字改正过来。

——中央档案馆整理：《毛泽东评点诗词曲精选·曲选》第 73 页，中央档案出版社 1998 年版

【注释】

（1）黄钟，亦作"黄钟"，指农历十一月。古代为了预测节气，将苇膜烧成灰，放在律管内，到某一节气，相应律管内的灰就会自行飞出。黄钟律和冬至相应，时在农历十一月。《淮南子·天文训》："日行一度，十五日为一节，以生二十四时之变。斗指子则冬至，音比黄钟。"高诱注："黄钟，十一月也。钟青，聚也，阳气聚于黄泉之下也。"

（2）阿（ā啊）谁，疑问代词，谁，何人。《乐府诗集·横吹曲辞五·紫骝马歌辞》："十五从军征，八十始得归。道逢乡里人：'家中有阿谁？'"

（3）玉壶怪得冰澌冻，玉壶中水结成冰，形容天气寒冷。唐杜甫《赠特进汝阳王二十韵》："研寒金井水，檐动玉壶冰。"冰澌冻，冰解而流动。澌，通"凘"，解冻时流动的冰。《楚辞·九歌·河伯》："与女游兮河之渚，流澌纷兮将来下。"

（4）控辔（pèi佩），控制缰绳。辔，驾驭马的缰绳。青骢，毛色青白相杂的骏马。《玉台新咏·古诗为焦仲卿妻作》："踯躅青骢马，流苏金镂鞍。"

（5）灞桥，本作"霸桥"，桥名。在今陕西西安东郊。据《三辅黄图·桥》："在长安东，跨水作桥。汉人送客至此桥，折柳赠别。"唐郑谷《小桃》："和烟和雨遮敷水，映竹映村连灞桥。"

（6）道家风，即道风，超凡脱俗的风貌。南朝梁慧皎《高僧传·义解三·慧持》："远，持兄弟也。绰绰焉，信有道风矣。"道家，我国古代的一种思想流派，以老子、庄子为代表。道家崇尚自然，主张清静无为，有辩证法因素和无神论的倾向。

（7）的烁，光亮、鲜明之状。唐杨炯《庭菊赋》："花的烁兮如锦，草绵连兮似织。"

（8）玲珑，明彻之状。《文选·扬雄〈甘泉赋〉》："前殿崔巍兮，和氏玲珑。"李善注引晋灼曰："玲珑，明见貌也。"

（9）暗香浮动，语出宋林逋《山园小梅》之一："疏影横斜水清浅，暗香浮动月黄昏。"暗香，幽香。唐羊士谔《郡中即事》之二："红衣落尽暗香残，叶上秋光白露寒。"

（10）鼻观，鼻孔，指嗅觉。宋陆游《登北榭》："香浮鼻观煎茶熟，喜动眉间炼句成。"

（11）罗浮旧时梦，即罗浮梦。相传隋开皇中，赵师雄于罗浮山遇一女郎。与之语，则芳香袭人，语言清丽，遂相饮竟醉，及觉，乃在大梅树下，见旧题唐柳宗元《龙城录》，因以为咏梅典实。唐殷尧藩《友人山中梅花》："好风吹醒罗浮梦，莫听空林翠羽声。"

【赏析】

此曲《太平乐府》七、《一笑散》《雍熙乐府》一五、《南北词广韵选》一、《北宫词纪》四俱有收录。《雍熙乐府》不注撰人。

这套《咏梅》由四支曲子组成，写了郊外踏雪赏梅的全过程，语言生动，写景简明。首曲［青杏子］写梅花生长的节候和环境。前三句写节候，客居长安到了农历十一月隆冬时节，天寒地冻，连玉壶内都结了冰块，谁不说寒冷。"云抵四野，霜折万木，雪老千峰。"后三句写梅花生长的环境。阴云密布，笼罩四野，严霜摧落郁郁葱葱的树木，大雪覆盖着千山万壑，好像使青山都变得老了一样。写景生动形象，言简意丰。［归塞北］一曲写郊野访梅。"寻梅友"，方出"梅"字，以梅结友，倍感亲切，显出爱梅者不止一人，于是并辔骑马访梅。一路之上，他们游兴颇浓，不辞沿河路途遥远，约定赏梅的地点在灞桥东，在河边果然见到了一丛丛青幽的梅树。此曲写赏梅的兴致之高。［么篇］一曲接着写梅花的风姿。作者以清爽雅洁来概括梅花的特色。还比之于道家超凡脱俗的风貌。它的花蕾绽开露出黄色的花瓣，金光灿灿，枝条横斜如碧玉一般玲珑剔透。梅的花和枝条自具特色，不与人们习常的杏花和桃花相同，衬托其风姿高洁。［尾］曲则写梅花之神韵。如果说上面写梅花的黄花绿枝是从色彩上的视觉着手，那么写其神韵则从嗅觉落墨。这里作者用了两个关于梅花的典故。"暗香浮动"是化用宋林逋《山园小梅》之一中"疏影横斜水清浅，暗香浮动月黄昏"的名句，大概梅花的幽香在黄昏时最为浓烈。另一个则是罗浮旧梦的典故。相传隋开皇年间，赵师雄在罗浮山遇一女郎，与她交谈，则芳香袭人，语言清丽，遂共饮至醉。到了他酒醒后，乃在一棵大梅树下。事见托名唐柳宗元的《龙城记》，此事以后成了咏梅的典故。这里运用这个典故，是写梅花香气袭人，所以上面说到"鼻观通"。两个典故的运用，突出了梅花芳香袭人的风韵。这支套曲写郊外踏雪访梅，从前至后，顺序写来，条理井然；四支曲子各有侧重，从几个方面描写了梅花的形象，是一篇很好的咏物之作。

从毛泽东对这套散曲的圈点情况来看，他在句旁画了圆圈的五句，所写形象鲜明生动，较其他句出色，另外他改动的两个标点和一个错字也是对的。

宋方壶

宋方壶，名子正，华亭（今上海松江）人，元明散曲作家。与诗人贝琼相交甚笃。贝琼《清江集》卷五《方壶记》云："今子正居莺湖之要，甲第连云，膏腴接壤，所欲皆足而无求于外，日坐方壶中，或觞或奕，又非若余之所称而已。"说明他是一个家计富裕的隐士。《太平乐府》《太和正音谱》《词林摘艳》都收录了他的作品，涵虚子（朱权）还列其名于"词林英杰"之中。《全元散曲》录存其小令十三首，套数五首。他的作品，内容广泛，有的抒写游子思妇的离愁别恨，有的慨叹旅途的艰辛，有的表达对功名利禄的鄙薄。格调旷达高雅，曲文清新流畅。

【原文】

〖越调〗斗鹌鹑

送　别

【斗鹌鹑】落日遥岑⁽¹⁾，淡烟远浦⁽²⁾，萧寺疏钟⁽³⁾，戍楼暮鼓⁽⁴⁾，一叶扁舟⁽⁵⁾，数声去橹⁽⁶⁾。那惨戚⁽⁷⁾，那凄楚⁽⁸⁾，恰待欢娱，顿成间阻⁽⁹⁾。

【紫花儿序】瘦岩岩香消玉减⁽¹⁰⁾，冷清清夜永更长，孤另另枕剩衾余。羞花闭月⁽¹¹⁾，落雁沉鱼⁽¹²⁾，踌躇⁽¹³⁾，从今后谁寄萧娘一纸书⁽¹⁴⁾。无情无绪，水淹蓝桥⁽¹⁵⁾，梦断华胥⁽¹⁶⁾。

【调笑令】肺腑，恨怎舒？三叠阳关愁万缕⁽¹⁷⁾。幽期密约欢娱处⁽¹⁸⁾，动离愁暮云无数。今夜月明何处宿⁽¹⁹⁾？依依的古岸黄芦。

【秃厮儿】欢娱地不堪举目，回首处景物萧疏。星前月下谁共语，漫嗟吁，何如？

【圣药王】别太速，情最苦，松金减玉瘦身躯⁽²⁰⁾。鬼病添⁽²¹⁾，神思虚，心如刀剜泪如珠，意儿里懒上七香车⁽²²⁾。

【煞尾】眼睁睁看他登舆去，痛煞我吹箫伴侣⁽²³⁾，恰住了送行程一帆风，又添起助离愁半江雨。

【毛泽东评点】

毛泽东在阅读顾名编《曲选》收录的这首套曲时，作了大量的圈点：〔斗鹌鹑〕一曲的前六句旁都用墨笔画了一个圆圈，并将"淡烟远浦""戍楼暮鼓"二句后的句号改为逗号；〔紫莺花序〕一曲"踌躇"以下五句分别画了一、三、一、一、一个圈，"羞花闭月""落雁沉鱼"二句后的句号改为逗号；〔调笑令〕〔秃厮儿〕二曲则只对末句加了一个圆点；〔圣药王〕一曲仅在末句旁画了三个圈；〔煞尾〕曲则在末二句旁各画了两个圈。

——中央档案馆整理：《毛泽东评点诗词曲精选·曲选》第 75—76 页，中央档案出版社 1998 年版

【注释】

（1）遥岑，远处陡峭的小山崖。唐韩愈孟郊《城南联句》："遥岑出寸碧，远目增双明。"

（2）远浦，远处的江滨。宋沈括《梦溪笔谈·书画》："度支员外郎宋迪工画，尤善为平山远水，其得意者有'平沙落雁''远浦归帆'……"

（3）萧寺，佛寺。唐李肇《唐国史补》卷中："梁武帝造寺，令萧子云飞白大书'萧'字，至今一'萧'字存焉。"后因称佛寺为萧寺。唐李贺《马》诗之十九："萧寺驮经马，元从竺国来。"

（4）戍楼，边防驻军的瞭望楼。北周庾信《和宇文内史春日游山》："戍楼侵岭路，山村落猎围。"

（5）扁（piān 偏）舟，小船。《史记·货殖列传》："范蠡既雪会稽之耻，……乃乘扁舟浮于江湖。"又宋苏轼《前赤壁赋》："驾一叶之扁舟，举匏樽以相属。"

（6）橹，比桨长大的划船工具，安在船尾或船旁。

（7）惨戚，悲伤凄切。汉苏武《答李陵诗》："忧心常惨戚，晨风为

我悲。"

（8）凄楚，凄凉悲哀。唐黄滔《送君南浦赋》："莫不撚巉竹以凄楚，拨湘弦而激越。"

（9）间阻，阻隔。《太平广记》卷二三七引唐苏鹗《杜阳杂编·芸辉堂》："载肃宗、代宗两朝宰相，贵盛无比，广茸亭台，交游贵族，客候其门，或多间阻。"

（10）瘦岩岩，瘦骨嶙峋之态。香消玉减，形容憔悴消瘦。元王实甫《西厢记》第四本第四折："想着你废寝忘食，香消玉减，花开花谢，犹自觉争些。"

（11）羞花闭月，月亮见了躲藏起来，花儿见了感到羞愧。形容女子貌美。宋无名氏《宦门子弟错立身》戏文第二出："有沉鱼落雁之容，闭月羞花之貌。"

（12）落雁沉鱼，典出《庄子·齐物论》："毛嫱、丽姬，人之所美也；鱼见之深入，鸟见之高飞。"本谓人之所美而鱼鸟避之。后世用"沉鱼落雁"形容女子容貌极美。

（13）踌躇，研究，反复思量。

（14）萧娘，《南史·梁临川靖惠王宏传》云，宏受诏侵魏，军次洛口，前军克梁城。宏闻魏援近，畏懦不敢进。魏人知其不武，遗以巾帼。北军歌曰："不畏萧娘与吕姥，但畏合肥有韦武。"萧娘即姓萧的女子，言宏怯懦如女子。后以"萧娘"为女子的泛称。唐杨巨源《崔娘诗》："风流才子多春思，肠断萧娘一纸书。"此处是女子自指。

（15）水淹蓝桥，喻夫妻情侣分离。典出《庄子·盗跖》：战国人尾生与女子约于桥下，女子未来，河水暴涨，尾生坚守信约，抱桥柱而死。《太平广记·裴航》："秀才裴航落第归来，途经蓝桥驿，得遇仙女云英，结为夫妻。"蓝桥，在今陕西蓝田东南蓝溪之上。后人以此代指情人约会之所。

（16）梦断华胥，比喻梦中也不能和情人相会。典出《列子·黄帝》："（黄帝）昼寝而梦，游于华胥氏之国。……其国无帅长，自然而已，其民无嗜欲，自然而已；不知乐生，不知恶死，故无夭殇；不知亲己，不知疏物，故无爱憎；不知背逆，不知向顺，故无利害。"本来以喻理想中的国家，后来泛指梦境。

（17）三叠阳关，古曲名，又称《渭城曲》。因唐王维《送元二使安西》"渭城朝雨浥轻尘，客舍青青柳色新。劝君更尽一杯酒，西出阳关无故人"而得名。后入乐府，以为送别之曲，反复诵唱，遂谓之《阳关三叠》。阳关，古关名，在今甘肃敦煌市西南古董滩附近，因位于玉门关以南，故称。

（18）幽期密约，秘密的约会。宋曾觌《传信玉女》："幽期密约，暗想浅颦轻笑，良时莫负，玉山倾倒。"

（19）今夜月明何处宿二句，此从唐岑参《碛中作》"今夜不知何处宿，平沙万里绝人烟"和宋柳永《雨霖铃》"今宵酒醒何处？杨柳岸、晓风残月"等诗词佳句中脱化而来。

（20）松金减玉，松了金钗，减了玉肌，形容消瘦憔悴。元王实甫《西厢记》第四本第三折："听得道一声去也，松了金钏，遥望见十里长亭，减了玉肌。"

（21）鬼病，难以告人的怪病，指相思病。金董解元《西厢记诸宫调》卷五："十分来的鬼病，九分来疼瘤。"

（22）七香车（jū居），用多种香料涂饰或用多种香木制作的车子。亦泛指豪华的车子。三国魏曹操《与太尉杨彪书》："今赠足下……画轮四望通七香车一乘、青犊牛二头。"

（23）吹箫伴侣，情侣，恩爱夫妻。汉刘向《列仙传·萧史》："萧史者，秦穆公时人也，善吹箫，能致孔雀、白鹤于庭。秦穆公有女子弄玉好之，公遂以女妻焉。"后遂以"吹箫伴侣"为缔结婚姻的典实。

【赏析】

这首套曲《太平乐府》七、《盛世新声》未集、《词林摘艳》一〇、《词谑》《雍熙乐府》七、《北宫词纪》六俱有收录，《北词广正谱》引［斗鹌鹑］［紫花儿序］二曲，《九宫大成》二七引［调笑令］一曲。《盛世新声》无题，与《词林摘艳》《雍熙乐府》俱不注撰人，《词谑》云不知作者。

这是一支抒发离情别绪的套曲，共由五支曲子组成。它以女子的口吻，十分细腻地描绘了她那缠绵悱恻的情思，情真意切，凄楚动人。

首曲[斗鹌鹑]写送别途中所见所闻所感。开头六句写送别途中所见所闻：首二句写所见，远山沐浴着夕照，淡烟笼罩着水滨。写景生动如绘，意境廓大。次二句写所闻，佛寺疏疏落落的钟鸣，戍楼断断续续的鼓声。这是典型的傍晚景色，加重了离人的依依惜别之情。五六句"一叶扁舟，数声去橹"，则见闻齐下，声态并作，点明送别题意。起首六句写景，全用白描，生动如绘，色彩暗淡、声音沉重，奠定了整支套曲凄楚悲切的基调。后四句抒情，写所感，直抒送别时悲怨哀伤、凄凉悲哀之情。恰才开始的欢娱，顷刻间成了阻碍。间隔很多，阻碍很多，便成了离人眼前的现实。古人云"悲莫悲兮生别离"，生离死别之苦从此始矣。

[紫花儿序]以下四首，层层递进，分别写别时之思、别时之愁、别后之叹和别后之苦，言如剥笋，势如破竹，进一步描写了女子离别的凄楚酸辛。

[紫花儿序]一曲写别后之思。前五句用示现法，揣想别后之思。劳燕分飞，分别在即，摆在女子面前的孤枕单栖，这种孤单的生活、冷清的漫漫长夜，必然弄得她香消玉减、憔悴不堪。自己那"羞花闭月，落雁沉鱼"的美貌必然大大受损。想到这些，不由悲从中来，"从今后谁寄萧娘一纸书"。唐人杨巨源《崔娘》诗云："风流才子多春思，肠断萧娘一纸书。"这里"萧娘"是女子自指。借用"萧娘一纸书"成句，含蓄而又深挚地表达了她不忍离别的痛楚。想到这里，无情无绪，接着又连用"水淹蓝桥""梦断华胥"两个典故，表达这种心境。"水淹蓝桥"，合用尾生与裴航的故事。据《庄子·盗跖》载，战国时代鲁人尾生与一女子约于桥下，女子爽约未至，河水暴涨，尾生坚守信约，抱桥柱而死。又据《太平广记·裴航》载，秀才裴航落第归来，途经蓝桥驿，遇到仙女云英，结为夫妻。因此"水淹蓝桥"则成了夫妻或情侣不能相会的典实。"梦断华胥"，典出《列子·黄帝》：相传上古时代，黄帝白天睡觉，梦见周游于华胥之国，那里没有官长，没有嗜欲，没有爱憎，没有利害的冲突，也没有死亡的威胁，是一个理想中的国家。后来泛指梦境。比喻在梦中也不能和情人欢会。

[调笑令]一曲则抒写别时之恨。首三句是说女子离别之愁抑郁满

怀，发自内心深处，只能通过送别时唱的歌曲来表达。"阳关三叠"是用典。唐人王维《送元二使安西》诗云："渭城朝雨浥轻尘，客舍青青柳色新。劝君更尽一杯酒，西出阳关无故人。"此诗别意深长，被人谱曲传唱，称为"阳关三叠"。作者这里借以用作传达送别之情。四、五两句写女子回想起过去的"幽期密约"欢爱的快乐，面对沉沉暮霭，更牵动她的离愁别绪。末二句写女子又为情人担心，化用宋柳咏《雨霖铃》"今宵酒醒何处？杨柳岸、晓风残月"词句，揣测游子旅途凄凉景况，而"古岸黄芦"的萧瑟景色，更深一步透露出女子愁苦之深、人性之美。

　　[秃厮儿]一曲写别时之叹。首二句写景，过去的歌舞欢笑之地，如今不堪举目，再回头看，景物萧瑟一片，写出她物是人非的感喟。后三句抒情，"星前月下"，或谓"花前月下"，卿卿我我，儿女情深，回忆发生在这里的往事，是美好的，"谁共语"，瞻念前景，不寒而栗，发出漫不经心的感叹，又该怎么办呢？写出其别时感叹之深。

　　[圣药王]一曲写别时之苦。"别太速，情最苦"，首三句直抒胸臆；"松金减玉瘦身躯"，加以衬托。接下来"鬼病添"四句则是描状别时之苦。离别之后，相思成疾，神思恍惚，用示现法，揣测得相思病后境况："心如刀剜泪如珠"，一句用两个比喻，都十分贴切，末句则说心里边根本不想坐上华丽的车子再回家去。简直有点痛不欲生了！

　　末曲[煞尾]才写到别离之时。首句"眼睁睁看他登舆（按应作"舟"，原误）去"，白描如画，"痛煞我吹箫伴侣"，直抒胸臆。"吹箫伴侣"用典，《列仙传》载，古代秦穆公的女子弄玉，喜欢听箫史吹笛，终于结为夫妇。后遂以"吹箫"指情侣或恩爱夫妻。末二句用比喻，"送行程一帆风"，有祝情侣一帆风顺之意，"离愁半江雨"状自己伤心流泪之多，回应题目，就此作结。

　　这支套曲，以女子口吻写送别之情，既热情奔放，又委婉曲折；既细致入微，又真诚坦率。娓娓道来，层层铺叙，沁人心脾，感人肺腑，使读者从中得到美的享受，是元曲中不可多得的佳作。

　　从毛泽东对这套曲子的圈点来看，他对这首套曲是颇为欣赏的；同时，他的或圈或点，都是很高明的：他圈点的词句，有写景的、有叙事的、有抒情的、有用典的，都是出色的佳句；他的圈点也是很严格的，全套五曲，有的曲子圈点了大半，有的曲子则仅圈点一句；此外，他还改正了几个误用的标点。他的这种读书态度，颇值得我们学习。

钟嗣成

钟嗣成，字继先，号丑斋，原籍大梁（今河南开封）人，长期流寓杭州，元曲作家、戏曲史家。他早年从江浙儒学提举邓文原及曹鉴、刘声学诗文，曾多次参加明经科试，没有考取，因转而从事杂剧、散曲的创作，又与同辈曲家廖毅、周文质、乔吉、王晔等切磋曲艺，因而成为很有影响的剧曲家和散曲家。他看到那些"门第卑微，职位不振"的曲家，"岁月弥久，湮没无闻，遂传其本末，吊以乐章"，名之曰《录鬼簿》，成为研究中国戏曲史的重要资料。著有杂剧《章台柳》《斩陈余》《诈游云梦》《冯谖烧券》《钱神论》《蟠桃会》等七种，今皆不传。《全元散曲》录其小令五十九首，套数一首。《太和正音谱》评其词"如腾空宝气"。

【原文】

〔南吕〕骂玉郎　感皇恩　采茶歌

得　讯

长江有尽思无尽[1]，空目断楚天云[2]。人来得纸真实信，亲手开，在意读，从头认。

织锦回文[3]，带草连真[4]，意诚实，心相念，话殷勤。佳期未准[5]，愁黛长颦[6]，怨青春，捱白昼，怕黄昏。

叙寒温，问缘因，断肠人忆断肠人[7]，锦字香沾新泪粉[8]，彩笺红渍旧啼痕[9]。

【毛泽东评点】

毛泽东在阅读顾名编《曲选》中收录的这首带过曲时，在题目《得讯》旁画了两道竖杠；补写了原缺的"长江有尽"的"有"字，把"话殷勤"句后的逗号改为句号，并对除了前两句外的其他句子都加了圈点："人来"句至"愁黛长颦"句旁加了圆点，前四句每句旁各加二个圆点，后八句各加一个圆点，以下各句则加了圆圈，前五句旁各加一个墨圈，"断肠人"句加三个墨圈，末二句各加两个墨圈。

——中央档案馆整理：《毛泽东评点诗词曲精选·曲选》第37页，中央档案出版社1998年版

【注释】

（1）思无尽，一作"愁无尽"。

（2）目断，望断，一直望到看不见。楚天，南方古楚地的天空。

（3）织锦回文，用五色丝线织成的回文诗图。典出《晋书·列女传·窦滔妻苏氏》："窦滔妻苏氏，始平人也，名蕙，字若兰，善属文。滔，苻坚时为秦州刺史，被徙流沙，苏氏思之，织锦为回文旋图诗以赠滔。宛转循环以读之，词甚凄惋。"后遂以织锦回文指妻子的书信、诗简，此借指妻子的书信。

（4）带草连真，指信字迹有草书也有楷（真）书。

（5）佳期，男女约会的日期。语出《楚辞·九歌·湘夫人》："登白蘋兮聘望，与佳期兮夕张。"王逸注："佳谓湘夫人也……与夫人期歆飨之也。"后用以指男女约会的日期。

（6）愁黛，愁眉。黛本为画眉颜料，用以代眉。唐吴融《玉女庙》："愁黛不开山浅浅，离心长在草萋萋。"颦（pín 贫），皱眉。

（7）断肠人忆断肠人，妻子思念着丈夫。前一个"断肠人"指妻子，后一个"断肠人"指丈夫。一本作"断肠人寄断肠人"。

（8）锦字，指锦字书，即苏蕙的织锦回文书信。唐李频《古意》："虽非窦滔妇，锦字已成章。"此指妻子的书信。

（9）彩笺，小幅彩色纸张，常供题咏或书信之用，此指妻子过去的来信。

【赏析】

此曲《太平乐府》五、《中原音韵》《乐府群珠》一一俱有收录。《中原音韵》不注撰人。题目作《得讯》，一本作《寄别》，是作者所写的《四别》（其他为《叙别》《恨别》《忆别》）曲的第三首。

此曲是一首带过曲，由［骂玉郎］［感皇恩］和［采茶歌］三支曲子组成。叙写远方游子在接到妻子的家书后的情形，表达了这位游子对家乡亲人的怀念之情。［骂玉郎］一曲写游子得讯。但作者却先从游子思乡写起："长江有尽思无尽，空目断楚天云"首二句写景，是说这位游子置身南方楚地，望断云天，思乡不已，愁思日积，有如长江之水滚滚滔滔，奔流不息，足见其思乡心切。以长江水比喻自己的思乡之情，使我们想起南唐李后主的名句："问君能有几多愁，恰似一江春水向东流。"（《虞美人》）后四句叙事，写游子得到了妻子寄来的书信。正在游子翘盼家乡音讯之时，突然接到了妻子从家乡寄来的亲笔书信，于是他"亲手开，在意读，从头认"。这一连串的动态描写，把游子得信的喜悦、拆信的小心翼翼、读信的认真态度及其内心的变化刻画得惟妙惟肖。［感皇恩］一曲写读信，写妻子对游子的关爱及游子对妻子生活的幻想。前六句写妻子对游子的相思。苏蕙"织锦回文"典故的运用，巧妙地表现了游子妻子的才思及其书信凄婉的内容。游子面对这抵万金的家书、真草兼有的潇洒笔迹、真诚的心意、殷切的思念、殷勤的话语，都诉说着她的离愁别绪。后五句则叙述妻子度日如年的生活苦况。因为他们相约团圆之期有定准，使她整日愁眉紧锁，抱怨白白浪费青春，苦熬着漫长的白天，更害怕男女欢会的黄昏天气，极写妻子在家中的孤独寂寞的凄苦情状，更表现出妻子对游子的思念之深。［采茶歌］写重读来书，进一步写别情之苦。前三句叙事，写书信主要内容，妻子问候他在外寒暖温饱等生活状况，探问他不能按时回家团圆的原因，真是"断肠人忆断肠人"——肝肠欲断的妻子思念着漂泊在外的丈夫。"断肠人忆断肠人"，这个警句生动形象地写出别情之苦，概括了此曲的主题。后二句描状，可以说是补笔，是丈夫重读细认之后的新发现：妻子的书信上沾满了新滴的泪粉，彩色信笺上染了旧的泪痕，形象地表现了妻子是哭成此书，其状可想，其情可思，是抒写别情之苦的最后一笔。

这首带过曲，文辞典雅，音调低沉，善用比喻和典故，三首曲又层层递进，把一对远隔关山的夫妻的缠绵悱恻的相思之苦表现得淋漓尽致，有很强的艺术感染力，不愧为曲中名篇。

毛泽东阅读这首曲子时，对题目的关注、标点符号的修改、漏排字的补写，以及字句的或加圆点或加圆圈，不仅说明他读此曲时很有兴致，也表现了他高超的鉴赏能力，说明这确是一首好作品。

周德清

　　周德清（1277—1365），字日湛，号挺斋，高安（今江西高安）人，元散曲作家、戏剧理论家、音韵学家。生平不详，约生于南宋末年，元顺帝初年犹在世。宋词人周邦彦的后代。工乐府，善音律。有感于当时北曲创作格律上的混乱，著《中原音韵》。全书分为《韵谱》和《正语作词起例》两部分。《韵谱》按照北曲作品实际用韵情况和大都（今北京）实际语音系统建立了新的韵部，设东钟、江阳、支思等十九个韵部。它打破了过去音分平、上、去、入四声的旧轨，首创"平分阴阳，入派三声"的新制；每韵部均按平、上、去、入四声排列，把入声字分别附于三声之后，这是中国音韵学史上一次重大改革。此书问世后，北曲创作和演唱多以它为正字咬字的标准，后来南曲亦受其影响，对于现代汉语普通话的形成有一定的贡献。《正语作词起例》包括字音的辨别、用字方法；列有黄钟、正宫、大石调、仙吕、中吕等十二个宫调下的三百三十五个曲牌名称；篇尾有《作词十法》，即知韵、造语、用事、用字、入声作平声、阴阳、务头、对偶、末句、定格；定格部分实际是曲谱范例，其中多为前人所未发，是今日可见到的较早也是较为系统的作曲理论著作，对于认识元曲的词采、韵律，正确评价元曲的艺术成就，乃至了解有关作家活动的年代，都颇有帮助。他的散曲，音节流畅，辞采俊茂，属律必严，比字必切，审律必当，择字必精。朱权在《太和正音谱》中评他的曲"如玉韵横秋"。《全元散曲》收录其小令三十一首，套数三首。

【原文】

〔双调〕折桂令

开门七件事

倚蓬窗无语嗟呀[(1)]！七件儿全无[(2)]，做甚么人家？柴似灵芝，油如甘露，米若丹砂[(3)]。酱瓮儿恰才梦撒[(4)]，盐瓶儿又告消乏[(5)]。茶也无加[(6)]，醋也无加。七件事尚且艰难，怎生教我折柳攀花[(7)]。

【毛泽东评点】

毛泽东在阅读顾名编《曲选》收录的这支小令时，先后圈点了两次：先在原文上方天头空白处用铅笔画了一个大圈，并在"七件儿全无"二句旁各加了两个圆圈，在末二句旁加曲线；又用墨笔批阅，在"七件儿全无"等五句和末二句旁分别加了二、二、一、一、一、二、二个圆点，并将"米若丹砂"和"醋也无加"句末的逗号改为句号。

——中央档案馆整理：《毛泽东评点诗词曲精选·曲选》第26—27页，中央档案出版社 1998 年版

【注释】

（1）蓬窗，用蓬草编成的窗户，指穷人居住的草屋。一作"篷窗"，用篾席遮盖起来的窗户。嗟呀，惊叹，叹息。

（2）七件儿，指七件事，即日常生活中的一种必需品。宋吴自牧《梦梁至·鲞铺》："盖人家每日不可阙者，柴、米、油、盐、酱、醋、茶。"

（3）柴似灵芝三句，言米珠薪桂，生活资料十分昂贵。此从《战国策·楚策三》中"楚国之食贵如玉，薪如桂"的语扩充而来。灵芝，传说中的瑞草、仙草。《文选·张衡〈西京赋〉》："浸石菌于重涯，濯灵芝以朱柯。"薛综注："石菌、灵芝，皆海中神山所有神草名，仙之所食者。"古人认为食之可以长寿。甘露，甘美的露水。《老子》："天地相合，以降甘露。"古人认为降甘露，是太平瑞征。《汉书·宣帝纪》："乃者凤皇集泰山、陈留，甘露降未央宫……获蒙嘉瑞，赐兹祉福，夙夜兢兢，靡有骄

色。"丹砂，本指朱砂，此指丹砂炼成的丹药，即仙丹。南朝梁江淹《莲花赋》："示灵丹砂，气验青膜。"古人认为服之可以延年益寿。所以灵芝、甘露、丹砂，都是极珍贵的东西。

（4）梦撒，无，空。

（5）消乏，贫乏，缺少。

（6）无加，没有增添。一作"无多"。

（7）怎生，怎么，如何。唐吕岩《绝句》："不问黄芽肘后方，妙道通微怎生说。"折柳，折取柳枝。语出《三辅黄图·桥》："霸桥在长安东，跨水作桥。汉人送客至此桥折柳赠别。"后多用为赠别或送别之词。唐权德舆《送陆太祝赴湖南幕同用送字》："新知折柳赠，旧侣乘篮送。"攀花，摘花。唐李白《赠范金卿》之一："桃李君不言，攀花愿成蹊。"此句意谓无条件地陪朋友游览赠别。一作"攀桂折花"，古人谓中科举为"攀桂"，中状元，要戴花，饮御酒，意即从事于科举事业。亦可通。

【赏析】

【双调】折桂令《别友》是一组曲子，共三首，此是第三首。此曲《词林摘艳》一、《留青日札》二六、《尧山堂外纪》七一俱有收录。《词林摘艳》不注撰人，《留青日札》云"元人小词"，未言作者，《尧山堂外纪》谓周德清作，兹从《尧山堂外纪》。

这首曲子采用夸张的手法，自嗟生活的困穷，反映了当时贫苦士子的生活状况。首句以慨叹发端，是说自己连话也说不出，只有倚着用蓬草编成的窗户叹息的分儿！这是为什么呢？"七件儿全无，做甚么人家？"柴、米、油、盐、酱、醋、茶七种生活必需品全都没有，还怎么维持这个家的日常生活呢？以设问出之，揭出叹息原因。下面一连用七个排比句，诉说七件事匮乏情况：先说三件最基本的生活资料："柴似灵芝，油如甘露，米若丹砂。"灵芝、甘露、丹砂都是稀有之物，弥足珍贵，现在人们赖以活命的三种生活物品竟然昂贵到如此程度，百姓将如何存活？物价昂贵是社会造成，暗示了造成这种情况的社会原因，不可轻轻看过。三句句式完全相似："似""如""若"三字意同而语异，毫不平板。下面说酱是恰才用完，盐又告缺乏，又是一种句式。说茶、醋重用"无加"，越显得匮乏且无力增添，生活之窘迫可想而知。七种生活资料奇缺，或已用尽，或已无多，或无法添加，用三种句式来写，显得生动活泼，一气贯注，不容置疑。"七件事尚且艰难，怎生教我折柳攀花？"末二句总结上文，点醒题意：生活"艰难"；又拓出新境，还怎么与朋友摘花游赏、折柳赠别呢？意思是我自己尚且衣不蔽体、食不果腹，还哪有时间、精力和条件招待朋友呢！为写生活穷困又补了一笔。

此曲以朴素明快的语言写出了自己生活的艰难，又为下层知识分子呐喊，在元人散曲中是不可多得的。近人吴梅在《顾曲麈谈》卷下说："挺斋家况奇窘，时有断炊之虞。戏咏开门七件事，《折桂令》云云，其贫可想见也。余尝谓天下最苦之事，莫若一'穷'字。饥寒交迫，而犹能歌声出金石者，即原（原宪）、思（子思）在今日，恐亦未必能如斯。"可谓借题发挥，感慨万端。

从毛泽东读这首小令时，用两种笔两次圈点的情况来看，他对这首曲子是很感兴趣、极为欣赏的。

李寿卿

李寿卿，太原（今山西太原）人，元前期杂剧家、散曲作家。《录鬼簿》把他置于"前辈才人"之中。世祖至元二十六年（1289）为总管，三十一年在江浙，官提举。能曲善画。所作杂剧今知有十种，现存《伍员吹箫》《度柳翠》二种，散曲今仅存小令一首。朱权《太和正音谱》称他的曲词"雍容典雅，变化幽怪"，似有神仙气，誉为"如洞天春晓"。

【原文】

〔双调〕落梅风

切 鲙

金刀利[1]，锦鲤肥[2]，更那堪玉葱纤细[3]。若得醋来风韵美[4]，试尝着这生滋味[5]。

【毛泽东评点】

毛泽东在阅读顾名编《曲选》收录的这首小令时，用墨笔在后两句旁各点了两个圆点。

——中央档案馆整理：《毛泽东评点诗词曲精选·曲选》第29页，中央档案出版社1998年版

【注释】

（1）金刀，菜刀的美称。利，锋利。

（2）锦鲤，鳞光闪烁的鲤鱼。唐陆龟蒙《奉酬袭美苦雨四声重寄三十二句·平上声》："丝禽藏荷香，锦鲤绕岛影。"

（3）更那堪，又何况。更，又，再。那堪，何况，兼之。玉葱，比喻美人的手指。

（4）醋，调味品，味酸。

（5）这生，这样，这个。

【赏析】

此曲《阳春白雪·前集》三、《中原音韵》《录鬼簿续编》俱有收录。《中原音韵》题作《切鲙》，不注撰人。《录鬼簿续编》"兰楚芳"条，谓此曲系兰楚芳与刘婆惜合作，云：时有名姬刘婆惜，筵间切鲙，公因随口歌［落梅风］云："金刀细，锦鲤肥，更那堪玉葱纤细。"刘接云："得些醋成风味美，诚当俺这家滋味。"才子佳人，诚不多见也。因兰楚芳时代较晚，此说似未可信，故仍系于李寿卿名下。

这首小令描写美女切鲙的情景。"金刀利，锦鲤肥，更那堪玉葱纤细。"前三句叙事，一位美女手持锋利的"金刀"，正在细细切割一条满身鳞光闪烁的肥硕鲤鱼，更何况那美人的一双玉手又白嫩又细腻，像白色的葱管一样。从菜刀之"利"、鲤鱼之"肥"、手指之"纤细"三个方面写出切鲙动作之美，把切鲙这种很平常的劳动诗化了，充满诗情和画意。这女子的手艺想必不错。"若得醋来风韵美，试尝着这生滋味。"二句写鲤鱼切好后的烹调，如果用醋做成醋溜鱼，请尝尝这个滋味。大概做醋溜鱼是这位女子的拿手好戏，所以她说，请你尝尝这个滋味。意思是说，这滋味一定是妙不可言、让你啧啧称赞的。字里行间洋溢着女子劳动的愉快和对自己手艺的自信，所以，我们可以毫不夸张地说，这是一曲劳动的赞歌。此曲采用第三人称，切鲙从旁观者的眼中看出，语言浅俗准确，幽默风趣，把切鲙写得极富情趣，令人叹尝不及！

毛泽东读这首小令时，仅对后两句加了圆点，表示欣赏，这是很有眼光的。相比之下，前三句虽然描写明快准确，但终觉直露，不如后二句生动风趣，韵味深长。

任 昱

　　任昱（yù玉），字则名，四明（今浙江宁波）人，元散曲作家。与张小山、曹明善同时。少时好作狎邪游，所作散曲小令，在歌妓间流传。晚年锐志读书，工于七言，与杨维桢等相唱和。《全元散曲》录存其小令五十九首，套数一首。《太和正音谱》列其名于"词林英杰"之中。

【原文】

〔越调〕寨儿令

湖　上

　　锦制屏⁽¹⁾，镜涵冰⁽²⁾，浓脂淡粉如故情。酒量长鲸⁽³⁾，歌韵雏莺⁽⁴⁾，醉眼看丹青⁽⁵⁾。养花天云淡风轻⁽⁶⁾，胜桃源水秀山明⁽⁷⁾。赋诗题下竺⁽⁸⁾，携友过西泠⁽⁹⁾。撑，船向柳边行。

【毛泽东评点】

　　毛泽东在阅读顾名编《曲选》收录的这首小令时，在"撑，船向柳边行"句旁用墨笔点了一、二个圆点。

　　　　——中央档案馆整理：《毛泽东评点诗词曲精选·曲选》第28—29页，中央档案出版社1998年版

【注释】

　　（1）锦制屏，即"锦屏"，锦绣的屏风。唐李益《长干行》："鸳鸯绿浦上，翡翠锦屏中。"

　　（2）镜涵，像镜子一样映照万物。唐李复言《续玄怪录·薛伟》：

"见江潭深静，秋色可爱，轻涟不动，镜涵远虚。"

（3）酒量，饮酒的能力。长鲸，大鲸鱼。晋左思《吴都赋》："长鲸吞水，修鲵吐浪。"

（4）歌韵，歌声的韵味。雏莺，幼小的黄莺。

（5）醉眼，醉酒后迷糊的眼睛。唐杜甫《九日登梓州城》："弟妹悲歌里，乾坤醉眼中。"丹青，原指丹砂和青雘，可作颜料，亦指图画。宋陆游《游锦屏山谒少陵祠堂》："涉江亲到锦屏上，却望城郭如丹青。"此处指西湖景色。

（6）养花天，指暮春牡丹开花时节，因天多轻云微雨，适宜养花，故称。五代郑文宝《送曹玮刘鼎二秀才》："小舟闻笛夜，微雨养花天。"

（7）桃源，指桃源洞，洞在今浙江天台北。相传东晋时刘晨、阮肇到天台上采药迷路，误入桃源洞遇见两个仙女，被邀至家中半年后始归，子孙已过七代。事见南朝宋刘义庆《幽冥录》，后因以指男女幽会的仙境。唐李涉《赠长安小主人》："仙路迷人应有术，桃源不必在深山。"

（8）赋诗，吟诗，写诗。题，书写，题署。下竺，指下天竺寺。天竺，山峰名，亦为寺名，在浙江杭州灵隐山飞来峰之南。山上有上、中、下三天竺等。下天竺寺，隋开皇中就晋慧理翻经院改建。唐李白《送崔十二游天竺寺》诗，即指下天竺寺。

（9）西泠（líng 玲），亦称西陵桥、西林桥。桥名。在浙江杭州孤山尽头处，是由孤山入北山的必经之路。宋周密《武林旧事·湖山胜概》："西陵桥，又名西林桥，又名西泠。"

【赏析】

此曲载《乐府群珠》一，题作《湖上》。顾名《曲选》原缺题名，据此增补。

这首小令写作者携女友游览西湖之乐。前三句描写，写游览环境和人物。作者游览的是著名的西湖，湖水波平如镜，作者乘坐一只有锦绣屏风的画船，同游者是他的女友，她还是那样浓施胭脂、淡匀傅粉、缠绵多情如故，作者自然很惬意，于是与女友饮酒歌舞，其乐融融。接下来三句叙事：女友的酒量大得惊人，饮起酒来，简直如长鲸吸水，唱起歌来恰似春莺鸣啭，醉酒后迷糊的眼睛，漫无目的地扫视着美丽的西湖景观。三句写女友神态、动作，全从作者眼中看出，生动异常。"养花天云淡风轻"句写景，交代是在暮春时节，天气晴好，"胜桃源水秀山明"，用东汉刘晨、阮肇入天台山采药得遇仙女典故，暗示与女友的情爱关系。末四句叙事，他们游得很高兴，在下天竺题诗，船过孤山尽头的西泠桥，还努力地划着，直向柳荫深处撑去，言有尽而意有余，启人遐思。作者少时好作狎邪游，这首曲子就是他这种狎妓生活的一种表现。但作者写来却诗情画意，含而不露，毫不猥亵，也是一篇佳作。

毛泽东在阅读这首小令时，仅对末二句画了圆点，固然是因为这两句写得更为生动形象、含蓄深藏，但也表明他对这支曲子总体上评价不是很高。

陈克明

陈克明，生平不详，或为临川（今江西临川）人，元散曲作家。《全元散曲》录存其套数一首。另有〔仙吕〕一半儿《拟美人八咏》组曲，《中原音韵》录第三首，谓一样八首，临川陈克明所作。《尧山堂外纪》属陈克明，又云或以此为查德卿作。《太平乐府》属查德卿，隋树森以为"较为可据"，《全元散曲》置于查德卿名下。兹据顾名《曲选》属陈克明。

【原文】

〖仙吕〗一半儿　美人八咏选三

春　困

琐窗人静日初曛[(1)]，宝鼎香消火尚温[(2)]。斜倚绣床深闭门[(3)]。眼昏昏[(4)]，一半儿微开，一半儿盹[(5)]。

【毛泽东评点】

毛泽东在阅读顾名编《曲选》收录的这首小令时，在二、三句旁用墨笔各加了一个圆点，末句旁加了两个圆点。

——中央档案馆整理：《毛泽东评点诗词曲精选·曲选》第27页，中央档案出版社1998年版

【注释】

（1）琐窗，镂刻有连环图案的窗棂。南朝宋鲍照《玩月城西廨中》："蛾眉蔽珠栊，玉钩隔琐窗。"曛，夕阳的余晖。南朝宋谢灵运《晚出西射堂》："晓霜枫叶丹，夕曛岚气阴。"

（2）宝鼎，熏香炉的美称。鼎，古代炊器，多用青铜或陶土制成，圆鼎两耳三足，方鼎两耳四足。多用为宗庙的礼器和墓葬的明器，富贵人家亦用来熏香。

（3）斜倚绣床深闭门，此句从宋李重元《忆王孙·春词》"欲黄昏，雨打梨花深闭门"化出。绣床，装饰华丽的床，多指女子睡床。唐司空图《杨柳枝·寿杯词》之七："池边影动散鸳鸯，更引微风乱绣床。"

（4）昏昏，神志昏沉只想睡觉，形容疲倦的样子。

（5）眠，打瞌睡。

【赏析】

陈克明（一作查德卿）[仙吕] 一半儿《美人八咏》是一组曲子，分写春梦、春困、春妆、春愁、春醉、春绣、春夜、春情。这里选录三首。"春"这个词在汉语中含意很丰富，既指春天这个季节，又可隐指男女风情；大概是春风送暖之时，青年男女春心容易萌动吧！陈克明这组小令，都以春天为背景，又首首攸关男女风情，可以说语意双关。

《春困》是这组曲子的第二首。见于《太平乐府》五、《尧山堂外纪》七一。它写一女子春天打瞌睡的情形。经过昼短夜长的漫长冬天，到了春天，昼夜基本相等，而人们劳务渐多，活动日繁，体力消耗较多，觉得疲倦乏力，总想多睡觉，这就是春困。春困是一种生理需要，是一种常见的生活现象。所以俗话说，春困秋乏夏打盹，乃是生活经验的积累。这首小令写青年女子的春困，层次井然，生动逼真。前二句写引起女子春困的环境。夕阳西下，余晖满天，镂刻着连环图案的窗户里已经悄无人声，焚香的宝鼎内香火刚刚熄灭，其灰尚温，居室的主人——一位年轻女子已经把房门紧紧关上，身子斜倚在装饰华丽的床上，准备入睡。两句交代了春困时间——傍晚，空间——闺房，氛围——人静、香消，这就从几个方面写出了女子春困发生的环境和氛围。二句全用白描。然后"斜倚绣床深闭门"，第三句突然一转，写女子即将上床入睡。此句显系从南宋李重元《忆王孙·春词》中"欲黄昏，雨打梨花深闭门"诗句化出，但那是"雨打梨花"，这是"斜倚绣床"，那是关闭小院之门，这是关闭闺房之门，境界又自不同，而且恰贴春困。后三句用白描，进一步写春困。"眼昏昏，一半儿微开，一半儿吨。"人困首先表现在眼睛上，所谓昏昏欲睡，神志昏沉，眼睛半睁半合，这就是要入睡的征候了。如果说前三句从动作上写春困，后三句则是神态上写春困，可谓形神兼备、睡意十足了。

从毛泽东的圈点来看，他认为此曲后三句写睡意蒙眬更为生动，较前三句更为出色。

【原文】

〖仙吕〗一半儿

春　妆

自将杨柳品题人[(1)]，笑撚花枝比较春[(2)]。输了海棠三四分[(3)]。再偷匀，一半儿胭脂[(4)]，一半儿粉。

【毛泽东评点】

毛泽东在阅读顾名编《曲选》收录的这首小令时，先用铅笔在"输了海棠三四分"等三句旁画了曲线，后又用墨笔在"输了海棠三四分"句旁加了两个圆点，以下三句旁各加了一个圆点。

——中央档案馆整理：《毛泽东评点诗词曲精选·曲选》第27页，中央档案出版社1998年版

【注释】

（1）杨柳，杨柳腰之省，形容女子苗条的腰肢。唐白居易《不能忘情吟序》："樱桃樊素口，杨柳小蛮腰。"元张可久〔梧叶儿〕《席上有赠》："芙蓉面，杨柳腰，无物比妖娆。"品题，观赏，玩赏。唐畅当《蒲中道中》之二："古刹栖柿林，绿阴覆苍瓦。岁晏来品题，拾叶总堪写。"

（2）撚（niǎn 碾），执，持。《说文·手部》："撚，执也。"唐杜牧《重送》："手撚金仆姑，腰悬玉辘轳。"

（3）海棠，落叶乔木。叶子卵形或椭圆形，春季开花，白色或淡红色，此指红海棠。

（4）胭脂，一种用于化妆和国画的红色颜料。《敦煌曲子词·柳青娘》："故着胭脂轻轻染，淡施檀色注歌唇。"

【赏析】

此曲《太平乐府》五、《中原音韵》《尧山堂外纪》七一俱有收录。

这首《春妆》是《美人八咏》组曲的第三首。它写一个春日的早晨，这个闺阁女子在对镜理妆。"自将杨柳品题人，笑撚花枝比较春。"前二句写这女子要与春色相竞。古人形容女子之美，常以杨柳喻其婀娜多姿，以海棠喻其容貌艳丽。这组曲子的第五首《春醉》中就有这样的句子："海棠红晕润初妍，杨柳纤腰舞自蕴。"这类比喻未免太熟滥了。在这首曲中，作者却另辟蹊径，不由作者直接喻写，而是让女子自己和春色以争高下：这女子十分自信，她把自己的身姿比作杨柳的婀娜多姿，又笑拿海棠花和自己的容颜比红润。"笑撚花枝"四字，有动作，有神态，表现出这个女子对自己美丽容颜的自信。但与海棠花比较的结果是："输了海棠三四分。"也就是女子比输了，人面不如花容好。但这位不甘示弱的女子，决意要与海棠花争胜，非要美到十分不可："再偷匀，一半儿胭脂，一半儿粉。"平时女子脸色要白里透红，所以傅粉要多，胭脂要少。因为与海棠比的结果，是不如海棠红晕，所以这次重匀时，便多用胭脂，致使胭脂与白粉各半了。"偷"字也很传神，好像海棠这个竞争者盯着这女子一样，神态活现。经过"输了海棠三四分"的铺垫，再写出女子"偷匀"的举动，把女主人公刻意妆扮、风流自赏的微妙心理表现了出来，并可引起读者丰富的联想。

从毛泽东阅读这首小令时的两次圈点来看，他所欣赏的正是后四句女子与海棠竞春的描写，构思新颖，描写生动，又引人想象，故是佳句。

元

曲

【原文】

〔仙吕〕一半儿

春 绣

绿窗时有唾绒黏⁽¹⁾，银甲频将线彩挦⁽²⁾。绣到凤凰心自嫌⁽³⁾。按春纤⁽⁴⁾，一半儿端详⁽⁵⁾，一半儿掩。

【毛泽东评点】

毛泽东在阅读顾名编《曲选》收录的这首小令时，在后四句除"按春纤"句加了一个圆点外，其余三句旁都用墨笔各加了两个圆点。

——中央档案馆整理：《毛泽东评点诗词曲精选·曲选》第27—28 页，中央档案出版社 1998 年版

【注释】

（1）唾绒，古代妇女刺绣，每当停针换线，咬断绣线时，口中常沾留线绒，俗称唾绒。黏，具有黏性，通"粘"。唐白居易《朱藤谣》："泥黏雪滑，足力不堪。"

（2）银甲，银制的假指甲，套于指上，用以弹筝、琵琶等弦乐器或刺绣。唐杜甫《陪郑广文游何将军山林》之五："银甲弹筝用，金鱼换酒来。"挦（xún 旬，又 xián 闲），扯，撕。

（3）凤凰，古代传说中的百鸟之王，雄的叫凤，雌的叫凰，凤与凰和谐而飞，喻夫妻相亲相爱。《诗经·大雅·卷阿》："凤凰于飞，翙翙其羽。"嫌，猜忌。

（4）春纤，形容女子的手指。宋张孝祥《满江红·思归寄柳州》："倩春纤，缕绘捣蘼，新莺熟。"

（5）端详，细看，打量。

【赏析】

《春绣》是陈克明〔仙吕〕一半儿《美人八咏》组曲的第五首。此

曲《太平乐府》五、《尧山堂外纪》七一俱有收录。这首小令写女子春天做刺绣的活计。前二句叙事："绿窗时有唾绒黏，银甲频将线彩捋。""绿窗"，点明了刺绣的地点在闺房，"银甲"，即青年女子手指上套的银制假指甲，是刺绣所必须，点明了女子的身份。两句展现了女子在春闺中忙于刺绣的生活场景：绿纱窗上落满了口中唾出的丝绒，纤纤玉指牵引着绣花的彩线。这女子忙碌着，但神态是安详的，心境是平静的。第三句"绣到凤凰心自嫌"，波澜陡起。她的情绪为什么忽然动荡起来了呢？原来她绣到了凤凰图案。绣到凤凰为什么就不平静了呢？因为在中国的传统文化中，凤凰是传说中的百鸟之王，雄的叫凤，雌的叫凰。风求凰，象征男子向女子的爱情追求，凤与凰和谐而飞，又比喻夫妻相亲相爱。正是凤凰图案的象征意义触动了女主人公的心思，激起了她情感的波澜。后三句刻画女主人公的心理活动："按春纤，一半儿端详，一半儿掩。"出于对凤凰比翼双飞的嫉妒，这女子不由得把自己飞针走线的手指停了下来。她把凤凰图案仔细打量了一会儿，又连忙用手指把它遮住了。这个特写镜头，揭示了女主人公对凤凰的成双作对的又羡慕又忌恨的复杂微妙心理，暗示了她孤单寂寞的处境，蕴含着许多潜台词，使读者不禁要问：她是一个待字闺中、春心萌动的少女呢？还是一个夫婿远游、空闺独守的少妇呢？不免要关心起女主人公的命运来了。

这支曲子和前面两支曲子一样，在艺术表现上，都有平中见奇的特点。前两句出语平平，第三句陡生波澜，后三句翻空出奇，妙趣横生。这是因为〔仙吕〕一半儿这个曲牌的着力之处在末句，在全篇中应最有光彩。作者很好地掌握了这个特点，写出了佳作。

从毛泽东阅读时圈点的情况来看，他所欣赏的是此曲的后四句，即曲子的精彩之处，不愧为行家里手。

张明善

张明善，应作"张鸣善"。名择，号顽老子，原籍平阳（今山西临汾），家于湖南，流寓扬州，元杂剧作家、散曲作家。官宣慰司令史。至正二十六年（1366），曾为夏庭芝《青楼集》作序，说明这时他正在文坛活动。著有杂剧《烟花鬼》《瑶琴怨》《草原阁》三种，今已失传。《录鬼簿续编》说他有《英华集》行于世。《全元散曲》收录其小令十三首，散套三首。所作散曲，富有文采。扬廉夫、苏昌龄"拱手服其才"，涵虚子（朱权）说他的曲词"藻思富赡，烂若春葩；郁郁焰焰，光彩万丈，可以为羽仪词林者也，诚一代之作手"。

【原文】

〖双调〗水仙子

讥　时

铺眉苦眼早三公[1]，裸袖揎拳享万钟[2]，胡言乱语成时用[3]，大纲来都是烘[4]。说英雄谁是英雄[5]？五眼鸡岐山鸣凤[6]，两头蛇南阳卧龙[7]，三脚猫渭水飞熊[8]。

【毛泽东评点】

毛泽东在阅读顾名编《曲选》收录的这首小令时，前四句旁都用墨笔点了两个圆点，后四句旁都画了两个圆圈。

——中央档案馆整理：《毛泽东评点诗词曲精选·曲选》第28页，中央档案出版社1998年版

【注释】

（1）铺眉苫（shàn 善）眼，装模作样，挤眉弄眼，一种不正派的样子。元关汉卿《裴度还带》第一折："一箇箇铺眉苫眼，妆些像态。"铺，苫，都是覆盖的意思。三公，古代三种最高官衔的合称。周以太师、太傅、太保为三公，西汉以丞相（大司徒）、太尉（大司马）、御史大夫（大司空）为三公，东汉以太尉、司徒、司空为三公，唐宋沿东汉之制，但已非实职。

（2）裸袖揎（xuān 宣）拳，挽起衣袖，露出拳头，一种粗野蛮横或准备动武的姿态。揎，捋袖露臂。万钟，指优厚的俸禄。钟，古容量单位。春秋时齐国公室的公量，合六斛四斗。以后亦有八斛及十斛之制。《孟子·告子上》："万钟则不辩礼义而受之，万钟于我何加焉。"宋沈作喆《寓简》："位卿相，禄万钟，而志不得行焉，则亦何乐乎？"

（3）成时用，吃香，吃得开。

（4）大纲来，亦作"大刚来""大古来"等，总之，总而言之，元人方言。《玉镜台》一："大纲来阴阳偏有准，择日要端详。"烘，通"哄"，众人同时发声，哄响，此是哄闹，哄骗的意思。《辍耕录》"都是"作"都视"。

（5）说英雄谁是英雄，现在的所谓英雄，是怎样的英雄呢？下文便指出来。英雄，指才能勇武过人的人。《汉书·刑法志》："（高祖）总擥英雄，以诛秦项。"

（6）五眼鸡，亦作"乌眼鸡"，一种凶狠好斗的鸡，用以形容人互相嫉恨，怒目而视的样子。岐山鸣凤，《国语·周语上》："周之兴也，鸑鷟鸣于岐山。"注："鸑鷟，凤之别名。"岐山是周朝的发祥地，故址在今陕西岐山县东北。

（7）两头蛇，蛇的一种，无毒，尾圆钝，骤看颇像头，且有与头相同的行动习性，故名。古代传说见之者死，为不祥之物。汉贾谊《新书·春秋》："孙叔敖为婴儿也，出游而还，忧而不食。其母问其故，泣而对曰：'今日吾见两头蛇，恐去死无日矣。'其母曰：'今蛇安在？'曰：'吾闻见两头蛇者死，吾恐他人又见，吾已埋之也。'其母曰：'无惊，汝不死。吾闻之：有阴德者，天报之以福。'"南阳卧龙，指三国蜀汉丞相诸葛亮。

《三国志·蜀书·诸葛亮传》："[徐庶]谓先主曰：'诸葛孔明，卧龙也，将军岂愿见之乎？'"诸葛亮出山辅佐刘备前隐居南阳（今河南南阳），故称南阳卧龙。卧龙，尚未腾飞的龙，喻隐居或尚未崭露头角的杰出人才。

（8）三脚猫，不中用的家伙。宋佚名《百宝总珍集·解读》："物不中用谓之三脚猫。"渭水飞熊，指吕尚。相传有一次周文王在出猎之前占了一卦，卦辞说："非龙非螭，非虎非黑，所获霸主之辅。"果然文王在渭水之阳遇到了垂钓的吕尚。事见《史记·齐太公世家》。《宋书·符瑞志》"非虎"作"非熊"，后又在传说中把"非熊"讹为"飞熊"。后因以"飞熊"指君主得贤的象征。《辍耕录》作"非熊"。

【赏析】

此曲《辍耕录》二八、《尧山堂外纪》俱有收录。二书纪此曲作者皆作张明善，应即是张鸣善。

此曲题作《讥时》，顾名思义，当是有感而发，切中时弊的。作者以辛辣的讽刺艺术，夸张的漫画手法，对元代的用人制度和社会风气作了无情的揭露和批判。全曲八句，可分两层意思。前四句揭露元代社会用人贤愚不分，是非颠倒的普遍性。你看，那些挤眉弄眼、装模作样的家伙，竟然位居"三公"；那些捋起袖子、露出拳头，整天打架斗殴的无赖，竟然享受着"万钟"的俸禄；那些胡说八道、欺上瞒下、坑蒙拐骗之徒，竟然成了"时用"。这里，"铺眉苦眼""裸袖揎拳""胡言乱语"，分别从脸色、动作和言语三方面，刻画了三种不同类型人的丑态，揭露出被重用坏人的共同本质。"早三公"指权势，"享万钟"指富有，"成时用"指被重用，前两者是后者的具体表现。"成时用"的"时"，是时人，是时政，是世俗，是宫廷，是整个社会，是整个时代，含义广泛，概括性强，它说明这种贤愚不分、忠奸莫辨的情形，在当时是一种普遍的社会现象。"大纲来都是烘"，是对前三句的总结，也是作者的议论。意思是说，上述种种怪现状，总而言之，都是哄骗，说得更直截了当，体现了散曲语言的特色。

后四句为第二层，从深度上进一步揭露元代用人制度和社会风气的黑暗。在这样乌七八糟、群魔乱舞的社会里，不可能有真正的英雄。所以作者以设问过渡："说英雄谁是英雄？"作者对当时的所谓"英雄"显然持否定态度，又逗起下文。"五眼鸡"等三句，是对前句设问的回答。作者指出，在黑暗的元代社会里，五眼鸡竟成了在岐山鸣叫的凤凰，两头蛇竟成了在南阳隐居的诸葛亮，三脚猫竟成了在渭水垂钓的姜太公，岂非咄咄怪事？冷嘲热讽，痛快淋漓，给人以极大的快感。结尾的鼎足对，冶俗语、雅词于一炉，似连弩，似排炮，具有强大的艺术魅力。此曲运用比喻、夸张、对偶、排比、用事等多种艺术手法，结构前后对称，语言形象、尖刻，揭露深刻，讽刺尖锐，堪称一首讽刺杰作。

从毛泽东对这首小令的圈点勾画来看，他是非常欣赏这首讽刺作品的，而且他对前四句加点，后四句加圆圈，因为后四句更为生动形象，这样的评价也是恰当的。

无名氏

评点中国古代散曲赏析

【原文】

<h2 style="text-align:center">〔双调〕雁儿落得胜令</h2>

<h3 style="text-align:center">指　甲（摘）</h3>

宜将斗草寻⁽¹⁾，宜把花枝浸⁽²⁾，宜将绣线匀⁽³⁾，宜把金针纫⁽⁴⁾，宜操七弦琴⁽⁵⁾，宜结两同心⁽⁶⁾，宜托腮边玉⁽⁷⁾，宜圈鞋上金⁽⁸⁾。难禁，得一掐通身沁⁽⁹⁾。知音⁽¹⁰⁾，治相思十个针⁽¹¹⁾。

【毛泽东评点】

毛泽东在阅读顾名编《曲选》中收录的这首小令时，对题目下的"摘"字添加了小括号，并对后四句加了圈点：在四句旁分别加了一、二、一、三个圆点，还在末句和倒三句后各加了一个圈。

——中央档案馆整理：《毛泽东评点诗词曲精选·曲选》第36页，中央档案出版社1998年版

【注释】

（1）宜将，应把。宜，应当，应该。斗草，亦作"斗百草"，一种古代游戏，竞采花草，比赛优劣多寡，常于端午节举行。南朝梁宗懔《荆楚岁时记》："五月五日，四民并踏百草，又有斗百草之戏。"唐郑谷《采桑》："何如斗百草，赌取凤凰钗。"

（2）花枝浸，指浇花。浸，灌溉。《诗经·小雅·白华》："滮池北流，浸彼稻田。"朱熹集传："言小水微流，尚能浸灌。"

（3）绣线匀，指刺绣。绣，用彩色线在布帛上刺成花、鸟、图案等。《中原音韵》作"绣线寻"。

（4）金针纴，以线穿针，指做针线活。金董解元《西厢记诸宫调》卷六："行待纴针关，却便纴针尖。"金针，针的美称，用以缝补衣物和刺绣。《敦煌曲子词·倾杯乐》："时招金针，拟貌舞凤飞鸾。"

（5）七弦琴，古琴的一种，因有七根弦而得名。《宋史·乐志四》："丝部有五：曰一弦琴，曰三弦琴，曰五弦琴，曰七弦琴，曰九弦琴。"汉应劭《风俗通·声音·琴》："今琴长四尺五寸，法四时五行也；七弦者，法七星也。"

（6）两同心，指同心结，旧时用锦带编成的连环回文样式的样子，用以象征坚贞的爱情。南朝梁武帝《有所思》："腰中双绮带，梦为同心结。"

（7）托腮边玉，指用戴着玉环的手托住腮，表示沉思。腮，两颊的下半部。唐李贺《南园》之一："花枝草蔓眼中开，小白长红越女腮。"金董解元《西厢记诸宫调》卷一："手托着香腮，见人羞又怕。"

（8）圈（quān 悛）鞋上金，指绣鞋时在鞋上刺出圆形或环状花样。圈，圆形，环状物，用作动词。

（9）一掐通身沁，用手指掐一下情人，他就通身舒适，指与情人的戏耍。掐，用指甲按或切入。沁，气体、液体等渗入或透出。此是沁人心脾之意。

（10）知音，典出《列子·汤问》，伯牙善鼓琴，钟子期善听，伯牙琴音志在高山，子期说"峨峨兮若泰山"；琴音意在流水，子期说"洋洋乎若江河"，伯牙所念，钟子期必得之。后遂以"知音"，比喻知己、同志。

（11）治相思十个针，意谓须用十个针刺，才能治好相思病。相思，相思病。

【赏析】

此曲《中原音韵》《尧山堂外纪》六八俱有收录。兹据《尧山堂外纪》。

这首小令写女子指甲的功能，极富情趣。前八句采取排比句式，一气贯注，并列述说女子指甲的八种不同功能：斗草、浇花、刺绣、缝纫、操琴，结同心扣，托腮沉思，衲鞋上花。女子巧手，功用颇多。这些功用多生活中习见，令人信服。更有甚者，它还可以打情骂俏、寄托相思。末四句采用两个二、四句式，句法一变，显得生动活泼。"难禁"二句写女子对情事的回忆：过去和情人在一起时，恩爱情深，爽心快意之际，禁不住用手指掐情人一下，情人便如同吸入芳香、新鲜空气或喝了清爽饮料一样，浑身舒适，意畅神驰，快乐无比。如能与这样的知己长相厮守，生活自然是甜蜜蜜的；一旦鸳鸯分飞，就会一种闲愁，两地相思。相思达到极点，寝以成疾。这相思病，就是用十个针同时刺治，一时恐也难以治愈。全曲前八句叙事，叙说女子巧手作用之多，不容置疑，后四句抒情，写女子手之巧，生动活泼。毛泽东在阅读这首小令时，一眼看出后四句生动活泼，进行圈点，表明他高超的鉴赏能力。

【原文】

〖越调〗小桃红

情

断肠人寄断肠词（1），词写心间事。事到头来不由自（2）。自寻思，思量往日真诚志。志诚是有（3），有情谁似！似俺那人儿（4）！

【毛泽东评点】

毛泽东在阅读顾名编《曲选》中收录的这首小令时，将"思量往日真诚志"句末的逗号改为句号，并在末句旁加两个圈点。

——中央档案馆整理：《毛泽东评点诗词曲精选·曲选》第35页，中央档案出版社1998年版

【注释】

（1）断肠人寄断肠词，极度悲伤的人写着极度相思的词。断肠，原是割开或切断肠子，形容极度思念或悲痛。三国魏曹丕《燕歌行》："念君客游思断肠，慊慊思归恋故乡。"

（2）事到头来不由自，原为"事到头来不自由"，是一句俗语，为了协韵，将"不自由"倒作"不由自"。

（3）志诚，诚实，用情专一。金董解元《西厢记诸宫调》卷四："说志诚，说衷肠；骋奸俏，骋浮浪。"是有，《雍熙乐府》作"人有"。

（4）俺那人儿，我那心上的人儿。《雍熙乐府》作"似恁俊男儿"。

【赏析】

此曲《中原音韵》《雍熙乐府》一九、《元明小令抄》俱有收录。兹据《中原音韵》，题作《情》《雍熙乐府》则题作《别忆》。

这首曲是题情之作，写一个女子对其情人的刻骨相思。开头二首写自己这个极度悲伤的人写着极相思的词，词中诉说着她对情人相思的心事，点醒题意。接下来"事到头来不由自"，是说他们的情爱，迫于社会或家庭的原因，她是不能做主的。"自寻思"二句，写自己思前想后，从往日的欢爱来看，男子是真心实意的。末三句则强化了这种看法和感受：世上真心实意的人是有的，又有谁用情那么专一！专一得像我那心上的人儿呢！以强烈的感叹作结，表示对情人思之深、爱之切。

这支曲子是用顶真（针）续麻体（也叫联珠体）写的。即每一句的前一个字，要和它的前一句的最后一个字相同，首尾衔接，如绳贯珠，是词曲中的巧体。但要求词语的回环往复与情感的缠绵真挚，配合得自然浑成，方为上乘。否则，便会坠入文字游戏的魔道中去。此曲感情真挚强烈，词语工巧流丽，毫不生硬，也是一个成功的例子。

从毛泽东在阅读这首小令时，仅改动了一个标点符号，只对末句加了圆点表示赞许的情况来看，他对这支曲子评价不高，但认为还是可读的。

【原文】

〖双调〗庆东原

奇　遇

参旗动[1]，斗柄挪[2]，为多情揽下风流祸[3]。眉攒翠蛾[4]、裙拖绛罗[5]、袜冷凌波[6]。耽惊怕万千般，得受用些几个[7]。

【毛泽东评点】

毛泽东在阅读顾名编《曲选》收录的这首小令时，改动了两个标点：把"裙拖绛罗"后的逗号改为顿号，"袜冷凌波"后的逗号改为句号，除了开头两句外，其余各句旁都加了圆点（"为多情"句和末二句各加两个点，余句皆加一个点）。

——中央档案馆整理：《毛泽东评点诗词曲精选·曲选》第34页，中央档案出版社1998年版

【注释】

（1）参旗，星名。属毕宿，共九星，在参星西，又名"天旗""天弓"。三国魏何晏《景福殿赋》："参旗九旒，从风飘扬。"

（2）斗柄，北斗柄，指北斗星的第五至第七颗星，即衡、开泰、摇光。北斗，第一至四颗星像斗，第五至七颗星像柄。唐韦应物《拟古》之六："天河横未落，斗柄当西南。"挪，移动，运行。

（3）揽，招引，招惹。风流祸，因男女私情而引起的灾祸。

（4）攒，簇聚，聚集。翠蛾，妇女细而长的黛眉。唐薛逢《夜宴观妓》："愁傍翠蛾深八字，笑回丹脸利双刀。"

（5）绛罗，红色纱罗。《隋书·礼仪志七》："鹿皮弁，九琪，服绛罗襦，白罗裙。"

（6）袜冷凌波，谓穿着凌波袜。凌波袜，美女的袜子。语出三国魏曹植《洛神赋》："凌波微步，罗袜生尘。"

（7）受用些儿个，得到一些好处，意谓占女子的便宜。受用，得益，受益。

【赏析】

《全元散曲》收录无名氏［双调］庆东原共四首，前三首皆据《梨园乐府》中，无题。第四首据《中原音韵》，题作《奇遇》。

这首小令写一个男子在一天夜里的一次艳遇。前三句叙事，写这个男子深夜奇遇。参旗柄的转移，说明已至夜深，一位男士和一位妙龄女郎邂

逅，因为他多情，招惹下男女偷情的灾祸。这就是所谓"奇遇"。中间三句描状，是对所遇女子美貌的描绘。俗话说："情人眼里出西施。"在这个男子眼中，他所遇见的这个女子，蛾眉紧皱，腰系红色罗裙，足蹬绫波丝袜，是位翩然若仙子式的人物，怎不让他垂涎三尺。于是他担惊害怕地对这女子千方百计地进行挑逗，终于得到少女的默许，得效云雨之欢，得畅欢情之意。"得受用些几个"一句，写男子喜出望外之情，其声可闻，其状可睹，极为生动。末二句写所谓"奇遇"，其实是一次艳遇，是一次男女偷情。

这支曲子叙写奇遇的全过程，全从男子口中叙出，女子的言语行动只字未提，事情发生的环境，也被略去，却写得欢快流丽、一气贯注，颇有艺术魅力。

从毛泽东对标点的改动和圈点来看，他认为这支曲子是比较好的，值得欣赏的。

【原文】

〖双调〗庆宣和

五柳庄

五柳庄前陶令宅⁽¹⁾，大似彭泽⁽²⁾。无限黄花有谁戴⁽³⁾？去来⁽⁴⁾，去来。

【毛泽东评点】

毛泽在阅读顾名编《曲选》中收录的这首小令时，在"无限黄花有谁戴"句旁用墨笔加了两个圆点。

——中央档案馆整理：《毛泽东评点诗词曲精选·曲选》第33页，中央档案出版社1998年版

【注释】

（1）五柳庄，晋诗人陶潜住的村庄。陶潜曾作《五柳先生传》以自况，文中有"宅边有五柳树，因以为号焉"句，故世称陶潜为"五柳先

生"，谓其居村庄为五柳庄。宋王安石《五柳》："五柳柴桑宅，三杨白下亭。"陶令宅，陶潜的家宅，后用以指隐者居所。唐项斯熊《万年厉员外宅残菊》："今朝陶令宅，不醉却应难。"

（2）大，善，好。《易·系辞上》："探赜索隐，钩深致远，以定天下之吉凶，成天下之亹亹者，莫大乎蓍龟。"彭泽，县名。汉代始设，在今江西省北部，陶潜曾为彭泽令。

（3）黄花，指菊花。《礼记·月令》："（季秋之月）鞠有黄华。"陆德明《释文》："鞠，本又作菊。"宋李清照《醉花阴·重阳》："莫道不消魂，帘卷西风，人比黄花瘦。"古人重阳节有簪菊习俗，唐杜牧《九日齐山登高》："尘世难逢开口笑，菊花须插满头归。"

（4）去来，回去。来，语气助词。陶潜为彭泽令时，郡遣督邮至，吏自当束带见之。陶潜叹曰："我不能为五斗米而折腰向乡里小儿。"乃自解印绶。作《归去来兮辞》以明志，开头为"归去来兮，田园将芜，胡不归"，言去彭泽而回家。

【赏析】

此曲《梨园乐府》《中原音韵》俱有收录。兹据《中原音韵》题作《五柳庄》。《全元散曲》录载［双调］庆宣和共十三首，此是第五首。

这首小令骤栝东晋诗人的事迹入曲，赞扬归隐的道路。"五柳庄前陶令宅"，首句点题，紧扣《五柳庄》。陶潜居住的村庄有五棵柳树，因名五柳庄。这里有陶潜的住宅。宅称陶令宅，是因为陶潜曾为彭泽令。他在彭泽当县令时，月俸五斗米。有一天郡里的督邮要来视察，作为下级官吏，他理应迎送。但他认为"不能为五斗米而折腰向乡里小儿"，便自解印绶，挂官而去，并赋《归去来兮辞》明志。"大似彭泽"，"大"作好、善解，意谓辞官归隐，好似做官，肯定了归隐之路，揭出归隐原因。归隐田园之后，陶潜过着亦农亦隐的生活，他要力所能及地参加劳动，而且常常是"晨光理荒秽，戴月荷锄归"（《归田园居》之三），闲时则"登东皋以舒啸，临清流而赋诗"（《归去来辞》），每到重阳节，还要登高赋诗，佩菊饮酒，"采菊东篱下，悠然见南山"（《饮酒二十首》之五），过着"乃不知有汉，无论魏晋"(《桃花源记》)的隐居生活，悠然自适，自得其乐。后三句一问二答，以佩戴菊概括其隐士生活，重言"去来"，肯定其辞官归隐，可谓言短意长。

大概是因为这首小令概括陶潜事迹入曲，新意无多，语言也多平叙，缺乏生动形象的描写，故毛泽东读这首曲子时，只对"无限黄花有谁戴"句旁加了两个圆点，表示欣赏。

【原文】

〔黄钟〕醉花阴

孤　另

【醉花阴】宝钏松金髻云掸[1]，不似前浓妆艳裹[2]。宽绣带[3]，掩香罗[4]。鬼病恹恹[5]，除见他方痊可？

【出队子】伤心无那[6]！遗离人愁闷多[7]。见银台绛蜡渐销磨[8]，宝鼎无烟香烬火[9]，烛灭烟消怎奈何？

【么篇】离人去后添寂寞，盼相逢无始末[10]。这一双业眼敛秋波[11]，两叶愁眉蹙翠蛾[12]，泪滴滴脂流玉颗[13]。

【尾声】着我倒枕垂床怎生卧[14]？到二三更煨不温和[15]。这没人情的被窝儿也偃落我[16]。

【毛泽东评点】

毛泽东在阅读顾名编《曲选》收录的这首套曲时，在末句旁用毛笔加了四个墨点，并把原印错的"浓妆艳裹"的"裹"字改正为"裹"字。

——中央档案馆整理：《毛泽东评点诗词曲精选·曲选》第83页，中央档案出版社1998年版

【注释】

（1）宝钏，以金玉等制作的手镯。南朝梁简文帝《拟落日窗中坐》：

"开函脱宝钏，向镜理纨巾。"金鬟云褝，金钗挽着的乌云般的发鬟垂了下来。云，乌云，喻黑发。褝（dǎn 胆），一作"鬘"，下垂。宋周邦彦《浣溪沙慢》："灯尽酒醒时，晓窗明，钗横鬓褝。"

（2）浓妆艳裹，亦作"浓妆艳饰"，装饰华丽。

（3）绣带，用彩线刺绣的佩带。

（4）香罗，绫罗的美称。唐杜甫《端午日赐衣》："细葛含风软，香罗叠雪轻。"

（5）鬼病，难以告人的怪病，指相思病。金董解元《西厢记诸宫调》卷五："十分来的鬼病，九分来痊愈。"恢恢，精神萎靡之状，用来形容病态。唐刘兼《春昼醉眼》："处处落花春寂寂，时时中酒病恢恢。"

（6）无那（nuò 诺），一作"无奈"，无奈，无可奈何。唐杜甫《奉寄高常侍》："汶上相逢年颇多，飞腾无那故人何。"

（7）遗，留下。离人，离别的人，离别家乡、亲人的人。晋陶潜《赠长沙公族祖》："敬哉离人，临路凄然。款襟或辽，音问其先。"

（8）银台绛蜡，白色烛台，红色的蜡烛。销磨，磨灭，消耗。唐黄滔《祭陈先辈文》："且彭祖之延永寿，亦至销磨。"

（9）宝鼎，香炉，因作鼎形，故称。香烬火，熏香的烛花熄灭了。烬，指灯花、烛花。北周庾信《灯赋》："烬长宵久，光青夜寒。"

（10）始末，始终，首尾，结果之意。

（11）业眼，造孽的眼，多于自怨自詈时用之。金董解元《西厢记诸宫调》卷六："愿薄幸的冤家梦中见，争奈按不下九曲回肠，合不定一双业眼。"秋波，秋天的水波，比喻美女的眼睛目光清澈明亮。南唐李煜《菩萨蛮》："眼色暗相钩，秋波横欲流。"

（12）蹙，皱。翠蛾，妇女细而长曲的黛眉。唐薛逢《夜宴观妓》："愁傍翠蛾深八字，笑回丹脸利双刀。"

（13）玉颗，原指丸状的玉，喻指眼泪。

（14）怎生，怎样，如何。唐吕岩《绝句》："不问黄芽肘后方，妙道通微怎生说？"

（15）二三更，二更指晚九时至十一时，三更指半夜十一时至翌晨一时，意为夜深之时。更，古代夜间计时单位，一夜分为五更，一更约两小时。《宋书·律历志中》："到十五日四更二唱丑初始蚀，到四唱蚀既。"

（16）傒落，讥讽，嘲笑。

【赏析】

这首套曲钞本《阳春白雪》后集四、《雍熙乐府》一俱加收录，兹据《雍熙乐府》，题作《孤另》，不注撰人。钞本《阳春白雪》后集四无题，注明陈子厚作，生平未详。《全元散曲》归于陈子厚。

此套曲题作《孤另》，孤单、孤独之意。为古诗词曲中常用语。宋刘克庄《水调歌头·十三夜同官载酒相别不见月作》："嫦娥老去孤另，离别匹如闲。"元马致远《汉宫秋》第四折："却原来雁叫长门两三声，怎知道更有箇人孤另。"都是适例。此套曲抒写一个女子与情人分离后的孤单凄苦的生活。全套共四曲。首曲〔醉花阴〕写女子与情郎分离后相思成疾。首四句描状，自从与情郎分别之后，这女子整日茶饭无心，懒得梳妆打扮，以至金钗挽起的乌发散乱下垂，香罗做的衣衫随便穿着，胳膊上佩戴的手镯也松了，腰里的佩带也宽大了。真是"衣带渐宽终不悔，为伊消得人憔悴"（柳永《蝶恋花》）。岂止不悔，竟然相思成疾，得了无法说的怪病——相思病，终日萎靡不振，一副要死的样子，难道这鬼病只有见到"他"才能痊愈吗？用设问句，点出其思念之人，揭出病因。

〔出队子〕一曲写女子伤心无奈。首二句抒情。这女子明知道只要与情侣相会，便会霍然病愈，却没有丝毫办法，只有伤心流泪的分儿，留下她这被离弃之人，忧思愁闷日益增多。后三句描写愁闷之态。这女子整日无情无绪，百无聊赖，看着银色烛台上红烛泪流消磨时光，看着香炉内袅袅青烟打发日子，烛灭烟消又有什么办法呢？真是度日如年，感情十分强烈。

〔么篇〕一曲写女子盼相逢的期望破灭。尽管这女子自从与情郎分别之后伤心无奈，备感寂寞，但还抱着"重逢"的一线期望，但却始终毫无结果，首二句叙事。破镜重圆的幻想破灭之后，这女子便蒙受着更深沉的痛苦。后三句描写，她那一双造孽的眼睛也失去了往日的光泽，两叶又细又曲长的黛眉也皱在一起，整日珠泪滚滚，以泪洗面，怨别之情又深一层。

〔尾声〕一曲写女子睡不安席。时日愈久，思怨愈深，这女子竟被折磨得神魂颠倒，睡不安席，有时直到三更半夜还睡不暖被窝，她迁怒于被子，怨恨这"没人情的被窝儿"也讽刺、嘲弄她。这是怨别之情无从发泄的表现，至此，怨别之苦达到高潮，使女子的孤独、凄苦之情，表现得淋漓尽致。

总之，此套曲抒写女子在情郎离去后的孤苦，全用叙述和白描，女子孤独之状、凄苦之情，便和盘托出，而且层层推进，愈演愈烈，艺术感染力很强，不失为一篇抒情佳作。

毛泽东在阅读这首套曲时，圈点甚少，说明他对此曲总评价不高；他仅在末句旁加了圆点，表示欣赏，"这没人情的被窝儿也偢落我"不仅生动形象，而且采用拟人化手法，赋予"被窝儿"以人性，分外生动，较之他句，更为出色，所以赢得毛泽东的喜爱。至于他将"浓妆艳裹"更正为"裹"字，说明他读书的一丝不苟，自不待言。

明

曲

徐 畛

徐畛（zhěn 枕），字仲田，淳安（今浙江淳安）人，明戏剧家、散曲作家。由元入明，明洪武初征秀才，至藩省辞归。元代最有名的南戏有《荆钗记》《白兔记》《拜月亭》和《杀狗记》。徐为《杀狗记》之作者。他尝谓"吾诗文未足品藻，唯传奇词曲，不多让古人"。有《松巢集》。《全元散曲》"补遗"录存其小令一首。

【原文】

〖中吕〗满庭芳

乌纱裹头[(1)]，清霜林落[(2)]，黄叶山邱[(3)]；渊明彭泽辞官后[(4)]，不事王侯[(5)]。爱的是青山旧友，喜的是绿酒新刍[(6)]。相拖逗[(7)]，金樽在手[(8)]，烂醉菊花秋[(9)]。

【毛泽东评点】

毛泽东在阅读顾名编《曲选》收录的这首小令时，在前三句旁用墨笔画了两个圆圈，并将"不事王侯""喜的是绿酒新刍"二句后的逗号改为句号。

——中央档案馆整理：《毛泽东评点诗词曲精选·曲选》第 37 页，中央档案出版社 1998 年版

【注释】

（1）乌纱，黑纱织物，此句谓用黑纱罩着发髻。

（2）清霜，寒霜，白霜。《艺文类聚》卷九十引晋湛方生《吊鹤文》："独中宵而增思，负清霜而夜鸣。"又唐聂夷中《赠衣》："清霜一委地，

万草色不绿。"林落,一作"篱落。"

（3）黄叶,枯黄的树叶,亦借指将落之叶。南朝梁丘迟《赠何郎》："檐际落黄叶,阶前网绿苔。"山邱,即山丘,土山。《墨子·大取》："诸以居运命者,若乡里齐荆者皆是;诸以形貌命者,若山丘室庙者皆是也。"

（4）渊明彭泽辞官后,东晋诗人陶潜,字渊明,曾官彭泽令,郡督邮巡视,应束带见之,不肯"为五斗米折腰向乡里小儿",愤而去职,归隐田园。彭泽,治所在今江西湖口县东。

（5）不事王侯,语出《易·蛊》："不事王侯,志可则也。"事,侍奉。王侯,天子与诸侯,后多泛指王爵和侯爵,或泛指显贵者。又《史记·陈涉世家》："王侯将相,宁有种乎?"

（6）绿酒,美酒。晋陶潜《诸人共游周家墓柏下》："清歌散新声,绿酒开芳颜。"新刍（chú 除）,新漉取的酒。唐段成式《怯酒赠周繇》："大白东西飞正狂,新刍石冻杂梅香。"

（7）拖逗,拖延,耽搁。元任昱《小梁州·春怀》："空拖逗,白了少年头。"

（8）金杯,泛指精美的杯子。唐卢照邻《秋霖赋》："绣毂银鞍,金杯玉盘,坐卧珠璧,左右罗纨。"

（9）烂醉,大醉。唐杜甫《杜位宅守岁》："谁能更拘束?烂醉是生涯。"菊花秋,秋天。菊花秋天开花,故名。

【赏析】

此曲见于《静自居诗话》卷四。

这首小令描写辞官归隐的乐趣。曲的前五句叙美丽秋色引起辞官归隐。"乌纱裹头,清霜林落,黄叶山邱。"起首三句描写辞官归隐的逍遥自在生活。乌纱与乌纱帽,只有一字之别,含义大大不同:乌纱帽是官帽,头戴乌纱帽,表明正在仕途官场;乌纱是一种黑纱织物,乌纱罩住发髻,表明是一种平民身份。一个人徜徉在天降寒霜后的满山黄叶之中,这种生活情趣已不是一般老百姓,而是隐士所为了。接下来二句用典,指明这位隐士原是一位官场人物。混迹官场,低头哈腰,迎来送往,对于一个有节操的人来说，自然是很痛苦的事。正因如此，东晋诗人陶潜才"不为五斗米折腰向乡里小儿"而挂官而去，归隐田园。这二句用陶潜的典故，点明他辞官归隐的身份，揭示出归隐的原因。曲的后五句抒写归隐的乐趣。仍旧是喜欢青山绿水，仍然是好喝美酒。面对着这金菊盛开的秋色，手执精美的杯子，一杯连一杯，喝个不停，拖延着不愿离去，一定要喝得酩酊大醉，才肯罢休。几句把辞官归隐之乐，写得十分潇洒，令人钦羡。此曲语言明快，描写生动，用典贴切，有力地点醒题旨，是一篇优秀作品。

毛泽东有很高的鉴赏能力，他一眼觑定此曲前三句描写生动形象，画了圆圈，表示欣赏，其余各句未加圈点，只改动了两个误用的标点符号。

康　海

康海（1475—1540），字德涵，号对山，自号浒西山人、沜（pàn 盼）东渔父，武功（今陕西兴平）人，"前七子"之一，明代文学家。弘治十五年（1502）状元，任翰林学院编印、经筵讲官等。刘瑾专权时，招之不往，令李梦阳下狱，请他出面营救，李因获释。正德五年（1510），刘瑾被诛，康海受牵连而落职。归乡里后，以山水声伎自娱，以寄托其怫郁之意。著有诗文集《对山集》、散曲《沜东乐府》及杂剧《中山狼》。

他的散曲今存小令二百余首，套数三十余首，曲作的主要内容一是抒发其愤世嫉俗的情怀，二是倾吐其徜徉山水的闲情逸致。其风格豪放爽健，但也有过多的生造和堆砌辞藻之缺欠。

【原文】

月云高

吞声宁耐[(1)]，欲说谁偢采[(2)]？惹得旁人笑，招着他们怪。欢喜冤家[(3)]，分定恹缠害[(4)]。去不去心头恨，了不了前生债[(5)]。教我心上黄连苦自捱[(6)]，都似锁上门儿推不开。

【毛泽东评点】

毛泽东在阅读顾名编《曲选》收录的这首小令时，在"惹得旁人笑"以下六句旁，用毛笔加了墨点（前四句旁各加一个点，后两句各加两个点），在末二句旁分别画了二个、三个墨圈。

——中央档案馆整理：《毛泽东评点诗词曲精选·曲选》第40页，中央档案出版社1998年版

【注释】

（1）吞声，不出声，不说话。汉马融《长笛赋》："于时也，绵驹吞声，伯牙毁弦。"宁耐，亦作"宁奈"，忍耐。《朱子语类》卷七十："以刚遇险，时节如此，只当宁耐以待之。"

（2）偢（chǒu 丑）采，亦作"偢採""偢倸""偢保"，理睬。宋张镃《眼儿媚·初秋》："起来没个人偢采，枕上越思量。"

（3）欢喜冤家，指似怨恨而实相爱的恋人或夫妻。元乔吉《水仙子·赠朱翠英》："五百年欢喜冤家，正好星前月下。"

（4）分（fèn 奋）定，本分所定，命定。《孟子·尽心下》："君子所性，虽大行不加焉，虽穷居不损焉，分定故也。"恹，困倦，精神萎靡，亦用以形容病态。缠害，纠缠损害。

（5）前生债，前一辈子欠下的债务，此指情债。前生，原为佛教语，意为前一辈子，对今生而言。唐寒山《诗》之四一："今日如许贫，总是前生作。"

（6）黄连，多年生草本植物，茎高三四寸至一尺多，羽状复叶，花小、白色，根茎味苦。捱（ái 挨），心焦地等待，熬。宋罗大经《鹤林玉露》卷一："谢安之于桓温，陈鲁公之于完颜亮，幸而捱得他死尔。"

【赏析】

这首小令抒写一个男子在情人不理睬他时焦躁不安的情绪。"吞声宁耐，欲说谁偢采？惹得旁人笑，招着他们怪。"首四句叙事，是说一对情人间发生了摩擦，女方不理喜爱她的男子，这男子不出声，不说话，怎么忍受得了？如果说话，女方又不理睬他，所以，他只好缄口不言。女子不许他说话，或者不给他说话的机会，这是男子的顾虑之一；顾虑之二是，如果男子说话，遭到女子冷遇，白白惹得别人讥笑，招来他们嗔怪。这男子真是欲说不敢、欲罢不能，为什么呢？因为他们是一对欢喜冤家，即一对貌似怨恨而实相爱甚深的恋人，命里注定要让她折磨得死去活来。既去不掉心头对她不睬的怨恨，又偿还不了上辈子欠下她的孽债。中四句抒情，强烈真挚，十分感人。"教我心上黄连苦自捱，都似锁上门儿推不开。"末二句连设二喻，表明自己的态度。这男子不被理睬，遭受折磨，但他痴心不改。虽然是哑子吃黄连——有苦难言，但他决心自讨苦吃，心焦地等，慢慢地熬，希望事情能出现转机。可是那女子竟如铁石心肠，不为所动，像一把铁锁挂在门上，叫人推也推不开。常言道，精诚所至，金石为开。"柳暗花明又一村"的境界也许不久就会到来。

从毛泽东对这首小令的圈点来看，除了开头二句叙事过分质实，未加圈点外，其余各句均画圈加点，"惹得旁人笑"等六句叙事生动，抒情真挚，都加了墨点，末二句用喻贴切，生动形象，还画了圆圈，这是符合作品实际的，表明毛泽东是比较欣赏的。

【原文】

〔越调〕斗鹌鹑

春游南山

【斗鹌鹑】春昼山游，高朋幸集⁽¹⁾。雪霁峰阴⁽²⁾，云归岫里⁽³⁾。款拥蓝桥⁽⁴⁾，轻随杖履。那从容，那逶迤⁽⁵⁾，胜日寻芳⁽⁶⁾，词人对垒⁽⁷⁾。

【紫花儿序】一处处峰巉浪激⁽⁸⁾，一个个兴远才清，一椿椿意畅情怡。长松半偃⁽⁹⁾，芳草初荑⁽¹⁰⁾，生意方熙⁽¹¹⁾。一派仙音绕翠微⁽¹²⁾，管弦声细⁽¹³⁾。更那堪涧底波鸣，谷口莺啼。

【小桃红】淡烟微霭傍人飞，说不尽春游意，聒耳山禽更如醉⁽¹⁴⁾，一步一个画图随。龙潭珠斗连天坠⁽¹⁵⁾，银河半敧⁽¹⁶⁾，罗衣新制，醉淋漓吟笑索留题⁽¹⁷⁾。

【调笑令】说甚么翠眉映金杯⁽¹⁸⁾？争似这握手临溪我共伊⁽¹⁹⁾，便有莺莺燕燕尊前立⁽²⁰⁾，怎如咱语话襟期⁽²¹⁾？一任他笑杀山翁醉似泥⁽²²⁾，此境谁知？

【煞尾】从今后逢人好把名儿避，看破那繁华景致。身世似浮云⁽²³⁾，人生同逝水⁽²⁴⁾。

【毛泽东评点】

毛泽东在阅读顾名编《曲选》收录的这首套曲时，在［斗鹌鹑］一曲的"款拥蓝桥"二句和"词人对垒"句旁，用毛笔分别加了一、一、二个墨点，并把"云归袖里"句错印的"袖"字改正为"岫"。

——中央档案馆整理：《毛泽东评点诗词曲精选·曲选》第83—86页，中央档案出版社1998年版

【注释】

（1）高朋，贵宾。

（2）雪霁（jì 妓），降雪停止，天气放晴。霁，雨止天晴。《书·洪范》："乃命卜筮，曰雨，曰霁。"孔传："龟兆形有似雨者，有似雨止者。"亦泛指雨雪风霜停止，天气晴好。

（3）岫（xiù 袖），山洞，有洞穴的山。《尔雅·释山》："山有穴为岫。"郭璞注："谓岩穴。"

（4）款拥蓝桥，人们缓步挤上蓝桥。蓝桥，桥名。在今陕西省蓝田县东南蓝溪之上。相传此地有仙窟，为唐裴航遇仙女云英处。唐裴铏《传奇·裴航》："一饮琼浆百感生，玄霜捣尽见云英。蓝桥便是神仙窟，何必崎岖上玉清。"

（5）迤逦（yí lí 沂离），缓行之状。唐李肇《唐国史补》卷上："其同行谭受忽病头痛，不可前，迤逦前行。"

（6）胜日，指亲朋相聚或风光美好的日子。《晋书·卫玠传》："及长，好言玄理……遇有胜日，亲朋时请一言，无不咨嗟，以为入微。"寻芳，游赏美景。唐姚合《游阳河岸》："寻芳愁路尽，逢景畏人多。"

（7）词人，擅长文辞的人，此指写词曲的人。对垒，泛指双方竞争，相互匹敌。元刘壎《隐居通议·诗歌一》："山谷翁作司马文正公挽词，后山作南丰先生挽词，水心作高孝两朝挽词，皆超轶绝尘，诚可对垒。"

（8）峰巉（chán 蝉），山峰险峻陡峭。

（9）偃，仰卧，此是倒挂之意。

（10）初桵（ruí 蕤），初桵，草林果实下垂之状。《说文·生部》：

"猨，草木实猨猨也。"段玉裁注："猨与蕤音义皆同。猨之言垂也。"朱骏声《说文通训定声》："猨猨……下垂之儿。"

（11）生意方熙，生命力正旺盛。熙，兴盛，兴起。《书·尧典》："允厘百工，庶绩咸熙。"孙星衍疏："'庶绩咸熙'，史迁作'众功皆兴'。"

（12）仙音，仙人所奏美妙的音乐。宋洪迈《夷坚乙志·九华天仙》："姮娥奏乐《箫韶》，有仙音异品，自然清脆。"此指美妙的音乐。翠微，指青翠掩映的山腰幽深处。《尔雅·释山》："未及上，翠微。"郭璞注："近上旁陂。"郝义行义疏："翠微者……盖未及山顶屏颜之间，葱郁葢菖，望之千谷青翠，气如微也。"

（13）管弦声细，指管乐声细小。管弦，指管弦乐。

（14）聒（guō 锅）耳，声音刺耳。《韩非子·显学》："今巫祝之祝人曰：'使者千秋万岁。'千秋万岁之声聒耳，而一日之寿无征于人。"

（15）龙潭，深渊。唐李白《求崔山人百丈崖瀑布图》："龙潭中喷射，昼夜生风雷。"珠斗，指北斗星。因斗星相贯如珠，故名。唐王维《同崔员外秋宵寓直》："月回藏珠斗，云消出绛河。"

（16）银河，天河。欹（qī 欺），歪斜，倾斜。《荀子·宥坐》："吾闻宥坐之间者，虚则欹，中则正，满则覆。"

（17）索留题，需要题字留念。索，需。

（18）翠眉，古代女子用青黛画眉，故称。晋崔豹《古今注·杂注》："魏宫人好画长眉，今多作翠眉惊鹤髻。"

（19）争似，只似。伊，你。南朝宋刘义庆《世说新语·纰漏》："初学汝兄，汝兄自不如伊。"

（20）莺莺燕燕，黄莺和燕子，喻指众多的姬妾或妓女。语本宋苏轼《张子野年八十五尚闻买妾述古今作诗》："诗人老去莺莺在，公子归来燕燕忙。"

（21）襟期，心期，指人与人之间的相互期许。元袁易《寄吴中诸友·冯景说》："早托襟期合，能容礼法疏。"

（22）山翁醉似泥，山翁即晋山简。简字季伦，山涛幼子，性嗜酒，镇守襄阳，常游高阳池，饮辄大醉。后世诗词中或用为作者自况，或借指嗜酒的朋友。南朝宋刘义庆《世说新语·任诞》："山季伦为荆州，时出酣畅，人为之歌曰：'山公时一醉，径造高阳池，日暮倒载归，茗艼无所知，复能乘骏马，倒著白接䍦。'"唐王维《汉江临泛》："襄阳好风日，留醉与山翁。"又李白《襄阳歌》："落日欲没岘山西，倒著接䍦花下迷。襄阳小儿齐拍手，拦街争唱《白铜鞮》。旁人借问笑何事，笑杀山公醉似泥。"

（23）浮云，飘动的云。《楚辞·九辩》："块独守此无泽兮，仰浮云而永叹。"

（24）逝水，指一去不返的流水。北齐颜之推《颜氏家训·勉学》："光阴可惜，譬诸逝水。"

【赏析】

这首套曲题作《春游南山》。南山，即终南山，在今陕西省西安市南一带。作者故里武功就在终南山北麓，所以游赏是颇方便的。据此可知，此曲当写于作者罢官归隐乡里之后。它抒写诗人春游南山的闲情逸致和人生感慨。

首曲［斗鹌鹑］总写春游南山概况。"春昼山游，高朋幸集。雪霁峰阴，云归岫里。"起首四句，紧扣题目。在春季的一个白天，和亲朋好友，结伴游赏终南山。其时雪后初晴，终南山北坡峰峦叠嶂间云雾缭绕，极为壮观。交代了游山的节候、时间、环境和参与人员。接下来六句，写游山途中的兴致。人们缓步挤上具有神话色彩的蓝桥，也可能想与裴航一样能有得遇仙女的好运，作者穿着登山的鞋、挂着拐杖紧随其后。人们那种从容不迫，潇洒大方，在美好的日子去游赏名山大川的兴致很高，擅长文辞的人，竞相填词制曲，以争高下。几句写出了人们游兴之浓。

［紫花儿序］一曲写白天游山所见美景。首三句叙事。终南山的景色是优美的：处处是悬崖峭壁，处处是清流激湍。美好的景色，激发了诗人们的创作激情，个个兴致高昂，才气纵横，件件事情都能使人内心畅快，心情愉悦。漫山遍野，长松倒挂，花木果实累累下垂，呈现出一片勃勃生机。这时一派美妙的音乐从青翠的山腰深处传来，急管繁弦，奏个不停。再加上山涧中波涛轰鸣，山谷口莺啼鹂啭，真是美妙无比。一曲全用白

描，摹写山间美景和游人之乐，极其生动逼真，令人神往。

［小桃红］一曲则写夜游之乐。这是白天游山合乎逻辑的自然延伸。前四句承接上曲，"淡烟微霭傍人飞"，已到暮色苍茫时分，"说不尽春游意"，乃然游兴未尽，这时听到归巢的山鸟啁啾鸣叫，更令人如痴如醉，感到山色实在太美了，处处如画，美不胜收。后四句写夜游之乐。北斗七星像一串宝珠坠入深潭，银河也像斜挂下来，蔚为奇观。游人都穿着新制的罗衣，喝得醉醺醺的，仍然谈笑风生，游兴不减，都说这种盛况需要题字赋曲，记录下来。夜游之乐更令人神往。

［调笑令］一曲则抒写诗人的感受。如果上述白昼和夜晚游山之乐，是概写，那么这支曲子则是特写。在这众多的游伴当中，有一位诗人最相交契的女子。她与诗人交杯换盏，情话绵绵，携手徜徉在小溪边上，十分快慰，使诗人感到，虽然有众多的姬妾和歌女环绕桌前，只觉得不如咱们二人心心相印。"笑杀山翁醉似泥"用典，作者以山简自喻。酒逢知己千杯少，和知交共饮，直喝得醉如泥，"此境谁知？"此种乐趣只有你我二人深相默契、心领神会，别人怎么会知道？以设问作结，意味深长。

末曲［煞尾］写游山的感想。首二句写自己已看破尘世的繁华，心灰意冷，从今而后，决心隐姓埋名。末二句写人生感叹：一个人的经历就像飘浮不定的云朵，人的一生如同一去不返的流水。形象贴切的比喻，写出了诗人的人生况味。此套曲写诗人春游终南山的情景，抒发游山玩水的闲情逸致，寄托自己的人生感叹，语言泼辣，风格豪爽，极有艺术魅力。

毛泽东在阅读这首散套时，仅在"款拥蓝桥，轻随杖履"和"词人对垒"三个佳句旁加了墨点，改正了一个错排的字，其他均未圈点，说明他对此曲评价不太高。

王　磐

评点中国古代散曲赏析

　　王磐（1470—1530），字鸿渐，高邮（今江苏高邮）人，明代散曲家。生于富室，好读书，曾为诸生，嫌拘束而弃之，终身不应科举，纵情于山水诗酒间。性好楼居，筑楼于高邮城西僻地，常与名士谈咏其间，因自号"西楼"。他工诗擅画，尤善音律，脱口而出，即合格调；常常丝竹觞咏，彻夜忘倦，性格飘洒，名重一时。

　　王磐散曲今存小令六十五首，套曲九首，全属北曲，见于《王西楼乐府》。多庆节、赏花、记游等闲适之作，反映了他性格和生活的基本方面。其咏物之作，"首首尖新"（王骥德《曲律》），最为著名，在明人散曲中有很高的地位。

【原文】

〖中吕〗朝天子

乐　器

　　喇叭！锁哪⁽¹⁾！曲儿小⁽²⁾，腔儿大⁽³⁾。官船来往乱如麻⁽⁴⁾，全仗你抬声价⁽⁵⁾。军听了军愁，民听了民怕，那里去辨什么真共假。眼看的吹翻了这家，吹伤了那家，只吹的水尽鹅飞罢⁽⁶⁾！

【毛泽东评点】

　　毛泽东在阅读顾名编《曲选》收录的这首小令时，先在题目天头空白处用铅笔画了一个大圈，然后用毛笔对全文每句都加了墨点（起首四句每句加一个墨点，末句加三个墨点，余每句皆加两个墨点）。

　　　　——中央档案馆整理：《毛泽东评点诗词曲精选·曲选》第40—41页，中央档案出版社1998年版

【注释】

（1）喇叭，锁哪，锁哪，一作"琐嗦""苏尔奈""唢呐"，簧管乐器，分项头、管身、喇叭口；管身正面七孔，背面一孔，左侧一孔。管口铜制，管身木制，原流传于波斯、阿拉伯一带，"锁哪"即波斯文（surnay）的音译。金元时传入中国，后经改造，有喇叭、大吹、海笛、小青等类别。参阅《清文献通考》一六一乐七"苏尔奈"。现今锁哪大小不一，常用者有八孔，发音响亮，是民间吹打乐的主要乐器。

（2）曲儿，亦称"曲子"，乐曲、歌曲。《水浒传》第五十六回《吴用使时迁盗甲　汤隆赚徐宁上山》："又见李荣一路上说些枪棒，唱几个曲儿，不觉又过了一天。"

（3）腔儿，即腔调，指音乐、歌曲的调子。

（4）官船，官府的船。唐王建《荆门行》："欲明不待灯火起，唤得官船过蛮水。"

（5）声价，名誉身价。汉应劭《风俗通·十反·聘士彭城姜肱》："吾以虚获实，蕴藉声价。盛明之际，尚不委质，况今政在家哉！"

（6）水尽鹅飞，喻利尽交绝。元关汉卿《望江亭》第二折："你休等的我恩断意绝，眉南眼北，怎时节水尽鹅飞。"比喻民穷财尽。

【赏析】

这首小令题作《乐器》，一作《咏喇叭》，是元人小令中的名作。它借咏官船中吹奏喇叭为题，揭露宦官及其帮凶的装腔作势、残害百姓的罪恶。明人蒋一葵在《尧山堂外纪》云："正德间，阉寺当权，往来河下者无虚日。每到，辄吹号头，齐丁夫，民不堪命。王西楼有《咏喇叭·朝天子》一首。"清姚燮在《今乐考证》中也指："《咏喇叭》，盖言百姓之家，致于贫困，皆此宦监往来之故也。"说明此曲是讽刺当时现实的。

曲的前六句写喇叭的特点和作用。作者从喇叭的名称入手，指出喇叭，是锁哪的一种。这种民间吹奏乐器的特点是，它吹奏的都是民间小曲，品位不高，但它的调门很高，声响很大。三、四两句，语义双关，表面写喇叭，实际是借喇叭的这一特点暗中讽刺宦官的地位并不高，本领并不大，但他们所到之处，颐指气使，吆三喝四，气焰嚣张得很。他们这种摆谱的劲儿，与喇叭又有什么两样？勾画绝妙，讽刺尖锐。正因如此，往来穿梭多如乱麻的官船，当官的都要耍弄这一套把戏，全仗着喇叭吹吹打打以壮声威，抬高自己的身价，对宦官的装腔作势、作威作福的丑行进行了辛辣讽刺。中三句揭露宦官依仗皇帝权势招摇撞骗，百姓难分其真假。明武宗朱厚照正德年间（1506—1521），以刘瑾为头目的宦官集团，弄势专权。他们经常出没乡里，耀武扬威，所到之处是："军听了军愁，民听了民怕，哪里去辨什么真共假。"就是说，这些家伙的到来，也就是一有喇叭吹响，士兵也好，百姓也罢，就预料到灾难要降临，谁还敢去分辨他们到底是朝廷的命官或是狐假虎威的骗子，或者说谁还敢去分辨他们到底是王命在身或假传圣旨。这就揭穿了宦官们招摇撞骗的卑鄙伎俩。末四句鞭挞宦官残害百姓的罪行。不是吗？人们看到，只要有喇叭响起，就有庄户人家倒霉："眼见的吹翻了这家，吹伤了那家"，甚至就连江水与鸭鹅也不得安宁，宦官一到，鸡飞狗跳，鹅鸭不免，一定要闹得"水尽鹅飞"才肯罢休。"水尽鹅飞"，是元人方言，比喻利尽交绝，这里是比喻民穷财产之意。这就揭露了宦官为害，致使百姓家破人亡、流离失所的罪行。

此曲用语锋利活泼，明白如话，说官船"乱如麻"，"抬声价"靠喇叭，通过一语双关的喇叭，描绘出宦官煊赫的气焰，揭露了他们害人的本质，既尖锐泼辣，又幽默风趣，极具艺术魅力。

毛泽东对这首小令的圈画表明，他是非常欣赏这首讽刺杰作的，所以在题头上方画了大圈，还对全文每句都加了墨点，这种情况在他的圈点中也是不多见的。

〔双调〕沉醉东风

赋芙蓉帐

绣榻上晴霞乱拥⁽¹⁾，锦屏前秋水轻笼⁽²⁾。锁鸳鸯自在魂⁽³⁾，开蝴蝶逍遥梦⁽⁴⁾，笑梅花冷淡家风⁽⁵⁾。只为那煖逼春宵睡思浓⁽⁶⁾，翻惹著娇鬟弄宠⁽⁷⁾。

【毛泽东评点】

毛泽东在阅读顾名编《曲选》收录的这首小令时，在"锁鸳鸯自在魂"等三句旁，用毛笔加了两个墨点。

——中央档案馆整理：《毛泽东评点诗词曲精选·曲选》第41页，中央档案出版社1998年版

【注释】

（1）绣榻，即绣床，装饰华丽的坐卧两用的矮床，多指女子睡床。唐司空图《杨柳枝·寿杯词》："池边影动散鸳鸯，更引微风乱绣床。"榻，狭长而矮的坐卧用具。晴霞，明霞。隋炀帝《早渡淮》："晴霞转孤屿，锦帆出长圻。"

（2）锦屏，锦绣的屏风。唐李白《长干行》："鸳鸯绿浦上，翡翠锦屏中。"秋水，秋天的江湖水。《庄子·秋水》："秋水时至，百川灌河。"

（3）鸳鸯，鸟名。为我国著名特产珍禽之一，旧传雌雄偶居不离，古称"匹鸟"。《诗经·小雅·鸳鸯》："鸳鸯于飞，毕之罗之。"毛传："鸳鸯，匹鸟也。"晋崔豹《古今注·鸟兽》："鸳鸯，水鸟，凫类也。雌雄未尝相离，人得其一，则一思而死，故曰匹鸟。"比喻夫妻。汉司马相如《琴歌》之一："室迩人遐毒我肠，何缘交颈为鸳鸯。"

（4）蝴蝶逍遥梦，此句化用《庄子·逍遥游》和《齐物论》语意而成。《庄子·齐物论》："昔者庄周梦为蝴蝶，栩栩然蝴蝶也。自喻适志与，不知周也。俄然觉，则蘧蘧然周也。不知周之梦为蝴蝶与，蝴蝶之梦为周与？周与蝴蝶，则必有分矣。此之谓物化。"《逍遥游》篇中借用大鹏

和小鸠、大椿和朝菌的比喻，说明任何事物都不能超越自己本性和客观环境，主张各任其性，放弃一切大小、荣辱、死生、寿夭的差别观念，便逍遥自在，无往而不适。后用以指自由自在、无拘无束的游乐。

（5）冷淡，不热情，不亲热，此指梅花的不浓艳，素净淡雅。

（6）春宵，春夜。唐白居易《长恨歌》："春宵苦短日高起，从此君王不早朝。"又《白雪遗音·八角鼓·春宵一刻》："春宵一刻，万金难买。"

（7）娇鬟，艳丽的丫环。弄宠，故作姿态邀宠。

【赏析】

这首小令题作《赋芙蓉帐》。芙蓉帐是用芙蓉花（荷花）染缯制成的帐子，泛指华丽的床帐。《广群芳谱·花谱十八·木芙蓉》引《成都记》："（孟后主）以花（芙蓉）染缯为帐，名芙蓉帐。"唐李白《对酒》："玳瑁筵中怀里醉，芙蓉帐里奈君何。""绣榻上晴霞乱拥，锦屏前秋水轻笼。"起首二句描状，紧扣题目。在锦绣的屏风前面、装饰华丽的睡床上方，悬挂的芙蓉帐、上绣翻滚的彩霞、波光粼粼的湖水，十分清新雅致。这样华丽的帐子，自然是人们睡卧的最好场所，为人物的活动提供了适宜的环境。接下来三句叙事："锁鸳鸯自在魂，开蝴蝶逍遥梦，笑梅花冷淡家风。"三句全用比喻，以鸳鸯比喻夫妻，以蝴蝶梦比喻夫妻的自由自在、无拘无束，以笑梅花的素净淡雅，反衬夫妻间无比亲热。三句排比，把年轻夫妻在芙蓉帐里你恩我爱、如胶似漆的欢情，写得淋漓尽致。末二句仍然叙事，"只为那煖逼春宵睡思浓"，俗话说"春宵一刻，万金难买"，美好的春夜，使他们睡意正浓，不觉睡过了头，反而惹得艳丽的侍女逗娇邀宠。末句落笔于娇鬟嗔怪，别出心裁，十分有趣。这首小令名为《赋芙蓉帐》，实是写芙蓉帐中的人，抒写了春宵中年轻夫妻欢快的爱情生活，语言明快，感情健康。

从毛泽东对这首小令的圈点来看，他对直接描写夫妻爱情生活的三句都加了墨点，这正是此曲的核心内容，写得比较出色，因此毛泽东比较欣赏。

王九思

王九思（1468—1551），字敬夫，号渼波，陕西鄠县（今陕西西安市鄠邑区）人，明代文学家。弘治九年（1496）进士，选为庶知士，后授检讨。其间，李梦阳、何景明、康海等人陆续到北京，相聚讲论，倡导“文必秦汉，诗必盛唐”，史称“前七子”。正德四年（1509）调为吏部文选主事，年内由员外郎再升郎中。同年秋以刘瑾党羽罪贬为寿州同知，次年被勒令离职。日与康海谈宴、征歌、度曲于鄠杜之间。著有诗文集《渼陂集》、散曲《碧山乐府》和杂剧《杜子美沽酒游春》等。

王九思的诗歌主要写他仕途失意后的怨怅之情和感慨，也有少数接触社会现实的诗篇。从艺术上看，他的诗篇模拟汉魏、杜诗的痕迹较重，但他才情烂漫，有些诗语言绮丽，抒发情感细腻。他的散曲今存小令百数十首，套数十余首。其曲作多是对现实表示不满，通过寄情山水，发泄自己的牢骚。虽然抒发的是个人情怀，境界狭窄，但尚有一定的社会意义和认识价值。他的散曲风格秀丽雄爽，但有些曲作过于粗豪，精思不足。王世贞在《艺苑卮言》中评价他的散曲说：“秀丽雄爽，康大不如也。评者以敬夫声价，不在关汉卿、马东篱下。”

【原文】

〖双调〗新水令

归 兴

【新水令】忆秋风远客走天涯，喜归来碧山亭下。水田十数亩，茅屋两三家，暮雨朝霞，妆点出辋川画[1]。

【驻马听】暗想东华[2]，五夜清霜寒控马[3]。寻思别驾[4]，一天残月晓排衙。路危常与虎狼狎⁽⁵⁾，命乖却被儿童骂⁽⁶⁾。谁管咱，葫芦提一任闲顽耍⁽⁷⁾。

【沉醉东风】露赤脚山巅水涯，科白头柳堰桃峡⁽⁸⁾。折角巾⁽⁹⁾，狂生袜⁽¹⁰⁾，得清闲不说荣华⁽¹¹⁾。提起封侯几万家⁽¹²⁾，薄福的先生笑杀。

【折桂令】问先生有甚生涯⁽¹³⁾，赏月登楼，遇酒簪花⁽¹⁴⁾。皓齿朱唇启，轻歌妙舞，越女秦娃⁽¹⁵⁾。不索问高车驷马⁽¹⁶⁾，也休提白雪黄芽⁽¹⁷⁾。春雨桑麻，秋水鱼虾，痛饮前程，烂醉生涯。

【雁儿落】再休提玄都观里花⁽¹⁸⁾，丹凤楼前话⁽¹⁹⁾，青钱万选才⁽²⁰⁾，黄阁三公大⁽²¹⁾。

【得胜令】不追随绿鬓阁乌纱⁽²²⁾，紫殿草白麻⁽²³⁾，七宝红玉斝⁽²⁴⁾，千金赤兔马⁽²⁵⁾。素指拨琵琶⁽²⁶⁾。把碧荷筒⁽²⁷⁾，忙吸罢！翠袖舞烟霞，把绛罗袍，典当咱⁽²⁸⁾。

【沽美酒】蜜蜂儿，闹午衙⁽²⁹⁾。粉蝶儿，恋春葩⁽³⁰⁾。蝶使蜂媒劳攘杀⁽³¹⁾。且装聋做哑，不烦恼，不惊怕。

【太平令】碧莎长夜雨鸣蛙⁽³²⁾，绿槐高晓月啼鸦，风吹绽芭蕉两叉，雾滴湿蔷薇一架，种瓜煮茶，买这等光阴无价。

【离亭宴带歇拍煞】人间富贵同飘瓦⁽³³⁾，眼前岁月如奔马。不是俺自夸，脱离了虎狼关⁽³⁴⁾，结识上鸥鹭伴⁽³⁵⁾，涂抹杀麒麟画⁽³⁶⁾。登山不索钱，有地堪学稼。画楼中戏耍，吟几首少陵诗⁽³⁷⁾，写两个羲之字⁽³⁸⁾，讲一会君平卦⁽³⁹⁾。羊裘冒雪穿⁽⁴⁰⁾，驴背寻春跨，醉了时齁齁的睡咱⁽⁴¹⁾。没是非一枕梦儿甜⁽⁴²⁾，索强是争名利千般意儿假。

【毛泽东评点】

毛泽东在阅读顾名编《曲选》收录的这首散套时，在"折角巾"句中用毛笔点了两个墨点，并将"秋水鱼虾"和"丹凤楼前话"句末的句号改为逗号。

——中央档案馆整理：《毛泽东评点诗词曲精选·曲选》第86—88页，中央档案出版社1998年版

【注释】

（1）辋川，水名，即辋谷水。诸水会合如车辋环凑，故名。在今陕西省蓝田县南，源出秦岭北麓，北流至县南和灞水。唐诗人王维曾建别墅于此。《新唐书·文艺传中·王维》："别墅在辋川，地奇胜，有华子冈、欹湖、竹里馆、柳浪、茱萸沜、辛夷坞，与裴迪游其中，赋诗相酬为乐。"王维绘有名画《辋川图》。

（2）东华，宫城东门名，宋沈括《梦溪笔谈·故事一》："今学士初拜，自东华门入，至左承天门下马。"明代中枢官署设在宫城东华门内，因以借称中央官署。

（3）五夜，即五更。旧时自黄昏至第二天拂晓一夜间，分为甲、乙、丙、丁、戊五段，谓之"五更"，又称五夜、五鼓。《文选·陆倕〈新刻漏铭〉》："六日不辨，五夜不分。"李善注引卫宏《汉阳仪》："昼夜漏起，省中用火，中黄门持五夜。五夜者，甲夜、乙夜、丙夜、丁夜、戊夜也。"

（4）别驾，官名。汉制，是州刺史的佐使，也称别驾从事使。因随刺史出巡时另乘一车，故称别驾。

（5）狎（xiá 匣），接近，亲近。

（6）命乖，命运不好。乖，不顺利，不如意。

（7）葫芦提，糊涂。宋张耒《明道杂志》："钱穆父内相本以文翰风流著称，而尹京为近时第一……一日，因决一大滞狱，内外称之。会朝处，苏长公称之曰：'所谓霹雳手也。'钱曰：'安能霹雳手？仅免葫芦蹄也。'"葫芦蹄，即葫芦提。一任，听凭。

（8）科白头，即科头，不戴冠帽，裸露头髻。《战国策·韩策一》："秦带甲百余万，车千乘，骑万匹，虎挚之士，跿跔科头，贯颐奋戟者，至不可胜计也。"鲍彪注："科头，不着兜鍪。"

（9）折角巾，即林宗巾。东汉郭泰，字林宗，名重一时，一日道遇雨、头巾沾湿，一角折叠，时人效之，故意折巾一角，称"林宗巾"。见《后汉书·郭泰传》。宋张耒《赠赵景平》之一："定知鲁国衣冠异，尽戴林宗折角巾。"后用之泛指文士之冠。

（10）狂生袜，典出《汉书·张释之传》：张释之为公车令，尝奏劾太子，后太子继位（景帝），释之惧得罪，用王生计，见帝谢罪得免。王生，当时处士，善为黄老言，尝于朝廷中命释之为结袜，释之跪而结之。或责王奈何辱张。王曰："吾老且贱，张廷尉天下名臣，吾故聊使结袜，欲以重之。"

（11）荣华，荣耀，显贵。《三国志·魏志·陈思王植传》："冠我玄冕，要我朱绂。朱绂光大，使我荣华。"

（12）封侯，封拜侯爵。古代封爵分公、侯、伯、子、男五等，侯爵为第二等，泛指功名显赫。《战国策·赵策二》："贵戚父兄皆可以受封侯。"唐王昌龄《闺怨》："忽见陌头杨柳色，悔教夫婿觅封侯。"

（13）生涯，生活。北周庾信《谢赵王丝布等启》："望外之恩，实符大贵；非常之赐，乃溢生涯。"

（14）簪花，戴花。清赵翼《陔余丛考·簪花》："今俗惟妇女簪花，古人则无有不簪花者。"

（15）越女秦娃，越地和秦地的女子，泛指美女。《史记·李斯列传》："所以饰后宫充下陈娱心意悦耳目者，必出于秦然后可，则是宛珠之簪，傅玑之珥，阿缟之衣，锦绣之饰不进于前，而随俗雅化佳冶窈窕赵女不立于侧也。"又唐李贺《湘妃》："筠竹千年老不死，长伴秦娥盖湘水。"秦娥即秦娃。

（16）不索问，不需问。高车驷马，指显者所乘的车。北魏郦道元《水经注·江水一》："城北十里曰昇仙桥，有送客观，司马相如将入长安，题其门曰：不乘高车驷马，不过汝下也。后入邛蜀，果如志焉。"

（17）白雪黄芽，皆指道家长生不老之术。白雪，指水银，一说指唾沫。黄芽，一作"黄牙"，道家称从铅里炼出的精华。唐吕岩《敲爻歌》："拔取天根并地髓，白雪黄芽自长成。"宋苏轼《辨道歌》："离南为室坎为家，先凝白雪生黄芽。"

（18）玄都观里花，玄都观是北周、隋、唐时道观名，原名通道观，隋开皇二年（582）改名玄都观，在今陕西省西安市长安区南崇业坊，见宋敏求《长安志》，后废。唐刘禹锡《玄都观桃花》："紫陌红尘拂面来，无人不道看花回。玄都观里桃千树，尽是刘郎去后栽。"

评点中国古代散曲赏析

（19）丹凤楼，丹凤原是头和翅膀上的羽毛为红色的凤鸟，借指帝都、朝廷。唐东方虬《昭君怨》之二："掩泪辞丹凤，衔悲向白龙。"

（20）青钱万选才，语出《新唐书·张荐传》："员外郎员半千数为公卿称鷟（张鷟）文辞犹青铜钱，万选万中。"后以"青钱万选"比喻文才出众。宋晏殊《假中示判官张寺丞王校勘》："游梁赋客多风味，莫惜青钱万选才。"

（21）黄阁三公，汉代丞相、太尉、御史大夫和汉以后的三公官署避用朱门，厅门涂黄色，以区别于天子。汉卫宏《汉旧仪》卷上："［丞相］听事阁曰黄阁。"《宋书·礼志二》："三公黄阁，前史无其义……三公之与天子，礼秩相亚，故黄其阁，以示谦不敢斥天子，盖是汉来制也。"后以黄阁指宰相官署。亦借指宰相。

（22）绿鬓阁乌纱，年少戴官帽。绿鬓，乌黑而有光泽的鬓发，形容年轻貌美。南朝梁吴均《和萧洗马子显古意诗》之三："绿鬓愁中改，红颜啼里灭。"阁，戴，安放。唐张鷟《游仙窟》："十娘则唤桂心，并呼芍药，与少府脱履，叠袍衣，阁幞头，挂腰带。"乌纱，指古代官员所戴的乌纱帽。东晋成帝时宫官著乌纱。南朝宋始有乌纱帽，直至隋代均为官服。唐初曾贵贱兼用，以后各代仍多为官帽。

（23）紫殿草白麻，在宫殿为皇帝起草诏书。紫殿，帝王宫殿。《三辅黄图·汉宫》："武帝又起紫殿，雕文刻镂黼黻，以玉饰之。"白麻，指白麻纸，用苘麻制造的纸。唐制，由翰林学士起草的赦书、德音、立后、建储、大诛讨及拜免将相等诏书都用白麻纸。因此指重要的诏书。唐白居易《杜陵叟》："白麻纸上书德音，京畿尽放今年税。"

（24）七宝红玉斝（jiǎ 加），用多种宝物装饰的红玉酒杯。七宝，泛指多种宝物。《西京杂记》卷三："有琴长七尺，安十三弦，二十六徽，皆用七宝饰之，铭曰'璠璵之器'。"玉斝，玉制的酒器。《文选·刘孝标〈广绝交论〉》："分雁鹜之稻粮，霑玉斝之余沥。"斝，古代青铜制贮酒器，有把手、两柱、三足、圆口，上有纹饰，供盛酒和温酒用，盛行于殷代和西周初期，后借指酒杯、茶杯。

（25）千金赤兔马，喻名贵的骏马。《后汉书·吕布传》："布常御良马，号曰赤兔，能驰城飞堑。"唐李贺《马诗》之八："赤兔无人用，当须吕布骑。"

（26）琵琶，一种弹奏乐器。

（27）碧荷筒，又称"碧筒"，即"碧筩杯"，一种用荷叶制成的饮酒器。唐段成式《酉阳杂俎·酒食》："历城北有使君林，魏正始中，郑公慤三优之际，每卒宾僚避暑于此。取大莲叶置砚格上，盛酒三升，以簪刺叶，令与柄通，屈茎上轮菌如象鼻，传啖之，名为碧筩杯。"宋窦革《酒谱·酒之事三》引作"碧筒杯"。

（28）典当（dàng 荡），以物品抵押换钱。《后汉书》刘虞传部分："虞所赉赏，典当胡夷，瓒数抄夺之。"咱，表示陈述语气。元马致远《汉宫秋》："当此夜深孤闷之时，我试理一曲消遣咱。"

（29）蜜蜂儿，闹午衙，午衙，午时（上午十点到下午一点）官吏集于衙门，排班参见上司，用以形容午间群蜂飞集蜂房之状。元金涓《春日过绣湖》："茅庵巫坐无余事，静看游蜂报午衙。"

（30）春葩（pā 趴），春花。

（31）劳攘，亦作"劳劳攘攘""劳劳嚷嚷"，烦躁不安。金董解元《西厢记诸宫调》卷七："鬓云乱，慵整琼钗，劳劳攘攘，身心一片没处安排。"杀，副词。用在谓语后面，表示程度之深。《古诗十九首·去者日以疏》："白杨多悲风，萧萧愁杀人。"

（32）碧莎（suō 梭），草名，即莎草，多年生草本植物，多生于潮湿地区或河边沙地。唐李白《忆旧游寄谯郡元参军》："浮舟弄水箫鼓鸣，微波龙鳞莎草绿。"

（33）飘瓦，坠落的瓦片，比喻外来的祸患。宋辛弃疾《卜算子·用庄语》："江海任虚舟，风雨从飘瓦。醉者乘车坠不伤，全得于天也。"

（34）虎狼关，即"虎豹九关"，谓天门的门禁森严。《楚辞·招魂》："魂兮归来，君无上天些。虎豹九关，啄害下人些。"王逸注："言天门凡有九重，使神虎豹执其关闭，主啄啮天下欲上之人而杀之也。"比喻朝廷。

（35）鸥鹭伴，与鸥鸟和鹭鸶结伴，用"鸥鹭忘机"之意。典出《列子·黄帝》："海上之人有好沤（通"鸥"）鸟者，每旦之海上，从沤鸟游，沤鸟之至者百住而不止。其父曰：'吾闻沤鸟皆从汝游，汝取来，吾玩之。'明日之海上，沤鸟舞而不下也。"指人无巧诈之心，异类可以亲近。后以"鸥鹭忘机"比喻淡泊忘机，不以世事为怀。

（36）麒麟画，麒麟阁上的功臣画像。麒麟阁是汉代阁名，在未央宫中。汉宣帝时曾将霍光等十一位功臣像画于阁上，以旌扬其功绩。封建时代多以"麒麟阁"表示卓越功勋和最高的荣誉。

（37）少陵，指唐代诗人杜甫。杜甫常以"少陵"表示其祖籍郡望，自号少陵野老，世称杜少陵。唐韩愈《石鼓歌》："少陵无人谪仙死，才薄将奈石鼓何。"

（38）羲之，指东晋著名书法家王羲之。

（39）君平卦，汉高士严遵字君平，隐居不仕，曾卖卜于成都。《汉书·王贡两龚鲍传序》："君平卜筮于成都市……裁日阅数人，得百钱足自养，则闭市帘而授《老子》。"

（40）羊裘，羊皮做的衣服。汉严光有高名，与刘秀同游学，刘秀即帝位后，光变名隐身，披羊裘钓泽中，见《后汉书·逸民传·严光》，后因以"羊裘"指隐者或隐居生活。

（41）齁齁（hōu），熟睡时的鼻息声。

（42）一枕梦，即一枕黄粱梦。典出唐沈既济《枕中记》，卢生在邯郸旅京店中昼寝入梦，历尽富贵荣华，一觉醒来，主人黄粱尚未煮熟。后因以"一枕黄粱梦"比喻虚幻的梦想。

【赏析】

这首套曲题作《归兴》，意谓归思，即回乡的兴致。唐杜甫《官定后戏赠》："故山归兴尽，回首向风飘。"写他得官后回归乡里的兴致。与杜甫不同，王九思却是被免官后回归故里的。这兴致有了做官与归田两种生活的比较，因而决定了套曲写法上的主要特点：两种生活的比照。全套十曲，可分为四层。首曲[新水令]写免官归田后的兴致。"忆秋风远客走天涯，喜归来碧山亭下。"上句写昔日秋天远走他乡做官，开始了他坎坷的仕宦生涯，后句说今日高高兴兴地回到青山绿水的终南山下，起首二句扣题。后五句描写归田后的悠然自得的田园生活。有水田十余亩，茅屋两三家，暮雨纷纷，朝霞满天，把故乡装饰得像一幅唐代诗画家王维画的《辋川图》。在作者笔下，回归乡里后的田园生活，是何等悠然自得。

接下来［驻马听］［沉醉东风］和［折桂令］三曲对比叙写为官与归田的不同生活。［驻马听］一曲是对官场生涯的回顾。起首四句写为官，东华，即东华门，旧时中央官署所在地；别驾，为州刺史的属官。前二句写在中央政府供职时，骑马上朝夜值的艰辛；后二句写做地方官时，天不明就去排班点卯。四句总写为官不易。后四句写做官不仅辛苦，而且与虎狼为队，仕途十分险恶，自己官运也并不亨通，还往往受到人们的唾骂。谁管我委屈不委屈，只管骂，我也只好糊里糊涂听凭他们只当骂着玩。此曲抒写做官的酸辛。接着用两支曲子抒写归隐田园的欢乐，与官场生涯构成强烈对比。［沉醉东风］一曲写作者辞官回乡后，整天赤着脚跋山涉水，光着头赏柳观花。头戴折角巾，足蹬狂生袜，清闲无事，无牵无挂，不再说为官作宦、富贵荣华。提起有几万家官封侯爵，就叫我这个没福的先生笑掉牙。这已经把归田后的生活写得十分惬意。［折桂令］一曲写得更令人神往。首句"问先生有甚生涯"挑起话头，接着便痛快淋漓地抒写他的归田生活：登楼赏月，饮酒插花，听越女秦娃，轻歌妙舞，也不与官宦交游，也不去修炼仙丹，成仙了道，秋季到了就去捞鱼捕虾，高兴了就喝得酩酊大醉。作者随意挥洒，亦农亦隐的生活被写得美不胜收。

意犹未尽，接着作者又用［雁儿落］等四支曲子进一步描写归隐田园的兴致。［雁儿落］一曲用"再休提"发端，彻底否定自己的仕途生涯。此曲五句全用典故。玄都观是北周、隋、唐时代长安道观名。唐诗人刘禹锡为唐代王伾、王叔文为首的"二王八司马"革新集团的重要成员，革新失败，皆被放逐，被赦回后，进玄都观，写出了"玄都观里桃千树，尽是刘郎去后栽"的诗句，讽刺守旧势力。丹凤楼，借指帝都、朝廷。青钱万选才，是用唐代张鷟的典故，比喻文才出众。黄阁三公，是指汉代丞相、太尉、御史大夫三公官署避用朱门，厅门涂黄色，以别于天子。这几个典故是说，从今以后，再不提朝廷中谁得势、谁有才能、谁的官高职大。把官场生活一笔抹倒。［得胜令］一曲则继续否定仕途生活："不追随"少年得志，乌纱裹头，在朝廷为皇帝起草诏书，用多种宝物装饰的红玉酒杯，千金难买的赤兔马。这是对官场生活的彻底否定。而相反，作者对现在的亦隐亦农的生活却十分醉心，闲时弹奏琵琶，用荷叶杯喝酒，暮霭晨霞之中还可以歌舞一番。钱不够用，还可以把绛罗袍拿到当铺抵押换钱花。一曲中对两种不同的生活作了对比。［沽美酒］一曲写道，蜜蜂儿午间群集蜂房，蝴蝶绕花翻飞。"蝶使蜂媒劳攘杀"，"蝶使蜂媒"似指官府的使者，纷纷攘攘，烦躁不安，似劝作者再度出山。而作者只是"装聋做哑"，既不烦恼，也不惊怕。［太平令］一曲写乡居生活的可贵。夜雨中听河边莎草中蛙鸣，月光下槐树旁听乌鸦啼叫，南风吹开两枝芭蕉，晨雾滴湿蔷薇一架，种瓜煮茶，这样自由自在生活是用钱买不来的。

末曲［离亭宴带歇拍煞］是全曲的总结。起首二句继续采用对比手法，抒写两种不同的生活：人间的富贵荣华如同坠落的瓦片，比喻外来的祸患。眼前的日子如同飞跑的马，瞬间即过，是富贵无常之意。而自己的乡居生活却如意得很。"虎狼关"喻官场，"鸥鹭伴"喻与农民为友，"麒麟画"用典，指功臣榜。作者分别"脱离""结识""涂抹"几个动词，准确地写出了对三种事物的不同态度。之后，极力书写田居生活之乐：登山不用钱，有地学种庄稼。闲暇时吟咏杜少陵的诗，写写王羲之的字，讲一阵子严君平的卦。冬天像隐士一样穿着羊裘袄，春天骑着毛驴游春，喝醉酒就呼呼地睡上一觉。还可以做一个不关富贵荣华的美梦，这生活比千方百计争名夺利的官场生活要好得多。末句结出归兴正意。

此曲通过落职归田后寄情山水的描写，抒发了作者仕途失意后感慨及对田园生活的挚爱，语言清新流利，风格秀丽雄爽，是一首优秀的咏怀佳作。

毛泽东在阅读这首套曲时，仅在一句旁加了墨点，修改了两个标点符号，其他均无圈点，说明他对这个套曲并不十分欣赏。

杨　慎

杨慎（1488—1559），字用修，号兴庵，新都（今四川新都）人，明代文学家。散曲家杨廷和之子。少年时聪颖，十一岁能诗，十二岁拟作《古战场文》《过秦论》，人皆惊叹不已。入京作《黄叶》诗，为李东阳所赞赏。正德六年（1511）状元及第，授翰林院编修。参与编修《武宗实录》，秉性刚直，每事必直书。武宗微行出居庸关，上疏抗谏。世宗即位，任经筵讲官。嘉靖三年（1524），众臣因"议大礼"，违背世宗意愿受廷杖，杨慎谪戍云南永昌卫（今云南保山），居云南三十余年，卒于贬所。

杨慎投荒多暇，书无不览，学识渊博，兼善诗文词曲，著述甚丰，人推明代第一。存诗二千三百余首，所写内容广泛，思乡怀归之诗所占比重很大，亦有一些诗作表现了对人民疾苦的关怀，还有不少描写云南风光的写景之作，诗风"浓丽婉玉"。

杨慎对文、词、赋、散曲、杂剧、弹词，都有涉猎。他的词和散曲，写得清新绮丽。散文古朴高逸，笔力奔放。长篇弹词《二十一史弹词》，叙三代至元及明季历史，文笔畅达，语词流利，广为传诵。杨慎考论经史、诗文、诗画，以及研究训诂、文字、音韵、名物的杂著很多，涉及面极广。

杨慎的主要作品收入《升庵集》《升庵外集》《升庵遗集》中。词、散曲、弹词另辑有《升庵长短句》三卷，《陶情乐府》四卷，《二十一史弹词》十二集等。

〖双调〗清江引

小 令

金鞍少年风韵别⁽¹⁾，翠被春寒夜⁽²⁾。消息未归来⁽³⁾，寒食梨花谢⁽⁴⁾。秋千月明肠断也⁽⁵⁾。

【毛泽东评点】

毛泽东在阅读顾名编《曲选》收录的这首小令时，在末句旁用毛笔加了两个墨点。

——中央档案馆整理：《毛泽东评点诗词曲精选·曲选》第38页，
中央档案出版社1998年版

【注释】

（1）金鞍少年，骑着佩戴金饰马鞍的骏马的青年，形容其身份高贵。少年，古称青年男子，与老年相对。《韩非子·内储说左上》："郑少年相率为盗，处于藿泽。"风韵，风度，韵致。《晋书·桓石秀传》："石秀，幼有令名，风韵秀彻。"

（2）翠被，织（或绣）有翡翠纹饰的被子。南朝梁简文帝《东飞伯劳歌》之二："网户珠缀曲琼钩，芳茵翠被香气流。"

（3）消息，音信，信息。蔡琰《悲愤诗》："迎问其消息，辄复非乡里。"

（4）寒食，节日名。在清明节的前一日或二日。相传春秋时晋文公负其功臣介之推（一作介子推），介愤而隐于绵山。文公悔悟，烧山逼令出仕，之推抱树焚死。人民同情介之推的遭遇，相约于忌日禁火冷食，以为悼念。以后相沿成俗，谓之寒食。一说禁火为周朝旧制，后附会介之推事。寒食日有在春、在夏、在冬诸说，唯在春之说为后世沿袭。唐韩翃《寒食》："春城无处不飞花，寒食东风御柳斜。"

（5）秋千，亦作"鞦韆"，我国民间传统体育运动，在木架或铁架上悬挂两绳，下拴横板。人在板上或站或坐，两手握绳，利用蹬板的力量，身躯随而向前后摆动。相传为春秋齐桓公从北方山戎引入。一说本作千秋，本出汉宫祝寿词，取千秋万岁之义，后倒读为秋千，又转为"鞦韆"。见南朝梁宗懔《荆楚岁时记》等。唐杜甫《清明》诗之二："十年蹴鞠将雏远，万里鞦韆习俗同。"

【赏析】

这首小令写一位少女在春季与其情侣的短暂分离之后的相思之苦。前四句叙事，在一个春寒料峭、盖着有翡翠纹饰的被子还嫌冷的夜里，一位少女和她钟情的风度翩翩的贵族青年分手了。可是直到暮春寒食节梨花凋谢时，还没有他归来的信息。青年情侣，一日三秋，让这深情的女子怎能承受得起？"秋千月明肠断也"，末句描写兼抒情。在静谧的春夜明亮的月光照射之下，她站在秋千架上，也许想起过去那"金鞍少年"推送她荡秋千的欢乐，不由肝肠寸断，淋漓尽致地抒发了她的思念之情。

毛泽东在阅读这首小令时，加以圈点的只有末句，这句借景抒情的句子，较之其他叙事语句，更富有表现力，因此赢得毛泽东的喜爱。

【原文】

〔双调〕驻马听

和王舜卿舟行四咏（录一）

明月中天⁽¹⁾，照见长江万里船⁽²⁾。月光如水⁽³⁾，江水无波，色与天连。垂杨两岸净无烟⁽⁴⁾，沙禽几处惊相唤⁽⁵⁾。丝缆停牵⁽⁶⁾，乘风直上银河畔⁽⁷⁾。

【毛泽东评点】

毛泽东在阅读顾名编《曲选》收录的这首小令时，先在题头上方空白处，用铅笔画了一个大圈，然后对全文都加了圈点：在前五句旁用毛笔分别加了二、二、一、一、一个墨点，在后五句旁分别画了二、二、一、二墨圈。

—— 中央档案馆整理：《毛泽东评点诗词曲精选·曲选》第38页，中央档案出版社1998年版

【注释】

（1）明月中天，此句当从唐杜甫《后出塞》"中天悬明月，令严夜寂寞"诗意脱化而来。中天，高空中，当空。《列子·周穆王》："王执化人之袪，腾而上者，中天乃止。"

（2）照见长江万里船，语出杜甫《绝句四首》之三："窗含西岭千秋雪，门泊东吴万里船。"

（3）月光如水三句，当从唐赵嘏《江楼感旧》的"独上江楼思渺然，月光如水水如天"和宋无名氏《御街行》"云淡碧天如水"中变化而来。

（4）垂杨，垂柳，古诗文中常杨柳通用。南朝齐谢朓《隋王鼓吹曲·入朝曲》："飞甍夹驰道，垂杨荫御沟。"

（5）沙禽，沙洲或沙滩上的水鸟。

（6）丝缆，系船的丝绳。缆，系船的粗绳或铁索。

（7）银河，晴天夜晚，天空呈现的银白色光带。银河由大量恒星构成，古代称为云汉，又称天汉、天河、银汉等。

【赏析】

这首小令是一首和作，和王舜卿《舟行》小令共四首，此是其中之一。和作有他人之作在先，必须翻空出奇，始能胜过原作，写出佳制。这首小令就是和作中的珍品。该曲写作者于月明之夜乘舟畅观长江景色的愉快心情。首二句叙事："明月中天，照见长江万里船。"交代了事件的时间、地点，上自高空，纵横万里，境界十分阔大。且二句皆由杜诗化出，丝毫不着痕迹，的确是用典高手。始句"明月中天"，空中明月高悬，是全曲的枢纽。在月光照耀下，长江内外景色都从此显现。"月光如水，江水无波，色与天连。"三句全用白描，先现江中景色。月如水，水无波，惟其无波，一碧万顷，长江才如同一面宝镜，才能月色、水色与天光连成一片，呈现江天一色景观。三句似全用白描；但又难看出它与唐赵嘏"月光如水水如天"（《江楼感旧》）和宋无名氏"月淡碧天如水"（《御街行》）诗词佳句间承继关系，誉为用典不着痕迹，达到出神入化之境实不为过。次现江外景观：两岸垂柳如烟，几处沙禽相唤，解缆放舟，银河倒映水中，小船直如登岸。不仅描写细腻，想象大胆，而且也擅于化用前人诗意。如"垂杨两岸静无烟"一句，用烟笼雾锁描摹杨柳参差披拂、朦胧迷离之状，乃是古代诗人常用的手法。如五代温庭筠《菩萨蛮》之"江上柳如烟"、宋宋祁《玉楼春》之"绿杨烟外晓寒轻"、欧阳修《蝶恋花》之"杨柳堆烟"、柳永《望海潮》之"烟柳画桥"等，都是适例，从中我们可以看"垂杨两岸静无烟"，包含的众多的文化意蕴，及其反其意而用之的创新精神。总之，在这首曲中，作者笔下的江景，一片默默寂静，紧扣月夜；但仔细玩味，又觉得一片勃勃生机：天光、水色、净柳、沙禽、丝缆、游船、银河，无一不是由月夜而生。此种静中见动的手法，读之犹如身临其境。

论曲者对于作者化用古人成句，颇多讥弹。王世贞谓其"一字不改，掩为己有"（《艺苑卮言》）。钱谦益谓其"窜改古人，假托往籍，英雄欺人，亦时有之"（《列朝诗集小传·丙集》）。这些批评，当然不是信口雌黄，但也有借古人成句，或反其意而用之者；有点化前人诗句，熔铸无迹者。因而有新意，有新境，非一般剥袭雷同者可比。

从毛泽东的圈点来看，他是非常欣赏这首小令的，所以不仅在题头上方画了大圈，而且对全文每句都加了圈点，十句之中，圈点各半，这样圈点也是符合作品实际的。

【原文】

〖双调〗折桂令

改云林古曲

想英雄四海为家[1]，楚尾、吴头[2]，海角天涯[3]。墙外青山[4]，丘中白雪，篱下黄花。古道上来牛去马，小亭中暮霭晨霞。世事如麻[5]，吾已瓠瓜[6]。懒追随得意夔龙[7]，尽逍遥静退蚍蜉[8]。

【毛泽东评点】

毛泽东在阅读顾名编《曲选》收录的这首小令时，在前四句、末四句旁分别用毛笔加上二、一、一、二个和一、一、二、二个墨点，在"墙外青山"等三句旁各画了一个墨圈，并将"篱下黄花"和"小亭中暮霭晨霞"句末的逗号改为句号。

——中央档案馆整理：《毛泽东评点诗词曲精选·曲选》第38—39页，中央档案出版社1998年版

【注释】

（1）英雄，有才能勇武过人的人。《汉书·刑法志》："［高祖］总览英雄，以诛秦项。"四海为家，四海之内，尽属一家，指帝王拥有天下。《史记·高祖本纪》："且夫天子以四海为家，非壮丽无以壮威，且无令后世有以加也。"四海，天下，全国各处。

（2）楚尾，吴头，指古豫章（今江西省）一带。其地位于春秋吴地上游、楚地下游，如首尾相衔接，故称。《水浒传》一一一回《张顺夜伏金山寺 宋江智取润州城》："地分吴楚，江心有两座山，……正占着楚尾吴头。"又作吴头楚尾。宋黄庭坚《谒金门·示知命弟》："山又水，行尽吴头楚尾。"

（3）海角天涯，指偏僻遥远的地方。唐白居易《浔阳春·春生》："春生何处暗周游，海角天涯遍始休。"

（4）墙外青山三句，此从元马致远［双调］夜行船《秋思》中"绿树偏宜屋角遮，青山正补墙头缺，竹篱茅舍"和陶潜《饮酒二十首》之五"采菊东篱下，悠然见南山"诗意脱化而来。丘，田垄，田畴。白雪，指柳絮。元卢挚［沉醉东风］《春情》："白雪柳絮飞，红雨桃花坠。"黄花，菊花。

（5）世事如麻，尘俗之事多如乱麻。世事，世务，尘俗之事。《文选·张衡〈归田赋〉》："越埃尘以遐逝，与世事乎长辞。"李善注："世务纷浊，以喻尘埃。"如麻，如同乱麻。麻，众多、纷乱。

（6）吾已瓠瓜，我已经归隐田园。瓠（hù 户）瓜，植物名，也称葫子、瓠子，夜开花，实圆长，首尾粗略同，可食。梅尧臣《题习经臣山居时已应辟西幕》："岂期同瓠瓜，长系蒿莱根。"

明

曲

233

（7）夔（kuí 葵）龙，相传为舜的二臣名。夔为乐官，龙为谏官。《书·尧典》："伯拜稽首，让于夔龙。"孔传："夔龙，二臣名。"后用以喻指辅弼良臣。

（8）蚳蛙（chī wā 迟蛙），战国时齐人。蚳，同"蚔"。姓。蛙，"蛙"的异体字。《孟子·公孙丑下》："孟子谓蚳蛙曰：'子之辞灵丘而请士师，似也，为其可以言也。今既数月矣，未可以言与？'蚳蛙谏于王而不用，致为臣而去。"朱熹集注："蚳，音迟。"蚳，一本作"蚔"。

【赏析】

这首小令题作《致云林古曲》。云林，元代著名画家、散曲家倪瓒，别号云林子。此曲据其〔双调〕折桂令《拟张鸣善》一曲改作。其原文是："草茫茫秦汉陵阙，世代兴亡，却便似月影圆缺。山人家堆案图书，当窗松桂，满地蕨薇。侯门深何须刺谒？白云自可怡悦。到如今世事难说，天地间不见一个英雄，不见一个豪杰。"这首曲子抒发了作者对世事兴亡、世无英雄的感叹和遁世家居、洁身自好的生活情趣。不难看出，杨慎的这首曲子并非倪作的改写，而实是一首和作，是对倪作的回答。

"想英雄四海为家，楚尾，吴头，海角天涯。"起首四句抒情，很显然，这是对倪瓒"天地间不见一个英雄，不见一个豪杰"的回答。但他的回答不是世上到底有没有英雄，而是提出一个什么是英雄的问题。在作者看来，英雄豪杰这些智勇过人的人，应该使四海之内，尽属一家，不管是吴头、楚尾的两国交界之地，还是海角天涯那些偏远角落，都毫无例外。要实现统一天下的伟大事业，就要求这些英雄人物必须是"胸有大志，腹有良谋"（曹操语）的人。从这些语句中，我们可以看出作者是何等踌躇满志。但作者的现状却是："墙外青山，丘中白雪，篱下黄花。古道上来牛去马，小亭中暮霭晨霞。"接下来六句叙事，写作者现在的亦农亦隐的世俗生活。这种生活在作者笔下，是那样富有诗情画意：小院墙外是青山绿水，田间地头是满树如雪梨花，竹篱下是盛开的金色菊花。村旁的古道上是来来往往的牛羊驴马，小亭沐浴在暮色苍茫和满天朝霞之中。写景全用白描，纯朴的农村生活，在作者笔下，却如诗如画。作者为什么从踌躇满志变为隐居田园呢？末四句揭出原因。"世事如麻，吾已瓠瓜。懒追随得意夔龙，尽逍遥静退蚔蝇。"末三句用典。瓠瓜，又称葫子、瓠子，是农家宅旁常见植物。故以"吾已瓠瓜"，说明已经归隐田园。"夔龙"，相传是舜的两位臣子。夔为乐官，龙为谏官，后以夔龙喻指辅弼良臣。"蚔蝇"为战国与孟子同时代人，曾"谏于而不用"，随即离去。这四句意谓，现在世俗之事多如乱麻，正是英雄豪杰大显身手之时，我却已经归隐田园。为什么会这样呢？是因为我懒得去追随像夔龙那样的辅弼良臣，尽可能地享受那逍遥自在的平静生活，所以才像蚔蝇那样自动退出政坛，离开朝廷远去。联系作者世宗时，与人"议大礼"而犯圣怒，受廷杖，远谪云南三十余年，卒死贬所，我们就可看出在作者的自责中饱含的愤懑之情。

总之，此曲激昂慷慨、大气磅礴，抒发了诗人中踌躇满志、志不得伸的感慨和恬然自适的生活情趣，不愧为明曲中的抒情佳作。

毛泽东对此曲的圈点是十分认真的；本曲十四句，只有两句未加圈点，其余七句加了点，三句画了圈，这样就把原作各句分成三个等次，准确地反映了其艺术成就的高低；此外，他还修改了两个标点符号。

黄　峨

　　黄峨（1498—1569），字秀眉，遂宁（今四川遂宁）人，明代女作家。文学家杨慎之继室，故时人称为杨夫人或黄杨夫人。其父黄珂，官至工部尚书。自幼秉承家教，通经史，能诗文，善书札，工词曲。诗作不多，亦不存稿。存者惟《杨夫人乐府》，皆写离愁别恨或思念贬戍在云南的丈夫的幽怨，为艺林所传诵。酣畅泼辣，描写细腻，论者以为李清照、朱淑真无以过之。徐渭说她的散曲"旨趣闲雅，风致翩翩，填词用韵，天然合律"《杨夫人乐府序》），杨慎也说："易求海上琼枝树，难得闺中锦字书。"（《列朝诗集小传·闺集》引）

【原文】

〖中吕〗红绣鞋

叹闪（二选一）

　　你不惯、谁曾惯？人可瞒、天可瞒？梦儿"里"槐花要绿袄儿穿[1]。嘴孤都看一看[2]，滑即嚼难上难[3]，无缘休把人来怨[4]。

【毛泽东评点】

　　毛泽东在阅读顾名编《曲选》收录的这首小令时，在"你不惯""人可瞒"二句后添加了顿号。

　　——中央档案馆整理：《毛泽东评点诗词曲精选·曲选》第39页，中央档案出版社1998年版

【注释】

（1）梦儿"里"槐花要绿棉袄穿，意谓做梦也希望丈夫考中进士。槐花，指举子应试之事。唐代长安举子，自六月以后，落第者不出京回家，多借静房庙院及闲宅居住，习业作文，直至当年七月再献上新作的文章，谓之过复。时逢槐花正黄，因有"槐花黄，举子忙"之语。宋苏轼《景纯复以二篇仍次其韵》之二："烛烬已残终夜刻，槐花还似昔年忙。"绿袄儿，此即绿袍，新科进士的袍服。元本高明《琵琶记·新进士宴杏园》："绿袍乍着君恩重，黄榜初开御墨香。"

（2）孤都，俗语，形容因生气或愁苦而噘着嘴的样子。

（3）滑即嚼，滑，狡猾，油滑。即嚼，张相《诗词曲语词汇释》："唧嚼，有伶俐义；有漂亮义；有精细义。唧，亦作唧或鲫或即；嚼，亦作溜或留。"宋张元干《点绛唇》："水鹬风帆，两眉只解相思皱。悄然难受，教我怎唧嚼！"意思是忧愁之面目，怎能漂亮也。

（4）无缘，没有缘分。晋傅玄《拟四愁诗》之三："日月回耀照景天，参辰旷隔会无缘。"

【赏析】

这首小令题作《叹闪》，意谓突然生发的感叹。她感叹什么呢？从正文可知，此曲当写于丈夫杨慎积极备考进士之时。杨慎要应进士科考试，当然就会聚精会神，全力以赴，这样夫妇聚首机会必然会少，对于这种生活，这对文采风流的少年夫妇自然不习惯。杨慎可能发牢骚，有怨言，黄夫人便写此曲答他。所以开头便写道："你不惯、谁曾惯？人可瞒、天可瞒？"意思是说，埋头攻书，聚首渐少的生活，你不习惯，我也不习惯。我们这种不习惯，是可以瞒过别人呢，还是可以瞒过老天？言外之意是，你知我知，谁也瞒不过。这种感同身受的体贴极为得体，对丈夫也是有力的支持和慰勉。"梦儿'里'槐花要绿袄儿穿。"此句用典，揭示要安于这种不惯的原因。"槐花"指科举之事。"绿袄"，即绿袍，是新科举子的官服。此句是说，我在睡梦里也希望你能科举中考中进士。这就是他们必须暂时安于不惯的原因，丈夫自然是清楚不过的，是可以理解的，话说得亲切而又风趣。“嘴孤都看一看，滑即溜难上难，无缘休把人来怨?”末三句说，你看一看，对于这种生活，我整天噘着小嘴，想要狡猾伶俐也不可能，你如果考不中进士可不要我埋怨。话虽自责，意在宽解丈夫，黄夫人善解人意，可见一斑。此曲写夫妻间的一点小摩擦，情真意切，体贴入微，又生动形象，幽默风趣。

毛泽东在阅读这首小令时，只添加了两个顿号，未加圈点，看来他对此曲评价不高。

【原文】

〖商调〗黄莺儿

雨中遣怀

积雨酿轻寒(1)，看繁花树树残(2)。泥涂满眼登临倦(3)。云山几盘，江流几湾，天涯极目空肠断(4)。寄书难(5)、无情征雁(6)，飞不到滇南(7)。

【毛泽东评点】

毛泽东在阅读顾名编《曲选》收录的这首小令时，首先在正文天头空白处用铅笔画了一个大圈；在前三句旁，用毛笔各加了三个墨点，在四、五、六三句旁分别画了一、一、二个黑圈，并且在“寄书难”句末添了一个顿号。

——中央档案馆整理：《毛泽东评点诗词曲精选·曲选》第39页，中央档案出版社1998年版

【注释】

（1）积雨，久雨。唐韩愈《符读书城南》：“时秋积雨霁，新凉入郊墟。”

（2）繁花，盛开的花，繁密的花。晋陶潜《荣木》之二：“繁华朝起，慨暮不存。”华，通“花”。

（3）泥涂，泥泞的道路。《六韬·励军》：“出隘塞，犯泥涂，将必先下步。”登临，登山临水。语本《楚辞·九辩》：“憭慄兮若在远行，登山临水兮送将归。”

（4）天涯，天边，指极远的地方。语出《古诗十九首·行行重行行》："相去万余里，各在天一涯。"又南朝徐陵《与王僧辩书》："维桑与梓，翻若天涯。"极目，纵目，用尽目力远望。汉王粲《登楼赋》："平原远而极目兮，蔽荆山之高岑。"

（5）寄书，传递书信。北周庾信《竹杖赋》："亲友离绝，妻孥流转；玉关寄书，章台留钏。"

（6）征雁，亦作"征雁"，迁徙的雁，多指秋天南飞的雁。我国古代有鸿雁传书之说，故将雁与传递书信联系起来。南朝梁刘潜《从军行》："木落雕弓燥，气秋征雁肥。"

（7）滇南，云南省南部一带，此指其夫谪戍的云南永昌卫（今云南保山）。滇，云南省的简称。

【赏析】

这首小令题作《雨中遣怀》，抒写见雨中道路泥泞，感叹与丈夫书信难通的感情。"积雨酿轻寒，看繁花树树残。"起首二句描写，紧扣"雨中"二字，营造大的环境：连绵不断的春雨，使天气有点春寒料峭，眼看盛开的树树鲜花都凋落了。不仅交代了节令，而且写出雨中的特殊环境。接下来五句叙事：放眼望去，登山临水之人在泥泞不堪的道路上跋涉，疲惫不堪。又加上烟笼雾锁的山道盘曲难行，长江水流曲曲弯弯，用尽目力向遥远的天边望去，也空自肝肠寸断。五句所写仍是雨中情事，不离题目。末三句抒情："寄书难、无情征雁，飞不到滇南。"由于道路泥泞难行，路途遥远，要想寄封书信实在不易；进而又想，我国古代有鸿雁传书的故事，那就把寄书的任务交付给南飞的雁吧，又担心在这种恶劣的天气里，惯于长途迁徙的鸿雁也飞不到滇南。为什么担心征雁飞不到滇南呢？原来滇南是诗人丈夫的谪戍之所。水到渠成，自然地抒发了对谪戍滇南的丈夫的深切怀念。此曲写景生动形象，抒情真挚感人，是首抒情佳作。

从毛泽东阅读这首小令时圈画来看，他是比较欣赏的。他除了在正文上方空白处画了一个大圈外，全文九句中，有三句加了墨点，三句画了墨圈，就是明证。

冯惟敏

冯惟敏（1511—1580），字汝行，号海浮，山东临朐人，明代散曲家。自幼随父游宦南京、平凉、石阡等地。聪颖好学，才华富赡，与兄惟健、惟重及弟惟讷同以声律享名齐鲁间，时称"临朐四冯"。世宗嘉靖十六年（1537）中乡试，累举进士不第，居家二十五年。曾得罪山东巡按段言而遭逮治。后任涞水县令。又因惩办"豪民"为世族所不容，谤诟四起，谪镇江府学教授，又迁保定府通判、鲁王府官等，隆庆六年（1572）弃官归田，筑"即江南"亭于治源别墅，因称海浮山人，与朋辈觞咏其间至终。

冯惟敏虽然出仕十余年，但官小事杂，在散曲中抒写了他的愤世乐闲的感情。他的散曲，能跳出只写吊古厌世、谈禅归隐、林泉逸兴、男女风情的窠臼，将题材扩展到社会生活的诸多方面：暴露政治黑暗和社会弊端；关心农事、同情农民；借鬼神反映社会现实，抒发愤懑之情。其散曲风格，以真率明朗、豪辣奔放见长，但也不乏清新婉丽之作。他的作品大量运用俚语俗谚，不事假借，极少雕饰，幽默诙谐，气韵生动，保持了散曲通俗自然的本色美。有时他将经、史、子、集中的书面语词入曲，任意驱遣，浑然天成，毫无生硬枯涩之弊。他的成就远远超过同时代的作家，使明代散曲达到了新的高峰。明王世贞说："北调……近时冯通判惟敏，独为杰出，其板眼、务头，撺抢、紧慢，无不曲尽，而才气足以发之；止用本色过多，北音太繁，为白璧微颣耳。"（《艺苑卮言》）著有《海浮山堂词稿》四卷，收小令一百七十首，套曲近五十首。另有《山堂辑稿》《山堂诗稿》等，均佚。

〖双调〗河西六娘子

闲看山人笑脸儿红[1]，笑时节双眼儿朦胧[2]。平白地笑入玄真洞[3]。呀！也不辨雌雄[4]，也不见西东，笑不醒风魔胡突虫[5]。

【毛泽东评点】

毛泽东在阅读顾名编《曲选》收录的这首小令时，在全曲除独词句"呀"未加圈点，末句加了三个墨点，其余各句旁用毛笔加了两个墨点。

——中央档案馆整理：《毛泽东评点诗词曲精选·曲选》第41页，中央档案出版社1998年版

【注释】

（1）山人，指仙家、道士一流人物。北周庾信《道士步虚词》之五："移黎付苑吏，种杏乞山人。"

（2）朦胧，模糊不清之状。唐王昌龄《西宫春怨》："斜抱云和深见月，朦胧树色隐昭阳。"

（3）玄真洞，指道观。玄真，道家称妙道、精气等。语本《老子》："此两者（常有、常无）同出而异名，同谓之玄。"又："道之为物……其精甚真。"

（4）雌雄，雌性和雄性。《诗经·小雅·正月》："具曰予圣，谁知乌之雌雄。"

（5）风魔，发疯，癫狂。《云笈七籤》卷一一九："亲戚家女使，近患风魔疾，尚未甚困。"胡突虫，即糊涂虫。不明事理的人。

【赏析】

［河西六娘子］总题《笑园六咏》，共六首，原载《海浮山堂词稿》卷二上。此是第三首，是对道士的嘲笑。前三句，描摹道士之形状。"闲看山人笑脸儿红，笑时节双眼儿朦胧。"山人，指仙家、道士一流人物，

指明嘲笑对象。笑的时候，两眼眯成一条线，模糊不清，脸色绯红。形象生动，笑容可掬。"平白地笑入玄真洞"，玄真洞指道观。这句说这些人无缘无故地进入了道观，成了道徒。后五句讽刺道士们糊涂。"呀！"表示惊叹。作者惊讶地说，这些道士不辨雌性和雄性，也不识别西方和东方，发疯着魔一般成了糊涂虫，任凭人们嘲笑，总是执迷不悟。作者以生动形象的语言，尖锐泼辣的风格，对道士进行了冷嘲热讽，抹去了这些宗教徒头上的灵光。

从毛泽东对这首小令的圈点来看，他对此曲是比较欣赏的，所以全文每句都加了墨点，这是符合作品实际的。

金銮

金銮（1506？—1595？），字在衡，号白屿，陇西（今属甘肃）人，明代散曲家。正德嘉靖间随父侨寓南京。淡泊名利，结交四方豪士。游吴楚淮扬间，与金陵盛时秦、吴怀梅诸人相交颇笃。工诗善曲，清钱谦益说他"诗不操秦声，风流宛转，得江左清华之致"（《列朝诗集小传》丁集上）。所作散曲，名重一时。

金銮散曲写情之作固多，而针砭时弊嘲笑讽刺之作也不少，体现了他达观怡情、物我忘机的坦荡襟怀和宽柔博茂的风格；讥时嫉世的作品较为泼辣，借物寓意，富有现实意义；而所写男女风情之作，无时人浓艳粗率之病，而以深挚娇婉、委曲传情见长。他的曲作虽以萧爽清丽著称，但也兼有俳谐之趣。明何良俊说："南都自徐髯仙后，惟在衡銮最为知音，善填词。其嘲调小曲极妙，每诵一篇，令人绝倒。"（《曲论》）清王世贞称他："颇是当家，为北里所贵。"（《曲藻》）吕天成又说他的散曲"响振江南"（《曲品》）。

金銮的散曲有《萧爽斋乐府》二卷，存小令一百余首，套数二十余首。所著尚有《金白屿集》《陡倚轩集》《萧爽斋（一作阁）词》。

【原文】

〖双调〗河西六娘子

海棠阴轻过凤头鞋⁽¹⁾，没人处款款行来⁽²⁾。好风儿不住的吹罗带⁽³⁾。猜也么猜，待说口难开，待动手难抬。泪点儿和衣暗暗的揩⁽⁴⁾。

【毛泽东评点】

毛泽东在阅读顾名编《曲选》收录的这首小令时，在末三句旁，用毛笔分别加了一、二、二个墨点。

——中央档案馆整理：《毛泽东评点诗词曲精选·曲选》第45页，中央档案出版社1998年版

【注释】

（1）海棠阴，海棠树荫。阴，通"荫"。凤头鞋，一种鞋头绣有凤凰图饰的花鞋。宋苏轼《谢人惠云巾方舄》："妙手不劳盘作凤。"自注："晋永嘉中有凤头鞋。"宋王珪《宫词》之六："侍辇归来步玉阶，试穿金缕凤头鞋。"一本作"凤头钗"，是一种古代妇女插在发髻上的首饰。

（2）款款，慢慢地，缓缓地。唐杜甫《曲江》之二："穿花蛱蝶深深见，点水蜻蜓款款飞。"

（3）罗带，丝织的衣带。隋李德林《夏日》："微风动罗带，薄汗染红妆。"

（4）和衣，不脱衣服。宋张先《南歌子》："醉后和衣倒，愁来殢酒醺。"

【赏析】

这首小令写一位少女初恋时情思缠绵的微妙心理。前四句叙事：一个妙龄女子足穿凤头花鞋，穿过海棠花荫，向没有人的地方缓缓地走来，微风不住地吹动她那丝织的衣带。这位神秘兮兮的少女，看上去若有所思，她想干什么呢？"猜也么猜，待说口难开，待动手难抬。"原来她处在两难之地，中三句仍是叙事。看来她是在初恋，想去向她所爱的男子进行试探，表明心迹，又吃不准对方的态度，所以不敢开口明言，更不敢有所行动，陷入了进退两难的境地。"泪点儿和衣暗暗的揾"，末句描状。可能是怕冒昧的行动，会把事情弄糟，所以，万般无奈，她只好回到自己的房中，和衣而卧，暗暗伤心流泪。此曲抓住了少女想去试探其所钟情男子的微妙心理，表现了她情思缠绵和忠于所爱的高尚情操。

毛泽东在阅读这首小令时，对后三句描写少女矛盾心情和暗自伤心的微妙心理活动，表示欣赏，故在句旁加了圆点。

〖锁南枝〗风情嘲戏集俗谚

【锁南枝】闲言来嗑⁽¹⁾，野话儿劖⁽²⁾，偷嘴的猫儿分外馋。只管里吓鬼瞒神，喫的明喫不的暗⁽³⁾？搭上了他⁽⁴⁾，瞒定了俺；七个头⁽⁵⁾，八个胆。

【前腔】心肠儿窄，性气儿粗，听的风来就是雨⁽⁶⁾。尚兀自拨火挑灯⁽⁷⁾，蜜里又添盐加醋⁽⁸⁾。前怕狼⁽⁹⁾，后怕虎；筛破的锣⁽¹⁰⁾，擂破的鼓。

【前腔】撒甚么吞⁽¹¹⁾，卖甚么乖⁽¹²⁾，三尺门儿难自开。把我那一担恩情，都漾做黄斋菜⁽¹³⁾。说着不听，骂着不睬；山不移，性不改⁽¹⁴⁾。

【前腔】面不是面，油不是油，鸭蛋里会去寻骨头⁽¹⁵⁾。瘦杀的羔儿，你终是块真羊肉。见面的情，背地里口⁽¹⁶⁾。不听升，只听斗⁽¹⁷⁾。

【前腔】长三丈，阔八尺。说来的话儿葫芦提⁽¹⁸⁾。每日家带醉伴醒，没气的也要寻气。假若你瞒了心，昧了己：一尺天，一尺地⁽¹⁹⁾。

【毛泽东评点】

毛泽东在阅读顾名编《曲选》收录的这首散套时，在"偷嘴的猫儿分外馋"和"听的风来就是雨"两句旁，用毛笔各加了一个大墨点。

——中央档案馆整理：《毛泽东评点诗词曲精选·曲选》第90—91页，中央档案出版社1998年版

【注释】

（1）嗑（kè 克），说话，闲谈。元无名氏［玉抱肚］："休来这里闲嗑，俺奶奶知道骂我。"

（2）劖（chán 婵），讽刺。元汤舜民《新水令·春日闺思》套曲："青楼集乔科范，难甘，白头吟，冷句劖。"

（3）喫的明喫不的暗，即吃明不吃暗，要明做不要暗做。元秦简夫《东堂老》第一折："常言道：吃明不吃暗。你把吊窗与我推开。"喫，古"吃"字。

（4）搭，搭配。《宋史·食货志下三》："七分征银，三分搭钱。"

（5）七个头，八个胆，形容胆大不怕死。兰陵笑笑生《金瓶梅词话》第十四回："西门庆笑道：'谁人敢七个头八个胆打我？'"

（6）听的风来就是雨，比喻听说某事，即信以为真，或更进一层，妄加推断，又作"听见风儿就是雨"。曹雪芹《红楼梦》第五十七回："也没见我们这位呆爷，听见风儿就是雨，往后怎么好！"

（7）尚兀自，还径自。《敦煌变文集·燕子赋》："见他宅舍鲜净，便即兀自占着。"拨火挑灯，拨旺炉火，剔亮油灯，引申为挑拨，煽动。

（8）添盐加醋，又作"添油加醋"，比喻在叙述事情或转述别人的话时，任意增添细节，夸大或歪曲事实真相。

（9）前怕狼，后怕虎，比喻顾虑重重，畏缩不前。明冯惟敏《清江引·风情省悟》曲："明知烟花路儿上苦，有去路无来路。恶狠狠虎扒心，饿剌剌狼掏肚。俺如今前怕狼后怕虎。"

（10）筛（shāi 醩）破的锣，敲破的锣。筛，去，敲。宋赵彦卫《云麓漫钞》卷三："又中原人以击锣为筛锣；东南亦有言之者。"

（11）撒甚么吞，假装什么痴呆。撒吞，又作"撒唔"。痴呆，假装痴呆。元王实甫《西厢记》第三本第四折："更做道秀才们从来恁，似这般干相思的好撒唔！"

（12）卖甚么乖，卖弄什么聪明。卖乖，显示乖巧，卖弄聪明。明李开先《一江风·卧病江皋》曲："卖乖来，缘木求鱼，打草惊蛇，倒做庄稼派。"

（13）漾（yàng 样），抛弃，丢弃。元马致远《青衫泪》第三折："我为甚将几陌黄钱漾在水里，便死呵也搏个团圆到底。"黄齑（jī 击）菜，即黄齑，咸腌菜。宋朱敦儒《朝中措》："自种畦中白菜，腌成瓮里黄齑。"

（14）山不移，性不改，与"山河易改，本性难移"同义，谓本性养成，很难改变。元无名氏《谢金吾》第三折："可不的山河易改，本性难移。"

（15）鸭蛋里会去寻骨头，俗语，又作"鸡蛋里头挑骨头"，比喻故意找错、挑毛病。

（16）背地里，暗中，背人处。《朱子语类》卷四七："有这一般半间不界底人……看时也似是个好人，然背地里却乖，却做罪过。"

（17）升、斗，皆旧时量器，十升为一斗。

（18）葫芦提，糊里糊涂。

（19）一尺天，一尺地，形容天地狭窄，事情回旋余地很小。一尺，表度量。十寸为一尺。形容极短或窄，多含夸张之意，非实指。《韩诗外传》："子贡曰：'两国拘难……赐不持一尺之兵，一斗之粮，解两国之难。'"

【赏析】

这首套曲题作《风情嘲戏》集俗谚，"风情"，此指男女相爱之情。这种用法在古代词曲中很普遍，南唐李后主《柳枝词》："风情渐老见春羞，到处消魂感旧游。"宋柳永《雨霖铃》："便纵有千种风情，更与何人说？"上述二例都是这种用法。这首套曲是对男女相爱之情的嘲讽戏谑。它在写法上的一个特点是"集俗谚"，曲中用了大量的民间谚语，这正体现了金銮散曲的特色。全套共五曲，全用［锁南枝］曲牌。

此套曲采取男女双方互相嘲戏的方式，第一、二两曲是女子对其所爱男子的嘲讽。［锁南枝］首曲是用女子口吻来写男子的大胆追求。他有话没话来找女子闲聊，用粗野的情话挑逗，简直像一个偷吃东西的馋嘴猫。"偷嘴的猫儿"，比喻偷情的男子，十分贴切。为了达到占有女子的目的，这男子还装神弄鬼，连哄带骗，还反问为什么只能明做不能暗做？结果两人做在一处，"搭上了他，瞒定了俺"。"七个头，八个胆"，形容男子胆大不怕，色胆包天。这是女子对男女偷情的回忆，在这个过程中，男子处于进攻态势，终于获得了女子的情爱。但一切爱情都是自私的，这男子想独占女子，于是就难免产生一些怀疑，他心胸狭窄、脾气粗暴，往往听风就是雨，妄加推断，甚至添油加醋、无事生非。男子的这些行为，对女子当然是不公正的，也是女子不能接受的。所以，这女子说："前怕狼，后怕虎。筛破的锣，擂破的鼓。"意思是说，你还顾虑重重，畏缩不前干什么，事情已经做出来了，好像"筛破的锣，擂破的鼓"那样。态度倒十分明朗。

第三支曲子是男子对女子的戏谑。"撒甚么吞，卖甚么乖，三尺门儿难自开。""撒吞"，假装痴呆之意，卖乖就是卖弄聪明，装腔作势。"三尺门儿难自开"，意谓是你自己开门接纳我的，不是我翻墙越院来的。接下二句，男子又指责女子把他的深情厚意都当作腌咸菜抛弃掉了。后四句说，不管男子怎么劝说，女子只是不理不睬，我行我素，真是山河易改，本性难移。

第四支曲子则是女子对男子指责的回答。前三句是说男子颠倒黑白，故意找茬，挑毛病。中二句用比喻，说男子不管怎么说，终是一个真正的热血男儿。后四句是说，只是这男子当面百依百顺，殷勤得很，背后就胡说八道，而且添枝加叶，只说大，不说小。

末曲则是男子对女子的恫吓。前三句，三丈、八尺，本来都是大数量，清清楚楚，不容含糊的，可你说的话却是糊里糊涂，不明不白。中二句说她，每天喝得醉醺醺的，却装作很清醒，本来没气也要找气生。最后四句说，"假若你瞒了心，昧了己；一尺天，一尺地。"天地本来是极其广阔的，现在却剩下只有"一尺"，形容极其狭小。四句意谓，你如果不讲良心，不念旧情，那么你的天地就很小了。很有点威胁和恫吓的味道。

此曲男女用了大量民间谚语，互相嘲戏对方，语言火辣辣的，正反映了他们之间情爱的执着和热烈，幽默风趣，别具一格。

从毛泽东对此套曲的圈点来看，他对这支曲子不太感兴趣，在作品运用的大量俗语中，他仅在"偷嘴的猫儿分外馋"和"听的风来就是雨"二句旁加了一个大墨点，因为这两句是民间习用的谚语，也是极富表现力的，其他"俗谚"大抵为作者编造，有的语意不明，有的形象不生动，故毛泽东未加圈点。毛泽东是主张作家向人民群众学习语言的，但必须选择之后再经加工提炼，才能成为好的文学语言。

沈 璟

沈璟（1553—1610），字伯英，晚字聊和，号字庵，别号词隐，吴江（今江苏苏州）人，明代戏曲家、曲论家。万历二年（1574）进士，曾任兵部职方司主事，吏部检封司员外郎等职。万历十四年（1586）上书请立储忤旨，左迁吏部行人司司正，奉使归里。万历十六年（1588）还朝，升光禄寺丞。次年充任顺天乡试同考官，因科场舞弊案受人攻击，辞官回乡。由于沈璟曾做过吏部、光禄寺官员，所以时人称之为"沈吏部""沈光禄"。后家居三十年，潜心研究词曲，考订音律，与当时著名曲家王骥德、吕天成、顾大典等探究、切磋曲学，并在音律研究方面有所建树。

沈璟是吴江派的领袖，在当时戏曲界影响很大。针对传奇创作中出现的卖弄学问、搬用典故、不谐格律等现象，沈璟提出"合律依腔"和"僻好本色"的主张，并编纂《南九宫十三调曲谱》以为规范。《南九宫十三调曲谱》以蒋孝《南九宫谱》和《十三调谱》为基础，增补新调，严明平仄，分别正衬，考订讹误，有时还注明唱法，是一部集南曲传统曲调大成、格式律法详备、音韵平仄详明、作法与唱法相兼的曲学文献。沈璟的声律论，对于纠正传奇创作中不合音律、脱离舞台等弊病有积极意义，因而产生了相当大的影响。但也显得过于琐碎，囿于细枝末节，容易束缚作者的才情。

沈璟著有传奇十七种，总称"属玉堂传奇"，今存七种：《红蕖记》《双鱼记》《桃符记》《一种情》《理剑记》《义侠记》和《博笑记》。

沈璟所作散曲，内容多写男女艳情。今存散曲，辑录在明张楚叔选编的《吴骚合编》和其他曲集中。

总的来说，沈璟在曲学上的成就远远胜过他的创作成绩，他的曲学理论和创作实践也有距离。明凌蒙初批评他的作品"审于律而短于才，宜知用故实用套词之非宜，欲作当家本色俊语，却又不能，直以浅言俚句，拥拽牵凑……（《谭曲杂记》）"，固有苛刻之处，却切中要害。

【原文】

〔仙吕人双调〕步步娇

离　情

【步步娇】别凤离鸾惊时变[1]，新景添新怨。雕窗篆袅烟[2]，青琐虚凉[3]，翠帷空展[4]。却忆俏婵娟[5]，酬不了当初愿。

【江儿水】常想西江夜[6]，舣画船[7]。芳菲北苑开春宴[8]，七换凉州歌喉颤[9]，一声金铙香风转[10]。怕对羞人莺燕，旧恨从头，十二阑干凭遍[11]。

【园林好】昏惨惨愁城似天[12]，远迢迢长日胜年[13]。记一笑春风娇面，灯儿下鬓云偏，急回首已茫然。

【五供养】别来想见。见月缺多时，也有团圆。画堂深窈窕[14]，归骢枉蹁跹[15]。怕玉钩未卷[16]，一天愁着谁消遣。诉一晌心间事[17]。写一幅断肠篇，等一个蜂头，孤雁回旋[18]。

【川拨棹】双眸倦，看这艳阳时三月天。对一杯闷酒樽前，对一杯闷酒樽前，少一个人儿在眼前。害相思张解元，盼神仙归洞天[19]。

【锦衣香】春衫和泪穿，犹是伊针线[20]。玉箫深夜吹，多是君愁怨。傲杀槎头[21]，金盘双荐[22]，笑他并蒂两红莲[23]。香云迢递[24]，蝶浪蜂颠[25]，纵东风难见，怕颠倒风吹花片，不与些儿便。怎生留恋，看看瘦得，沈腰一线[26]。

【浆水令】煞静悄垂杨庭院[27]，虚供养绿暗红嫣[28]。银钩屈曲指骈联[29]，淋漓红袖[30]，细草鸾笺[31]。刚删订，相思传。迟迟月上桃花扇[32]。香罗帕[33]，阑珊了[34]，旧盟新愿。流苏帐[35]，冷落了，粉露花烟。

【尾声】愁人怎把闲情遣，一任啼春两泪悬。谁管领春山双黛浅[36]。

【毛泽东评点】

　　毛泽东在阅读顾名编《曲选》收录的这首套曲时，在〔江儿水〕一曲"怕对羞人莺燕"以下三句旁，用毛笔各加了两个墨点，并将"芳菲北苑开春宴"句末的逗号改为句号；在［园林好］一曲"灯儿下鬓云偏"等两句旁各加了两个墨点。

——中央档案馆整理：《毛泽东评点诗词曲精选·曲选》第96—98页，中央档案出版社1998年版

【注释】

（1）别凤离鸾，亦作"别鹤离鸾"，比喻离散的夫妻或情人。

（2）雕窗，雕花的窗户。篆袅烟，即袅篆烟，袅袅的盘香烟缕。元王实甫《西厢记》第二本第一折："风袅篆烟不卷帘，雨打梨花深闭门。"

（3）青琐，刻镂成格的窗户。南朝宋刘义庆《世说新语·惑溺》："韩寿美姿容，贾充辟以为掾。充每聚会，贾午于青琐中看，见寿，悦之。"

（4）翠帷，翠羽为饰的帏帐。《文选·司马相如〈子虚赋〉》："张翠帷，建羽盖。"李善注："翠帷，羽盖，谓以翠羽饰帷、盖也。"

（5）婵娟，指美人。唐方干《赠赵崇侍御》："却教鹦鹉呼桃叶，便遣婵娟唱《竹枝》。"

（6）西江，某些河川的别称，唐人多称长江中下游为西江。唐李白《夜泊牛渚怀古》："牛渚西江夜，青天无片云。"作者为吴人，所指西江即此。

（7）舣（yǐ乙）画船，使画船靠岸。舣，使船靠岸。《文选·左思〈蜀都赋〉》："舣轻舟。"刘逵注："应劭曰：'舣，正也。'一曰，南方俗谓正船回济处为舣。"画船，装饰华美的游船。南朝梁元帝《玄圃牛渚矶碑》："画船向浦，锦缆牵矶。"

（8）北苑，宫廷北面的皇家园林。《北史·魏明元帝纪》："癸丑，穿鱼池于北苑。"亦用以泛称皇室园林。

（9）凉州，乐府《近代曲》名，属宫调曲。原是凉州一带的地方歌曲，唐开元中由西凉府都督郭知运进。唐王昌龄《殿前曲》之二："胡部笙歌西殿头，梨园弟子和《凉州》。"

（10）金铙（náo挠），打击乐器，即铙钹。明徐复祚《一文钱》第三折："开象教，演金铙。香焚宝鼎云光绕，衲挂松枝幡影飘。"

（11）十二阑干，曲曲折折的栏干。十二，言其曲折之多。宋张先《蝶恋花》之一："楼上东风春不浅，十二阑干，尽目珠帘卷。"

（12）昏惨惨，形容昏暗。金董解元《西厢记诸宫调》卷六："灯儿一点甫能吹灭，雨儿歇，闪出昏惨惨半窗月。"愁城，比喻愁苦难消的心境。北周庾信《愁赋》："攻许愁城终不破，荡许愁门终不开。"

（13）迢迢（tiáo 条），时间久长之状。唐戴叔伦《雨》："历历愁心乱，迢迢独夜长。"

（14）画堂，本指古代宫中有彩绘的殿堂，亦泛指华丽的赏舍。南朝梁简文帝《钱庐陵内史王修应令》："回池泻飞栋，浓云垂画堂。"唐崔颢《王家少妇》："十五嫁王昌，盈盈入画堂。"窈窕（yǎo tiǎo 咬挑），深远之状，秘奥之状。《文选·王延寿〈鲁灵光殿赋〉》："旋室娟以窈窕，洞房叫窱而幽邃。"张铣注："窈窕，深也。"

（15）归骥，回归的骏马。骥，骏马。《论语·宪问》："骥不称其力，称其德也。"蹁跹（pián xiān 骈先），行不正之状，跛行之状。宋苏轼《哭干儿》之一："幼子真吾儿，眉角生已似。未期观所好，蹁跹逐书史。"

（16）玉钩，玉制的挂钩，亦为挂钩的美称。《楚辞·招魂》："挂曲琼些。"汉王逸注："曲琼，玉钩也……雕饰玉钩，以悬衣物也。"

（17）一晌，指短时间。南唐李煜《浪淘沙》："梦里不知身是客，一晌贪欢。"

（18）等一个峰头，孤雁回旋，此二句用回雁峰典故，又名雁回峰，在湖南衡阳市南，为南岳衡山七十二峰之一。相传雁至衡阳而止，遇春而回，或说其峰如雁回之势，故称。

（19）害相思张解元二句，此二句用《西厢记》中男主角张生从害相思而经红娘撮合得以与崔莺莺欢会于西厢之事。相思，指相思病。张解元，指张生。解元，宋元以后对读书人的通称或尊称。金董解元《西厢记诸宫调》卷二："可怜自家，母子孤孀，投托解元子箇！"神仙，即"神仙中人"，谓神采、仪态、服饰、举止不同凡俗的人，指崔莺莺。金董解元《西厢记诸宫调》卷五："羞颜慒怵，力不能运肢体，曩时之端庄，不复同矣。张生飘然，一旦疑神仙中人，不谓从人间至矣。"洞天，道教称神仙的居处，意谓洞中别有天地，后常泛指风景胜地。元王实甫《西厢记》第一本第一折："似神仙归洞天，空余下杨柳烟，只闻得鸟雀喧。"

（20）伊，你。南朝刘义庆《世说新语·品藻》："勿学汝兄，汝兄自不如伊。"

（21）槎头，指"槎头鳊"，即鳊鱼。缩头，弓背，色青，味鲜美，以产汉水者最著名。人常用槎拦截，禁止擅捕杀，故亦称"槎头缩颈鳊"，省称"槎头"。唐杜甫《观打鱼歌》之二："徐州秃尾不足忆，汉阴槎头远遁逃。"

（22）金盘双荐，用金属制的盘进献两条槎头鳊。荐，进献，送上。《礼仪·乡射礼》："主人阼阶上拜送爵，宾少退，荐脯醢。"郑玄注："荐，进。"

（23）并蒂两红莲，一个茎上并排长两朵红色荷花，比喻夫妇或情人。

（24）香云，美好的云气，祥云，比喻青年妇女的头发。宋柳永《尾犯》："记得当初，剪香云为约。"迢递，连绵不绝之状。

（25）蝶浪蜂颠，比喻留恋繁花似锦的春光。

（26）沈腰一线，典出《梁书·沈约传》：沈约与徐勉素善，遂以书陈情于勉，言已老病，"百日数旬，革带常应移孔，以手握臂，率计月小半分。以此推算，岂能支久？"后因以"沈腰"作为腰围瘦减的代称。宋周邦彦《大有·小石》："仙骨清赢，沈腰憔悴。"

（27）煞，结束，停止。宋周密《齐东野语·降仙》："年年此际一相逢，未审是甚时结煞。"

（28）绿暗红嫣，即"绿暗红稀"，形容暮春绿荫幽暗，红花萎谢的景象。嫣，通"蔫"，花草枯萎，颜色不鲜艳。唐韩偓《春尽日》："树头初日照西檐，树底蔫花夜雨沾。"

（29）银钩，一种银质的妇女饰物。唐徐坚《棹歌行》："棹女饰银钩，新装下翠楼。"骈联，重叠连接。

（30）淋漓红袖，女子的红色衣袖沾湿。淋漓，沾湿或流滴之状。红袖，女子的红色衣袖。南朝齐王俭《齐白纻辞》："声发金石媚笙簧，罗袿徐转红袖扬。"

（31）细草鸾笺，用细小的草书彩色信笺。鸾笺。宋苏易简《文房四谱·纸谱》："蜀人造十色笺，凡十辐为一榻……然逐幅于方版之上砑之，则隐起花木麒鸾，千状万态。"后因称彩笺为"鸾笺"。宋张镃《池上木芙蓉欲开述兴》之二："岸巾三酌便酣眠，堕地鸾笺写未全。"

（32）桃花扇，绘有桃花的扇子。旧时多为女子所持，相映成美。宋晏几道《鹧鸪天》："舞低杨柳楼心月，歌尽桃花扇底风。"

（33）香罗帕，丝织品做的巾帕。唐杜甫《骢马行》："赤汗微生白雪毛，银鞍却覆香罗帕。"

（34）阑珊，暗淡，零落。唐曹唐《小游仙诗》之十一："南斗阑珊北斗稀，茅君夜著紫霞衣。"

（35）流苏帐，饰有流苏的帐子。流苏，用彩色羽毛或丝线等制成的穗状垂饰物，常用于车马、帷帐之上。

（36）春山双黛，春日山色黛青，因以喻指妇人姣好的眉毛。唐李商隐《代董秀才却扇》："莫将画扇出帷来，遮掩春山滞上才。"

【赏析】

沈璟的这套散曲［仙吕入双调］步步娇《离情》，顾名思义，是写离情别绪的。人们生性喜聚不喜散，离别情状虽然各不相同，但所带来的忧愁苦思却是共同的。所以，南朝梁文学家江淹的名作《别赋》开关第一句话就是："黯然销魂者，唯别而已矣！"道出了生离死别让人丧魂失魄的本质，不愧为千古名句。这套散曲通过一个青年男子在与妻子离别之后种种怀想的描写，歌赞了这对青年男女的纯真的爱情追求。

全套共八曲，除首末二曲外，中间六曲是曲的主体。我们先看首曲［步步娇］："别凤离鸾惊时变，新景添新怨。""别凤离鸾"，比喻离散的夫妻或情人。"时变"，社会的动乱，时世的变迁。开头二句叙事，点明曲子的主人公是一对离别的青年夫妇，他们的离别是时世所迫，不可抗拒，并非出于自身的原因。夫妻离散之后，面对新的环境，自然增添一种新的哀怨之情。那么，我们的主人公面对的是一种什么样的"新景"呢？"雕窗篆袅烟，青琐虚凉，翠帏空展"。雕镂的窗户内，香烟袅袅，翠羽为饰的罗帏帐空挂着。三句描写居室景物。这"新景"单就物质生活来讲，是够优裕的，主人公为什么还不满足呢？原来人去楼空，"却忆俏婵娟，酬不了当初愿"。漂亮的妻子去后，徒增愁思，夫妻恩爱的初衷无法实现。二句叙事，点明主人公是位男士，交代离情原因。

从〔江儿水〕至〔浆水令〕共计六曲，是写离情正文，又分为三个层次来写。〔江儿水〕和〔园林好〕二曲是忆饮宴、闺房之乐。回忆往事，首先进入男子脑海的是那个令人难忘的西江之夜，装饰华美的游船靠在岸边，春风荡漾，花香四溢，在皇家园林北苑宴饮，唱《梁州》七转歌喉，金铙一声随风飘转。不敢面对含羞带笑的妻子，当时恨得，把曲曲折折的栏杆都拍遍了。此曲忆北苑宴饮。下曲〔园林好〕则写忆闺房之乐。"昏惨惨愁城似天，远迢迢长日如年。"妻子去后，顿时变得天昏地暗，生活失去了光彩，终日度日如年。二句抒情。这忧愁幽思，又勾起了对妻子美好身影的怀念："记一笑春风娇面，灯儿下鬓云偏，急回首已茫然"。三句描写，抓住妻子满面春风和灯下云鬓偏斜两个细节，画出了妻子的倩影，"急回首已茫然"，写得迷离恍惚，神韵悠然。接下来〔五供养〕和〔川拨棹〕二曲再忆与妻子的甜蜜生活。〔五供养〕一曲以"别来想见"一句领起下文，接写睹物思人之意。"见月缺多时，也有团圆。画堂深窈窕，归骧枉蹁跹。"男子看到月缺多时，又该重圆。触物兴感，想到妻子也应该回来团圆了。但华丽的堂舍深处，恐怕还是独自一人玉钩不挂，整天愁眉不展。诉自己的心中事，写一幅断肠篇，等待着南飞雁。〔川拨棹〕接写盼妻子回家，"双眸倦"。在这阳春三月，一个人自饮自酌，"少一个人儿在眼前"。没有心爱的妻子对饮，饮酒便变得索然无味，成了借酒浇愁。"害相思张解元，盼神仙归洞天。"二句用典，说自己简直变成了害相思的张生，盼望莺莺的驾临西厢，喻写自己的思妻之苦。〔锦衣香〕和〔浆水令〕二曲写睹物思人，三抒对妻子的思念。〔锦衣香〕开头写道："春衫和泪穿，犹是伊针线。玉箫深夜吹，多是君愁怨。"四句叙事，前两句说自己含泪穿的春衫，还是妻子做的针线。睹物兴感，想起妻子深夜吹箫，来排遣自己的幽怨。夫随妇唱，笑金盘双荐槎头鳊，一枝并蒂两红莲。浓发连绵，蝶恋蜂狂，尽东风劲吹，吹落花片，不与方便。怎么留恋，看看自己瘦得，"沈腰一线"。"沈腰一线"用南朝梁沈约腰瘦损，作为腰围瘦减的代称。此曲极写夫妻生活的欢愉，妻子弱不禁风之态。[浆水令]一曲继续写妻子去后的冷落："煞静悄垂杨庭院，虚供养绿暗红嫣。银钩屈曲指骈联，淋漓红袖，细草鸾笺。"妻子离开后，垂柳摇曳的小院的恬静便打破了，绿阴幽暗、红花凋谢。妻子以银钩为饰，重叠连接，红色衣袖泪流不干，用细小的草书写就的花笺。刚删定相思传，迟迟月上绘有桃花的扇子。丝织的手帕，零落了旧盟新愿。饰有流苏的帐，也因妻子的离去而遭到冷落。二曲从妻子离别之后，引起的家庭生活的种种变化，跃进一层，写出了青年男子对妻子殷切思念，表现了二人纯真的爱情追求。

[尾声]一曲再从自己着墨："愁人怎把闲情遣，一任啼春两泪悬。"二句抒情，"愁人"是男子自指。怀念妻子，自非闲情，所以听凭两眼泪流不干。"谁管领春山双黛浅"，末句议论。"春山双黛"，春日山色黛青，因以喻指妇人姣好的眉毛。此指妻子。意谓只有自己关注妻子春山深浅，结句归于离情之上。总之，此曲抒写夫妻离别之情，语言朴素，感情真挚，感染力颇强。

毛泽东在顾名编的《曲选》一书中读到这首散套，用毛笔加以圈点，在"怕对羞人莺燕"等三句和"灯儿下鬓云偏"等二句旁各加了两个墨点，表示欣赏，其他语句均无圈点，说明他对此曲兴趣不大。

王骥德

王骥德（？—1623），字伯良，一字伯俊，号方诸生，别署秦楼外史，会稽（今浙江绍兴）人，明代戏曲作家、曲论家。王骥德是徐渭的弟子，与沈璟过从甚密，在声韵方面得到过孙如过的"指授"，与吕天成、王澹翁等，也有过密切的往来。他终生从事戏剧、词曲等方面的研究和创作。著有杂剧五种，今仅存《男王后》，传奇戏曲四种，仅存《题红记》。诗文有《方诸馆集》，散曲有《方诸馆乐府》二卷，曲论有《曲律》四卷、《南词正韵》，还曾校注《西厢记》《琵琶记》二剧。

王骥德的散曲内容多为艳情丽语，描写男女爱情之作，风格秀丽工致，独具艺术特色。

《曲律》在中国古典曲论著作中，占有重要地位。全书共四卷，分四十节，内容涉及戏曲源流、音乐、声韵、曲词特点、作法，并对元、明不少戏曲作家、作品加以品评，其中颇多精辟的见解。

【原文】

〖双调〗玉抱肚

萧萧郎马[1]，怎教人不提他念他。俏庞儿怕吹破春风[2]，瘦身躯愁触损桃花[3]。不知今夜宿谁家，灯火章台处处纱[4]。

【毛泽东评点】

毛泽东在阅读顾名编《曲选》收录的这首小令时，在后四句旁都用毛笔加了两个墨点。

——中央档案馆整理：《毛泽东评点诗词曲精选·曲选》第41—42页，中央档案出版社1998年版

【注释】

（1）萧萧郎马，情郎的马嘶声。萧萧，象声词，常形容马叫声、风雨声等。语出《诗经·小雅·车攻》："萧萧马鸣，悠悠旆旌。"郎，旧时女子对丈夫或情人的称呼。南朝宋刘义庆《世说新语·贤媛》："郗嘉宾丧，妇兄弟欲迎妹还，终不肯归。曰：'生终不得与郗郎同室，死宁不同穴！'"又唐李商隐《留赠畏之》之二："待得郎来月已低，寒暄不道醉如泥。"

（2）俏宠儿，俊俏的脸庞。金董解元《西厢记诸宫调》卷五："甫能相见，擘着箇庞儿那下。佗人问当，佯羞不答；万般哀告，手摸着裙腰儿做势煞。您不偢人，俺怎敢嗔他？"春风，即"春风一度"，比喻领略一番意境或情趣，多指男女间的欢爱。元王实甫《丽春堂》第三折："到今日身无所知，想天公也有安排我处，可不道吕望、严陵自千古，这便算的我春风一度。"

（3）桃花，形容女子美貌。唐温庭筠《照影曲》："桃花百媚如欲语，曾为无双今两身。"

（4）章台，本为汉长安街名，后多泛指妓院聚集之地。宋晏几道《鹧鸪天》："新掷果，旧分钗。冶游音信照章台。"处处纱，有蒙纱的窗户。纱，指纱窗。唐刘方平《春怨》："纱窗日落渐黄昏，金屋无人见泪痕。"

【赏析】

这首小令写一个青年女子担心她所挚爱的男子另觅新欢。全曲六句，两句一层，可分三层。"萧萧郎马，怎教人不提他念他。"起首二句叙事，写女子的情郎骑马嘶鸣而去，那英俊的身姿，怎么也教人放心不下，口里说他，心里想他。这女子为什么对他放心不下呢？"俏庞儿怕吹破春风，瘦身躯愁触损桃花。"中二句描写，补写女子担心原因。"俏庞儿"，指男子脸庞俊俏；"桃花"，喻女子美貌。"春风""桃花"，既点明时在春季，又语义双关，"春风"又有男女风情之意。风流倜傥的男子，面若桃花的妙龄女郎，难免要做出风流韵事来，这正是女子放心不下的原因。唐诗人崔护写过一首《题都城南庄》云："去年今日此门中，人面桃花相映红。人面不知何处去，桃花依旧笑春风。"这首诗写诗人到都城南庄踏青时的一次艳遇。二句化用此首诗意表明了女子的担心。其实，这只不过是女子的担心之一，她更担心的是怕他眠花宿柳。末二句议论："不知今夜宿谁家，灯火章台处处纱。""章台"是汉代长安街名，为娼家聚居之地。二句意谓，章台街娼家之地，家家灯火辉煌，纱窗朦胧，勾引风流才子，不知道她所钟爱的男子今夜宿在谁家。怕她的情人去嫖娼，这才是她最担心的。

此曲通过一个女子对外出情人的思念和担心，表现了她对纯真爱情的执着追求，语言明快，感情健康，给人以教益。

从毛泽东圈点的情况来看，开头二句叙事，稍显平直，他未加圈点；后四句的描写和议论，表现女子对情人的两重担心，都写得生动形象，他都在句旁加了墨圈，表示他比较喜欢。

【原文】

〖南吕〗一江风

见 月

月华明[(1)]，偏管人孤另[(2)]，后会茫无定。信难凭，两处思量，今夜私相订："天边见月生[(3)]，低低叫小名；我低低叫也，你索频频应[(4)]。"

【毛泽东评点】

毛泽东在阅读顾名编《曲选》收录的这首小令时，在"信难凭"以下三句旁，用毛笔各加了两个墨点，在末四句旁各加了两个套圈，并在题目上方空白处用铅笔画了一个大圈。

——中央档案馆整理：《毛泽东评点诗词曲精选·曲选》第42页，中央档案出版社1998年版

【注释】

（1）月华，月光，月色。南朝梁江淹《杂体诗·王徵君微养疾》："清阴往来远，月华散前墀。"

（2）孤另，孤单，孤独。宋刘克庄《水调歌头·十三夜同官载酒相别不见月作》："嫦娥老去孤另，离别匹如闲。"

（3）生，升起。唐张若虚《春江花月夜》："春江潮水连海平，海上明月共潮生。"又张九龄《望月怀远》："海上生明月，天涯共此时。"

（4）索，须。

【赏析】

花前月下，是情人约会的处所。但月亮如果太明亮，也容易被人们发觉。所以，这首小令开头就埋怨月光，说它太亮了，不管情人的孤独愁苦，难得有约会的机会。这对情人正在贪婪地享受着欢爱的快乐，却又发愁后会无期。起始三句，借景抒情。"信难凭，两处思量，今夜私相订"中三句抒情，情思绵绵。这一对情人想，不仅后会之期难以确定，而且就是约定了，也难以凭准，到那时，只会落得身居两处，你思我想，不能如愿，于是他们便想出了一个偷期密约的好办法："见到月亮升起来，就低声叫小名；我低声叫，你须连连应答。"这就提出了再次约会的时间和办法：时间仍然玉兔东升，办法是呼喊小名。叫小名，一方面表示亲昵，另一方面小名不常用，或者鲜为人知，有一定的保密性。应该说，这是一个聪明的好办法。此曲从埋怨月光明亮妨碍约会始，写到下次仍相约于月色之中；从此次欢会，写到下次相约，表现一对青年男女对爱情生活的热烈追求，语言明快，风格爽朗，感情曲折，饶有兴味。

从毛泽东对这首小令的圈点来看，他是很欣赏此曲的，不仅在题头上方画了大圈，对描写忧虑的三句加了墨点，特别是对描写他们提出再次约会的联络办法的四句加了双圈，表明他特别感兴趣。

【原文】

〖大石调〗赛观音

闺　情

【赛观音】怕着羞，添着恨，看点点罗衫泪痕[1]。只落得灯前偷揾[2]。这段相思谁道假和真。

【前腔】我口儿推心儿允。悔那日停针闭门，空惹得蝶惊蜂褪⁽³⁾，款软心肠做了硬心人⁽⁴⁾。

【人月圆】他去后风雨无凭准⁽⁵⁾，纵有青鸾难传信⁽⁶⁾，隔花阴真是天涯近⁽⁷⁾。赢得个恹恹成病损⁽⁸⁾，才知道，眼前人更有，谁为温存⁽⁹⁾？

【前腔】连日来打叠闲脂粉⁽¹⁰⁾，便取次摧残一叶身⁽¹¹⁾。天公折罚甘心认⁽¹²⁾。这对面惺惺背面亲⁽¹³⁾。衷肠事⁽¹⁴⁾，待告诉青天，君不知闻。

【尾声】漫说有情魂梦堪寻趁⁽¹⁵⁾，且涯他几个黄昏⁽¹⁶⁾，办取和叶和根总付君⁽¹⁷⁾。

【毛泽东评点】

毛泽东在阅读顾名编《曲选》收录的这首套曲时，首曲各句，都用毛笔加了两个墨圈；[前腔]一曲各句则用墨笔加两个点，后又画两个圈；[人月圆]一曲前三句都画了两个墨圈，后二句则先加一个墨点，后画一个墨圈；[前腔]一曲前三句各加了三个密圈，第四句加了四个墨圈，第五句加了一个墨圈，后三句也画了两个墨圈；[尾声]一曲后二句也各画了两个墨圈。

——中央档案馆整理：《毛泽东评点诗词曲精选·曲选》第91—92页，中央档案出版社1998年版

【注释】

（1）罗衫，丝织衣衫。唐韦应物《白纱亭逢吴叟歌》："龙池宫里上皇时，罗衫宝带香风吹。"

（2）揾（wèn 问），揩拭（眼泪）。宋辛弃疾《水龙吟·登建康赏心亭》："倩何人、唤取红巾翠袖，揾英雄泪？"

（3）蝶惊蜂褪，蝴蝶和蜜蜂恋花，以喻男女相爱，蝶惊蜂褪，喻男子受到惊扰而不敢贪恋女子。褪，后退，退却。宋沈与求《泛舟村落阻风不能少进而芰捎艻䈃缫舷上下篇》："十篙八九褪，逆势何乃尔？"

（4）款软心肠，诚挚而又富于同情和怜悯的和善心地。

（5）风雨，比喻危难和恶劣的处境。《汉书·朱博传》："[朱博]稍

迁为功曹，伉侠好交，随从士大夫，不避风雨。"凭准，作为根据的事物。《旧唐书·王方庆传》："[山]涛中朝名士，必详典故，其不称名，应有凭准。"

（6）青鸾难传信，青鸾，即青鸟，神话中为西王母取食传信的神鸟。《艺文类聚》卷九一引旧题班固《汉武故事》："七月七日，上（汉武帝）于承华殿斋，正中，忽有一青鸟从西方来，集殿前。上问东方朔，朔曰：'此西王母欲来也。'有顷，王母至，有两青鸟如乌，夹侍王母旁。"后遂以"青鸟"为信使的代表。

（7）天涯，天边，指极远的地方。语出《古诗十九首·行行重行行》："相去万余里，各在天一涯。"南朝陈徐陵《与王僧辩书》："维桑与梓，翻若天涯。"

（8）恹恹，精神萎靡之状，亦用以形容病态。唐刘兼《春昼醉眠》："处处落花春寂寂，时时中酒病恹恹。"元王实甫《西厢记》第二本第一折："恹恹瘦损，早是伤神，那值残春。"

（9）温存，抚慰，体贴。唐韩愈孟郊《雨中寄孟刑部几道联句》："温存感深惠，琢切奉明诚。"

（10）打叠，打点，收拾，整理。宋刘昌诗《芦蒲笔记·打字》："收拾为打叠，又曰打迸（一作併）。"

（11）取次，随便，任意。晋葛洪《抱朴子·怯惑》："此儿当兴卿门宗，四海将受其赐，不但卿家，不可取次也。"一叶身，轻似一片树叶样的身体，比喻瘦弱。

（12）天公，天，以天拟人，故称。《尚书大传》卷五："烟氛郊社，不修山川，不祝风雨，不时霜雪，不降责于天公。"折罚，报应，惩罚。元岳伯川《铁拐李》第三折："我想当初做吏人时，扭曲作直，瞒心昧己，害众成家，往日罪过，今日折罚。"

（13）惺惺，即惺惺作态，假惺惺，虚情假意，假装。惺惺，清醒之态。唐杜甫《喜观即到复题短篇》之二："应论十年事，愁绝始惺惺。"

（14）衷肠，内心，心中，出自内心。《南宫词纪·双凋柳摇金·再诚风情》："诚心相劝，衷肠尽言，休恋恶姻缘。"

（15）寻趁，寻找，寻觅。宋杜安世《玉阑干》："几回独睡不思量，还悠悠、梦里寻趁。"

（16）揈，应作"揈"，心焦地等待，熬。宋罗大经《鹤林玉露》卷一："谢安之于桓温，陈鲁公之于完颜亮，幸而揈得他死尔。"

（17）和根和叶，即连根带叶、连根带梢之意，比喻把事情的全部实情和盘托出。

【赏析】

这首散套题作《闺情》，顾名思义，抒写妇女思念所爱之情。它描写女子在一次爱情波折之后，对情人的思念和决心重归于好的思想历程。全套共由五支曲组成。首曲〔赛观音〕先写女子遭受波折的悔恨和痛苦。"怕着羞，添着恨，看点点罗衫泪痕。只落得灯前偷揾。"首四句描写，这位女子在爱情遭受波折之后，又怕又羞，又气又恨，珠泪滚滚，把罗衫都打湿了。而且哭还不敢明哭，只能到夜深人静之时，在灯前偷偷抹泪。几句全用白描，写得如见其，如临其境。人们不禁要问，这女子为什么哭得这样伤心呢？"这段相思谁道假和真。"此句扣题，揭出女子伤心原因。"相思"，彼此思念之意，多指男女相悦而无法接近所引起的思念。如汉苏武《留别妻》："生当复来归，死当长相思。"又如南朝宋鲍照《代春日行》："两相思，两不知。"这位女子和她所钟爱的男子的"这段相思"，也是彼此思念，并未言明，所以这女子还吃不准真假，不敢贸然以身相委，还要进行试探。正由于女子的这种犹豫不决的态度，便铸成了大错，使他们的爱情出现了波折，这是〔前腔〕一曲所写的内容。"我口儿推心儿允"，首句紧接上曲，写女子见到她的情人时，口里推脱，心里已经允许了。在这种心口不一的心理驱使下，她做出了错误的举动，那一天男子来到她的绣房向她求爱，她竟然佯装盛怒，停下手中的针线活，把男子逐出房去，紧闭房门，这一下把这位男子吓得狼狈而逃，自己本来是副软心肠，却成了貌似铁石心肠的人。此曲叙事清楚，语言生动。

接下来，作者用〔人月圆〕和〔前腔〕两支曲子写女子的自我反思。〔人月圆〕用"他去后"三字引起下文，指出她所挚爱的男子，离开他以后，对女子生活造成了极大影响。这种影响是通过女子对自己行为的反思表现的，写得很有层次。首先，她时时思念她热恋的人，她害怕环境恶劣，即使有传信的"青鸟"也难传递音信，觉得虽近隔花阴却远似"天涯"。其次，日思夜念，一日三秋的结果是，她落得个精神萎靡、身体瘦弱，这时候她才知道，在她身边的人当中，那男子不在，还有谁能为她带来体贴和温柔呢？再次，自我检讨的结果，她也许觉得那男子并无过错，自己不过是自讨苦吃，咎由自取。所以，整日无精打采，脂粉不施，茶饭不思，随便摧残自己的身子，瘦弱得轻如一片树叶。这也算上天对她的惩罚，她心甘情愿地认了。"这对面惺惺背面亲"，这一切都是她当面作假，心口不一造成的。最后，分清了是非之后，她决心把自己隐藏在内心深处的秘密，向苍天祝告，又恐情人不知。两曲所写女子的自我反思，生动地展现了别后的相思之苦，这是爱情忠贞的表现。

末曲［尾声］写这位女子决计坦诚相告。这是她反思之后的正确抉择，但女子毕竟是女子，况且事关终身，所以，真正行动起来不免又有点犹豫。"有情魂梦堪寻趁，且捱他几个黄昏"，虽然她梦绕魂牵地寻觅，得到了答案，但还想再熬他几个黄昏，到时再把她对情人的热恋和挚爱和盘托出，坦诚相告。相信这女子一定会得到她企盼的爱情。

此套曲写一青年女子和她的情人在一次挫折之后的反思，表现了她对真挚爱情的热烈追求和忠贞不贰，思想健康，格调爽朗，是一首闺情之作的佳构。

从毛泽东对这首散套的圈点来看，他非常欣赏这首作品，全套曲只有两句未加圈点，其他语句，有的画了圈，有的加了密圈，有的先加点后画圈，这些不同的圈法，准确地反映了语句的艺术成就，也表明毛泽东不愧是一位高明的鉴赏家。

袁于令

袁于令（1592—1670），原名韫玉，又名晋，字令昭、凫公，号箨庵、白宾，别署幔亭仙史、吉衣道人等，吴县（今江苏苏州）人，明戏曲家、戏曲评论家。诸生。精于音律，以事褫衣衿。顺治初苏郡士绅投，浼于令作表。以京官议叙荆州守。监司谓之曰："闻公署中有三声：弈棋声、唱曲声、骰子声。"于令答曰："闻明公署中亦有三声：天秤声、算盘声、板子声。"监司大怒，揭参落职。作有传奇、杂剧多种。今存传奇《西楼记》《鹔鹴裘》和杂剧《双莺传》，现存传奇《金锁记》或说也是他所作。戏曲理论著述有《焚香记序》《盛明杂剧序》《南音三籁序》等。

【原文】

〖正宫入中吕宫〗锦缠道

横塘载月

【锦缠道】载轻娃[1]，暂停舟钱塘水涯[2]。到处景随佳，羡高人愿为泛宅浮家[3]。我待弄清狂正平鼓挝[4]，你休怨孤眠商妇琵琶[5]。种了邵平瓜[6]，效范蠡扁舟远驾[7]。三闾未许夸[8]，悲放逐啼声泣哑，直恁的困苦欠撑达[9]?

【普天乐】暖溶溶，明月下。看山影，轻如画。清溪畔柳可藏鸦，曲桥外似雪梨花。荒村数家。更喤喤犬鸣[10]，一带篱笆。

【中宫】[古轮台]醉流霞[11]，浅斟低唱按红牙[12]，纤纤素指轻轻下，歌翻子夜[13]，琯弄朝华[14]，一派余音虚架。赤凤堪乘[15]，彩云欲化[16]，今宵清梦绕天涯[17]。风情潇洒[18]，都付与流水浮花。美人绿鬓[19]，英雄白发，同归虚话。想起泪如麻，持杯斝[20]，莫教月落漫嗟呀！

【尾声】村落内，集众哗。直待要游观四下。喜数里横塘月正佳⁽²¹⁾。

【毛泽东评点】

毛泽东在阅读顾名编《曲选》收录的这首散套时，在［锦缠道］一曲"我待弄清狂正平鼓挝"二句旁，用毛笔各画了两个墨圈。

——中央档案馆整理：《毛泽东评点诗词曲精选·曲选》第105—106页，中央档案出版社1998年版

【注释】

（1）轻娃，美女，少女。娃，美女。《汉书·扬雄传上》："资娵娃之珍髢兮，鬻九戎而索赖。"颜师古注："娵、娃皆美女也。"

（2）钱塘，亦作"钱唐"，古县名，地在今浙江省，古诗文中常指今杭州市。《史记·秦始皇本纪》："过丹阳，至钱唐。"张守节正义："钱唐，今杭县。"唐李绅《真娘墓》："还似钱塘苏小小，只应回首是卿卿。"水涯，指西湖。

（3）高人，志行高尚的人，多指隐士、修道者。唐李咸用《题刘处士居》："干戈谩道因天意，渭水高人自钓鱼。"

（4）我待弄清狂正平鼓挝，祢衡，东汉平原般（今山东乐陵西南）人，字正平。少有才辩，而气刚傲物。与孔融交好，融荐于曹操。操召为鼓吏，令其改服鼓吏之装，欲辱之。衡于操前裸身更衣，后又至操辕门外大骂。操怒，谓孔融曰："祢衡竖子，孤杀之若鼠雀耳！顾此人故有虚名，远近将谓孤不能容之。"乃送衡于刘表，表又送之于江夏太守黄祖处，终为黄祖所杀。清狂，放荡不羁。晋左思《魏都赋》："仆党清狂，怵迫闉濮。"挝（zhuā 抓），击，敲打。

（5）怨孤眠商妇琵琶，典出唐白居易《琵琶行》。白居易任江州司马时，送客溢浦口，夜闻邻舟琵琶声，邀与相见，为弹数曲，中有"门前冷落鞍马稀，老大嫁作商人妇"，"商人重利轻别离，前月浮梁买茶去"之句。琵琶，弹拨乐器。

（6）邵平瓜，汉邵平所种之瓜，味甜美，谓之东陵瓜。《三辅黄图·都

266

城十二门》："长安城东出南头第一门曰霸城门……或曰青门，门外旧出佳瓜。广陵人邵平为秦东陵侯，秦破，为布衣，种瓜青门外，瓜美，时人谓之'东陵瓜'。"后亦指甜美的瓜。

（7）效范蠡（lí 离）扁（piān 片）舟远驾，春秋末越国大夫范蠡，辅佐越王勾践，灭亡吴国，功成身退，携美女西施乘扁舟泛五湖而去。见《国语·越国下》。扁舟，小舟。

（8）三闾，指屈原，屈原曾为战国楚三闾大夫，掌昭、屈、景三姓贵族。汉王逸《离骚序》："屈原与楚同姓，仕于怀王为三闾大夫。"屈原正道直行，忠而受谤，后被放逐，愤而投汨罗江而死。

（9）直恁，竟然如此。《京本通俗小说·错斩崔宁》："官人直恁负恩；甫能得官，便娶了二夫人。"撑达，解事，老练。元张寿卿《红梨花》第一折："这秀才太撑达，将我问根芽。"

（10）喱喱，应为"喤喤呷呷，尽奔突于场中"。

（11）流霞，传说中天上神仙的饮料。汉王充《论衡·道虚》："﹝项曼都﹞曰：……口饥欲食，仙水辄饮我流霞一杯，每饮一杯，数月不饥。"泛指美酒。北周庾信《卫王赠桑落酒奉答》："愁人坐狭邪，喜得送流霞。"

（12）浅斟低唱，斟着茶酒，低声歌唱，形容悠然自得，遣兴消闲之态。宋陶毂《清异录·释族》："李煜乘醉，大书石壁曰：'浅斟低唱，偎红倚翠。'"宋柳永《鹤冲天》："忍把浮名，换了浅斟低唱。"红牙，乐器名，檀木制的拍板，用以调节乐曲的节拍。

（13）子夜，即子夜歌，乐府《吴声歌曲》名。《宋书·乐志一》："子夜哥（歌）者，有女子名子夜，造此声。晋孝文太元中，琅琊王轲之家有鬼歌《子夜》。殷允为豫章时，豫章侨人庾僧虔家亦有鬼歌《子夜》。殷允为豫章，亦是太元中，则子夜是此时以前人也。"现存晋、宋、齐三代歌词四十二首，写爱情生活的悲欢离合，多用双关隐语。唐李绅《忆被牛相留醉州中时无他宾牛公夜出真珠辈数人》："银烛坐隅听《子夜》，宝筝筵上起春风。"

（14）琯（guǎn 管），玉管，古乐器，用玉制成，六孔，如笛，历法家用以候气。《大戴礼记·少闻》："西王母来献其白琯。"卢辩注："琯所以候气。"《晋书·律历志上》："黄帝作律，以玉为管，长尺六孔，为十二月音。至舜时，西王母献昭华之琯，以玉为之。"唐杜甫《小至》："刺绣五纹添弱线，吹葭六琯动浮灰。"朝华，即昭华。古代管乐器名。《西京杂记》卷三："玉管长二尺三寸，二十六孔，吹之则见东马山林，隐辚相次，吹息亦不复见，铭曰：'昭华之琯。'"宋晏几道《采桑子》："月白风清，长倚朝华笛里声。"

（15）赤凤，传说中的神鸟。北周庾信《道士步虚词》："赤凤来衔玺，青鸟入献书。"

（16）彩云欲化，即彩云易散之意，美丽的彩霞容易消散，比喻好景不长。宋许顗《彦周诗话》："玉爵弗挥，典礼虽闻于往记；彩云易散，过差宜恕于斯人。"

（17）清梦，美梦。宋陆游《枕上述梦》："江湖送老一渔舟，清梦犹成塞上游。"

（18）风情，指风雅的情趣、韵味。唐元稹《上令狐相公诗启》："常欲得思深语近，韵律调新，属对无差，而风情宛然，而病未能也。"潇洒，洒脱不拘、超逸远俗之状。唐李白《王右军》："右军本清真，潇洒出风尘。"

（19）绿鬓，乌黑而有光泽的鬓发，形容年轻美貌。南朝梁吴均《和萧洗马子显古意诗》之三："绿鬓愁中改，红颜啼里灭。"

（20）杯斝（jiǎ 甲），古代酒器。明宋应星《天工天物·珠玉》："所谓连城之璧，亦不易得。其纵横五、六寸无瑕者，治以为杯斝，此已当时重宝也。"亦泛指酒杯。斝，古代铜制酒器。似爵而较大，有三足、两柱、一，圆口平底，盛行于商代。《诗经·大雅·行苇》："或献或酢，洗爵奠斝。"注："斝，爵也。夏曰盏，殷曰斝，周曰爵。"

（21）横塘，泛指水塘。唐温庭筠《池塘七夕》："万家砧杵三篙水，一夕横塘似旧游。"此指西湖。

【赏析】

袁于令的散套《横塘载月》，写作者月夜乘船游横塘，观看月色，抒发虚度年华的感慨。

全套共四曲。我们先看首曲［锦缠道］："载轻娃，暂停舟钱塘水涯。到处景随佳，羡高人愿为泛宅浮家。"前二句叙事，交代行踪。后二句议论，钦羡隐士所为。四句是说，作者乘画船载着美女，来到杭州西子湖畔。景色到处都很美丽，于是作者产生了羡慕志行高洁的隐士以船为家的念头。此是就地作想，十分自然。接下数句，一路用典，我想要像三国时的祢衡"击鼓骂曹放荡不羁"，你不要像白居易《琵琶行》中的商人妇弹奏琵琶诉说哀怨。我欲学秦东陵侯邵平种瓜，效范蠡助越王勾践灭吴之后，功成身退泛五湖而去。三闾大夫屈原不值得赞美，他忧愁幽思而作《离骚》，哭哭啼啼，如此困苦不堪未免欠潇洒。首曲先写泛舟横塘之感想，第二曲［普天乐］则写月光照耀下的横塘美景。春风送暖，皓月当空。看远山近岭，清淡如画。清清小河畔杨柳藏鸦，九曲桥外梨花如雪。疏落荒村几户人家，传来阵阵犬吠，周遭围着一带篱笆。此曲全用白描，描写月色生动如画。接着转入［中吕宫·古轮台］则写月下饮酒时听歌欢舞，抒发虚度年华的感慨。"醉流霞，浅斟低唱按红牙，纤纤素指轻轻下，歌翻子夜，珰弄朝花，一派余音虚架。"几句叙事，喝着天上神仙喝的饮料，斟着茶酒，低声歌唱，轻轻击打着檀板拍板，唱《子夜》一类情歌，玉管朝华吹奏的乐音，在空中飘荡。写来何等惬意。虽有传说中的神鸟赤凤可乘，但美丽的彩云容易消散，今夜在美梦中走遍海角天涯。风雅的情致何等潇洒，但这些都会像流水落花。"美人绿鬓，英雄白发，同归虚话。"三句议论，美人的年轻美貌、英雄的斑斑白发，都是一句空话。那么，怎么办呢？"想起泪如麻，持杯斝，莫教月落漫嗟呀！"三句抒情，作者对时不我待，虚度年华，悲伤不已，只有借酒浇愁，不要辜负美好月色。［尾声］一曲："村落内，集众哗。直待要游观四下。"三句叙事，听到村落内，众人喧哗，意欲往观，为下句抒情做了铺垫，"喜数里横塘月正佳"。末句抒情，归结到题目，收束全曲。总之，此曲通过作者乘船游观横塘月色所见、所闻、所感，赞扬了横塘月色之美，抒发了虚度年华的感慨。全曲语言明快，多用白描，生动形象，适当用典，自然妥帖，是一篇十分可读的曲子。

　　毛泽东在顾名编的《曲选》一书中读到这套散曲时，在"我待弄清狂正平鼓挝"二句旁，用毛笔各画了两个墨圈，对两个典故的成功运用表示欣赏。

归　庄

　　归庄（1613—1673），一名祚明，字尔礼，又字玄恭，号恒轩，昆山（今江苏昆山）人，明末清初文学家。明代散文家归有光的曾孙，十七岁时与顾炎武一同参加复社。明诸生。清兵南下，参加抗清斗争，失败后，一度亡命为僧。顺治九年（1652），应万年少之聘，到淮阴任教，暗中与顾炎武联系谋划抗清。万年少死，回昆山隐居，卖书画为生，拒不仕清，佯狂愤世，游名山大川，凭吊今古，常大哭，与顾炎武同乡、齐名，因有"归奇顾怪"之称。

　　归庄的诗文，以反对清朝统治、富有民族气节之事作为主体。诗有质朴明畅、直抒胸臆的，有工整绵丽的。清宋琬评价说："以磊落崎嵚之才，为婀娜旖旎之词，兴会所至，犹带英雄本色。"（见《归庄集》附录）其散文亦酣畅雄恣，有强烈的感情。归庄还有一篇《万古愁曲》，评论历代史事，悲悼明朝灭亡，嬉笑怒骂，激昂慷慨，颇有名。

　　所著《恒轩诗集》十二卷，文集《悬弓集》三十卷，《恒轩文集》十二卷，皆亡佚。

　　后人辑有《玄恭文钞》《归玄恭文续钞》《归玄恭遗著》等。1962年中华书局搜集各种辑佚本和一部分归氏手写稿本，编成《归庄集》印行。

【原文】

万古愁曲

　　谱得新词叹古今，悲歌击筑动哀音[(1)]。莫嫌变徵声凄咽[(2)]，要识孤臣一片心[(3)]。

　　【曼声引】混沌玄包[(4)]，却被那老盘皇无端啰唝[(5)]：生喇刺扭两丸圆弹子，撮几粒碎尘硗[(6)]。瞒天造谎，云是乌飞兔走，五岳也山蟒[(7)]。

并几条蚰蜒路儿⁽⁸⁾，挖半掌儿蛀蜒道⁽⁹⁾，黄河九曲来天上，江汉千支入海潮，弄这灵嚣⁽¹⁰⁾。

【入拍】女娲氏斲什么柱天鳌⁽¹¹⁾？有巢氏架什么避风巢⁽¹²⁾？那不识字的老庖羲画什么奇和偶⁽¹³⁾？那不知味的老神农尝什么药和艸⁽¹⁴⁾？更有那惹祸招非的老轩辕，弥天摆下了鱼龙阵⁽¹⁵⁾，平地装成了虎豹韬⁽¹⁶⁾；遂留下一把万古的杀人刀。

【放拍】笑笑笑，笑那寅宾置闰的老唐尧，怎不把自己的丹朱儿教导⁽¹⁷⁾。笑笑笑，笑那虞廷受禅的女夫姚，终日里咨益稷，拜皋陶，命四岳，杀三苗；会玉帛，贽羊羔；到头来，只博得湘江两泪悲新竹，衡岳枯骸葬野蒿⁽¹⁸⁾。试向那九嶷山前听杜宇，一声声"不如归去"叫到晓⁽¹⁹⁾。

【初拍】可怜那崇伯子股无毛，平水土，克勤劳。他家落得贤郎好，却不道转眼儿那寒家猾吏，夺了头标⁽²⁰⁾。更找一出没下梢的，禁死南巢。那小子履⁽²¹⁾，真无道，听了一个老农夫，却开手儿把共主剿。他道三宗享国能长久⁽²²⁾，七圣流风俦可标⁽²³⁾。谁知道六百年来梦一觉，冤家倒不相饶。琼台万焰青燐冷⁽²⁴⁾，纣道弧悬太白高：方信得因果昭昭。

【大拍】仗黄钺、阵云高⁽²⁵⁾，逞鹰扬、血杵漂⁽²⁶⁾。谁知有同室鸱鸮，破斧兴嘲，天显挥刀。这一桩儿却被商家笑。纵有虎拜召伯、青风尹吉岳降申甫⁽²⁷⁾，到底来救不得骊山一粲宗周燎⁽²⁸⁾，函关半夜摧兵到，泗滨片刻沦神宝⁽²⁹⁾。试听得悠悠行迈黍离歌⁽³⁰⁾：依稀是渐渐麦秀狡童调⁽³¹⁾。

【叠声奏】更可哂那弄笔老尼山，把二百四十年的朽骷髅，弄得七颠八倒⁽³²⁾。爱斗口的老峄山，把五帝并三皇的宽头巾，说得皮头皮脑⁽³³⁾，还有那骑青牛，谈玄妙，跨鹏鸟，汗漫逍遥⁽³⁴⁾。还记不得许多蛙鸣蝉噪，秦关楚峤，兰卿鬼老⁽³⁵⁾。长言短调；都只是扯虚脾斩不尽的葛藤，骗呆人，弄狲狲的圈套。

【凯声奏】骊山气正豪⁽³⁶⁾，六鹊巢俱扫⁽³⁷⁾。人鱼膏⁽³⁸⁾，照不了玉泉燎，绿云环，装不了阿房俏。琅琊碑⁽³⁹⁾，记不了秦官号，童男女，采不了长生料⁽⁴⁰⁾。怎知道，一霎时，赤帝子斩蛇分道⁽⁴¹⁾。重瞳兵⁽⁴²⁾，干戈倒，函关开，旌旗耀，轵道旁⁽⁴³⁾，婴前导。试看那咸阳三月彻天红，才雪得关东六王泉台恼⁽⁴⁴⁾。

【钧天奏】还有个莽亭长唱大风一套⁽⁴⁵⁾，遂做了汉家天子压群豪。还有个小秦王下枯棋几道⁽⁴⁶⁾，遂据了唐家天号拥神皋。还有个香孩儿结相知几老，遂向那陈桥古驿换黄袍⁽⁴⁷⁾。当日将相萧曹⁽⁴⁸⁾，文学虞姚⁽⁴⁹⁾，草檄仪陶⁽⁵⁰⁾，共道金瓯无缺⁽⁵¹⁾，玉烛常调。又谁知丑巨君早暮揭了金滕稿⁽⁵²⁾，小瞒曹早逼写了山阳表⁽⁵³⁾，渔阳鼓惊破了霓裳调⁽⁵⁴⁾，碣山贼凿开了九龙沼⁽⁵⁵⁾，五国城预画着双昏赵⁽⁵⁶⁾，皋亭内明欺着孤儿藐⁽⁵⁷⁾。止膰得未央秦草⁽⁵⁸⁾，华清秋早⁽⁵⁹⁾，六陵树杳⁽⁶⁰⁾。到如今，狐踪兔迹，何处觅三朝⁽⁶¹⁾？

【重调】那其间有几个狗偷鼠窃的权和操⁽⁶²⁾！有几个马前牛后的翁和媪⁽⁶³⁾，有几个狼奔豕突的燕和赵⁽⁶⁴⁾，有几个狗屠驴贩的奴和盗⁽⁶⁵⁾，有几个枭唇钱舌的蛮和獠⁽⁶⁶⁾。乱纷纷好一似蝼蚁成桥，鸠鹊争巢，蜂蝎惊涛，豚蜮随潮，那里有闲工夫记这些名和号！

【飞龙索】惟有我大明太祖高皇帝定鼎金陵早⁽⁶⁷⁾。驱貔虎，礼贤豪，东征西讨，云卷雾消，将那个不见天日的山前山后，洗得风清月皎。将那个极天险的龙蟠虎踞，妆点做东京西镐。将一番极龌龊不堪的胡言胡服，生开做中华皮岛⁽⁶⁸⁾。真个是，南冲瘴海标铜柱⁽⁶⁹⁾，北碎冰崖试宝刀。更喜那十七叶圣子神孙⁽⁷⁰⁾，一个个垂裳问道，食旰衣宵⁽⁷¹⁾。

【龙尾吟】谁知道天地变孽萌芽风波闹⁽⁷²⁾，生几个羽毛，挟几把短刀，不提防冲破了咸阳道。望秦川旄头正高，指燕云旌旗正摇，半霎儿把二百七十年的旧神京，平躐做了妖孤淖。

【蛟龙泣】痛痛痛，痛的是十七载明圣天子掩面向煤山吊⁽⁷³⁾。痛痛痛，痛的是咏关雎颂徽音的圣母抛骨在官门，没一个老宫娥私悲悼。痛痛痛，痛的是掌上珍的小公主一剑向昭阳倒。痛痛痛，痛的是有令德的东宫生砍做血虾蟆。痛痛痛，痛的是无罪过的二王竟做开刀料。痛痛痛，痛的是受宝册坐长信的懿安后只身儿失陷在贼窝巢。

【龙吟怨】恨只恨这些左班官，平日里受皇恩，沾封诰。乌纱罩首，金带垂腰。今日里一个个稽首贼庭，不揣着几篇儿劝进表⁽⁷⁴⁾。更有那叫做识字的文人还草下了几句"登极诏"⁽⁷⁵⁾。那不争气的蠢公侯，如羊如豕，尽斩首在城东墺，夹捞着追金宝。娇滴滴的女儿姣，白日里恣淫嫐⁽⁷⁶⁾。

俊翩翩的晋绅们，牵去做供奉龙阳料⁽⁷⁷⁾。最可恨，九衢万姓悲无主，三殿千官废早朝。便万劫也难饶！

【风雨大江涛】没一个建旌旗下井陉的张天讨⁽⁷⁸⁾，没一个鞭铁骑渡黄河使贼胆摇⁽⁷⁹⁾。没一个痛哭秦庭的楚包⁽⁸⁰⁾，没一个洒泪新亭做效晋⁽⁸¹⁾，没一个击江楫风涌怒涛高⁽⁸²⁾，没一个舞鸡鸣星净月痕小⁽⁸³⁾，没一个拥孤城碎齿在睢阳庙⁽⁸⁴⁾，没一个喷贼血截舌似常山杲⁽⁸⁵⁾。大都是黑夜风声早遁逃，把青、徐、兖、济双手儿奉得早。

【变调】金陵福王兴⁽⁸⁶⁾，江南慧星照。夸定策、推拥戴、铁券光头耀。招狐朋，树狗党，蜩蛙的喧噪。那掌大的淮西供不起群狼抄，便半壁的江南下不得诸公钓。反让他晋刘渊做了哭明帝的汉高——军容素缟⁽⁸⁷⁾。可怜那猛将军做了绝救兵的李招讨⁽⁸⁸⁾，辫发胡帽。兀的不闷杀人也么哥⁽⁸⁹⁾！兀的不痛杀人也么哥：尚敢贪天功在秦淮渡口把威权召。

【前调】胡哄哄闹一回，痴迷迷溷几朝。献不迭歌舞腰，选不迭花容月貌。终日里醉酕醄⁽⁹⁰⁾，烧刀御量千钟少⁽⁹¹⁾。更传闻圣躬坚巨赛敖曹⁽⁹²⁾，却亏了蟾酥秘药方儿妙⁽⁹³⁾。没来由羽书未达甘泉报⁽⁹⁴⁾，翠华先上了潼关道⁽⁹⁵⁾。一霎时南人胆摇，北人气骄，长江水臊，钟山气消，已不是大明年号。

【前调】宫庭瓦砾抛，陵寝松楸倒⁽⁹⁶⁾。但听得忽喇喇一天胡哨⁽⁹⁷⁾，车儿上满载着琼瑶⁽⁹⁸⁾，马儿上斜搂着妖娆⁽⁹⁹⁾。打量处处脾儿燥，急得那些斫不尽的蛮子，都一样金线鼠绦，红缨大帽，恨不得向大鼻子把都们，便做了亲爹叫。

【归山早】俺再不向别朝廷拜献归诚表⁽¹⁰⁰⁾，再不向钱神庙拜纳通关钞⁽¹⁰¹⁾，再不向众醉乡跪进清凉泡。拔尽了鼠狼毫⁽¹⁰²⁾，捶摔那陈元宝⁽¹⁰³⁾，万石君别处扰⁽¹⁰⁴⁾，褚先生绝了交⁽¹⁰⁵⁾，我自向长江深处，一曲伴渔樵。

【鲛人珠】遇着那老衲子参一句禅机妙⁽¹⁰⁶⁾，遇着那野道士访几处蓬莱岛⁽¹⁰⁷⁾，遇着那村农夫唱一曲田家乐⁽¹⁰⁸⁾，遇着那小乞儿打几回莲花落⁽¹⁰⁹⁾。闷来时，登高山，攀绝壁，将我那爱百姓的苦先皇洒数行血泪也把英灵吊。将我那没祭祀的小东宫奠一杯冷浆和素饭也浇。将我那死忠义先生们，千叩首、万叩首，拿掌也高声表。

【大拍遍】春水生，桃花笑，黄鹂鸣，竹影交。凉风吹纤草，月色照寒袍。彤云凝六花⁽¹¹⁰⁾，灼烁点霜毫⁽¹¹¹⁾。傍山腰水腰，望云涛海涛，倚梅梢柳梢，听钟敲磬敲，卧僧寮佛寮⁽¹¹²⁾，任日高月高。信意逍遥，物外游遨，勘破烦劳，摆脱尘嚣。到头来没些儿半愁半恼。真个是纵海鱼，离笼鸟，翻身直透碧云霄。任便是银青作饵⁽¹¹³⁾，金紫为纶⁽¹¹⁴⁾，漫天匝地张罗钓⁽¹¹⁵⁾。呸呸呸，俺老先生摆手摇头⁽¹¹⁶⁾，再不来和你们胡厮闹⁽¹¹⁷⁾。

世事浮云变古今，当筵慷慨奏清音。宫槐叶落秋风起，凝碧池头共此心。

【毛泽东评点】

毛泽东在阅读顾名编《曲选》中收录的这首套曲时，首先在题目"万古愁曲"和作者"归庄"旁用铅笔画了两条粗杠，在题头上画了一大圈；

在［入拍］一曲末三句旁，用毛笔各加了两个墨点；

在［放拍］一曲末五句旁，也各加了两个墨点；

在［初拍］一曲倒数二、三句旁，各画了两个墨圈；

在［大拍］一曲前四句旁各加了一个墨点，并在"仗黄钺""逞鹰扬"句后各添了一个顿号，将"血杵漂"句末的分号改为句号，在末五句旁，先用铅笔各画了四个圈，又用毛笔各画了两个墨圈；

在［叠声奏］一曲末六句旁，前四句各加了一个墨点，后二句各加了两个墨点；

在［凯声奏］一曲除了"怎知道"等三句外的其他各句旁，先用铅笔画了圈（短句每句两个，长句每句四个，末句六个），后用毛笔画了墨圈（末二句各画两个，其余每句一个），并将"照不了玉泉燐"的"燐"字改为"燎"，将"旌旗耀"句末的句号改作逗号；

在［钧天奏］一曲"又谁知丑巨君早摹揭了金縢稿"等九句旁，先用铅笔在前六句旁各画了三个圈，后三句各画了两个圈，又用毛笔各加了两个墨圈；

在［重调］一曲末句旁，先用铅笔画了五个圈，又用毛笔画了两个点，并将"有几个狼奔豕突的燕和赵"句末的句号改为逗号；

在［飞龙索］一曲"南冲瘴海标铜柱"二句旁，用毛笔各画了一个墨圈；

在（龙尾吟）一曲"望秦川旌头正高"二句旁，先用铅笔各画了四个圈，又用毛笔各画了两个墨圈，并将二句间的句号改作逗号；

在［蛟龙泣］一曲"痛的是掌上珍的小公主一剑向昭阳倒"句旁，先用铅笔画了四个圈，又用毛笔画了两个墨圈；

在［龙吟怨］一曲"九衢万姓悲无主"等二句旁，用毛笔各画了两个墨点；

在［风雨大江涛］一曲前二句旁，用毛笔各加了两个墨点；在三、四句旁各加了一个墨点，并在"楚包"的"包"字旁和"晋导"的"导"字旁，用铅笔各加了一个短竖杠，在五、六两句旁，先用铅笔各画了五个小圈，又用毛笔各画了三个墨圈；

在［变调］一曲"夸定策""推拥戴"句末各用毛笔添加了墨色顿号，在"反让他晋刘渊做了哭明帝的汉高，军容素缟"二句"晋刘渊"三字旁加了一个专名号（｜），并将二句间的逗号改为破折号，还在"军容素缟"四字旁用毛笔加了一个墨点；

在［前调］一曲"没来由羽书未达甘泉报"等六句旁，用毛笔各加了一个墨点；

在［归山早］一曲前三句旁，先用铅笔各画了四个小圈，又用毛笔各画了两个墨圈；

在末曲［大拍遍］前十四句旁，先用铅笔每句各画了两个小圈，又用毛笔每句各画了墨圈（前八句各画一个，后六句各画两个），并将"月色照寒袍"句末的逗号改为句号，把"翻身直透碧云宵"的"宵"字画掉，在天头上写了一个大"霄"字，"世事浮云变古今"等四句旁先用毛笔各画了四个小圈，又用毛笔各画了两个墨圈。

—— 中央档案馆整理：《毛泽东评点诗词曲精选·曲选》第145—154页，中央档案出版社1998年版

【注释】

（1）击筑，筑是古代的一种弦乐器，似筝，以竹尺击之，声音悲壮。《史记·刺客列传》："至易水之上，既祖，取道，高渐离击筑，荆轲和而歌，为变徵之声，士皆垂泪涕泣。"后以"击筑"喻指慷慨悲歌。

（2）变徵（zhǐ 只），我国古代七声声阶中的第四个音级，比徵低半音。

（3）孤臣，孤立无助或不受重用的远臣。

（4）混沌，一作"浑沌"，古人想象中世界开辟前的状态。玄包，深藏。

（5）老盘皇，即盘古氏，神话中开天辟地的人，世界上日月星辰、山川草木皆是他死后所化（见《三五历记》）。

（6）硗（qiāo 敲），一作"垎"，土地坚硬而瘠薄。

（7）蠔（háo 豪），"蚝"的异体字，即牡蛎。

（8）蚧（jiè 介），昆虫名，即介壳虫。

（9）蛀（zhù 住），啮蚀木头衣物的小虫，即蛀虫，一作"蛙"。汆（qiān 千），积柴木于水中以捕鱼。

（10）灵蠡，灵龟，可占卜，一作"虚枵"。

（11）女娲氏，神话中人类的始祖。传说人类由她和伏羲兄妹相婚而产生，又能抟黄土造人，并炼五色石补天，折断鳌足支持四极。斲（zhuó 啄），大锄，引申为砍，斩，一作"斷"。

（12）有巢氏，传说中巢居的发明者。相传远古时代，人少而禽兽多，为了避免禽兽侵袭，他教民构木为巢。

（13）庖羲，一作"伏羲"，传说八卦出于他的制作。奇（jī 击）偶，亦作"奇耦"，单数和双数。《易·系辞下》："阳卦奇，阴卦偶。"

（14）神农，即神农氏，传说中农业和医药的发明者，传他尝百草，发现药材，教人医病。

（15）轩辕，姬姓，即黄帝，号轩辕氏。传说是中原各族的共同始祖。鱼龙阵，鱼龙变化之阵。

（16）虎豹韬，虎韬和豹韬，古代兵书《六韬》中的两种韬略，泛指兵书。

（17）寅宾，恭敬导引。《尚书·尧典》："分命羲仲，宅嵎夷曰旸谷，寅宾出日。"孔传："寅，敬，宾，导。"置闰，设置闰月，系调整历法纪年与地球公转一周的时间差数的方法。唐尧，传说中我国父系氏族社会后期部落联盟首领。陶唐氏，名放勋，史称唐尧。丹朱，尧之子，名朱，居丹水，故称丹朱，傲慢荒淫，尧因禅位于舜。

（18）女夫姚，即舜，有虞氏，姚姓，名重华，史称虞舜。益，伯益，古代嬴姓各部落的祖先，被舜任为虞。稷，即后稷，舜时农官，古代周代始祖。皋陶（yáo），传说中东夷族的领袖，偃姓，传为舜掌刑法的官。四岳，传说为尧舜时的四方部落首领。三苗，我国古代部族名。湘江两泪悲新竹，指舜南巡死葬苍梧，舜之二妃挥泪成斑竹事。

（19）九嶷山，山名。在湖南宁远南。杜宇，杜鹃鸟的别名。不如归去，古人以为杜鹃啼声酷似人言"不如归去"，因用以为催人归家之词。《蜀王本纪》："蜀望帝淫其臣鳖灵之妻，乃禅位而逃，时此鸟适鸣，故蜀人以杜鹃啼为悲帝，其鸣为不如归去云。"

（20）崇伯子，即禹，禹父鲧号崇伯，奉舜命治水。贤郎，指禹之子启，传说中夏代王朝的开创者。寒家猾吏，指寒浞。羿推翻夏朝后又被他夺得政权。

（21）履，即桀，名履癸，夏代国王，被汤败，出奔南方而死。

（22）三宗，指黄帝、唐尧、虞舜。

（23）七圣，指尧、舜、禹、汤、文王、武王、周公。

（24）琼台，相传为纣所建的玉台。纣，商代最后一个君主的谥号，一作受，亦称帝辛，相传是个暴君。《史记·殷本纪》："帝乙崩，子辛立，是为帝辛，天下谓之纣。"太白，周旗名。《逸周书》："武王乃执太白以麾诸侯。"

（25）黄钺，用黄金装饰的长柄斧子，天子仪仗，用于出征。

（26）鹰扬，威武之状。血杵漂，即血流漂杵，形容杀人很多。杵，古代兵器名。

（27）虎拜，召穆公名虎，周宣王时人，因平定淮夷之乱有功，王赐给山川土地，召穆公稽首拜谢。召伯，周代燕国的始祖，名奭，采邑在召（今陕西岐山西南）。青风，春风。尹吉，即尹吉甫，周宣王的大臣。岳降，诞生。《诗经·大雅·崧高》："维岳降神，生甫及申。"申甫，周代名臣申伯和仲山甫的并称。以上均是贤能的辅佐之臣。

（28）骊山一粲宗周燎，指西周灭亡。西周末帝幽王政苛，好战，又宠褒姒，废太子宜臼。申侯联合犬戎攻周，幽王被杀于骊山，西周灭亡。

（29）泗滨，指用泗滨石所作之磬。宋王禹偁《笙磬同音诗》："谁将嶰谷韵，潜合泗滨风。"神宝，指天子之位，即帝位。《后汉书·皇后纪序》："而赴蹈不息，焦烂为期，终于陵夷大运沦亡神宝。"李贤注："神宝，帝位也。"

（30）悠悠行迈黍离歌，《诗经·王风·黍离》："彼黍离离，彼稷之苗。行迈靡靡，中心摇摇。"《黍离》是东周初年，周王朝大夫到镐京，见周之宗庙宫殿均已毁坏，长了庄稼，有感而作此诗。

（31）麦秀狡童，麦秀是麦子开花而未结实。《史记·宋微子世家》："箕子朝周，过故殷墟，感宫室毁坏，生禾黍，箕子伤之，欲哭则不可，欲泣为其近妇人，乃作《麦秀》之诗以歌咏之。"狡童指殷纣王。

（32）弄笔老尼山，指孔子，名丘，字仲尼。二百四十年，指孔子作的编年体史《春秋》，起于鲁隐公元年（前722），终于鲁哀公十四年（前481），计二百四十二年。

（33）老峄山，战国中期著名的儒学大师孟轲（前390—前305）。孟轲为邹（今山东邹县东南）人，峄山在其县境东南，故以峄山称孟轲，又因孟轲善辩，故称"爱斗口"。孟轲受业于孔伋（孔子孙）的门人，历游齐、宋、滕、魏等国。曾为齐宣王客卿。主张"法先王"，"复三代之政"的政治路线，宣扬"五百年必有王者兴"的英雄史观，被称为仅次于孔子的"亚圣"。五帝，传说中的上古帝王，指黄帝、颛顼、帝喾、唐尧、虞舜，另有两说。三皇，传说中的远古帝王，有六种说法，最通行的说法是指天皇、地皇、人皇。宽头巾，即大头巾，指官僚。

（34）骑青牛，谈玄妙，指老子，即李耳，字伯阳，春秋末楚国苦县（今河南鹿邑县东）人，哲学家，道教创始人。跨鹏鸟，汗漫逍遥，指庄周，又称庄子，宋国蒙（今河南民权县西北）人，战国道家主要代表。他著有《逍遥游》，其中写大鹏鸟抟扶摇直上九万里。汗漫，漫无边际。

（35）兰卿鬼老，兰台为汉代宫内藏图书之处。东汉时班固为兰台令史，受诏撰史，故后亦称史官为兰台、兰卿。因史学家所写均为已逝之人的事，故戏称鬼老，此指史学家，一作"灵谈鬼笑"。

（36）骊山气正豪，指秦始皇，他生前发刑役七十万兴修骊山墓。

（37）"六鹢"句，指齐、楚、燕、韩、赵、魏六朝被秦灭亡，中国归于统一。

（38）人鱼膏，鲵（娃娃鱼）鱼的脂膏，可以点火照明。《史记·秦始皇本纪》："以人鱼膏为烛，度不灭者久之。"阿房（páng 旁），指秦宫殿阿房宫，规模宏大，极其壮丽。绿云鬟，乌黑发亮的发髻，泛指妇女美丽的头发。

（39）琅琊碑，指琅琊刻石，在今山东诸城琅琊山上。《史记·秦始皇本纪》："作琅邪台，立石刻，颂秦德。"

（40）童男女，《史记·秦始皇本纪》载，秦始皇曾派方士徐市（fú 福）带童男童女数千人入海求仙，求不死之药。

（41）赤帝子斩蛇，指刘邦斩蛇起义事（见《史记·高祖本纪》）。旧谓汉以火德王，火色赤，因称刘邦为赤帝子。

（42）重瞳，指项羽。重瞳，眼睛有两个眸子。旧时认为是一种异相、贵相。《史记·项羽本纪序》："吾闻之周生曰'舜目盖重瞳子'，又闻项羽亦重瞳子，羽岂其苗裔也？"裴骃集解引《尸子》："舜两眸子，是谓重瞳。"

（43）轵（zhǐ 止）道，亭名，在今陕西西安市东北。婴，指秦王子婴。子婴在轵道旁投降（见《史记·秦始皇本纪》）。汉高祖元年（前206），刘邦军至霸上，子婴投降。

（44）关东，函谷关以东。六王，指战国时被秦吞灭的齐、楚、燕、赵、晋、魏六国国王。泉台，墓穴，亦指阴间。

（45）莽亭长唱大风，刘邦曾为泗水亭长，有《大风歌》抒发思得良将固守基业之情。

（46）小秦王，指唐太宗李世民，他在隋任尚书令，父李渊建唐后封秦王。

（47）香孩儿，指宋太祖赵匡胤。赵匡胤"生于洛阳夹马营中，赤光满室，营中异香径宿不散。因此父母称他为"香孩儿"（吴璿：《飞龙全传》第一回）。

（48）萧曹，汉初大臣萧何、曹参先后为相。

（49）虞姚，指初唐文学家虞世南和姚思廉。

（50）仪陶，仪，指唐初大臣上官仪，曾为唐太宗起草诏书；陶，疑为"绹"，令狐绹，曾为唐宣宗起草诏书。

（51）金瓯，金制的盆、盂之类，比喻疆土之完固，亦用以指国土。

（52）丑巨君，指王莽（前45—后23），字巨君，汉元帝皇后侄。西汉末以外戚掌握政权，封新都侯。初始元年（8）称帝，改国号为新。公元8—23年在位。金縢（téng 疼），《尚书》篇名。记载周公避嫌居东都又被成王迎回事，以其匮缄之以金，故曰金縢。此指王莽自以为效周公旧事。

（53）小瞒曹，曹操小名阿瞒。山阳表，劝曹丕篡汉自立的表章。汉建安二十五年（220）曹丕废汉献帝为山阳公，建魏国。山阳，在今河南修武县境，在太行山之南（阳）。

（54）"渔阳鼓"句，指唐安史之乱。安禄山自渔阳（治所在今北京市）起兵叛唐，击败唐军。天宝十五年（756）称帝，攻破长安。玄宗逃往四川，肃宗即位于灵武，故云。霓裳调，杨贵妃曾为《霓裳羽衣曲》。

（55）碣山贼，指匈奴。东汉将军窦宪击匈奴于漠北，勒石，班固作《封燕然山铭》："封神丘兮建隆碣，熙帝载兮振万世。"李善注："《说文》：'立石也。'碣'与'碣'同。"此喻指金人。九龙沼，即九龙池，唐代长安池名，故址在今陕西西安市。

（56）"五国城"句，北宋徽、钦二帝在靖康二年（1127）被金兵俘去，后死于五国城（今黑龙江依兰县）。

（57）皋亭，山名，在今浙江杭州市郊。南宋时为临安防守要隘，宋君臣在此投降。

（58）賸，"剩"的异体字。未央，未央宫，汉宫殿名，故址在今陕西西安市西北长安故城内西南隅。原为朝见之处。

（59）华清，华清宫，唐宫殿名，在陕西西安市临潼区南骊山下。

（60）六陵，指永恩陵、永阜陵、永崇陵、永茂陵、永穆陵、永绍陵，是南宋高宗、孝宗、光宗、宁宗、理宗、度宗的陵墓，在今浙江绍兴市东十八里之宝山。

（61）三朝，外朝、内朝、燕朝。

（62）权和操，即孙权和曹操。

（63）翁和媪，老头子和老婆子，指历代的太上皇和皇太后执掌朝政者，如吕后、武则天之流。

（64）燕和赵，赵，指南北朝时期羯人石勒建立的后赵和匈奴人刘渊建立的前赵；燕，指鲜卑人慕容皝建立的前燕以及后燕、南燕、北燕。此喻指历史上少数民族建立的政权。

（65）奴和盗，对农民起义领袖的诬称。

（66）蛮，指古代南方少数民族，泛指四方的少数民族。獠（liáo 辽），古时骂人的词语。

（67）大明太祖高皇帝，指朱元璋，明王朝的建立者。定鼎，建都。金陵，今江苏南京。朱元璋公元 1368 年称帝，建都金陵。

（68）生开做中华皮岛，把中原弄成了卖皮货的场所，指元人入主中原。

（69）"南冲"句，汉将马援远征交趾（今越南北部），在边界上树立铜柱，作为边界标志（见《后汉书·马援传》）。

（70）十七叶，十七世，明从明太祖朱元璋到思宗崇祯共传十七个皇帝。

（71）垂裳，垂拱，旧时用来称颂帝王无为而治。食旰衣宵，即宵衣旰食，天不亮就穿衣起身，天晚了才吃饭，旧时用来称颂皇帝勤于政事。

（72）"谁知道"等八句，指李自成农民起义，推翻了二百七十年的明王朝。

（73）"痛的是十七载明圣天子"等十二句，指李自成攻破北京后，崇祯帝吊死煤山（今北京景山公园内），皇后自缢，公主、皇子皆被崇祯先行杀死。

（74）劝进表，魏晋六朝时，篡位之君每假"禅让""受禅"之名夺取政权。当让国"诏书"下达后，又故作谦让，使朝臣再三上表劝其登基，然后即位。此种表章多谀颂功德而归之天命。如曹丕代汉，侍中刘廙等即率群臣奉表劝进。亦有外族入侵、皇统中断，大臣上表宗室劝其即位以继承皇统者。凡此劝登帝位的表章，通称"劝进表"。

（75）登极诏，帝王下的即位诏书。

（76）淫嬲（niǎo），淫弄，戏弄。宋韩驹《送子飞弟归荆南》："弟妹乘羊车，堂前走相蹦。”

（77）龙阳料，指以男色侍人者。龙阳，指战国魏男宠龙阳君，事见《战国策·魏策四》。

（78）建旌旗下井径，指汉将韩信。公元前204年，韩信率数万军攻赵之井陉（今河北井陉北），杀守将陈余，俘赵王歇。

（79）鞭铁骑渡黄河，指官渡之战。曹操在黄河南岸，袁绍在北岸，后操渡河歼袁主力，奠定了统一北方的基础。

（80）痛哭秦庭的楚包，用吴攻楚都，申包胥哭秦庭求救兵故事。

（81）洒泪新亭，用东晋南渡王导、周觊等人新亭对泣故事，指怀念故国、忧国伤时的心情（见刘义庆《世说新语·言语》）。

（82）击江楫，指晋祖逖北伐，渡江中流，拍击船桨，立誓收复中原的故事。

（83）舞鸡鸣，指晋刘琨起舞，志士仁人及时奋发之意（见《晋书·刘琨祖逖列传》）。

（84）拥孤城碎齿，指唐睢阳守将张巡在安史之乱中固守不降，后被俘骂不绝口，齿皆咬碎，死后睢阳建有其祠庙。

（85）常山杲，唐常山太守颜杲卿被安禄山俘至洛阳，在天津桥柱碎割，仍骂不绝口，被割舌而死（见《新唐书·颜杲卿传》）。

（86）金陵福王，明亡后，1644年，朱由崧在江南建立南明政权，称福王，在位一年。

（87）反让他晋刘渊做了哭明帝的汉高，刘渊是十六国时期汉国的建立者，公元304—310年在位，字元海，匈奴人，世袭匈奴左部帅。西晋末年，在离石（今属山西）起兵反晋，称大单于，后改汉王。永嘉二年（308）称汉帝，建都平阳（今山西临汾西南）。明帝，即义帝（楚怀王），原为项羽、刘邦所拥戴，后为项羽所杀，刘邦为其举哀，令诸侯身穿白色哀服为其举哀。

（88）李招讨，指汉李陵，率军出击匈奴，战败投降。

（89）兀的，语气副词，与“不”连用，表反诘，怎的不。也么哥，元曲中常用的衬词，无义。

（90）酕醄（máo táo 毛逃），大醉之态。唐姚合《闲居遣怀》之六："遇酒酕醄饮，逢花烂漫看。"

（91）烧刀，亦称"烧刀子"，即烧酒。元王仲文《救孝子》第二折："外郎，这场事多亏了你，叫张千去买一壶烧刀子与你吃咱。"

（92）敖曹，喧闹声，疑应作"敖包"，又译"鄂博"，蒙古语音译，堆子。蒙古族人做路标和界标的堆子，用石、土、草等堆成，喻其体质强壮。

（93）蟾酥秘药方儿妙，蟾酥是一种大蟾蜍耳后腺及皮肤腺的白色分泌物，有毒，干后供药用，主治痈毒疔疮等病症。

（94）羽书，即羽檄，古代军事文书，插鸟羽以示紧急，必须迅速传递。汉陆贾《楚汉春秋》："黥布反，羽书至，上大怒。"甘泉，宫名。故址在今陕西淳化西北甘泉山。本秦宫，汉武帝增筑扩建，在此朝拜诸侯，飨外国客；夏日亦作避暑之处。

（95）翠华，天子仪仗中以翠羽为饰的旗帜或车盖。《文选·司马相如〈上林赋〉》："建翠华之旗，树灵鼍之鼓。"潼关，关隘名，古称桃尔林塞。东汉时设潼关，故址在今陕西省潼关县东南，地处陕西、山西、河南三省要冲，素称险要。

（96）陵寝，古代帝王陵墓的宫殿寝庙，借指帝王陵墓。

（97）胡哨，撮起嘴唇或塞手指于口所吹出的尖锐声音，多用作召集的信号。

（98）琼瑶，美玉。

（99）妖娆，指娇媚的女子。

（100）归诚表，归顺的表章，即投降书。归诚，归顺，投诚。《北齐书·叱列平传》："平常虑危祸，会高祖起义，平遂归诚。"

（101）钱神，金钱之物，如同神物。晋元康之后，纲纪大坏。鲁褒著《钱神论》一文，刺世风之贪鄙。见《晋书·隐逸传·鲁褒》，后常贬称万能的金钱。其实并无钱神。

（102）鼠狼毫，用黄鼠狼的毛制成的笔，也称狼毫。

（103）陈元宝，旧元宝，我国旧时熔铸成马蹄形的银锭，常作货币流通。

（104）万石君，本指汉石奋，后亦称一家五人官至二千石或一家多人为大官者。《汉书·石奋传》："奋长子建，次甲、次乙，次庆，皆以驯行孝谨，官至二千石。于是景帝曰：'石君及四子皆二千石，人臣尊宠乃举集其门。'凡号奋为万石君。"

（105）楮（chǔ 处）先生，指纸。典出唐韩愈《毛颖传》："颖与绛人陈玄、弘农陶泓及会稽楮先生友善，相推致，其出处必偕。"此文将笔、墨、砚、纸拟人化，称纸为楮先生，后遂以楮先生为纸的别称。

（106）老衲子，老和尚，年老的僧人，亦为老僧的自称。唐戴叔伦《题横山寺》："老衲供茶盌，斜阳送客舟。"参，佛教禅宗的修持方法。有游访问禅、参究禅理、打坐禅思等形式。禅机，佛教禅宗和尚谈禅说法时，用含有机要秘诀的言辞、动作或事物来暗示教义，使人得以触机领悟，故名。金王若虚《议论辨惑》："近世之士参之以禅机元（玄）学，而圣贤之实益隐矣。"亦用以称能发人深省而富有意味的妙语。

（107）野道士，道教徒。蓬莱岛，即蓬莱山。古代传说中的神山名。亦常泛指仙境。《史记·封禅书》："自威、宣、燕昭使人入海求蓬莱、方丈、瀛洲，此三神山者，其传在勃海中。"

（108）田家乐（lè 勒），农家的乐趣。

（109）莲花落（lào 烙），亦称"莲花乐"，民间曲艺的一种。旧时本为讨乞所唱，后出现专业演员，演员一二人，仅用竹板按拍。《五灯会元·临济宗·金陵俞道婆》："一日，闻巧者唱莲花乐：'不因柳毅传书信，何缘得到洞庭湖。'忽大悟。"

（110）六花，雪花，雪花结晶六瓣，故名。唐贾岛《寄令狐绹相公》："自著衣偏暖，谁忧雪六花。"

（111）霜毫，白色的光芒，寒光。唐鲍溶《送罗侍御归西台》："诗情分绣段，剑彩拂霜毫。"

（112）僧寮佛寮，僧舍。寮，僧舍。《释氏要览·住持》："言寮者，《唐韵》云：同官曰寮。今禅居意取多人同居，共司一务，故称寮也。"

（113）银青，"银印青绶"的省称，白色印章和系印的青色绶带。秦汉制，吏秩比二千石以上皆银印青绶，以后用作高级官阶名号。《汉书·百官公卿表上》："御史大夫，秦官，位上卿，银印青绶，掌副丞相。"

（114）金紫，"金印紫绶"的省称，黄金印章和系印的紫色绶带。古代相国、丞相、太尉、大司空、太傅、太师、太保、前后左右将军及六宫后妃所掌，亦为表示品级之服饰。魏晋以后，光禄大夫得假金章紫绶，因以称金光紫禄大夫。《汉书·百官公卿表上》："相国、丞相皆秦官，金印紫绶。"后用以代指高官显爵。

（115）漫天匝地，铺天盖地。

（116）老先生，旧时官场中的称呼，宋代已有之，但非仕途常称；元时始称于官场；明代三司见督抚称老先生，见巡抚见先生大人，虽行而犹有分别。明冯惟敏《新水令·送李阁老石鹿归田》套曲："呀，老先生去国，方显出元臣出处得其宜。"

（117）胡厮闹，胡乱吵闹。明兰陵笑笑生《金瓶梅词话》第十一回："［潘金莲］专一听篱擦壁，寻些头脑厮闹。"厮，相互。

【赏析】

归庄的《万古愁曲》共由二十支曲子组成，是少有的长篇散套。它慷慨悲歌、大气磅礴，通过评说历代史事，悲悼明朝灭亡，斥责明朝官吏的误国，抒发自己隐居不仕的情怀。

此曲可以说是一篇"读史"，它是作者对从远古至明王朝的中国历史的总评价，但这种评价是用一种文学形式（曲）来表现的。作者的所采取的不是严肃的科学态度，而是一种嬉笑怒骂的方式，抹倒一切，不管是圣君贤相、昏君佞臣，还是农民起义领袖，一概骂倒，只对并不怎么高明的明朝皇帝加以赞颂，这种历史偏见离真理甚远，这是我们不能不首先交代说明的。

全曲篇幅宏伟，结构紧密，正文前有序诗，正文后亦有诗做收束，中间正文二十曲，可分为四个部分。四句序诗交代写作此套散曲的原因，是要表达他对明王朝的一片忠心。从首曲［曼声引］至［叠声奏］共六曲，是对三皇五帝的评说。中国的历史是从盘古开天辟地开始的，女娲氏造人和补天，有巢氏教民构木为巢，伏羲氏制作八卦，神农氏尝百草，教人医病，轩辕氏发明阵法和兵书，这些史前时期的人类先祖，对中华民族的开发各有贡献。其后，更有"三宗"：黄帝、唐尧、虞舜，还有"七圣"：尧、舜、禹、汤、文王、武王和周公。总之，这些人物在中国历史上为人们称为"三皇五帝"，他们被认为是最高尚最有才能的神圣人物，而作者都一一加以贬责：轩辕氏"留下一把万古的杀人刀"，唐尧没有把自己的儿子丹朱教导好，虞舜南巡死葬苍梧九嶷山，大禹治水有功，但没有培养好儿子启，江山被寒浞夺去，商殷亡于纣王之手，周朝贤相辅佐，都也被幽王之类的昏君断送了。上古史上这些神圣人物都被说得一无是处。而这段历史又被孔丘、孟轲等史学家"说得皮头皮脑"，都成了"骗呆人，弄猢狲的圈套"。这是作者对上古历史的看法。

从〔凯声奏〕至〔重调〕三曲，则是对我国中古时期历史帝王的评说。"骊山气正豪，六鹊巢俱扫。"对于千古一帝的秦始皇，肯定了他统一六国的功业，但对于他大修骊山墓、阿房宫，到处刻石纪功，派徐市带童男童女求长生不老之药，进行了辛辣讽刺，结果导致子婴轵道出降，秦朝灭亡。对于汉高祖刘邦，只说"还有个莽亭长唱大风一套，遂做了汉家天子压群豪"。对于唐太宗李世民只说"还有个小秦王下枯棋几道，遂据了唐家天号拥神皋"。对于宋太祖赵匡胤，只说"还有个香孩儿结相知几老，遂向那陈桥古驿换黄袍"。这些颇有作为的开国皇帝，又有像萧何、曹参这样的贤相辅佐，虞世南和姚思廉这样的文学之士，上官仪和令狐绚等人起草诏檄，以为江山可以传之万世。但是像汉代王莽篡位自立为王的人，像曹操、曹丕父子篡夺王位的人，像唐代边将安禄山、史思明公然造反夺取江山之人，还有像匈奴、金人等少数民族贵族首领图谋入主中原之人，一个个都觊觎着王位，灭亡了一个个王朝。更有那像孙权和曹操拥兵自强的，还有的太上皇和皇太后执政的，还有南北朝时五代十国，建立了不少少数民族政权，还有众多的农民起义领袖，这些人把个中国搅得一团糟。

从〔飞龙索〕至〔前调〕（宫庭瓦砾抛）共七支曲子，则是对明王朝的评说。这部分又分三层意思来写。〔飞龙索〕则是对明王朝的建立者朱元璋等十七叶神圣皇帝的歌赞。作者赞扬朱元璋把中原从元人统治下解放出来，"东征西讨"，拓疆扩土，完成了统一大业。他的后世子孙继皇位者，也都能"一个个垂裳问道，食旰衣宵"。接下来作者笔锋一转，变故突起，"半霎儿把二百七十年的旧神京，平端做了妖狐淖。"所以，[龙尾吟]一曲是个过渡。然后[蛟龙泣]一曲便转入到对明朝灭亡的哀悼。做了十七年皇帝的崇祯（朱由检）在李自成农民起义军攻破北京后，跑到皇宫后面的煤山吊死在一棵槐树上，皇后抛骨宫门，小公主被崇祯杀死在昭阳殿，东宫太子被剁成了"血虾蟆"。毫无罪过的二王也被杀头。懿安皇后被起义军掠去。这些当然是可悲的，作者一律以"痛痛痛"吊之，表示对明王朝统者的沉痛哀悼。人们不禁要问，好端端的一个明王朝为什么落了这么一个惨剧？作者把它归结于奸臣误国。所以从[龙吟怨]以下五曲，便是作者对奸臣误国的谴责。[龙吟怨]一曲先总写明王朝灭亡后的混乱局面：可恨这些大臣平日"受皇恩""沾封诰""乌纱罩首，金带垂腰"。今日一个个"稽首贼庭"，有的怀揣"劝进表"，有的草拟"登极诏"，一个个叛变投敌，为虎作伥。[风雨大江涛]一曲接着写道，众多的大臣中没有一个像汉大将韩信攻打井陉那样，没有一个像曹操在官渡击败袁绍，没有一个像楚国的申包胥哭秦庭去搬救兵，没有人像王导、周觊等新亭对泣怀念故国，没有人像祖逖中流击楫，立誓恢复中原，没有人像刘琨闻鸡起舞，力图恢复，更没有人像唐张巡守睢阳被俘后不屈而死，更没有人像安史乱中颜杲卿被俘后骂不绝口被割舌而死。可谓投降变节者比比皆是，忠勇正直之士无一。[变调]二曲则写南明小朝廷更是胡闹。福王在南京建立南明政权，抵抗清兵，本来是件好事。但是福王用人不当，狐朋狗党，蝇营狗苟，反而让少数民族首领做了哀悼明朝皇帝之人，使像汉李陵那样英勇善战的将军陷入绝境。这些官员们更是醉生梦死，得过且过，"胡哄哄闹一回，痴迷迷混几朝"。更传闻皇帝身体棒得很，整天服春药。羽书还未报，清兵已经到来，遂改了大明年号，明王朝彻底灭亡。这是怎样一种混乱局面呢："宫庭瓦砾抛，陵寝松揪倒。但听得忽喇喇一天胡哨，车儿上满载着琼瑶，马儿上斜搂着妖娆。"一些无耻之徒，"恨不得向大鼻子把都们，都便做了亲爹叫"。这种亡国局面何等令人痛心！

　　明亡之后，作者作为一个明朝遗民，便面临一个对清王朝统治者的态度问题，[归山早][鲛人珠]和[大拍遍]三支曲子，表示作者决不妥协的态度。"俺再不向别朝廷拜献归诚表",即不归降清廷。"我自向长江深处,一曲伴渔樵",即宁愿与渔夫樵夫为伍,而不到清廷做官。见到老和尚"参一句禅机妙",遇着野道士访几处蓬莱岛,碰见农夫"唱一曲田家乐",遇见讨饭的"打几回莲花落",四处遨游,摆脱尘嚣。"任便是银青作饵,金紫为纶,漫天匝地张罗钓。"就是说清廷用高官厚禄收买,"呸呸呸,俺老先生摆手摇头,再不来和你们胡厮闹",一副不妥协的态度归结于隐居不仕。最后以诗收束,"世事浮云变古今",归结题意。

这套曲子评说历代史事,是站在明朝遗民的立场上的,不仅对清王朝持有偏见,对历代帝王也嬉笑怒骂,很不公平。毛泽东在《贺新郎·读史》中对上古历史作出了科学评价,在《沁园春·雪》中更具体评价历代帝王说:"惜秦皇汉武,略输文采;唐宗宋祖,稍逊风骚。一代天骄,成吉思汗,只识弯弓射大雕。"对中国历史上有文治武功的几位皇帝进行了肯定,才是符合历史唯物主义的。

毛泽东当然不会赞同归庄对历代史事的具体评价,但他对这首套曲是非常欣赏的。这表现在,他在顾名编的《曲选》中读到这篇作品时,进行了认真的圈点。首先他在题目《万古愁曲》和作者名字"归庄"旁用铅笔画了两条粗重竖杠,并在题目上方天头处画了一个大圈,这说明这套曲子引起了他的特别注意。接着又用铅笔和毛笔两次对正文进行圈点,对大多数曲子的不少语句都画了圈或点,有的语句还加了密点或密圈,表明他对该曲的语言也很感兴趣。

陈　全

陈全，字果之，福州长乐（今福建长乐）人，明诗人、散曲作家。永乐进士，授翰林编修，历侍讲，署院事。工五言诗和散曲。著有《蒙斋集》。

【原文】

〖正宫〗叨叨令

咏疟疾

冷来时冷的在冰凌上卧，热来时热的在蒸笼里坐；疼时节疼的天灵破[1]，颤时节颤的牙关挫[2]。只被你害杀人也么哥[3]！只被你害杀人也么哥！真个是"寒来暑往人难过[4]"。

【毛泽东评点】

毛泽东在阅读顾名编《曲选》收录的这首小令时，首先用铅笔在题目上方的天头处画了一个圆圈；接着又用毛笔圈点，在前六句旁每句各加了两个墨点，末句旁加了三个墨点，并对"寒来暑往□难过"句加了引号，在原空白处填补了一个"人"字。

——中央档案馆整理：《毛泽东评点诗词曲精选·曲选》第47页，中央档案出版社1998年版

昔人咏疟疾词（这首曲子，调名《叨叨令》）云："冷来时冷的在冰凌卧，热来时热的在蒸笼里坐；痛时节痛的天灵破，战时节战的牙关挫。真个是害杀人也么哥，真个是害杀人也么哥，真个是寒来暑往人难过。"

——《给张闻天的信》（1959.8.2）《建国以来毛泽东文稿》（8）第399页，中央文献出版社1993年版

明

曲

【注释】

（1）天灵破，脑盖都破了。天灵，即天灵盖，人的颅顶骨。元关汉卿《单刀会》第三折："七稍弓，八楞棒，打碎天灵。"

（2）牙关挫，上下牙床的牙齿交相碰撞而挫断，形容其颤抖得厉害。牙关，上下颌之间的关节。

（3）也么哥，元明戏曲中常用的衬词，无义。明王九思《端正好·春游》曲："兀的不喜煞人也么哥！"

（4）寒来暑往，忽冷忽热，冷热交替。

【赏析】

陈全这首《咏疟疾》小令写得很好，颇为有名。"冷来时冷得在冰凌上卧，热来时热的在蒸笼里坐；疼时节疼的天灵破，颤时节颤的牙关挫。"前四句，写疟疾的症候。前二句用比喻，后二句用夸张，把疟疾的症候形容得淋漓尽致，妙不可言。"只被你害杀人也么哥！只被你害杀人也么哥！真个是'寒来暑往人难过'。"后三句写害疟疾的严重后果。重言"只被你害杀人也么哥！"语气强烈，强调后果严重。末句"寒来暑往"不是指节候变化，而是指害疟疾时忽冷忽热，病人非常难熬。此曲的意义已经超出了它所咏的范围，人们常常拿它来讽刺政治上的冷热病和人际关系上的冷暖态度。

毛泽东熟知这支曲子，在顾名编的《曲选》里读到这首小令时，他首先用铅笔在题目上方天头处画了一个大圈，这是他对优秀作品的习惯画法。然而又用毛笔在正文的每句旁都加了两个墨点，表示比较欣赏。此外，他还运用这首小令说明现实问题。他在1959年8月2日写给张闻天的信中引录了这首曲子的全文，批评张闻天政治上犯了忽冷忽热病，后来又把张闻天打成"彭德怀、黄克诚、张闻天、周小舟反党集团"，那完全是错误的，1981年6月中共十一届六中全会通过的《关于建国以来党的若干历史问题的决议》已予以纠正。

宋登春

宋登春，字应元，壮岁白发，自号海翁，晚居江陵天鹅池，更号鹅池生。赵郡新河（今河北大名）人，明诗人、散曲作家。家累高赀，少失父母，以无赀省家益贫。性嗜酒慕侠，能挽强驰骑，时发愤读古人书，能诗，善画。年三十，一年中妻子女五人皆死，遂弃家室，囊书远游。赴京师，游齐、鲁，登长白山，浮淮、渡江、涉吴会，又北走青、徐，出居庸关，循太行山而西，穷关、陕、泽潞诸边塞，后由栈道入西川，游峨眉，溯巫、巴，下荆、鄂，迁云梦而北走大梁。居江陵之天鹅池。荆州守徐学谟，深礼敬之。后学谟致归，登春访之吴中。买舟浮钱塘，径跃入江死。著有诗《鹅池集》，文《燕石集》《诗禅琐评》一卷。

【原文】

〖双调〗清江引

糯米酒儿鲜鱼鲊[1]，还喜生姜辣。秋天不肯明，只把鸡儿骂。呼童儿点灯来花下要[2]。

【毛泽东评点】

毛泽东在阅读顾名编《曲选》中所收录的这首小令时，在起首三句旁，用毛笔各加了两个墨点，三、四句各加了一个墨点，末句加了三个墨点。

——中央档案馆整理：《毛泽东评点诗词曲精选·曲选》第42—43页，中央档案出版社1998年版

【注释】

（1）糯（nuò 诺）米酒，糯米酿造的酒。糯米，黏性的稻米。鲊（zhà

诈），用腌、糟等方法加工的鱼类食品。《释名·释饮食》："鲊，菹也，以盐、米酿鱼以为菹，熟而食之也。"

（2）童儿，儿童，亦指童仆。

【赏析】

此首小令的作者"宗登春"应是"宋登春"之误。

这首小令共五句，分为两层来写。"糯米酒儿鲜鱼鲊，还喜生姜辣。"前二句写诗人饮酒。他喝着糯米酿造的美酒，又有腌制的鲜鱼做下酒菜，还有他喜欢吃的辛辣的生姜。一个人自饮自酌，好不快活。"秋天不肯明，只把鸡儿骂。呼童儿点灯来花下耍。"后三句写意欲灯下玩耍。"秋天"点明时令，"不肯明"交代喝酒是在夜间，也可能他心有不快，盼天早明，所以就骂鸡不报晓。在无奈之中，他想起了一个办法：呼唤童仆点灯照明在花下玩耍。这使我们想起《古诗十九首·生年不满百》中"昼短苦夜长，何不秉烛游"的诗句，一种及时行乐的思想跃然纸上。这样讲比较消极，也可以讲得积极一点，那就是珍惜光阴，热爱生活，也未尝不可。此曲全用叙述，语言通俗流畅，自然本色，质朴无华，颇有魅力。

毛泽东在顾名编的《曲选》中读到这首小令时，用毛笔对全文每句都加了墨点，看来他是比较喜读的。

唐 寅

唐寅（1470—1524），字伯虎，一字子畏，自号六如居士、桃花庵主、逃禅仙吏等，吴县吴趋里（今江苏苏州）人，明画家、文学家。性不羁，有才华。少与张灵相善，并与沈周、祝允明、文徵明、徐祯卿等名士交往，切磋文艺。孝宗弘治戊午（1498）举乡试第一，会试时因牵连科场舞弊案而被革黜。筑室桃花坞，与客欢饮其中，年五十四岁而卒。最擅长山水，多取法李唐、刘松年，景物清丽，笔墨灵秀峭利而有韵致。兼精仕女、人物，笔势流转，工细、写意俱妙。偶作水墨花鸟，亦清隽有生气。与沈周、文徵明、仇英合称"明四家"。善书法。能诗文。文以学六朝为主；诗初喜秾丽，中年学刘禹锡、白居易，晚年不拘成格，惟语多凄怨，或宣扬因果、宿命之论。有《六如居士全集》。

【原文】

〖商角调〗黄莺儿

风雨送春归，鸟空鸣，花乱飞。青苔满院朱门闭。灯昏翠帏[1]，愁攒黛眉[2]，伶俜形影汪洋泪[3]。惜芳菲[4]，登楼试望，草绿遍天涯[5]。

【毛泽东评点】

毛泽东在阅读顾名编《曲选》收录的这首小令时，先后两次圈点了这首曲子，先用铅笔在"青苔满院朱门闭"和"愁攒黛眉"句旁各画了一个圈，在"灯昏翠帏"和末二句旁各画了两个圈，在"伶俜形影汪洋泪"句旁画了四个圈；后用毛笔，在开头三句、"灯昏翠帏"二句和末二句旁各画了一个墨圈，在"青苔满院朱门闭"和"伶俜形影汪洋泪"句旁各画了两个墨圈，并将"青苔满院朱门闭""灯昏翠帏"句末的逗号、句号分别改为句号、逗号。

——中央档案馆整理：《毛泽东评点诗词曲精选·曲选》第43页，中央档案出版社1998年版

【注释】

（1）翠帏，青绿色的帏帐。唐温庭筠《牡丹》之一："轻阴隔翠帏，宿雨泣晴晖。"

（2）攒（cuán），簇聚，聚集。黛眉，黛画之眉，特指女子之眉。晋左思《娇女诗》："明朝弄梳台，黛眉类扫跻。"黛，一种青黑色的颜料，女子用以画眉。

（3）伶俜（líng pīng 令乒），孤独之态，或瘦弱细长之状。《玉台新咏·古诗为焦仲卿妻作》："昼夜勤作息，伶俜萦苦辛。"

（4）芳菲，花草盛美。南朝陈顾野王《阳春歌》："春草正芳菲，重楼启曙扉。"

（5）天涯，天边，指极远的地方。语出《古诗十九首·行行重行行》："相去万余里，各在天一涯。"南朝陈徐陵《与王僧辩书》："维桑与梓，翻若天涯。"

【赏析】

唐伯虎的这首《黄莺儿》写闺阁女子的伤春之情。"风雨送春归，鸟空啼，花乱飞。"起头三句先写环境。首句"送春归"点明时在暮春。"暮雨三月，江南草长，杂花生树，群莺乱飞。"（丘迟《与陈伯之书》）春天是美好的，江南的春色尤其如此。但在作者笔下的春天却是风雨如晦、鸟啼花飞。再加上满院的青苔，红漆大门紧紧关闭。这就从时令、地点等方面写出了一个萧疏冷落、人迹罕至的环境。"灯昏翠帏，愁攒黛眉，伶俜形影汪洋泪。"中三句再出人物。"灯昏"点明时在夜晚。在昏暗的灯光下，青绿色的帏帐之中，躺着一位双眉紧锁、瘦骨嶙峋的青年女子，她双眼含着眼泪。这位少妇看来生活得并不幸福。那么，她生活中缺少什么呢？"惜芳菲，登楼试望，草绿遍天涯。"末三句写景，篇终结混茫，余意不尽。原来

这位少妇是怜惜暮春的盛美的花草，实则也是自伤，所以到天亮之后，她登楼眺望，只见芳草早已绿遍天涯海角。汉淮南小山《招隐士》诗有云："王孙游兮不归，春草生兮萋萋。"原来春草是牵人离愁的景色。这位富有教养的少妇触景伤情，见芳草绿遍天涯，自己的心上人还杳无音讯，怎不教她朱门紧闭，两泪汪汪呢? 这支曲子在对春色的描写中，寄托着少妇思夫，渴望得到美满爱情的思绪，词句流利，行文细致，含蓄不露，堪称佳制。

毛泽东在顾名编的《曲选》中读到这首小令时，先后两次分别用铅笔和毛笔进行圈点，而且每句都画有墨圈，可见他对此曲极感兴趣。众所周知，他还把此曲中"风雨送春归"的成句借用到自己创作的《卜算子·咏梅》词中，当然用法又有新意。

祝允明

祝允明（1460—1526），字希哲，号枝山，长洲（今江苏苏州）人，明书法家、文学家。自幼聪颖，五岁作径尺字，九岁能诗。出身书香之家，耳濡目染，贯综典训，发为文章，茹涵古今，或当广坐，诙笑杂遝，援笔疾书，思若泉涌。弘治壬子（1492）举人。连试理部不第，除广东兴宁知县，迁应天府通判。不久，自免归。卒年六十七岁。右手生有枝指，因自号枝指生。好酒色六博，善度新声，间或粉墨登场。与唐寅、文徵明，徐祯卿并称"吴中四子"。能诗文，工书法，小楷学钟繇、王羲之；狂草学怀素、黄庭坚，笔势雄强，但时有失笔，又能出入变化，自成面目。与文徵明、王宠为当时书家代表。著有《怀星堂集》《祝氏集略》等。又撰有《兴宁县志》，稿本今存。

【原文】

〔仙吕〕皂罗袍

欢 情

为想鸾交凤友(1)；趁残灯淡月，悄地绸缪(2)。一团娇颤太风流(3)，惊忙错过佳期候(4)。莺慵燕懒(5)，春光怎留(6)？蜂嫌蝶妒(7)，空担闷忧。欢情不比相思久(8)。

【毛泽东评点】

毛泽东在阅读顾名编《曲选》收录的这首小令，先后用铅笔和毛笔两次圈点。先用铅笔圈画，在"趁残灯淡月"二句旁画了曲线，在"蜂嫌蝶妒"二句旁各画了两个圈，在末句旁画了三个圈；又用毛笔，在"惊忙错

过佳期候"句和末句旁各加了两个墨点，在"莺慵燕懒"等四句旁各加了
一个墨点。

——中央档案馆整理：《毛泽东评点诗词曲精选·曲选》第 43 页，
中央档案出版社 1998 年版

【注释】

（1）鸾交凤友，比喻情侣、夫妻。元王实甫《西厢记》第四本第二
折："来时节画堂箫鼓鸣春昼，列着一对儿鸾交凤友。"

（2）绸缪（móu 年），情意殷切，形容缠绵不解的男女恋情。唐元稹
《莺莺传》："绸缪缱绻，暂若寻常，幽会未终，惊魂已断。"

（3）风流，风韵美好动人。前蜀花蕊夫人《宫词》之三十："年初
十五最风流，新赐云鬟便上头。"

（4）佳期，语出《楚辞·九歌·湘夫人》："登白蘋兮骋望，与佳期
兮夕张。"王逸注："佳谓湘夫人……与夫人期歆飨之也。"后用以指男女
约会的日期。南朝梁武帝《七夕》："妙会非绮节，佳期乃良年。"

（5）莺慵燕懒，比喻男女寻欢作乐力疲兴衰之状。莺、燕，指情侣
或夫妇。

（6）春光，指消息（多指男女私情）。

（7）蜂嫌蝶妒，比喻男女间互相猜忌。

（8）欢情，欢爱的感情。战国楚宋玉《神女赋》："欢情未接，将辞
而去。"相思，彼此思念，后多指男女相悦而无法接近所引起的想念。汉
苏武《留别妻》："生当复来归，死当长相思。"

【赏析】

风流才子祝枝山的这首［仙吕］皂罗袍《欢情》，是写男女偷情的。
全曲分两层来写。"为想鸾交凤友；趁残灯淡月，悄地绸缪。一团娇颤太风
流，惊忙错过佳期候。"前六句为第一层，先写男女偷情。曲以男子口吻
来写，首句"为想鸾交凤友"，鸾是青鸾，也是凤凰一类的鸟。凤凰有成
双作对的习性，故以"鸾交凤友"比喻情侣或夫妻。这里是指情侣，由下

明

曲

文可知。如果是夫妇，就该光明正大，而不会偷偷摸摸。你看这位男子，因为想念他钟爱的女子，"趁着残灯淡月，悄地绸缪"。"残灯淡月"，表明夜深，两人欢合，如胶似漆，如糖似蜜，却要悄悄地进行，不敢恣意妄为。这正如俗话所说，偷来的锣鼓敲不得。这种行为表明他们是情侣而非夫妇，是偷期密约而不是正常的夫妻生活。偷来的瓜儿分外甜，果然不错。"一团娇颤太风流，惊忙错过佳期候。"这女子一团娇嗔，浑身颤抖，真是太可人了，惊愕之中发觉白白地错了许多幽会的时机。以上是写偷情的欢乐。"莺慵燕懒，春光怎留？蜂嫌蝶妒，空担闷忧。欢情不比相思久。"后六句写偷情后的疲惫和担心。"莺慵燕懒"，比喻这对情侣欢合之后的力疲兴衰之状。"春光"指他们欢合的快乐，他们担心这种欢爱不能继续下去。再加上"蜂嫌蝶妒"，即别的青年男女的嫉妒，更使他们担忧。所以他们慨叹"欢情不比相思久"，流露出对这种欢情能否持续下去的担心。男女偷情当然是不对的，但在封建礼教的压迫下，男女双方被剥夺了恋爱自由的情况下，也是一种对封建礼教和不合理的婚姻制度的挑战和反抗，在当时具有一定的反封建意义，所以成为民间作品和文人作品的题材之一。全曲以欣赏的态度写偷情的欢乐，慨叹其不能持久，也流露出封建文人的一种不良习气。

毛泽东在阅读顾名编的《曲选》中读到这首曲时，先后两次分别用铅笔和毛笔进行了圈画，对大部分句子都加了圈、点、曲线，表明了他对这支曲子的态度。

沈　仕

沈仕（1488—1565），字懋学，又字子登，自号青门山人，仕和（今浙江杭州）人，明散曲家、画家。刑部侍郎沈锐之子。任侠好游，绝意仕进，足迹遍南北。能诗善画，尤工散曲，与陈铎齐名。散曲内容多为艳情丽语，描写风花雪月的享乐生活，开曲中"香奁体"一派，号称"青门体"，轰动一时，成为散曲中突起的异军。语言尖新，刻画入微，受民间俗曲的影响甚深。著有散曲集《唾窗绒》。

【原文】

〔南吕〕懒画眉

春闺即事

东风吹粉酿梨花⁽¹⁾，几日相思闷转加。偶闻人语隔窗纱，不觉猛地浑身乍⁽²⁾，却原来是架上鹦哥不是他⁽³⁾。

倚阑无语掐残花，蓦然间，春色微烘上脸霞⁽⁴⁾。相思薄幸那冤家⁽⁵⁾，临风不敢高声骂⁽⁶⁾，只教我指定名儿暗咬牙！

【毛泽东评点】

毛泽东在阅读顾名编《曲选》收录的这两首小令时，在两首的后三句旁，用毛笔每句旁都加了两个墨点。

——中央档案馆整理：《毛泽东评点诗词曲精选·曲选》第44页，中央档案出版社1998年版

【注释】

（1）酿梨花，催梨花开放。梨花是二十四番花信中较晚的一番，即春分节气三信中之一。言春已过半，而所思之人犹未归，故曰"几日相思闷转加"。酿，逐渐形成，造成。宋辛弃疾《鹊桥仙·己酉山行书所见》："酿成千顷稻花香，夜夜费，一天风露。"

（2）浑身乍，全身战抖。浑身，全身。唐杜荀鹤《蚕妇》："年年道我蚕辛苦，底事浑身着苎麻？"乍，战栗，颤抖。元无名氏《鸳鸯被》第二折："不由我意张狂，心惊乍。"

（3）鹦哥，即鹦鹉。其舌柔软，经过训练，能作人语。《礼记·曲礼》上："鹦鹉能言，不离飞鸟。"他，指女子思念的情人。

（4）蓦然间，猛然间，漫不经心的时候。宋辛弃疾《青玉案·元夕》："众里寻他千百度，蓦然回首，那人却在灯火阑珊处。"春色，春天的景色。上脸霞，脸上泛起红晕。霞，比喻脸上的红晕。宋张耒《上元都下》之下："淡薄晴云放月华，晚妆新晕脸边霞。"

（5）薄幸，薄情，负心。《古今小说·金玉奴棒打薄情郎》："如今再说一下夫弃妻的，一般是欺贫重富，背义忘恩，后来徒落得个薄幸之名，被人讲论。"冤家，对情人的昵称。唐无名氏《醉公子》："门外狗儿吠，知是萧郎至。划袜下香阶，冤家今夜醉。"又元王实甫《西厢记》第四本第一折："望得人眼欲穿，想得人心越窄，多管是冤家不自在。"

（6）临风，迎风，当风。《楚辞·九歌·少司命》："望美人兮未来，临风怳兮浩歌。"

【赏析】

沈仕的［南吕］赖画眉《春闺即事》是组曲，这里选的两首，写春闺中的少女的两件趣事。我们先看第一首，全曲共五句，作者分为两层意思来写："东风吹粉酿梨花，几日相思闷转加。"起首二句是第一层，二句叙事。首句是说在东风吹拂下，粉白的梨花开放了。梨花是二十四番花信中较晚的一番，至此，明媚的春天时已过半，而女子所思念之情人尚未归来，故曰"几日相思闷转加"。二句用字十分准确，极富表现力。如不说梨花开，而说"酿梨花"，酿字写出了梨花逐渐开放的过程。相思只有"几日"，便愁苦烦闷转而增加。这使我们想起"一日不见，如三秋兮"的古语，情人间的相思之苦便活现出来。"偶闻人语隔窗纱，不觉猛地浑身乍，却原来是架上鹦哥不是他。"后三句描写，截取了生活中一个小镜头：这女子正在愁思莫解之时，偶然听见隔着窗纱有人说话，也许这是她的情人约她的习用方式，所以女子十分敏感，不觉猛地浑身打了个冷战，因为她太激动了，但略一定神，却不见情人在何方，她这才恍然大悟，"却原来是架上鹦哥不是他"！"他"者，心上之人之谓也。原来是鹦鹉学舌，口吐人言，赚得女主人空喜欢一场，写来十分有趣。

第二首结构与构思和第一首相似，写法却又不同：结构仍分两层，前二后三；但写法却异，而是先描写后叙事。先看第一层："倚阑无语揞残花，蓦然间，春色微烘脸霞。"你看，这位风姿绰约的女子，正在漫不经心地低着头揞花，连一句话也没有说，猛然间被微暖的阳光烘烤得脸上起了一片红云。仅两句便把女子揞花的神态和动作写出来了，可谓白描高手。后三句叙事："相思薄幸那冤家，临风不敢高声骂，只教我指定名儿暗咬牙！"原来她低头揞花，却又心有旁骛，她心里想着那位情郎，埋怨他负义爽约，但当着风又不敢大声叫骂，只能数说着他的名字暗中咬牙。叙述中又有描写，把这女子埋怨男子负心的心态活画了出来。总之，两首小令写一位热恋中的少女思念情人的两件趣事，表现了她对爱情的热烈追求；采取生活剪影的写法，截取某个生活片段和细节，像电影的特写镜头一般描绘出来，十分生动有趣，令人叹赏。

毛泽东在顾名编的《曲选》中读到这两首小令时，进行了圈点，他对两首曲子的后三句，即两个生活细节的刻画非常欣赏，便在句旁都用毛笔加了墨点。

明

曲

【原文】

〖商调〗黄莺儿

饮罢月蒙茏[1]，照郎归绣户中[2]，银台绛蜡含羞捧[3]。露纤纤玉葱[4]，映盈盈粉痕[5]，偷回笑脸娇波送[6]。怕东风半途吹灭，伴把袖梢笼。

【毛泽东评点】

毛泽东在阅读顾名编《曲选》收录的这首小令时，首先在题目上方的天头处用铅笔画了一个大圈；然后用毛笔对全文各句都加了墨点，其中"露纤纤玉葱"二句旁各加一个墨点，"偷回笑脸娇波送"句旁加了三个墨点，其余各句各加两个墨点；还在天头上为"映盈盈粉□"句补写了一个"痕"字。

——中央档案馆整理：《毛泽东评点诗词曲精选·曲选》第 44 页，中央档案出版社 1998 年版

【注释】

（1）蒙茏，又作"朦胧"，微明之状。唐徐昌图《临江仙》："今夜画船何处，潮平淮月朦胧。"

（2）郎，旧时女子对丈夫或情人的称呼。绣户，雕绘华美的门户，多指妇女居室。南朝宋鲍照《拟行路难》之三："璇闺玉墀上椒阁，文窗绣户垂绮幕。"

（3）银台，银质或银（白）色的烛台。唐段怀然《挽涌月寺僧怀然》："唯有门前古槐树，枝低只为挂银台。"绛蜡，红烛。宋苏轼《次韵代留别》："绛蜡烧残玉斝飞，离歌唱彻万行啼。"

（4）纤纤，女子手柔细之状。《古诗十九首·青青河畔草》："娥娥红粉妆，纤纤出素手。"玉葱，喻美人的手指。元杜仁杰《集贤宾北·七夕》套曲："玉葱纤细，粉腮娇腻。"

（5）盈盈，清澈晶莹之状。宋张先《临江仙》："况与佳人分凤侣，盈盈粉泪难收。"

（6）娇波，妩媚可爱的目光。唐玄宗《题梅妃画真》："霜绡虽似当时态，争奈娇波不顾人。"

【赏析】

这首〔商调〕黄莺儿也是写青年男女的爱情生活的，采用的也是生活剪影式的写法，截取一个生活片段加以描写。"饮罢月蒙茏，照郎归绣户中，银台绛蜡含羞捧。"开头三句叙事，写丈夫（情人）回室女子相迎。丈夫（情人）饮罢酒，在朦胧的月色中回到女子的卧室，这女子微笑含羞，连忙撑着银色烛台点燃红色蜡烛迎接。接下来三句描写："露纤纤玉葱，映盈盈粉痕，偷回笑脸娇波送。"如果前三句着重写女子的动作，这三句则侧重描摹女子的心态。你看她恭谨地捧着红烛为情郎照路，露出那双柔细的手指，蜡光映着她挂在脸上的晶莹的粉泪，还不时地回过头来向情郎暗送秋波。描写中虽仍有叙事，但着重是写女子得到丈夫（情人）爱情的兴奋心情。"怕东风半途吹灭，佯把袖梢笼。"末二句叙事，叙事中仍有描状。二句写女子的一个动作：她怕东风把蜡烛半道吹灭，影响情郎走路，扬起衣袖把蜡烛的迎风面挡住。女子的细心中包含了对情人的一片深情。总之，小令通过女子持烛迎接情郎入室的描写，表现出她对爱情的执着及对情人的关爱。使我们感到她是位"举案齐眉"式的贤淑女子。写法详略得当，重点突出。此首小令写女子，其情郎只是顺便提及，未有一语专门描写，而对女子则通过动作、心态、眼神等进行多方面的刻画，形象生动。

毛泽东在顾名编的《曲选》中读到这首小令时，先在题目上方天头处用铅笔画了一个大圈，这是他对最好的作品的习惯画法，然后又对每句都加了墨点，表明他对该曲的语句也是很感兴趣的。

明

曲

陈所闻

陈所闻，字荩卿，仁和（今浙江杭州）人，明代散曲家、剧曲家。嘉靖二十五年（1546）举人，曾任玉山知县。后卜居莫愁湖畔，一时文士，多与之游，故亦有称金陵人。工戏曲，善词曲。部分散曲，如《琐南枝·述感》，反映了当时的黑暗，具有一定的现实意义。他的《驻马听·拜岳墓》《解三酲·述怀》等，亦为人所传诵。所作风格质朴无华，语言通俗流畅。著有散曲集《濠上斋乐府》，又有传奇八种，周晖《金陵琐事》云："皆为汪廷讷刻为己作。"今存《狮吼记》《种玉记》二种，仍题注作。尝选元明散曲为《南宫词纪》《北宫词纪》，名作佳篇，搜辑略备，至今为读曲要籍。

【原文】

〖南吕〗懒画眉

赠　友

沧洲何幸结比邻[1]？文雅还怜意气真。溪头明月照开尊[2]，酒酣脱帽支双鬓，白眼看他世上人[3]。

【毛泽东评点】

毛泽东在阅读顾名编《曲选》收录这首小令时，首先用铅笔在题目上方天头处画了一个圆圈，接着又在末二句旁各画了两个圈；其次，又用毛笔在"溪头明月照开尊"句旁加了两个墨点，并将句末的句号改为逗号，又在末二句旁各画了两个墨圈，与原来用铅笔画的小圈形成套圈。

——中央档案馆整理：《毛泽东评点诗词曲精选·曲选》第 45 页，中央档案出版社 1998 年版

（1）沧洲，滨水的地方，古时常用以称隐士的居处。三国魏阮籍《为郑冲劝晋王笺》："然后临沧洲而谢支伯，登箕山以揖许由。"比邻，乡邻，邻居。《汉书·孙宝传》："后署宝主簿，宝徙入舍，祭灶请比邻。"又晋陶潜《杂诗》之一："得欢当作乐，斗酒聚比邻。"

（2）开尊，亦作"开樽"，举杯（饮酒）。唐杜甫《独酌》："步履深林晚，开樽独酌迟。"

（3）白眼，露出眼白，表示鄙薄或厌恶。《晋书·阮籍传》："籍又能为青白眼，见礼俗之士，以白眼对之。"世上人，世间的人，指礼俗之士和达官贵人。唐王维《与卢员外象过崔处士兴宗林亭》："科头箕踞长松下，白眼看他世上人。"

【赏析】

陈所闻这首［南吕］懒画眉《赠友》是抒写朋友之间友谊的。全曲共五句，分两层意思来写。"沧洲何幸结比邻？文雅还怜意气真。"作者写友情先从叙旧谊开始：原来过去两个人在滨水之处比邻而居，二人都是文士，互相爱慕，真诚相交，成为挚友。后来分别，天各一方。但时空间隔，隔不断两人的友谊，正如唐代诗人王勃所说："海内存知己，天涯若比邻。"（《送杜少府之任蜀州》）而现在两位老朋友又久别重逢，诗人当然要置酒款待。"溪头明月照开尊，酒酣脱帽支双鬓，白眼看他世上人。"后三句则写置酒待友。酒宴设在一个临河的酒楼上，清风徐来，明月高照，两位老朋友开怀畅饮。常言说："酒逢知己千杯少。"所以，不知不觉就喝得酩酊大醉，两人也就不再拘礼数，头上的帽子也脱掉了，光着头，用手掌支撑着鬓颊，用鄙夷不屑的眼光看着世间的人。末句用典，据《晋书·阮籍传》记载，蔑视礼法的阮籍，能作青白眼，见礼俗之士，则以白眼对之，表示厌恶他们。这里"世上人"，字面上是世间的人，即社会上的一般人，实则指礼俗之士和达官贵人。所以，末句是写作者的处世态度，是富有深义的。总之，此曲抒发了朋友之间的真挚友情，表明了自己的处世态度，风格质朴无华，语言通俗流畅。末句用典亦不着痕迹，是一首思想内容与表现形式俱佳的优秀作品。

　　毛泽东在顾名编的《曲选》中读到这首小令时，先用铅笔在题目上方天头处画了一个大圈，又两次对后三句加了圈点，表明他的兴趣所在。

刘效祖

刘效祖，字仲修，号念庵，原籍滨州（今山东滨州），寓居北京，故又称宛平（今属北京）人，明代散曲作家。生卒年不详。嘉靖二十九年（1550）进士。历任卫辉府推官、户部主事，官至陕西按察副使。因负才不遇，与时龃龉，因故罢官。于是退居林泉，寄情词曲，以抒发其悒郁愤懑的愁思。

刘效祖的词曲小令在当时颇有名，曾流传宫中。散曲有《都邑繁华》《闲中一笑》《混俗陶情》《裁冰剪雪》《良辰乐事》《空中语》《云林稿》《莲步新声》等八种，但当时就多已散佚。后由其子孙在诸家选本中搜集残存，编为《词脔》，收小令一一二首，套数一首。他景慕元代汪元亨，曾和其《归田录》一百首（今存二十二首），又善于向民歌学习，写了许多通俗小曲。作品的内容，主要为叹世乐闲和风情相思两大类。前者寓牢骚讽刺于旷放通脱，后者对都市妇女爱情心理的大胆恣肆，揭示得淋漓尽致，而又别具一种俚质的风味；少数写景的小曲亦清新可喜。

【原文】

〔中吕〕尧民歌

拜　年

呀！一个正慌忙爬起走如飞⁽¹⁾，一个忙扯衣牵袖定教回。一个说"现成热酒饮三杯"，一个说"看经吃素刚初一"⁽²⁾。他两个强了一会，终得吃几杯，才能够唱喏抽身退⁽³⁾。

【毛泽东评点】

毛泽东在阅读顾名编《曲选》收录的这首小令时，首先在题目上方天头处用铅笔画了一个大圈，然后用毛笔在前六句旁各加了两个墨点，在末句旁加了三个墨点。

——中央档案馆整理：《毛泽东评点诗词曲精选·曲选》第45—46页，

中央档案出版社1998年版

【注释】

（1）慌忙爬起，指拜年时行罢跪拜礼后从地上爬起来。

（2）吃素，不吃鱼肉等荤腥食物。佛教徒的吃素戒律还包括不吃"五荤"（指葱蒜等五种含有辛辣味的蔬菜）。看经，念诵经文。初一，指农历每月的第一天，特指正月的第一天，即正月初一，是农历大年，又称元日、元旦，今谓之春节。清翟灏《通俗编·天文》："京中士夫贺正，皆于初一元旦。"

（3）唱喏（rè热），古代男子所行之礼，叉手行礼，同时出声致敬。宋苏辙《乞定差管军臣僚札子》："访闻张利一任定州总管日，曾入教场巡教，以不得军情，诸军并不唱喏。"

【赏析】

刘效祖这首［中吕］尧民歌《拜年》是首写民间风俗的曲子。"拜年"是新年拜家中及族中尊长，还有到邻里亲友处祝贺。新年是指农历元日，即今之所谓春节。春节至今仍是中华民族一个盛大的节日。青年男女，后生晚辈向长者施礼祝贺，同辈互相致贺，煞是热闹，便是所谓拜年。这首曲子就是反映拜年盛况的。全曲共八句，分为三层来写。"呀！一个正慌忙爬起走如飞，一个忙扯衣牵袖定教回。"前三句写拜年。曲子以独字句"呀"字发端，表示惊讶感叹。"慌忙爬起走如飞"，写行过跪拜礼之后从地上爬起来匆匆离开之状，"扯衣牵袖定教回"状执意挽留之态，都极为生动，这是从人物的动作上写。"一个说'现成热酒饮三杯'，一个说'看经吃素刚初一。'"中二句从语言上来写。"现成热酒饮三杯"，主人挽留诚心诚意，"看经吃素刚初一"，推辞不饮，理由充足。那么，争执的结果如何呢？曲子继续写道："他两个强了一会，终得吃几杯，才能够唱喏抽身退。"两个人你让我推，厮让了好大一会儿，拜年者拗不过，终于吃了几杯，才得以行叉手礼，连声致谢，抽身而去。拜年是群众性活动，很多人同时进行，一个人也要到很多处拜贺，是非常热闹的。这里作者只选取一个人到一处拜贺时的全过程来写，以一当十，以偏概全，便典型地反映了春节时拜年的习俗和淳朴的民风。

　　毛泽东在顾名编《曲选》中读到这首小令时，首先用铅笔在题目上方天头处画了一个大圈，这是他对优秀作品的圈点方法，然后又用毛笔对全文每句都加了墨点，表明他对本曲的语句也是比较喜欢的。

【原文】

挂枝儿

　　送情人，直送到丹阳路⁽¹⁾。你也哭，我也哭，赶脚儿的也来哭⁽²⁾！赶脚儿的，你哭是因何故？去的不肯去，哭的只管哭，你们两下里调情⁽³⁾，惹的我驴儿受了苦。

　　盼情人，直盼到清明后⁽⁴⁾。病恹恹⁽⁵⁾，终日里不梳头。泪珠儿滴满了短衫袖。眼前人不见，何处恋风流⁽⁶⁾？待得他来时，多罚他一杯酒。

　　我教你叫我一声儿你只是不应。其实你不等说就叫我才是真情。背地里只有你共我⁽⁷⁾，还推什么伴羞伴性⁽⁸⁾。你口儿里不肯叫，想是心儿里未必疼。你若是有我的在心儿里，也为什么开口难得紧？

【毛泽东评点】

　　毛泽东在阅读顾名编《曲选》收录的这首小令时，在题目上方的天头处用铅笔画了一个大圈，在正文开头的天头处批注："妙"。然后对全文进行了圈点：首先用铅笔在"去的不肯去"等三句旁各画了两个圈，"惹的我驴儿受了苦"句旁画了三个圈；在末段七句旁依次分别画了四个圈、五个圈、四个圈、两个圈、三个圈、四个圈、四个圈；又用毛笔在末段七句旁分别依次画上四个圈、五个圈、四个圈、两个圈、两个圈、三个圈、三个圈，有些地方形成了套圈。

——中央档案馆整理：《毛泽东评点诗词曲精选·曲选》第 61 页，中央档案出版社 1998 年版

【注释】

（1）丹阳，古地区名，以在丹水之阳而得名。在今陕西、河南两省间的丹江以北，又为城名，在今陕西宜川县西。有丹阳山，为丹水所出，因城在山南，故曰丹阳。因刘效祖曾官陕西按察副使，熟悉陕西生活，故指今陕西境内之丹阳。历史上丹阳郡、丹阳城所指之处尚多，因与作者无关，故不取。

（2）赶脚儿的，指赶着牲口供人骑用的人。《京本通俗小说·拗相公》："五鼓鸡鸣，两名夫和一个赶脚的，牵着一头骡一个叫驴都到了。"

（3）调（tiáo 条）情，男女间挑逗、戏谑。元高文秀《啄木鸟》套曲："静中思省，这娇人何方姓名，素不曾识面调情。平白地将人勾引，魂飞魄散。"

（4）清明，节气名，我国农历二十四节气之一，时当每年的公历四月四、五或六日，我国有清明节踏青、扫墓的习俗。《逸周书·周月》："春三中气，惊蛰，春分，清明。"朱右曾校释引孔颖达曰："清明，谓物生清净明洁。"

（5）病恹恹，亦作"病厌厌"，病弱精神不振之态。宋欧阳修《定风波》："把酒送春惆怅甚。长恁，年年三月病厌厌。"

（6）恋风流，贪恋别的女子。恋，男女相爱。风流，指男女私情事。宋陈师道《踏莎行》："重门深院帘帷静。又还日日唤愁生，到谁准拟风流病。"

（7）背地里，暗中，背人处。《朱子语类》卷四七："有这一般半间不界底人……看时也似是个好人，然背地里却乖，却做罪过。"

（8）佯羞佯性，假装、使性。佯，假装。《荀子·非十二子》："利心无足，而佯无欲者也。"杨倞注："好利不知足而诈为无欲者也。"

【赏析】

《挂枝儿》是明代万历年间逐渐流行起来的一种民间时调小曲。刘效祖的这首《挂枝儿》写一位女子送别情人的难解难分、别后的相思之苦及情人归来时的佯羞佯性，语句流畅，感情充沛，妙趣横生，十分感人。

全曲可分为三段，首段写送别情人。"送情人，直送到丹阳路。你也哭，我也哭，赶脚儿的也来哭！"开头四句叙事，交代送别的地点和人物。送别的是自己的情人，当然依依不舍，送了一程又一程。而且这送别不是步行，而是雇了驴子骑，一直送到丹阳路，可见送得不近。俗话说，送君千里，终有一别。分别在即，被送的男子哭，来送的女子也哭，就连毫不相干的赶脚老汉也掉起泪来。这场面的确感人，颇有点"走西口"的味道。两位当事人不忍离别，抱头痛哭，这在情理之中，赶脚的也跟着哭就有点怪。自然引起下文："赶脚儿的，你哭是因何故？"问得有理。"去的不肯去，哭的只管哭，你们两下里调情，惹的我驴儿受了苦。"要走的不肯走，送行的只管哭，你们两个骑着我的驴儿调情，惹得我驴儿受了苦。原来老汉对他们调情倒是无所谓，只是因为他们调情耽误了路程，使他的宝贝驴儿受苦受累，心疼驴儿他才哭的，与两位情人之哭无干。不仅答得合情合理，而且符合人物身份，生动有趣之至。

第二段写盼情人来归。全段八句，可分前后两层。"盼情人，直盼到清明后。病恹恹，终日里不梳头。泪珠儿滴满了短衫袖。"前四句为第一层。什么时间送别，前文并未交代。按常理来推，一般来说，当在元宵之后，至清明节已近两个月时间。时间并不算久，但对于度日如年的情人来说，日子就算不少了。所以说"直盼到清明后"。觉得时间太长，意在言外。不仅如此，而且相思成疾，精神萎靡不振，一副病态，头也不梳，脸也不洗，整天以泪洗面，把衣袖都滴湿了。思念情人之苦跃然纸上。不仅怨情人回来得迟，而且担心情人有外遇。"眼前人不见，何处恋风流？"写出了女子的忧虑和担心，原来她担心自己的情人在外眠花宿柳，贪恋别的女子，不肯返回。"待得他来时，多罚他一杯酒。"等到她的情人回来时，罚他多喝一杯酒。是罚呢，是敬呢？只有女子自己知道，也只有女子才想得出。

第三段写情人归来。曲子的前两段都是以女子的口吻来写，这段换作男子说话。情人归来，女子自然喜出望外、欣喜若狂。而作者把迎接过程一概略去，女子的行为也一笔未及，只写男子的话语，这段话写得很有层次："我教你叫我一声儿你只是不应。"首句一层，久别重逢，这男子希望情人叫他一声"情郎"之类的亲昵称呼，女子只是不应声，有点遗憾；但男子并不生气，他又提示说："其实你不等说就叫我才是真情。"以理度之，当是如此。这男子可谓摸透了情人的心理。这是第二层；这男子又说："背地里只有你共我，还推甚么佯羞佯性。"这男子认定他的情人是佯装害羞和使性，这是第三层；他接着又说："你口儿里不肯叫，想是心儿里未必疼。"这男子变换方式，使用激将法，这是第四层；最后这男子说："你若是有我的在心儿里，也为甚么开口难得紧？"直揭实质，质问女子心里到底有没有他，如果有，那么为什么紧崩口儿不说话。这种发问，女子当无从回避，这是第五层。男子的一席话，层层推进，步步深入，表现了他对女子的一往情深。总之，此曲两面着笔，写出男女情人的送别之苦、相思之深和重逢之喜，表现了他们对爱情的热烈追求和忠贞不渝。感情健康，语言质朴，带有浓厚的民间歌谣风味。

毛泽东非常欣赏这首《挂枝儿》。他在顾名编的《曲选》中读到这首小令时，先后两次进行了圈点：他先用铅笔在题目上方天头处画了一个大圈，这是他对优秀作品的习惯画法。又对第一段的后四句和第三段都画了圈，又用毛笔对第三段各句都画了墨圈，有的地方便形成套圈，有的句子则未加圈点。由此我们可以看出他对此曲语句的不同态度，特别是他还在第一段开头的天头处评注道："妙。"这种具体的文字评价，在毛泽东评点的文学作品中，为数是不多的。此文"妙"在何处？毛泽东并未明言。我们体会不外乎是感情要妙，情节巧妙，语言美妙！我们这样理解，不知当否？

沈孚中

沈孚中，名嵊，孚中是其字，号会古、唵庵，钱塘（今浙江杭州）人，明末散曲作家。生平未详。后因误传战争消息为人殴毙。善传奇，工词曲。今存散曲，辑录在明代张楚叔、张旭初选编的《吴骚合编》和其他曲集中。

【原文】

〖小石调〗渔灯儿

中秋夜怀程文卿

【渔灯儿】从那日冷桃源渔艇空撑[1]，便领下没头由花月文凭[2]。凄凉路独自个黄昏带泪行，经历尽断肠边境，才知道相思郡路接愁城。

【前腔】呆呆地石人般没绪无情，倒贬做不语言面壁孤僧[3]。还堪笑生平浪说肝肠硬[4]，到此地不由人不热痛寒疼。满心窝尽填漫一个文卿。

【锦渔灯】陪伴俺只留得半茎瘦影，断送俺还不消几下寒更[5]。再不点夜夜生花说谎灯[6]。竟无灵，墩桥鹊一声声。

【锦上花】人说道，醉了宁。我孤酣，愁几醒[7]。对霞觞反恨不双擎[8]。人说道，睡了停。我思眠，愁要醒。只被几声长叹到天明。梦也竟何曾！

【锦中拍】书生辈椿椿薄命，拿不稳前程[9]。刚看足花村柳径[10]，便做了下梢头领[11]。一首合欢诗稿儿未膳[12]，单思案谁来折证[13]，断肠谱空来挂名[14]。几句情词，一杯香茗[15]，是愁垒万千层。

【锦后拍】偏要向断蓝桥起工程[16]，毁祆庙重建牡丹亭[17]。纵药方灵应[18]，纵药方灵应，不割舍怎医痊这般痴病？就个中日月住今生[19]。没侥幸，拼耐心儿等。不来呵，难道便丢个不惺惺[20]。

【尾声】把痴情[21]，牢守定，权发付衾寒枕剩。须有日花前共证盟。

【毛泽东评点】

毛泽东在阅读顾名编《曲选》收录的这首散套时，先在题目上方天头处用铅笔画了一个大圈，然后又用铅笔和毛笔两次圈点。在［渔灯儿］一曲各句旁，先用毛笔画了三个圈，又在除"凄凉路独自个黄昏带泪行"外的其他各句旁加了两个墨点；

在［前腔］一曲各句旁先用铅笔每句画了三个小圈，末句又用毛笔加了两个墨点；

在［锦渔灯］一曲各句旁先用铅笔在各句旁画了三个圈，又在后四句旁用毛笔各加了两个墨点；

在［锦上花］一曲各句旁用铅笔各画了一个小圈；

在［锦中拍］一曲末三句旁用毛笔各画了一个墨圈；

在［锦后拍］一曲首句旁用铅笔画了三个圈，第二句和"不割舍怎么医痊这般痴病"句旁各画了两个圈；

在［尾声］一曲"权发付衾寒枕剩"句旁画了两个墨圈。

——中央档案馆整理:《毛泽东评点诗词曲精选·曲选》第 92—93 页，
中央档案出版社 1998 年版

【注释】

（1）桃源，指桃源洞，在今浙江省天台县北。相传东汉时，刘晨、阮肇到天台山采药迷路，跋山涉水，误入桃源洞，遇见两位仙女，被邀至家中同居半年始返回，子孙已过七代，事见南朝宋刘义庆《幽冥录》，后因以指男女幽会的仙境。渔艇，小型轻快的渔船。唐杜甫《雨》之二："渔艇息悠悠，夷歌负樵客。"

（2）头由，缘由，原因。《清平山堂话本·陈巡检梅岭失妻记》："那王吉睡中叫将起来，不知头由，荒张失势。"花月，花和月，此指花月缘，即才子佳人的情缘。文凭，用作凭证的官方文书。唐李德裕《王智兴度僧尼状》："勘问惟十四人是旧人沙弥，余是苏常百姓，亦无本州文凭，寻已勒还本籍。"

（3）面壁孤僧，面向墙壁，端坐静修的和尚。面壁，佛教语。《五灯

会元·东土祖师·菩提达摩大师》："当魏孝明帝孝昌三年也，寓止于嵩山少林寺，面壁而坐，终日默然。人莫之测，谓之壁观婆罗门。"后因以称坐禅，谓面向墙壁，端坐静修。

（4）还堪笑，更可笑。生平，素来，有生以来。《史记·张耳陈余列传》："涉及左右生平数闻张耳、陈余贤，未尝见，见即大喜。"浪说，妄说，乱说。《礼记·王制》："假于鬼神，时日卜筮以疑众，杀。"孔颖达疏："妄陈祸福，浪说妖祥。"

（5）不消，不需要，不用。宋苏轼《赠包安静先生》之三："便须起来和热吃，不消洗面裹头巾。"寒更，寒夜的更点，借指寒夜。唐温庭筠《宿辉公精舍》："拥褐寒更彻，心知觉路通。"

（6）生花，结成花状物，呈现出花的形状，此指结成灯花。宋黄庭坚《忆帝京·私情》："银烛生花如红豆。占好事，而今有。"

（7）酲（chéng 呈），病酒，酒醉后神志不清。《诗经·小雅·节南山》："忧心如酲，谁秉国成？"毛传："病酒曰酲。"

（8）霞觞，霞杯。唐曹唐《送刘尊师祗诏阙庭》之二："霞觞共饮身虽在，风驭难陪迹未闲。"擎，举。

（9）前程，比喻未来在功业上的成就。《旧五代史·周书·冯道传》："时有周玄豹者，善人伦鉴，与道不洽，谓承业曰：'冯生无前程，公不可过用。'"

（10）花村柳径，与"花街柳陌""花街柳巷"意同，指妓院聚集的街市。元无名氏《货郎担》第四折："那李秀才不离了花街柳陌，占场儿贪杯好色，看上那柳眉星眼杏花腮。"

（11）下梢，将来，以后。《朱子语类》卷一〇七："有客游二广多年，知其山川人物风俗，因言廉州山川极好。先生笑曰：'被贤说得好，下梢不免去行一番。'"

（12）合欢诗稿儿，描写男女交欢的诗稿。合欢，指男女交欢。明冯梦龙《警世通言·玉堂春落难逢夫》："沈洪平日原与小段名有情，那时扯在铺上，草草合欢，也当春风一度。"

（13）单思案，即单相思，男女间仅一方对另一方的爱慕和思念。明高濂《玉簪记·闹会》："单相思今空害，丢下了一天丰采，并没有半分恩爱。"折证，辩白，对证。元无名氏《争报恩》第二折："俺着他放荡形骸，我可也万千事不折证。"

（14）断肠谱，记录极度思念或悲痛的簿子。断肠，原指割开或切断肠子，用以形容极度相思或悲痛。三国魏曹丕《燕歌行》："念君客游思断肠，慊慊思归恋故乡。"

（15）香茗，香茶。

（16）蓝桥，桥名，在今陕西省蓝田县东南蓝溪之上。相传此地有仙窟，为唐裴航遇仙女云英处。见《太平广记》卷五十"裴航"。

（17）牡丹亭，明汤显祖《牡丹亭》中男女主角柳梦梅和杜丽娘幽会之所，其地在南安太守杜宝府第的花园中。

（18）灵应，灵验。

（19）个中，隐语，指娼家。个中人，指娼妓。元李行道《灰阑记》第二折："［搽旦云］这个叫张海棠，是员外娶的个中人。［只从喝科云］"嗯，敢是个中人。"

（20）惺惺，聪明机灵。宋曾布《曾公遗录》卷八："上论：皇子……虽三岁未能行，然能语言，极惺惺。"

（21）痴情，痴心的爱情，或多情达到痴心的程度。

【赏析】

沈孚中这篇［小石调］渔灯儿《中秋夜怀程文卿》套数，写得文辞清新自然，感情真挚深厚，声调和谐悠扬，是为人传诵的曲中名篇。

中秋，即农历八月十五日，在秋季的正中间，故名。中秋是我国传统的佳节。月到中秋分外圆，中秋又是团圆的日子，阖家团圆，朋友聚首，是人们期盼的赏心乐事。唐韦庄《送李秀才归荆溪》诗云："八月中秋月正圆，送君吟上木兰船。"作者所怀念的程文卿，生平未详，但从文意来看，当是作者的一位过从甚密的女友。

此套共七曲，分为四层意思来写。前两个曲子是第一层，点明题意。我们看首曲［渔灯儿］："从那日冷桃源渔艇空撑，便领下没头由花月文凭。"起首写从那天撑着小船送别程文卿，便没头没脑地得了花月病。二句用典，"桃源"，指桃源洞。东汉时刘晨、阮肇入天台山采药，误入桃源洞，被仙女挽留，羁留七日，世上已历七世，事见南朝宋刘义庆《幽明录》，后因以桃源指称男女幽会之处。花月，即花月情缘，指才子佳人的情缘。据此，我们推知程文卿当系作者关爱的一位女性。"凄凉路独自个黄昏带泪行，经历尽断肠边境，才知道相思郡路接愁城。"后三句抒情，写黄昏送别程文卿后，独自一人返回，两眼流泪，肝肠寸断，才知道别后的相思之苦和愁恨之重。〔前腔〕一曲紧承上曲来写："呆呆地石人般没绪没情，倒贬做不语言面壁孤僧。"首句描状，说回到家后，像一个石头人一样呆呆地坐着，没有一点表情。二句用达摩面壁之典，说他简直成了面向墙壁、端坐静修的和尚。二句刻画作者失神落魄之态，极其生动形象。"还堪笑生平浪说肝肠硬，到此地不由人不热痛寒疼。满心窝尽填漫一个文卿。"更可笑的是，平时总是妄说自己心肠硬，到了这种地步才知道身不由己，整个心窝都被一个程文卿填满了。三句抒情，点了"怀程文卿"题意。

接下来，〔锦渔灯〕和〔锦上花〕两曲是第二层，写别后对程文卿的怀念。〔锦渔灯〕一曲写程文卿去后，给作者生活带来的直接变化。"陪伴俺只留得半茎瘦影，断送俺还不消几下寒更。"二句叙事，写程文卿去后，作者失去伴侣，孤身一人，形单影只，再要不了几个更点就会断送性命。极言程文卿走后给作者的生活带来的极大变化。"再不点夜夜生花说谎灯。竟无灵，墩桥鹊一声声。"二句描写，用民俗灯花兆喜和喜鹊报喜的典故，说这些说法一点也不灵验，借埋怨灯花、喜鹊，抒写对程文卿的怀念之情，设想巧妙。〔锦上花〕一曲则从如何排遣愁思来写思念。"人说道，醉了宁。我孤酤，愁几醒。对霞觞反恨不双擎。"前五句叙事，人们都说，喝醉酒就安宁了。可是我一个人喝得酤醉，却几次又被愁恨搅醒。面对着酒杯反而怨恨无人同饮。几句是说，想用醉酒排遣愁思，而不能奏效。"人说道，睡了停。我思眠，愁要醒。只被几声长叹到天明。梦也竟何曾！"后六句仍然是叙事。意思是说，人们都说，睡着就不思念了。于是我就睡觉，可是愁恨却把我撩拨醒。醒后思念更甚，长吁短叹，直到天亮，再也没有合眼，连一个好梦也没有做成！几句是说，想用沉睡的办法忘掉思念，也无济于事。两种办法均无效果，正表现思念之切。

〔锦中拍〕和〔锦后拍〕二曲则是对与程文卿关系的反思，是曲的第三层。〔锦中拍〕"书生辈椿椿薄命，拿不稳前程。刚看足花村柳径，便做了下梢头领。"前四句从读书人的遭际来写，首句先总写一笔"椿椿薄命"，命运不佳，事事倒霉。书生的生活主要是两个方面，是否能学而优则仕，即通过读书达到做官向上爬的目的，这就是所谓"前程"，可这前程却"拿不稳"；而书生生活的另一内容，就是爱情，爱情也很不幸，刚看了几眼妓院聚集的街市，便被说成了未来的嫖客首领。这未免名不副实，因为作者实则是："一首合欢诗稿儿未膳，单思案谁来折证，断肠谱空来挂名。"岂不冤枉！作者所为不过是："几句情词，一杯香茗，是愁垒万千层。"而偏要说作者另有新欢，眠花宿柳，是浪子班头，嫖客领袖，实在冤枉，而实际情况，他不过是喝杯香茶，写几句情词，来表达自己重重愁思而已，仍归到对程文卿不断思念。〔锦后拍〕一曲接上曲写道："偏要向断蓝桥起工程，毁祆庙重建牡丹亭。"两句用典，"断蓝桥起工程"，用唐代书生裴航蓝桥遇仙女云英结为夫妇事，牡丹亭则为汤显祖名剧《牡丹亭》中男女主角柳梦梅和杜丽娘幽会之所。意谓作者有心得遇仙女，纵有灵药，也医不得此痴病，而不能在妓院中了却一生。"没侥幸，拼耐心儿等。不来呵，难道便丢个不惺惺。"末三句抒情，自明心迹，自己不存侥幸心理，还要耐心等待程文卿来归。即使程文卿不回来团聚，难道就糊里糊涂混迹妓院中了此一生？当然不能，意谓对程文卿的感情还要一如既往，不改初衷。

〔尾声〕一曲是第四层，一共四句："把痴情，牢守定，权发付衾寒枕剩。须有日花前共证盟。"全曲抒情，决心牢守信约，不怕孤栖独眠，希望有一天终能两人破镜重圆，再续前缘。斩钉截铁，重申"怀程文卿"题意。

总之，这套怀人之作，紧扣怀念中心，反复述说，多方抒发，表现了作者对程文卿的深情厚谊，情思缠绵，感人至深。

毛泽东非常喜欢这套散曲，在顾名编的《曲选》中读到它时，首先在题目上方空白处用铅笔画了一个大圈，这是他对优秀作品的习惯画法。之后，他又用铅笔和毛笔先后两次进行圈点，前四支曲子几乎句句都加了圈或点。后三支曲子的佳句也画了圈，表示对这些优秀词句比较感兴趣，而对一般化的句子则不加圈点。

梁辰鱼

梁辰鱼(约1521—约1594),字伯龙,号少白,又号仇池外史,昆山(今江苏昆山)人,明代散曲家、戏曲家。其父梁介为平明训导,"以文行显"。辰鱼身长八尺余,疏眉虬髯,好任侠,不屑就诸生试。家有华屋,专门接纳四方奇士英杰。嘉靖年间的李攀龙、王世贞为首的"后七子",都与他往来,戏剧家张凤翼也是他的好朋友。他得著名音乐家魏良辅的传授,又与郑思笠等精研音理,对改革昆山腔做出了贡献。他在当时的曲坛颇盛名,"艳歌清引,传播乡里间。白金文绮,异香名马,奇技淫巧之赠,络绎于道。歌儿舞女,不见伯龙,自以为不祥也"(焦循《剧说》引徐又陵《蜗事杂订》)。王世贞有"吴间白面冶游儿,争唱梁郎雪艳辞"的诗以纪其盛。著有传奇《浣纱记》、杂剧《红线女》传世。他还著有诗歌和散曲,有诗集《梁园子生集》、散曲集《江东白苎》,据记载还作有《江东二十一史弹词》和传奇《鸳鸯记》,杂剧《红绡》,诗集《伯龙诗》《还游稿》,均已失传。所作散曲,文辞精美,妩媚蕴藉。任讷说他的曲,"文雅蕴藉,细腻妥帖,完全表现南方人之任性格和长处"(《散曲概论》卷二)。

【原文】

〔南吕〕懒画眉

情 词

小名儿牵挂在心头(1),总欲丢时怎便丢。浑如吞却线和钩(2),不疼不痒常拖逗(3),只落得一缕相思万缕愁(4)。

【毛泽东评点】

毛泽东在阅读顾名编《曲选》收录的这首小令时，在前二句旁，用毛笔每句各加了两个墨点，在后三句旁每句各加了三个墨点，并将第一、第四两句末的句号改为逗号。

——中央档案馆整理：《毛泽东评点诗词曲精选·曲选》第46页，中央档案出版社1998年版

【注释】

（1）小名儿，即小名，乳名，幼时起的非正式的名字。呼小名表示亲昵。晋干宝《搜神记》卷十五："唐叔偕女，小名父喻，容色俱美。"

（2）浑如，简直似，完全像。宋陆游《书适》："更挟残书读，浑如上学时。"吞却线和钩，像鱼儿吞了钩丝和钓钩一样，挣扎不脱，欲罢不能。

（3）不疼不痒，亦作"不痛不痒"，比喻不中肯，未触及要害，或不能彻底解决问题。明吴柄《情邮记·反噬》："这事不痛不痒，却是一个大题目。"拖逗，挑逗，勾引，引诱。元姚燧《凭阑人》："马上墙头瞥见他，眼角眉尖拖逗咱。"

（4）相思，彼此相互的思念，此指相思病。

【赏析】

梁辰鱼的这首［南吕］懒画眉《情词》写得十分工巧。全曲仅五句，前二句抒情，后三句设喻。抒情也不是泛泛而为，而是捕捉一个细节，情人的小名儿总是牵肠挂肚，挥之不去，说明主人公已坠入情网，不能自拔。那么，坠入情网的情人是什么情态呢？作者打了一个巧妙的比喻："浑如吞却线和钩，不疼不痒常拖逗，只落得一缕相思万缕愁。"后三句设喻，用鱼儿吞钩比喻人坠入爱河，十分贴切。这又是怎样一幅情景呢？简直就像鱼儿把钩丝和钓钩都吞下去了，欲罢不能，不死不活，经常勾引，弄得一厢相思，万般愁恨，陷入于情网爱河的情态刻画得活灵活现，生动异常。

毛泽东在顾名编的《曲选》中读到这首小令时，用毛笔进行了圈点，每句都加了墨点，表示对此曲语句比较欣赏。

明

曲

【原文】

〔正宫〕白练序

咏帘栊

【白练序】东风软，见曲曲回廊暮霭收[1]。凝妆映[2]，几簇禁烟新柳[3]。春昼。翠羽稠[4]，任满院杨花不自由[5]。空相扣，芳容阻隔[6]，似无还有。

【醉太平】刺绣[7]。虾须静掩[8]，趁游丝乱扑[9]，花影间挡[10]。扬州十里[11]，争露半额娇羞。纤柔。朝来风横试银钩[12]。有谁问海棠依旧[13]？卷舒常在，斜月小窗，暗雨危楼[14]。

【白练序】风流[15]。倚醉眸。湘裙故留[16]。牵情处，分明送几声莺喉[17]。绸缪[18]。院宇幽。伴落日阴阴燕愁。徘徊久，风惊翠竹，故人相候。

【醉太平】宸游[19]。披香半揭[20]，天颜应近[21]，傍垂红袖。香笼雾锁，通几点隔花银漏。悠悠。西风高挂汉宫秋[22]。有人似黄花清瘦[23]？九嶷云冷，湘波映着，翠蛾双皱[24]。

【尾声】低掩重重如瀣酒[25]，愁来试楼上头。空目断长江万里舟[26]。

【毛泽东评点】

毛泽东在阅读顾名编《曲选》收录的这首套曲时，在〔白练序〕一曲"任满院杨花不自由"句旁，用毛笔加了两个墨点；在〔醉太平〕一曲"有谁问海棠依旧"以下四句旁，分别加了两个、一个、一个、一个墨点；在〔醉太平〕一曲"西风高挂汉宫秋"句旁，加了两个墨点；在〔尾声〕一曲末句旁，画了两个墨圈。

——中央档案馆整理：《毛泽东评点诗词曲精选·曲选》第98—99页，中央档案出版社1998年版

【注释】

（1）暮霭，傍晚的云雾。南朝宋颜延之《陶徵士诔》："晨烟暮霭，春煦秋阴，陈书缀卷，置酒弦琴。"

（2）凝妆，亦作"凝妆"，盛妆，华丽的妆饰。唐王昌龄《闺怨》：

"闺中少妇不知愁，春日凝妆上翠楼。"一本作"凝妆"。

（3）禁烟，亦作"禁烟"，皇宫中的烟雾。唐李远《赠弘文杜校书》："漠漠禁烟笼远树，泠泠宫漏响前除。"

（4）翠羽，翠鸟的羽毛，古代多用作饰物。《逸周书·王会》："正南：瓯邓、桂国、损子、产里、百濮、九菌，请令以珠玑、玳瑁、象齿、文犀、翠羽、菌鹤、短狗为献。"《文选·曹植〈七启〉》："戴金摇之熠耀，扬翠羽之双翘。"刘良注："金摇，钗也；熠耀，光色也；又饰以悲翠之羽于上也。"

（5）杨花，此指杨白花，即柳絮，喻指薄幸之人。典出《梁书·杨华传》："北魏名将杨大眼之子杨白花，容貌瑰伟，胡太后逼通之。会父大眼卒，白花惧及祸，改名华拥部曲降南朝梁。太后追思不已，为作《杨白花歌》，使宫人昼夜连臂踏足歌之，声甚凄惋。"后因以喻指薄幸的人。唐柳宗元《杨白花》："杨白花，风吹渡江水。坐令宫树无颜色，摇荡春光千万里。"

（6）芳容，美好的容颜、仪态。宋柳永《玉蝴蝶》："选得芳容端丽，冠绝吴姬。"

（7）刺绣，以针穿引彩线，在织物上刺出字画的美术工艺。汉王充《论衡·程材》："齐部世刺绣，恒女无不定。"

（8）虾须，帘子的别称，即虾须帘，一种用虾须织成的护书画卷的小帘。清沈初《西清笔记·纪庶品》："宝笈所藏手卷，尝启匣见有小帘卷之者，细滑微黄，云是虾须帘，能辟蛀。"唐陆畅《帘》："劳将素手掩虾须，琼室流光更缀珠。"

（9）游丝，指缭绕的炉烟。唐杜甫《宣政殿退朝晚出左掖》："宫草微微承委佩，炉烟细细驻游丝。"

（10）抟（zǒu走），抓，揪。《景德传灯录·福州乌石山灵观禅师》："师出开门，雪峰蓦胸抟住云。"

（11）扬州十里，此句用唐杜牧《遣怀》："十年一觉扬州梦，赢得青楼薄幸名。"杜牧随牛僧孺出镇扬州，尝出入倡楼，后分务洛阳，追思感旧，谓繁华如梦，后用为感怀之典实。

（12）银钩，一种银质的妇女饰物。唐徐坚《棹歌行》："棹女饰银钩，新妆下翠楼。"

（13）有谁问海棠依旧，语出宋李清照《如梦令》："昨夜雨疏风骤，浓睡不消残酒。试问卷帘人，却道'海棠依旧'。'知否，知否？应是绿肥红瘦。'"

（14）暗雨危楼，高楼上幽暗的风雨之中。

（15）风流，风韵美好动人。前蜀花蕊夫人《宫词》之三十："年初十五最风流，新赐云鬟便上头。"

（16）湘裙，湘地丝织品制的女裙。元王实甫《西厢记》第一本第三折："靥香袖以无言，垂湘裙而不语。"

（17）莺喉，莺的鸣叫声。

（18）绸缪（móu 年），情意殷切。汉李陵《与苏武诗》之二："独有盈觞酒，与子结绸缪。"

（19）宸（chén 辰）游，帝王之巡游。唐苏颋《奉和初春幸太平公主南庄应制》："主第山门起灞川，宸游风景入初年。"

（20）披香，汉宫殿名。《三辅黄图·未央宫》："武帝时，后宫八区，有朝阳、飞翔、增城、合欢、兰林、披香、凤凰、鸳鸯等殿。"后泛指宫殿。唐李商隐《宫妓》："珠箔轻明拂玉墀，披香新殿斗腰支。"

（21）天颜，天子的容颜。先秦佚名《采葛妇歌》："群臣拜舞天颜舒，我王何忧能不移。"

（22）汉宫秋，汉代宫殿的秋色，亦借指其他王朝宫殿里的秋色。唐许浑《咸阳城东楼》："鸟下绿芜秦苑夕，蝉鸣黄叶汉宫秋。"

（23）有人似黄花清瘦，语出宋李清照《醉花阴·薄雾浓云愁永昼》："莫道不消魂，帘卷西风，人比黄花瘦。"黄花，菊花。

（24）九嶷云冷三句，九嶷，亦作"九疑"，山名，在今湖南宁远县南。《山海经·海内经》："南方苍梧之丘，苍梧之渊，其中有九嶷山，舜之所葬，在长沙零陵界中。"郭璞注："其山九谿皆相似，故云'九疑'。"唐李涉《寄荆娘写真》："苍梧九疑在何处，斑斑竹泪连潇湘。"又晋张华《博物志》卷八："尧之二女，舜之二妃，曰湘夫人，帝崩，二妃啼，以泪挥竹，竹尽斑。"湘波，即湘江。翠蛾，指舜之二妃娥皇、女英。

（25）殢（tì 替）酒，病酒，醉酒。殢，迷恋，沉湎。唐许浑《送别》："莫嫌酒杯闲过日，碧云深处是佳期。"

（26）目断，望断，一直望到看不见。唐丘为《登润州城》："乡山何处是，目断广陵西。"万里舟，语出唐杜甫《绝句四首》之三："窗含西岭千秋雪，门泊东吴万里船。"

【赏析】

梁辰鱼的这首散套［正宫］白练序《咏帘栊》，通过对宫中帘栊的描写，对宫女们身不由主、耗尽似锦年华的幽禁生活寄予深切的同情。帘栊，窗帘和窗牖，也泛指门窗的帘子。帘子，现在看来是一般的生活用品。在封建社会一般贫苦人家用不起帘子，而帘栊便为帝王宫殿和贵族之家的专用品，成了隔断外部世界的工具，用于妇女闺阁者为多。

全套包括五支曲子。先看第一支曲子［白练序］。此曲分两层来写：前五句写傍晚的宫中景色。东风轻吹，只见在暮霭笼罩之下，曲径回廊帘栊卷起。首二句描状，点明时间，揭出所咏之物——帘栊。接下来三句仍用白描，写帘栊卷起之后，盛妆的宫女出现了，在烟雾笼罩下，呈现出几簇新绿的柳树。春昼，交代虽近傍晚，仍是白天。这是宫中白天的景象。后五句抒情，写宫中女子失去人身自由。"翠羽稠"，就是宫女很多，但众多的宫女都没有人身自由。"任满院杨花不自由"，是用典。北魏胡太后见杨白花英俊，逼其与己私通，杨白花并不心甘情愿，就是失去恋爱自由。此处以杨白花喻失去人身自由的宫女。"空相扣，芳容阻隔，似无还有。"三句转换视角，以钟情于宫女的男子的身份说话，白白扣击帘栊，它把宫女美好的容颜隔开，似无还有，隐隐约约，更有吸引力。

［醉太平］一曲写宫女的劳作。宫女们日常的劳务就是刺绣。下面便描写宫女刺绣的冶容情影："虾须静掩，趁游丝乱扑，花影间抠。扬州十里，争露半额娇羞。"宫女们在用彩色丝线织虾须帘，室内炉烟阵阵，双手在花样中乱揪，繁华如梦，露出个娇羞的面庞。她们的体态是那样纤弱柔软，早起的劲风吹动她们佩带的银饰，"有谁问海棠依旧？"此句用典。语出李清照《如梦令》，原说风雨之夜后，"试问卷帘人"，"却道海棠依旧"。这里借指织帘的宫女，有谁问她们一声呢？意思是无人关心她们。

明曲

325

或者斜月临窗，或者风雨高楼，帘子或卷或放，天天如此。写出了宫女们生活的辛苦，其冷暖无人过问。

[白练序] 一曲则写出宫女们生活的另一面：她们穿着用湘地丝织品做的衣裙，仗着蒙眬醉眼，动情时，还会唱上几声，如黄莺鸣啭，说明这些宫女不仅心灵手巧，会刺绣女红，而且能歌善舞，多才多艺，她们风韵美好，情意眷眷。在幽暗的宫院，落日照射下，愁肠百结。"徘徊久，风惊翠竹，故人相候。"这些妙龄女郎，当然不甘心过这种囚犯般的生活，她们在院中走来走去，风动翠竹，原来是她们的情人来约会。偷期密约，这是宫女们所能采取的反抗方式。

[醉太平] 一曲写宫女们随王伴驾的生活。宫女们被选在宫中，被皇帝亲幸的机会很少，她们的日常工作，就是在皇帝巡游时随王伴驾。在披香殿里，皇帝近在咫尺，她们只能两旁侍立。在香雾氤氲之中，她们一站就是几个更点。时间是那么长，西风吹动宫殿的帘子。"有人似黄花清瘦"此句用典。典出李清照《醉花阴》："莫道不销魂，帘卷西风，人比黄花瘦。"黄花即菊花，李清照是思念在外地做官的丈夫，变得比菊花还瘦。这里借来写宫女们在宫中百无聊赖的精神生活，把她们折磨得个个瘦骨伶仃。"九嶷云冷，湘波映着，翠娥双皱。"三句用舜之二妃娥皇、云英事。舜南巡死葬九嶷山，二妃沿湘江南下寻找，"以泪挥竹，竹尽斑"，是说宫女们整日双眉紧锁，生活凄苦。

[尾声] 一曲共三句："低掩重重如殢酒，愁来试卷楼上头。空目断长江万里舟。"帘枕低垂，宫女们即使个个喝得烂醉的，愁怀还是排解不开，就把楼上帘子高高卷起，极目四望，试图以舒胸中愁闷之气，结果自然是徒劳的。三句两写帘枕，回应题目，首尾圆合。

此曲构思精巧，以小见大，通过宫中帘枕来写宫女们的生活，对其工作之辛苦、精神上折磨，表示深切的同情，表现出进步的思想倾向。

毛泽东在顾名编的《曲选》中读到这首散套，用毛笔进行了圈点，对曲中描写宫女们生活辛酸凄苦的词句都加了圈或点，表示他的着眼点和关注所在，也是对此曲的公正评判。

〔中吕〕榴花泣

秋夜闻砧

【榴花泣】（石榴花）楚天云净[1]，遥夜露华浓[2]。谁捣练送砧声[3]。撼得潇潇梧叶堕檐楹[4]，隔墙东金石齐鸣[5]。

【泣颜回】悲凉怎听？那筹儿敲着我心头病[6]。趁飔飔风度虚窗，正娟娟月冷闲庭[7]。

【前腔】（石榴花）闺中思妇遥动别离情。衣未授，泪先倾，辽阳千里信难凭[8]。倩谁人寄与孤另[9]。

【泣颜回】双砧不停，似捣玄霜玉杵声相应[10]。想应他关却柔肠，因此上敲断残更。

【前腔】（石榴花）推枕剔银灯，枉教人好梦难成，声声咽哽。伴寒蛩一样凄清[11]，何曾见形。但高低断续浑无定，打鸳鸯分散韩凭[12]，惊蝴蝶不逐庄生[13]。

【泣颜回】报入汉宫庭。比楼头画角[14]，忒恁伤情[15]。想长门漏永[16]，断送了多少娉婷[17]。他愁怀暗增。这期间和泪绵绵听，乱敲时雁外霜飞，数闻来被底秋生。

【尾声】萧条已入寒空静，都被你将人聒醒[18]，道是无情却有情[19]。

【毛泽东评点】

毛泽东在阅读顾名编《曲选》收录的这首套曲时，在［泣颜回］一曲"想应他关却柔肠"二句旁，用毛笔各画了一个墨圈；在［泣颜回］一曲"比楼头画角"以下三句旁各画了一个墨圈；在"断送了多少娉婷"句旁和"这期间和泪绵绵听"以下三句旁各画了两个墨圈。

——中央档案馆整理：《毛泽东评点诗词曲精选·曲选》第94—95页，中央档案出版社1998年版

【注释】

（1）楚天，南方楚地的天空。唐杜甫《暮春》："楚天不断四时雨，巫峡常吹千里风。"

（2）露华，露水。《飞燕外传》："婕妤浴豆蔻汤，傅露华百英粉。"

（3）捣练，捣洗煮过的熟绢。唐张继《九日巴丘杨公台上宴集》："谁家捣练孤城暮，何处题衣远信回。"砧（zhēn臻）声，捣衣声。唐李颀《送魏万之京》："关城树色催寒近，御苑砧声向晚多。"

（4）潇潇，象声词。檐楹，屋檐下厅堂前部的梁柱。唐韩愈《食曲河驿》："群鸟巢庭树，乳雀飞檐楹。"

（5）金石，指钟磬一类乐器。《国语·楚语上》："而以金石匏竹之昌大、嚣庶为乐。"韦昭注："金，钟也；石，磬也。"

（6）筹儿，指事件，事情。明高明《琵琶记·睏询衷情》："罢罢，夫人。你休缠得我无言，若还提起那筹儿，扑簌簌泪满腮。"

（7）娟娟，明媚之状。宋司马光《和杨卿中秋月》："嘉宾勿轻去，桂影正娟娟。"

（8）辽阳千里信难凭，辽阳，曾为县名、府名、路名、行省名，今为市名，泛指今辽宁省辽阳市一带地方，古为征戍之地，千里遥远，有信难通。

（9）倩，请，恳求。孤另，孤单，孤独。

（10）玄霜，神话中的一种仙药。《初学记》卷二引《汉武帝内传》："仙家上药有玄霜、绛雪。"唐裴铏《传奇·裴航》："一饮琼浆百感生，玄霜捣尽见云英。"玉杵，玉制的舂杵，亦用作舂杵的美称。

（11）寒蛩（qióng穷），深秋的蟋蟀。唐韦应物《拟古诗》之六："寒蛩悲洞房，好鸟无遗音。"

（12）打鸳鸯分散韩凭，典出晋干宝《搜神记》卷十一，相传战国时宋康王舍人韩凭娶妻何氏，甚美，康王夺之。凭怨，王囚之，沦为城旦。凭自杀。其妻乃阴腐其衣，王与之登台，妻遂自投台下，左右揽之，衣不中手而死。遗书于带，愿以尸骨赐凭合葬。王怒，不听，使里人埋之，冢相望也。宿昔之间，便有大梓木生于两冢之端，旬日而大盈抱，屈体相应，根交于下，枝错于上。又有鸳鸯，雌雄各一，但栖树上，晨夕不去，交颈悲鸣。宋人褒之，遂号其木曰"相思树"，后遂用作男女相爱、生死不渝的典故。

（13）惊蝴蝶不逐庄生，此句用庄周梦化蝴蝶典故。《庄子·齐物论》："昔者庄周梦为蝴蝶，栩栩然蝴蝶也。自喻适志与，不知周也。俄然觉，则蘧蘧然周也。不知周之梦为蝴蝶与，蝴蝶之梦为周与？周与蝴蝶，则必有分矣。此之谓物化。"庄子认为，生与死、祸与福、物与影、梦与觉等，都是自然变化的现象，圣人任其自然，随之变化，后以比喻虚幻的事物。

（14）画角，古管乐器，传自西羌，形如竹筒，本细末大，以竹木或皮革等制成，因表面有彩绘，故称。发声哀厉高亢，古时军中用以警昏晓，肃军容。帝王出巡，亦用以报警戒严。南朝梁简文帝《折杨柳》："城高短箫发，林空画角哀。"

（15）忒恁（tè rèn 特任），过分如此。忒，这样，如此。宋黄庭坚《归思引》："看承幸厮勾，又是樽前眉峰皱。是人惊怪，宽我忒搁就。"恁，如此，这么。宋欧阳修《玉楼春》："已去少年无计奈，且愿芳心长恁在。"

（16）长门漏永，此句用汉孝武帝陈皇后事。汉司马相如《长门赋序》："孝武皇帝陈皇后时得幸，颇妒，别在长门宫，愁闷悲思。闻蜀郡成都司马相如天下工为文，奉黄金百斤，为相如、文君取酒，因于解悲愁之辞。而相如为文以悟主上，陈皇后复得亲幸。"后以"长门"借指失宠女子居住的寂寥凄清的宫院。唐杜牧《长安夜月》："独有长门里，蛾眉对晓晴。"长门，汉宫名。漏永，时间长。漏，是古代计时器，即漏壶，借以指时刻、更次。《汉书·董贤传》："二岁余，贤传漏在殿下。"颜师古注："波漏，奏时刻。"

（17）娉婷，又作"婷娉"，指美女。

（18）聒（guō 过）耳，声音刺耳。《韩非子·显学》："今巫祝之祝人曰：'使若千秋万岁。'千秋万岁之声聒耳，而一日之寿无征于人。"

（19）道是无情却有情，语出唐刘禹锡《竹枝词二首》之一："杨柳青青江水平，闻郎江上唱歌声。东边日出西边雨，道是无晴却有晴。"

明

曲

【赏析】

〔中吕〕榴花泣《秋夜闻砧》一作陈所闻作，现仍依顾名《曲选》，系于梁少白名下。

此曲题作《秋夜闻砧》，写一个闺阁女子听到捣衣声而触动思念在外戍边的丈夫的情思。全套共七曲，我们先看第一曲〔榴花泣·石榴花〕。"楚天云净，遥夜露华浓。"首二句描写，"楚天""遥夜"，交代地点和时间。"云净""露华浓"，说明节候已在深秋。"谁捣练送砧声。"点醒题目。"撼得潇潇梧叶堕檐楹"，砧声震得梧桐叶子都扑簌簌落下，写出砧强度之大。"隔墙东金石齐鸣"，末句不仅交代砧声来自何处，而且又以金石齐鸣喻其强烈。全曲多用白描，正面写出秋夜闻砧情景。

〔泣颜回〕等五曲接写少妇闻砧后涌起的感想。〔泣颜回〕一曲紧承上曲而来："悲凉怎听？那筹儿敲着我心头病。"清凉秋夜，寂无声息，唯有那声声砧声作响，一种悲凉氛围笼罩一切，使人惨不忍闻，因为那捣衣声正敲着少妇的心病。"趁飕飕风度虚窗，正娟娟月冷闲庭。"更何况这砧声凭借飕飕风力透过窗子，那清冷的月光正照着清闲的小院。这气氛，这环境，就使思妇更承受不了。

少妇为什么对砧声这么敏感呢？接下来，〔前腔·石榴花〕一曲才交代原因："闺中思妇遥动别离情。"原来这位少妇正涌起离别的情感。这又是怎样的一种别离情呢？"衣未授，泪先倾，辽阳千里信难凭。倩谁人寄与孤另。""衣未授"，是用典。古时九月制备寒衣，叫"授衣"。《诗经·豳风·七月》云："七月流水，九月授衣。"毛传："九月霜始降，妇功成，可以授冬衣矣。"而时届深秋，为在辽阳戍边的丈夫制的寒衣还未送到，怎不叫思妇两眼落泪呢？况且辽阳远距千里，丈夫究竟在何处，也没有个确切的消息，制备好的冬衣又托谁送交孤独的亲人呢？古代交通不便，辽阳已是遥远的边防前线，不易到达。故唐人金昌绪《春怨》云："打起黄莺儿，莫教枝上啼。啼时惊妾梦，不得到辽西。"

〔泣颜回〕一曲又接着写道："双砧不停，似捣玄霜玉杵声相应。"二句叙事。两个捣衣石响个不停，好像要和月中玉兔捣药的玉杵声相应和。"想应他关却柔肠，因此上敲断残更。"二句抒情。料想她们捣衣也和心中思念的人密切相关，所以下决心捣到深更半夜。叙事中寄寓着对丈夫的深情。

〔前腔·石榴花〕一曲，则从前面庭院闻砧转到室内愁思，不仅时间向后推移，而且感情更加浓烈。"推枕剔银灯，枉教人好梦难成，声声咽哽。"三句叙事。原来这思妇闻砧思夫，不能相见，便回房就寝，想做个与丈夫梦中相会的美梦，却被这挥之不去的砧声撩拨，没有做成。"伴寒蛩一样凄清，何曾见形。但高低断续浑无定，打鸳鸯分散韩凭，惊蝴蝶不逐庄生。"后五句描写兼用典，继续抒写思夫之情。这砧声伴着秋夜蟋蟀凄清的叫声，忽高忽低，继续不定，棒打鸳鸯，两下分飞。后二用典。"打鸳鸯分散韩凭"，战国宋康王夺其舍人韩凭妻何氏，害死韩凭，何氏也跳台而亡，分葬后，两冢生相思树，有鸳鸯一对，雌雄各一，交颈悲鸣。后用作男女相爱、生死不渝的典故，事出《搜神记》。"惊蝴蝶不逐庄生"，则反用庄生化蝶事，意谓欲与丈夫化作一对蝴蝶，双双飞舞，亦不可得，进一步抒发了对丈夫的思念之情。

〔泣颜回〕一曲，则一笔两面，兼写思妇及其丈夫。"报入汉宫庭。比楼头画角，忒恁伤情。想长门漏永，断送了多少媂婷。"前六句仍从思妇方面写，她驰骋想象，悬想这捣衣声传入"汉宫庭"，比凄厉的画角声，还要令人伤心。"长门漏永"，用汉武帝陈皇后失宠谪居长门宫的典故，说明宫中断送了多少少女的青春。然后推己及人，更深一层抒发了思夫之情。当然，思妇最关心的还是她丈夫："他愁怀暗增。这期间和泪绵绵听，乱敲时雁外霜飞，数闻来被底秋生。"后四句则两人兼写。这思妇设身处地，拟想她丈夫愁恨暗暗滋生。这时候她自含着眼泪听着那绵绵不断的砧声，这里砧声乱敲时，塞外飞雁声声，寒霜满地，她丈夫听到几声孤雁哀鸣，顿觉得被窝中一片寒意。对丈夫的关爱得到进一步的展现。

〔尾声〕一曲共三句："萧条已入寒空静，都被你将人聒醒，道是无情却有情。"前二句叙事，末句用典。前二句继续写砧声，夜深人静、万籁俱寂之时，砧声把已入睡的人们从梦中吵醒，砧声无情，思妇却是有情的。末句巧用唐代诗人刘禹锡《竹枝词》中"东边日出西边雨，道是无晴却有晴"入曲，十分贴切。

　　总之，此曲紧扣题目，从秋夜闻砧写起，写思妇听到砧声，而意识到别人在制寒衣，由别人又想到自己制衣，再由自己制衣，想到送衣，又由衣成而不能送给丈夫，产生出对丈夫思念、关爱，抒发深厚的夫妇之情。感情真挚细腻，语言生动形象，中心突出，首尾圆合，是一篇不可多得的佳作。

　　毛泽东在顾名编的《曲选》中读到这首散套时，用毛笔进行了圈点，对［泣颜回］一曲中描写战争给思妇及其戍边的丈夫带来痛苦的佳句，都画了墨圈，足见其独具慧眼。

郑若庸

郑若庸，字中伯，号虚舟，昆山（今江苏昆山）人，明代文学家，年十六为诸生，隐支硎山，殚精古文，尤工诗。赵王厚煜聘入邺，名重海内，为厚煜著《类隽》一书，多至千卷。奸相严嵩父子请见，不往。厚煜卒，去赵居清源。年八十余卒。著有诗《蛣蜣集》，又善度曲，有《玉玦记》传奇和散曲行世。

【原文】

〔双调〕沉醉东风

春 闺

【沉醉东风】海棠花将开未开，倦停鍼绣窗间待⁽¹⁾。花睡去冷间阶，教人怜爱⁽²⁾。须避却妒花风霾⁽³⁾，把门儿开，不许漫蜨蜂拜⁽⁴⁾。若等得着那负心的便随着进来⁽⁵⁾。

【忒忒令】盼得个春风满街，好花枝没人簪戴。对花无语，空立遍苍台。担害得人无赖⁽⁶⁾，愁无奈⁽⁷⁾？恨无端磨穿了铁鞋⁽⁸⁾。

【玉交枝】他毒如蜂虿⁽⁹⁾，恋花枝花还受灾。芳心从此被伊家卖⁽¹⁰⁾。说甚么有意重栽？桃源洞口信已乖，武陵溪上春难再⁽¹¹⁾。顿忘却双头凤鞋⁽¹²⁾，顿忘却同心鸾带⁽¹³⁾。

【江儿水】见月频生怪，因花更自猜。一春无事因他害，千般消遣心难解，万椿摆脱情难懈。除是鸿门樊哙打破愁关⁽¹⁴⁾，提出了凄凉法界⁽¹⁵⁾。

【川拨棹】情忒歹，没音书三四载。全不见那日书斋⁽¹⁶⁾，曾道是遇鳞鸿足书系帛⁽¹⁷⁾。到如今呆打孩⁽¹⁸⁾，笔无情，手懒抬。

【尾】香肌瘦得容如菜⁽¹⁹⁾，病久空教寻艾⁽²⁰⁾。只落得怨瑟愁琴付鸿雁哀⁽²¹⁾。

【毛泽东评点】

毛泽东在阅读顾名编《曲选》收录的这首套曲时，在［玉交枝］一曲，将"顿忘却双头凤鞋"句末的句号，用毛笔改为逗号；

在［江儿水］一曲，"一春无事因他害"以下四句旁，用毛笔各加了两个墨点，并把"一春无事因他害"句末的句号改作逗号；

在［川拨棹］一曲，把"到如今呆打孩"句末的句号改作逗号。

—— 中央档案馆整理：《毛泽东评点诗词曲精选·曲选》第99—100页，中央档案出版社1998年版

【注释】

（1）鍼，通"针"。绣窗，装饰华丽的窗户。间，通"闲"。

（2）怜爱，疼爱，怜惜。《史记·赵世家》："左师公曰：'老臣贱息舒祺最小，不肖。而臣衰，窃怜爱之。'"

（3）风霾（mái 埋），指风吹尘飞、天色阴晦的现象。《魏书·崔先传》："昨风霾暴兴，红尘四塞，白日昼昏，特可惊畏。"霾，飞沙蔽天、日色无光之状。《尔雅·释天》："风而雨土为霾。"

（4）漫，放纵，不受约束。蜨蜂，蝴蝶和蜜蜂。蜨，同"蝶"。

（5）负心的，背弃情谊的人，多指转移爱情。晋葛洪《抱朴子·对俗》："民间君子，犹内不负心，外不愧影，上不欺天，下不食言。"唐蒋防《霍小玉传》："我为女子，薄命如斯；君为丈夫，负心若此。"

（6）担，当。无赖，情绪因无依托而烦闷。宋苏舜钦《奉酬公素学士见招之作》："意我羁愁正无赖，欲以此事相夸招。"

（7）无奈，没有办法。

（8）无端，无缘无故。《楚辞·九辩》："蹇充倔而无端兮，泊渫渫而无垠。"王逸注："媒理断绝，无因缘也。"磨穿了铁鞋，踏破铁鞋之意，比喻为找到某样东西历尽困难，花费极大的力气。宋夏元鼎《绝句》："踏破铁鞋无觅处，得来全不费工夫。"

（9）蜂虿（chài），蜂和虿，都是有毒刺的螫虫。《国语·晋语九》："蠠蚁蜂虿，皆能害人，况君相乎！"虿，蝎子一类的毒虫，比喻坏人。

（10）芳心，指女子的情怀。唐李白《古风》之四九："美人出南国，灼灼芙蓉姿。皓齿终不发，芳心空自持。"伊家，你。宋黄庭坚《点绛唇》："闻道伊家，终日眉儿皱。"

（11）桃源洞口信已乖二句，东汉刘晨、阮肇入天台山采药迷路，饥食桃果，寻水得大溪，溪边遇仙女，邀入桃源洞，并获款留。历半年后返家，已历七世，复往，不知何处。后因以指男女幽会的仙境，成为文人经常引用的典故，事见《太平御览》卷四一引南朝宋刘义庆《幽明录》。桃源洞，在今浙江省天台县北。唐王之涣《惆怅诗》之十："晨肇重来路已迷，碧桃花谢武陵溪。"

（12）双头凤鞋，旧时女子所穿的绣花鞋，以鞋头花样多绣凤凰，故称。宋刘过《沁园春·美人指甲》："见凤鞋泥污，偎人强剥。"

（13）同心鸾带，即"同心带"，绾有同心结的丝带。唐杨衡《夷陵郡内叙别》："留念同心带，赠远芙蓉簪。"

（14）鸿门樊哙打破愁关，据《史记·项羽本纪》载，公元前206年，刘邦攻占秦都咸阳后，派兵守函谷关。不久项羽率四十万大军攻入，进驻新丰鸿门，准备进攻刘邦。经项羽叔父项伯调解，刘邦亲自到鸿门会见项羽。项羽留饮。宴会上，范增命项庄舞剑，欲乘机刺杀刘邦，项伯也拔剑起舞，常以身掩护刘邦。汉将樊哙闻事急，乃裂裳裹盾为冠，闯入羽营，责羽背信，刘邦乘间脱走。

（15）法界，佛教语，梵语"dharmda-dhatu"的意译，通常泛称各种事物的现象及其本质。《华严经·十通品》："入于真法界，实亦无所入。"宋范成大《再次喜雨诗韵以表随车之应》："一念故应周法界，万神元不隔明庭。"

（16）书斋，书房。唐王勃《赠李十四》之四："直当花院里，书斋望晓开。"

（17）鳞鸿足书系帛，鳞鸿，即鱼雁，我国古有鱼雁传书之说。《乐府诗集·相和歌辞十三·饮马长城窟行之一》："客从远方来，遗我双鲤鱼。呼儿烹鲤鱼，中有尺素书。"《汉书·苏武传》："教使者谓单于，言天子射上林中，得雁，足有系帛书。"后因以"鱼雁"代称书信。

（18）呆打孩，亦作"呆打颏"，发呆，发愣。元无名氏《硃砂丹》第二折："唬的我呆打颏空张着口，惊急力怕抬头。"

（19）容如菜，面黄肌瘦，带有菜色。

（20）寻艾（yì义），寻治。艾，通"乂"。治，治理。《诗经·小雅·小旻》："民虽靡膴，或哲或谋，或肃或艾。"朱熹集传："艾与乂同，治也。"

（21）怨瑟愁琴，即琴瑟不调，比喻夫妻或情人不和。唐赵璘《因话录》卷一："郭暧尝与昇平公主琴瑟不调。"鸿雁，俗称大雁，一种候鸟。《汉书·苏武传》载有雁传书之事，后因以指书信。

【赏析】

郑若庸题作《春闺》的这套散曲，写一个少女被骗取爱情后遭到抛弃的哀怨，多方设喻，反复述说，十分感人。

全套包括六支曲子。前两支曲子写女子对情人的期盼，后四支曲子反复写对男子的谴责和自伤。我们先看第一支曲子〔沉醉东风〕，此曲写女子开门以待所爱男子来归。"海棠花将开未开"，首句交代时令，是早春天气。"倦停鍼绣窗间待"，是说她无心再做针线，便停下来，在房前等待情人来归。"花睡去冷间阶，教人怜爱。"二句用典，语出宋苏轼《海棠》："只恐夜深花睡去，故烧高烛照红妆。"怕花睡去，冷落了房前台阶，令人疼爱。二句写女主人公爱花之心惜花之情。"须避却妒花风霾，把门儿开，不许漫蝶蜂拜。"三句承上爱花惜花而来，进一步写其护花之举措：开门时要挑选风和日丽的日子，避开风吹尘飞的阴晦天气，而且还不许蜂蝶肆意采撷。这更是以花喻人，明写护花，实为自卫了。但也有例外，"若等得着那负心的便随着进来"，对情人的期盼溢于言表。她的意中人是干什么去了呢？第二支曲子〔忒忒令〕接着写道："盼得个春风满街，好花枝没人簪戴。"二句用典。唐诗人孟郊《登科后》云："昔日龌龊不足夸，今朝放荡思无涯。春风得意马蹄疾，一日看尽长安花。"原来唐代进士考试在秋季举行，发榜已到第二年春天。此时帝都长安，正春风骀荡，百花盛开。新科状元簪花夸官，骑马游春，荣耀无比，心情自然是很愉快了。这正是女主人公期盼于她的情人的。看来，她的希望落空了，"对花无语"，百无聊赖，愁恨交加而又毫无办法。这女子想，考不中科举罢了，也应该归来相会，也许她的情人觉得有愧于她，便不知去向了，真是踏破铁鞋无觅处。此曲连同上曲为第一层，写女子对情人的热切期盼。

第三、第四两支曲子是女子的对负心男子的谴责和自伤。〔玉交枝〕一曲写女子对负心男子的谴责："他毒如蜂虿，恋花枝花还受灾。芳心从此被伊家卖。"这女子实在太恼火了，她咒骂那负心的男子毒如蛇蝎，恋花枝还使花枝受害。当然"花枝"是语意双关，明写花枝，暗写自己。悔恨自己是个无辜的受害者，被玩弄后又被抛弃。这男子还曾欺骗她说："有意重栽。"即要恢复二人关系。但现在看来这也是个骗局，因为"桃源洞口信已乖，武陵溪上春难再"。汉刘晨、阮肇入天台山采药遇仙女留宿，后欲再续前缘，便失所在，二句用此典说明前情难续，风光不再。"顿忘却双头凤鞋，顿忘却同心鸾带"，二句也是用典。"双头凤鞋""同心鸾带"，都是象征男女爱情的事物，于今这负心男子都忘掉了，可不是对爱情的背叛？〔江儿水〕一曲则写男子负心给自己带来的心灵的巨大创伤。"见月频生怪，因花更自猜。"二句描写，写女子失恋后，对月伤情，见花流泪的自怨自艾。但责任不在自己："一春无事因他害，千般消遣心难解，万椿摆脱情难懈。"三句抒情，写男子的背叛给自己带来的巨大痛苦：她千方百计想从这失恋的苦痛中解脱出来，都无济于事。那么是不是就毫无办法呢？办法只有一个："除是鸿门樊哙打破愁关，提出了凄凉法界。"二句用典，说是要想解脱出来，只有像鸿门宴中樊哙闯入救出刘邦那样，采用非常措施，才能打破这愁恨的关隘，把自己从感情的纠缠中解救出来。以上二曲是女子第一次对负心男子的诅咒和自伤，下面两曲则是第二次。

〔川拨棹〕一曲写女子对负心情人的再次诅咒。这次诅咒比上次更烈："情忒歹，没音书三四载。"意谓这家伙心太坏了，三四年了连一封书信也没寄。"全不见那日书斋，曾道是遇鳞鸿足书系帛。""遇鳞鸿足书系帛"，此句用典，用汉苏武雁足系帛书和汉乐府民歌中鲤鱼腹中藏书典故。二句回忆往事，揭穿了负心男子的谎言。"到如今呆打孩，笔无情，手懒抬"三句叙事，是说到如今女子被害得呆若木鸡，再也提不起精神，给那个负心汉写信了。［尾］曲再写失恋给女主人带来的严重后果："香肌瘦得容如菜，病久空教寻艾。只落得怨瑟愁琴付鸿雁哀。"这女子相思成疾，面黄肌瘦，带有菜色。"怨瑟愁琴"，比喻与情人出现不和，但看来她还不死心，还希望鸿雁能为她给负心男子捎封书信，以通心曲。这不过是没有办法的办法罢了。

总之，这首套曲写一年少女子被抛弃后的自怨自艾和对负心男子的愤怒谴责，作者寄予深切的同情，态度是可取的。

毛泽东在顾名编的《曲选》中读到这首散套时，他用毛笔进行了圈点，但圈点语句甚少，仅在［江儿水］一曲"一春无事因他害"等四句旁每句加了两个墨点，并修改了三处标点，其他均无圈点，看来他对此曲评价不高。

施绍莘

　　施绍莘（1581—约1640），字子野，号峰泖浪仙，华亭（今上海松江）人，明代词人、散曲家。他有俊才，怀大志，因屡试不第，于是放浪形骸。建园林，置丝竹，每当春秋佳日，与名士隐者遨游于九峰、三泖、西湖、太湖间。他兴趣广泛，除经术、古今文外，旁通星纬舆地、二氏九流之书。善音律，一生所作散曲及词著名，有《灯影集》行世。其词作多哀苦之音，既寄寓着作者命运多舛的身世悲凉，又是明王朝灭亡前夕人们情绪的反映。他的散曲作品能跳出南曲追求音律、辞藻的樊篱，较为自由地抒发情怀。其散曲取材广泛，多为写景咏物、男女爱情之作，情思绵绵，但不过分浓艳。

【原文】

〔中吕〕驻云飞

　　索性丢开，再不将他记上怀。怕有神明在⁽¹⁾，嗔我心肠歹⁽²⁾。呆！那里有神来？丢开何害⁽³⁾？只看他们，抛我如尘芥⁽⁴⁾，毕竟神明欠明白⁽⁵⁾。

【毛泽东评点】

　　毛泽东在阅读顾名编《曲选》收录的这首小令时，首先用铅笔在题目上方天头处画了一个大圈，然后在第二、第四两句末画了一个横杠，旁边画了一个大圈，并对全文都加以圈点，除独词句"呆"画了一个圈、末句画了三个圈外，其余各句旁都画了两个圈。之后，又用毛笔对全文各句都画了墨圈，其画法与用铅笔所画完全相同，形成套圈。

　　——中央档案馆整理：《毛泽东评点诗词曲精选·曲选》第47页，中央档案出版社1998年版

【注释】

（1）神明，天地间一切神灵的总称。《易·系辞下》："阴阳合德，而刚柔有体，以体天地之变，以通神明之德。"孔颖达疏："万物变化，或生或成，是神明之德。"

（2）嗔（chēn 琛），责怪，埋怨。唐李贺《野歌》："男儿屈从心不穷，枯荣不等嗔天公。"歹（dǎi 逮），坏，不好的，与人有害的。《宣和遗事》前集："父亲做歹事，误我受此重罪。"

（3）何害，有什么损害，伤害。害，损害，伤害。《国语·楚语上》："子实不睿圣，于倚相何害。"韦昭注："害，伤也。"

（4）尘芥，尘土和草芥，亦指被废弃之物。前蜀杜光庭《本命醮南斗词》："臣叨荷宠恩，谬司潘部，功无尘芥，过积丘山。"

（5）毕竟，到底，终归。唐许浑《闻开江宋相公申锡下世》之一："毕竟功成何处是？五湖云月一帆开。"

【赏析】

施绍莘这首［中吕］驻云飞写一女子的爱情出现了挫折的复杂心理，层层递进，刻画细腻，又活泼爽朗，令人喜读。

全曲十句，分为四个层次。"索性丢开，再不将他记上怀。"开头两句为第一层，写女子的最初想法。当爱情出现挫折时，索性丢开，把那个负心汉彻底忘掉。这女子态度决绝，斩钉截铁。

但转念一想，又有了顾虑："怕有神明在，嗔我心肠歹。"过去的人们不懂得唯物主义，往往是有神论，虽然半信半疑，还是怕真的有神明，怪罪她心肠坏，降下灾祸，于是态度又犹豫起来。但冷静地又一想，这种想法未免可笑："呆！那里有神来？丢开何害？"实在是太傻了，那里有什么神明？既无神明，丢开又有什么妨碍？此是第三层。这是又一曲折。不仅从道理上对神的是否存在提出大胆怀疑，而且结合自己的切身感受来考虑此事："只看他们，抛我如尘芥，毕竟神明欠明白。"爱情是以双方真诚相爱为基础，现在这个基础已不复存在，你看那负心汉子，抛弃我就像抛弃尘土和小草一样，如果真有神明，就该惩罚他，可现在事情并不是这样，可不是神明太糊涂了？从害怕神明怪罪，到谴责神明不公，思想发生了飞跃，态度终于坚定了下来。短短一支小曲，女子态度四次变化，写来曲折有致，语言明快，风格爽朗，很好地表现了女子的面对婚变的决绝态度。

毛泽东在顾名编的《曲选》中读到这首小令时，首先用铅笔在题目上方天头处画了一个大圈，这是他对优秀作品的习惯画法，并对全文各句都画了旁圈；然后又用毛笔对全文各句又画了墨圈，与原所画的小圈形成套圈，这是他对优美词句的画法，可见他对这首曲子十分欣赏。

【原文】

〖南商调〗梧桐树

歌 风

【梧桐树】青蘋叶势平⁽¹⁾，春水波纹净，动地撩天，把日脚高吹醒⁽²⁾。飞花打翠屏⁽³⁾，飘花敲金井⁽⁴⁾；移海吹山，直恁颠狂性⁽⁵⁾。晚涛痕啮破嫦娥影⁽⁶⁾。

【东瓯令】更低低飐，款款生：撩帐搴衣不至诚，温柔偏解偷帮衬⁽⁷⁾。刚出浴，冰肌莹，就微微针窦也留情⁽⁸⁾，一线引香魂⁽⁹⁾。

【大圣乐】做春寒，递入疏楞⁽¹⁰⁾。漾钗幡⁽¹¹⁾，头上冷。鬓花吹落香腮影⁽¹²⁾。带几线泪痕冰，多应是飘零恰似郎心性⁽¹³⁾，可更是荡漾还如妾魂梦⁽¹⁴⁾。灯昏晕，正和风送雨，恼人春病⁽¹⁵⁾。

【解三酲】吹不了愁香怨粉；吹不了瘦铁穷砧⁽¹⁶⁾；吹不了玉门关上秋鸿影⁽¹⁷⁾；吹不了晓月津亭⁽¹⁸⁾；吹不了夜深裙带双鸳冷⁽¹⁹⁾；吹不了春暖弓鞋百草生⁽²⁰⁾，凄凉景；吹不了柳绵如雾⁽²¹⁾，古渡荒城。

【前腔】吹不了纸钱灰冷⁽²²⁾，吹不了野烧痕青⁽²³⁾；吹不了酒旗叶叶春江影⁽²⁴⁾；吹不了古戍烟横；吹不了人悲客路斜阳艇；吹不了鬼哭沙场夜雨燐⁽²⁵⁾，添凄递；吹不了子规啼月⁽²⁶⁾，血递微腥。

【尾文】任撅掀，从凄紧，翻覆犹如人世情⁽²⁷⁾，怎地把世上痴人吹他春梦醒⁽²⁸⁾。

【毛泽东评点】

毛泽东在阅读顾名编《曲选》收录的这首套曲时，首先在题目上空白处用铅笔画了一个记号（+）；

在首曲［梧桐树］末句旁，用毛笔画了两个墨圈；

在（东瓯令）一曲"撩帐搴衣不至诚"等二句和"就微微针窦也留情"等二句旁，皆加了两个墨点；

在［大圣乐］一曲"多应是飘零恰似郎心性"等二句旁，各加了两个墨点；

在［解三酲］一曲开头二句旁各加了两个墨点，并将第二句末的冒号改作分号，在"吹不了玉门关上秋鸿影"二句旁，各画了两个墨圈，并把"吹不了玉门关上秋鸿影"句末的冒号改作分号，还在末二句旁，也各画了两个墨圈；

在［前腔］一曲"吹不了酒旗叶叶春江影"等四句旁，各画了两个墨圈，末二句旁，各画了一个墨圈，还把"吹不了鬼哭沙场夜雨璘"的"璘"字改为"火"字旁。

—— 中央档案馆整理：《毛泽东评点诗词曲精选·曲选》第101—102页，中央档案出版社1998年版

【注释】

（1）青蘋，一种生于浅水中的草本植物。《文选·宋玉〈风赋〉》："夫风生于地，起于青蘋之末。"李善注："《尔雅》曰：'蘋，其大者曰。'郭璞曰：'水蘋也。'"

（2）日脚，太阳穿过云隙射下来的光线。唐岑参《送李司谏归京》："雨过风头黑，云开日脚黄。"

（3）翠屏，绿色屏风。南朝梁江淹《丽色赋》："紫帷铃匣，翠屏环合。"

（4）金井，井栏上有雕饰的井，一般用以指宫庭园林里的井。南朝梁费昶《行路难》之一："惟闻哑哑城上乌，玉栏金井牵辘轳。"

（5）直恁（rèn 刃），竟然如此。《京本通俗小说·错斩崔宁》："官人直恁负恩！甫能得官，便娶了二夫人。"颠狂，激烈动荡之状。

（6）啮（niè 聂），咬，啃。嫦娥，我国古代有嫦娥奔月神话传说，故以嫦娥指月亮。

（7）帮衬，体贴，凑趣。元高文秀《啄木儿》："为你，殷勤帮衬。虽然梦寐间，风流当尽。堪恨姻缘，两字欠成。"

（8）针窦（dòu 豆），针扎的小孔。窦，孔穴，洞。《礼记·礼运》："［礼义］所以远天道，顺人情之大窦也。"

（9）香魂，美人之魂。唐沈佺期《天官崔侍郎夫人卢氏挽歌》："偕老言何谬，香魂事永违。"

（10）疏棂，指疏窗。棂，物体上一条条凸起来的部分，指窗户上的木条。

（11）漾，飘扬，晃动。钗幡（fān 番），钗子幡胜。幡胜，是旧时立春日的装饰物，多指剪纸、金银箔做成小旗、人、燕、蝶等形状，挂在花下、贴在屏风上或戴在鬓发上。宋范成大《鞭春微雨》："幡胜丝丝雨，笙歌步步尘。"

（12）香腮，美女的腮颊。唐温庭筠《菩萨蛮》："小山重叠金明灭，鬓云欲度香腮雪。"

（13）飘零，漂泊流落。唐杜甫《衡州送李大夫七丈勉赴广州》："王孙丈人行，垂老见飘零。"郎，旧时妇女对丈夫或情人的称呼。

（14）荡漾，思想、情绪等起伏波动。三国魏阮籍《咏怀》之三七："人生有感慨，荡漾焉能排。"妾，旧时女子的自称。

（15）春病，相思之病。五代孙光宪《浣溪沙》："长有梦魂迷别浦，岂无春病入离心。"

（16）瘦铁穷砧，铁，指铁杵。砧，捣衣石。二者皆旧时捣衣工具。

（17）玉门关，关名，汉武帝时置，因西域输入玉石时取道于此而得名，汉时为通往西域各地的门户，故址在今甘肃敦煌西北小方盘城。秋鸿，秋天的鸿雁，古诗文中常以象征离别。南朝梁沈约《愍衰草赋》："为鸿分疏引，寒鸟分聚飞。"

（18）晓月津亭，拂晓的月亮，渡口旁的亭子。津亭，古代建于渡口旁的亭子。唐王勃《江亭夜月送别》之一："津亭秋月夜，谁见泣离群？"

（19）裙带双鸳，绣有一对鸳鸯的裙带。双鸳，一对鸳鸯，常用以比喻夫妻。

（20）弓鞋，旧时缠足女子所穿的鞋子。宋黄庭坚《满庭芳》："直待朱幡去后，从伊便窄袜弓鞋。"

（21）柳绵，即柳絮，因其色白如绵，故称。

（22）纸钱，迷信的人在祭祀时焚化给死人或鬼神当钱用的纸片，亦可以望空抛撒或悬挂墓地，形状有圆形方孔如铜钱的，也有纸上印些钱形的，故称纸钱，亦称冥钞。据《新唐书·王屿传》记载，汉以来埋钱于墓圹中，称瘗钱，魏晋以后则演变为用纸钱。唐张籍《北邙行》："寒食家家送纸钱，乌鸢作窠衔上树。"

（23）烧痕，野火的痕迹。宋苏轼《正月二十日往岐亭，郡人潘、古、郭三人送余于女王城东禅庄院》："稍闻决决流冰谷，尽放青青没烧痕。"

（24）酒旗，即酒帘。酒店的旗帜。唐刘长卿《春望寄王浔阳》："依微水戍闻征鼓，掩映沙村见酒旗。"

（25）沙场，指战场。唐祖咏《望蓟门》："沙场烽火连胡月，海畔云山拥蓟城。"

（26）子规，杜鹃鸟的别名，传说为蜀帝杜宇的魂魄所化，常夜鸣，声音凄切，故借以抒悲苦哀怨之情。《埤雅·释鸟》："杜鹃，一名子规。"唐杜甫《子规》："两边山木合，终日子规啼。"

（27）翻覆，反复无常，变化不定。晋陆机《君子行》："休咎相乘蹑，翻覆若波澜。"

（28）痴人，亦作"痴人"，愚笨或平庸之人。北齐颜之推《颜氏家训·归心》："世有痴人，不识仁义，不知富贵，并由天命。"春梦，喻易逝的荣华和无常的世事。元朱凯《昊天塔》第一折："想老夫幼年时，南征北讨，东荡西除，到今日都做了一场春梦也。"

【赏析】

风是一种自然现象，由空气流动所形成。风，时大时小，时有时无，与人们的生活密切相关；在闷热天气，忽然一阵清风送爽，使人心旷神怡；数九寒天，北风凛冽，使人憟憟战抖；东南季风，携带时雨，带来五谷丰登；北方寒流，带来铺天盖地大雪，也会造成自然灾害；至于台风过去，大雨滂沱，海潮暴涨，令人谈虎色变；龙卷风掠过，房倒屋塌，则纯害无益。可见，风与人们的生活息息相关，所以古今中外的文学作品中常写到风。但是风这种需要借助外物呈形的自然现象，并不好写，故专门写风的名篇并不多，战国楚宋玉的《风赋》是公认的赋风名篇，刘邦的《大风歌》只有三句，也颇有名，而施绍莘的这篇《歌风》可谓曲中写风的佳作。

此散套共六曲，生动地描写了风的各种形态和作用以及与人们生活的密切关系，抒发了对世风日下的时势的不满和愤懑，发人深思。

第一支曲子［梧桐树］，先写大风。"青蘋叶势平，春水波纹净"，首二句用典，战国楚宋玉《风赋》云："夫风生于地，起于青蘋之末。"是此二句所本。风起时仅能吹动水中浮萍，力量很小，但若变大，其力无穷：它可以摇天撼地，把日脚吹落下来，它吹得落花乱飞，扑打绿色的屏风，敲打着有雕饰的水井；它移山倒海，恣意肆虐，把海涛中嫦娥的情影都吹破了。此曲多用白描，一路写来，起势警拔。

第二支曲子［东瓯令］笔锋一转，则写小风。风力当然也有小的时候，风力小时，则另是一番景象：它缓缓生成，轻软吹动，首二句描写。"撩帐搴衣不至诚，温柔偏解偷帮衬。"二句拟人，使风具有人的品性，它撩开罗帐，掀人衣裳，对人十分温柔体贴。"刚出浴，冰肌莹，就微微针窦也留情，一线引香魂。"四句描写，美人出浴，冰肌雪肤，一丝微风，穿过针扎的小孔，也牵动美人之魂。不仅写出微风之细，而且丝丝关情，饶有情趣。

［大圣乐］一曲写春风，引起女子思夫。"做春寒，递入疏楞。漾钗籓，头上冷。"前四句描写，在春寒料峭之时，春风透过疏窗，吹动美人鬘发上的头饰，有点寒意。也许这头一冷，使女子清醒了："鬘花吹落香腮影。带几线泪痕冰，多应是飘零恰似郎心性，可更是荡荡还如妾魂梦。""鬘花"二句仍用白描，写春风吹落了鬘花在香腮上的影子，换句话说，就是吹落了鬘发上的饰物，连带着几线泪痕结成的冰丝。由此，女

子产生感触："多应是飘零恰是郎心性，可更是荡漾还如妾魂梦。"二句拟人，郎、妾对举，"飘零"写丈夫漂泊流落于外，"荡漾"状妻子在家情绪起伏不安，妻子对丈夫梦绕魂牵的关爱之情得到了充分表现。"灯昏晕，正和风送雨，恼人春病。"前二句用典，杜甫《春夜喜雨》有云："好雨知时节，当春乃发生。随风潜入夜，润物细无声。"俗话说，"春雨贵如油"，春雨本来是求之不得的喜雨，但现在这女子心情不好，在灯光昏暗、风雨敲窗的春夜，顾影自怜，却勾起那令人烦恼的相思之病。几句进一步写出女子对丈夫的牵挂。

如果说以上三支曲子是写风的多种形态的话，那么下面 [解三酲] 二曲则写风的作用和影响。风威力无比，对人们的生活影响很大，但也有影响不了的地方。作者采用排比句法，从反面着笔，[解三酲] 一曲一连列举了七种事物："愁香怨粉"，指女子的哀怨；"瘦铁穷砧"，指女子的辛劳；"玉门关上秋鸿影"，即塞外秋雁，借指戍边之苦；"晓月津亭"，指羁旅酸辛；"夜深裙带双鸳冷"，指夫妇分居之怨；"春暖弓鞋百草生"，指春季女子单独踏青的凄凉："古渡荒城"，指环境的残破。所有这些，都是风力吹到而不能改变的事物。下曲 [前腔] 仍用排比句法，继续写风力影响不了的事物："纸钱灰冷"，指人们为死者和神烧化冥钞的习俗；"野烧痕青"，化用唐白居易"野火烧不尽，春风吹又生"诗意；"酒旗叶叶春江影"，指春江边酒旗飘扬；"古戍烟横"，状古来戍守之地烟火不熄，是指戍边之难；"人悲客路斜阳艇"，指在外奔波之艰辛；"鬼哭沙场夜雨燐，添悲哽"，语出唐诗人杜甫《兵车行》"君不见，青海头，古来白骨无人收。新鬼烦冤旧鬼哭，天阴雨湿声啾啾"，指战争给人们带来的灾难；"子规啼月，血递微腥"，二句用典，化用传说蜀帝杜宇魂化杜鹃鸟，夜鸣凄切，啼血乃止。借以抒发女子悲苦哀怨之情。两曲连用十多个排比句，一路写来，如连珠排炮，气势雄伟，感人至深。

[尾文] 一曲是全曲的总收束，抒发作者感慨。全曲四句："任擤掀，从凄紧，翻覆犹如人世情，怎地把世上痴人吹他春梦醒。"前二句描写，仍写风势，意谓任凭狂风肆虐，吹个天翻地覆，而这种反复无常、变化不定，正如人世之情，偏偏不能把世上的糊涂人从不切实际的幻梦中吹得醒

悟过来！末二句抒发感慨，揭出歌风题意。

　　总之，这首套曲笔力雄放，文辞绚丽，特别是［解三酲］二曲排比句的运用，气势非凡，描写了风的多种不同形态和作用，最后水到渠成，再揭出吹醒世人题意，极富教育意义，在艺术上也颇值得称道。誉为曲中《风赋》，实不为过。

　　毛泽东非常喜欢这套散曲，在顾名编选的《曲选》中读到它时，他首先用铅笔在题目上方天头处做了记号，然后又用毛笔对全文进行了圈点，对其中不少描写风的表现形态和作用的佳句，都分别加了墨圈或墨点，这是他对优美词句的圈点方法。

明
曲

毛 莹

毛莹，初名培征，字湛光，一字休文，晚号大休老人、净因居士，江苏松陵（今吴江）人，明清之际文学家、散曲作家，明诸生，入清不应试，结庐松陵禊湖之滨，日事吟咏，消遣送老。卒年八十余。著有《竹香斋词》《晚宜楼杂曲》《晚宜楼集》。

【原文】

〖南吕〗懒画眉

小窗晚坐内人历叙旧事感而有作

【懒画眉】午梦初回启窗纱，刚值蜂王放晚衙[1]，池塘蛙鼓更喧哗[2]。比朱门热闹谁真假[3]？我只是闲垦荒田课种瓜[4]。

【不是路】黄卷生涯[5]。也曾学江郎弄笔花[6]。虚悬价[7]，一双空手送年华。漫嗟呀[8]！道孤灯权守三冬寡[9]，怎苦海横担半世枷[10]。干休罢[11]！撩天白眼难禁架[12]。惹人嘲骂，任人嘲骂。

【掉角儿】没来由乌衣旧家[13]。好扯淡小乔初嫁[14]。生纽做燕尔夫妻[15]，早熬成龙钟爹妈[16]。更休提拥双鬟，将百两，引千觞，陈八簋[17]，诸般古话。江心捉兔，山头觅虾，只打点，饭来张口，好似神鸦[18]。

【尾声】平泉台馆无全瓦[19]。有茅屋粗安且给跐[20]。你须晓陵谷翻腾都是耍[21]。

【毛泽东评点】

毛泽东在阅读顾名编《曲选》收录的这首套曲时，在【不是路】一曲"道孤灯权守三冬寡"二句旁，用毛笔各加两个墨点；

在［掉角儿］一曲"江心捉兔'二句旁，也各加了两个墨点；

把［尾声］末句"陵谷翻腾都是要"纠正为"耍"。

—— 中央档案馆整理：《毛泽东评点诗词曲精选·曲选》第102—103 页，中央档案出版社1998 年版

【注释】

（1）晚衙，指午衙，午时官吏集于衙门，排班参见上司，用以形容午间群蜂飞集蜂房之状。元金涓《春日过绣湖》："茅卷兀坐无余事，静看游蜂报午衙。"

（2）蛙鼓，亦作"蛙鼔"，群蛙叫声。宋邵雍《和王安之少卿雨后》："群蛙鼔未足听，蛟雷未易驱。"

（3）朱门，红漆大门，指贵族豪富之家。晋葛洪《抱朴子·嘉遯》："背朝华于朱门，保恬寂于蓬户。"唐杜甫《自京赴奉先县咏怀五百字》："朱门酒肉臭，路有冻死骨。"

（4）课种瓜，从事种瓜。课，致力于，从事。

（5）黄卷生涯，读书生活。黄卷，书籍。晋葛洪《抱朴子·疾谬》："杂碎故事，盖是穷巷诸生，章句之士，吟咏而向枯简，匍匐以守黄卷者所宜识。"杨明照校笺："古人写书用纸，以黄蘗汁染之防蠹，故称书为黄卷。"

（6）江郎，指南朝梁江淹，著名文学家。《南史·江淹传》："淹少以文章显，晚节才思微退……又尝宿于冶亭，梦一丈夫自称郭璞，谓淹曰：'吾有笔在卿处多年，可以见还。'淹乃探怀中得五色笔，一以授之。尔后为诗绝无美句，时人谓之才尽。"这就是"梦笔"和"江郎才尽"的出典。梦笔大抵用以指才思敏捷，文章华美。

（7）虚悬价，虚设声价，徒有空名之意。虚悬，虚设。《宋书·孝武帝纪》："凡襄卫供职，山渊採捕，皆当详辨产殖，考顺岁时，勿使牵课虚悬，暌忤气序。"价，声价，名声。北齐颜之推《颜氏家训·名实》："夫神灭形消，遗声余价，亦犹蝉壳蚬皮，兽远鸟迹耳。"

（8）漫嗟呀，长长的叹息。嗟呀，惊叹，叹息。

（9）三冬寡，三年的孤单。三冬，三个冬季，即三年。寡，孤独，孤单。晋潘岳《关中诗》："夫行妻寡，父出子孤。"

（10）半世枷，半辈子的枷。半世，半生，半辈子。枷，古代加在犯人颈上的木制刑具。

（11）干休，罢休，罢手。元武汉臣《生金阁》第一折："罢罢罢，怎干休，难分诉！"

（12）撩天白眼难禁架，朝天白眼实在控制不了。撩天，朝天。《古尊宿语录·云门旷真禅师广录》："三世诸佛总在髑脚跟下，三十年后鼻孔撩天。"白眼，露出眼白，表示鄙薄或厌恶。《晋书·阮籍传》："籍又能为青白眼，见礼俗之士，以白眼对之。"禁架，把握，控制。《二刻拍案惊奇》卷二九："有时也眼瞟着蒋生，四目相视，蒋生回到下处，越加禁架不起。"

（13）没来由，无缘无故。宋庄季裕《鸡肋编》卷下："然既苦楚，又有费用，人皆怨之。加之营第宅房廊，作酒肆名太平楼，般运花石，皆役军兵。众卒谣曰：'张家营里没来由，使他花腿抬石头。二圣犹自救不得，行在盖起太平楼。'"乌衣旧家，指世家望族。乌衣，地名，在今江苏省南京市秦淮河南。三国时吴国在此置乌衣营，以士兵着乌衣而得名。东晋时王谢等望族居此，因著闻。唐刘禹锡《乌衣巷》："朱雀桥边野草花，乌衣巷口夕阳斜。旧时王谢堂前燕，飞入寻常百姓家。"

（14）好扯淡，好没意思。扯淡，没意思，不相干。明纪振伦《三桂联考记·征途》："思量做这官儿，真个叫作扯淡，一连饿了三日，不尝半口汤饭。"小乔初嫁，语出宋苏轼《念奴娇·赤壁怀古》："遥想公瑾当年，小乔初嫁了，雄姿英发。"小乔，江东美女，三国时乔玄有两个女儿，称大乔、小乔，大乔嫁给吴主孙权之兄孙策，小乔嫁给东吴大将周瑜。

（15）燕尔夫妻，新婚夫妇。燕尔，指新婚。语出《诗经·邶风·谷风》："宴尔新昏，如兄如弟。"形容新婚的欢乐。宴，又作"燕"。昏，通"婚"。

（16）龙钟，衰老这态，年迈。唐沈佺期《答魑魅代书寄家人》："龙钟辞北阙，蹭蹬守南荒。"

（17）引千觞（shāng 商），饮千杯酒。引，通"饮"。《三国志·蜀志·关羽传》："而羽割啖引酒，言笑自若。"觞，盛满酒的杯，亦泛指酒器。《礼记·投壶》："命酌，曰：'请行觞'。"八簋（guǐ 鬼），簋为古代祭祀宴享时盛黍稷或食品用的圆口圆足器皿。周制，天子八簋。《诗经·小雅·伐木》："於粲酒归，陈馈八簋。"毛传："圆为簋，天子八簋。"

（18）神鸦，指庙里吃祭品的乌鸦。宋范成大《吴船录》卷下："庙有驯鸦，客舟将来，则迓于数里之外，或直至县下，船过亦送数里，人以饼饵掷空，鸦仰喙承取，不失一，土人谓之神鸦，亦谓之迎船鸦。"宋辛弃疾《永遇乐·京口北固亭怀古》："可堪回首，佛狸祠下，一片神鸦社鼓。"

（19）平泉台馆，指平泉庄，唐李德裕游息的别庄。唐康骈《剧谈录·李相国宅》："（平泉庄）去洛阳三十里，卉木台榭，若造仙乐。"宋张洎《贾氏谈录》："平泉庄台榭百余所，天下奇花异草，珍松怪石，靡不毕具，自制《平泉山居草木记》。"

（20）给跏（jiā 加），给了个跏婆，即有个跛脚妻子。跏，行走时，脚向内拐，即罗圈腿。此指跏婆，对罗圈腿妇人的称呼。一本作"结跏"，即"结跏趺坐"的略称。佛教中修禅者的坐法：两足交叉置于左右股上，称"全跏坐"，或单以左脚压在右股上，或单以右脚压在左股上，叫"半跏坐"。据佛经说，跏趺可以减小妄念，集中思想。亦可通。

（21）陵谷翻腾，陵谷沧桑之意，比喻世事巨变。陵谷，丘陵和山谷。《诗经·小雅·十月之交》："高山为谷，深谷为陵。"唐韩偓《乱后春日途经野塘》："眼看朝市成陵谷，始信昆明是劫灰。"

【赏析】

此曲题作《小窗晚坐内人历叙旧事感而有作》，"内人"，妻妾。语出《礼记·檀弓下》："内人皆行哭失声。"注："内人，妻妾。"后来对人称己妻为内人。此曲写一个书生在夏日傍晚与妻子坐在窗前谈起往事，抒发了因读书获罪而后归田的感慨。语句明快，风格清爽，很好地表现了这位读书人的洒脱心情。

全套共四曲，我们先看首曲［懒画眉］："午梦初回启窗纱，刚值蜂王放晚衙。池塘蛙鼓更喧哗。"午睡而能入梦，说明睡得香甜，心情闲适；梦醒开启窗纱，首句入题。二句用典交代时值"蜂王放晚衙"。"晚衙"，实指午衙。原指午时官吏集于衙门，排班参见上司。此处用以形容主人公睡醒时正值群蜂飞离蜂巢。这时池塘中又传来群蛙的一片喧叫声。首二句白描摹形，三句摹声，写出此时这位主人公的闲适心情。"比朱门热闹谁真假？我只是闲垦荒田课种瓜。""朱门"，红漆大门，指贵族豪富之家。把贵族之家与喧闹池塘相比，表示轻蔑，而自己却闲垦荒田种瓜，态度悠然，超越于尘世之外。首曲写主人公务农种田。但这位主人公原来并不是一位农民，而是一位书生。［不是路］一曲写主人公读书不成，反而招祸的痛苦经历。"黄卷生涯。也曾学江淹弄笔花。"黄卷，即书卷。二句是说，他本来是位读书人，也曾像南朝梁文学家江淹那梦笔生花，很有才气。但不过是徒有空名，到头来两手空空，一无所得，白白地耗费光阴。前二句叙事，后两句抒情，自报家门，交代身份。令人感叹的还不只是这些，更倒霉的是无端地蹲了三年监狱，扛了半辈子枷锁。主人公读书不但没有做官，反而致祸，改变了他的生活态度，他从此"白眼看他世上人"，又"惹人嘲骂"，他也认为，"任人嘲骂"。［掉角儿］一曲则历叙旧事："没来由乌衣旧家。好扯淡小乔初嫁。"二句用典：前句用乌衣巷晋王谢等世家大族，比喻自己出身贵族之家；后句用三国吴大都督周瑜娶小乔为妻，比喻自己结婚时雄姿英发。但时过境迁，当年美满的少年夫妻，如今却变老态龙钟的爹妈。就更不要再提当年携带百两、酒饮千钟、肴设八簋的那些陈年老话了。那些事，现在来看，就像是到江心去捉兔子，到山顶去捕鱼捞虾，是绝无可能的，现在剩下的只不过是做好准备，"饭来张口，好似神鸦"。"神鸦"，指庙里吃供品的乌鸦。这里是饭来张口、别无他求之意。［尾声］一曲："平泉台馆无全瓦。有茅屋粗安且给跚。""平泉台馆"，指平泉庄，为唐李德裕游息之别庄。此指过去的豪华住宅。二句是说，过去的深宅大院虽已破败，但尚有茅屋足以安身，还有个跛脚的老婆为伴，自己就很满足了。"你须晓陵谷翻腾都是耍。"末句议论，以陵谷巨变，喻世事沧桑，本来都是戏耍，不必当真，颇有点看破红尘之意，因而垦荒种瓜也就心安理得了。归结到以农耕为务题意。

毛泽东在顾名编的《曲选》一书中读到这首散套时，用毛笔进行了圈点，在"道孤灯权守三冬寡"等二句和"江心捉兔"等二句旁各加了两个墨点，表示比较欣赏，大多数语句均未圈点，说明他对这首曲子评价不甚高。

冯梦龙

冯梦龙（1574—1646），字犹龙，又字子犹，别号龙子犹、墨憨斋主人、顾曲散人、词奴等，长洲（今江苏苏州）人，明代通俗文学家、戏曲家。出身士大夫家庭，少有才情，博学多识，为人放达，每每不受名教所羁。曾与文震孟、姚希孟、钱谦益等结社作文。早年进学之后，屡考科举不中，久困诸生间，落魄奔走，曾以坐馆教书为生。万历末，应邀赴麻城讲《春秋》。天启元年（1621），宦游在外，次年因言论得罪上司，归居乡里。天启六年，阉党逮捕周顺昌，冯梦龙也在被迫害之列。崇祯三年（1630）取得贡生资格，任丹徒县训导，七年升福建寿宁知县。十一年秩满离任，归隐乡里。隆武二年即清顺治三年（1646）春忧愤而死，有说为清兵所杀。

冯梦龙生平酷爱李卓吾文学主张。他认为文学应该发于人的中情，表达人的性情。这种崇尚自然、提倡表达人的感情的文学思想，打破了以封建道统为衡量品评文学的原则，对于御用、消遣和帮闲文学，是一种批判和否定。冯梦龙是在这种进步文学思想指导下从事各项文学活动的。

冯梦龙的文学活动是多方面的。首先是民歌的提倡和整理，冯氏在万历四十年（1612）前后编印过两本民间歌曲集《山歌》和《挂枝儿》，收录了盛行于吴中的民歌八百多首。这些作品，多半是田夫野竖矢口寄兴之作，荐绅学士不道，诗坛不刊的"私情之谱"，具有冲破封建礼教束缚，去争取自由、幸福和强调人的价值的意义。刊行之后，风行一时。其次是通俗小说的整理和再创作，冯梦龙也是通俗小说的倡导者。天启年间，他将自己收藏的古今通俗小说一百二十篇，分三次刊行，此即人所共知的《喻世明言》《警世通言》和《醒世恒言》。"三言"所收录的作品，有宋元旧篇，也有明代的新作和冯梦龙的拟作，但这些作品，毫无例外地都经过他的增删和润色。这些作品题材广泛，内容复杂。有对封建官僚丑恶的谴责和对正直官吏德行的赞扬，有对友谊、爱情的歌颂和对背信弃义、负心行为的斥责，有不少作品描写了市井之民的生活，也有一些描写神仙道化、宣扬封建伦理道德的作品。在艺术表现方面，"三言"中的优秀篇章，既重故事完整，情节曲折，细节丰富，又调动多种手段，刻画人物性格。这标志着中国短篇白话小说的民族风格和特点已经形成。再次是戏曲的整理及其他，冯梦龙作为戏曲家，主要活动是更定传奇，修订词谱，以及在戏曲创作和表现上提出有益主张。冯氏创作的传奇作品，传世的只有《双雄记》和《万事足》两种，但他更定的作品达数十种之多，可考者有十七种，其中有不少是名作，如汤显祖的《牡丹亭》《邯郸梦》，袁晋的《西楼记》等。冯氏的更定，对于纠正创作脱离舞台实践的案头化倾向，繁荣明末戏曲事业，起了一定的作用。冯梦龙的散曲集《宛转歌》和诗集《七乐斋稿》，均已失传。从残存的数十首作品中可以看出，其散曲多"极摹别恨"之作。诗以通俗平易见长，亦有可观之作。此外，冯梦龙还参与校刻了《水浒全传》，评纂《古今谭概》《太平广记钞》《智囊》《情史》《太霞新奏》等，并有笑话集、政论文集等十余种传世。

【原文】

挂枝儿　荷珠

露水荷叶珍珠儿，现是奴家痴心肠把线来穿[1]。谁知你水性儿多更变[2]，这边分散了，又向那边圆！没真性的冤家也[3]，随着风儿转。

【毛泽东评点】

毛泽东在阅读顾名编《曲选》收录的这首小令时，首先在题目上方的天头处用铅笔画了一个大圈，接着在后三句旁每句各画了两个圆圈；然后又用毛笔对全文加了圈点：在前三句旁每句各加了两个墨点，并把第三句末的句号改为逗号，在第四句旁加了一个墨圈，后三句每句旁各加了两个墨圈，与原来用铅笔画的小圈形成套圈。

——中央档案馆整理：《毛泽东评点诗词曲精选·曲选》第48页，中央档案出版社 1998 年版

【注释】

（1）奴家，旧时女子自称。《敦煌变文集·破魔变文》："奴家爱着绮罗裳，不熏沉麝自然香。"

（2）水性儿，水有随势而流的特性，因以喻用情不专一。元尚仲贤《柳毅传书》第一折："可怜我差迟了这夫妇情，错配了这姻缘簿，都则为俺那水性儿夫。"

（3）冤家，对情人的昵称。唐无名氏《醉公子》："门外狗儿吠，知是萧郎至。刬袜下香阶，冤家今夜醉。"

【赏析】

荷叶的露珠，晶莹剔透，十分可爱，但被风一吹，它便四下分散，不久又重新聚拢为新的荷珠，这是大家习见的生活现象。在这首小令中，作者正是抓住这一生活现象来描写的："露水荷叶珍珠儿，现是奴家痴心肠把线来穿。"起首二句叙事，是说一个女子看到荷叶的露珠，觉得十分可爱，便设想用针线把它们穿在一起，固定下来。这当然是徒劳的："谁知你水性儿多更变，这边分散了，又向那边圆！"因为水性多变，荷珠由水构成，自然具有多变的特性：它被一吹，这边的水珠分散了，但不久到那边又形成了新的水珠。这本来是常见的生活现象，却深深地触动了热恋中少女的心病："没真性的冤家也，随着风儿转。"二句双关，明指荷珠，暗指情人，表露了她对情人见异思迁、爱情不专的担心。全曲构思巧妙，语句俏丽，极富情趣。

毛泽东在顾名编的《曲选》中读到这首小令时，首先用铅笔在题目上方天头处画了一个大圈，然后又用铅笔和毛笔对全文每句都加了圈或点，表明他对此曲十分喜欢。

无名氏

【原文】

门姑令

石竹花儿正开[1]，有情人梢的书来[2]。金铙儿把头来拆开[3]，樸簌簌掉上两行泪来[4]。

【毛泽东评点】

毛泽东在阅读顾名编《曲选》收录的这首小令时，先后两次进行圈点：首先用铅笔在第三句旁画了三个小圈，在末句旁画了四个小圈；然后又用毛笔在末二句各画了两个墨圈。

——中央档案馆整理：《毛泽东评点诗词曲精选·曲选》第60页，中央档案出版社1998年版

【注释】

（1）石竹花，多年生草本植物，常植于庭院供观赏。唐李白《宫中行乐词》之一："山花插宝髻，石竹绣罗衣。"宋范成大《再游天平有怀旧事且得卓庵之处呈寿老》："木兰已老无花发，石竹依前有麝眠。"

（2）梢，当作"捎"，捎带，委托人顺便携带。书，信函。

（3）金铙（náo 挠），即铙，古军器名，"四金"之一。《周礼·地官·鼓人》："以金铙止鼓。"又指舞曲，用舞曲需从奏起之意。明陈子龙《边风行》："金铙十部尽胡乐，屈戹舞女酬新功。"按：此字不甚清，疑有误，当作"钗"，用以剔开书信封口。

（4）樸簌簌（sù 肃），眼泪下落之状。

【赏析】

　　无名氏这首《门姑令》小令，全曲共四句。"石竹花儿正开"，首句写景，点明时在暮春，其他花事已了，独石竹正在开放，并有起兴作用。这石竹也许是这位女子与情人共同观赏过多次，围绕石竹，有不少美好的记忆。可现在物是人非，情人不知何处去？正在她思念情人之时，恰巧"有情人梢的书来"，二句叙事。于是这女子拔下头上的金钗把信的封口剔开，"楼簌簌掉下两行泪来。"后二句描写。女子迫不及待地开读情人的书信，激动得两眼流泪不止。这是欢喜的眼泪。这眼泪表现她对真挚爱情的热烈追求，对忠贞爱情的期盼。全曲思想健康，语言质朴明快，体现了民间文学的特色。

　　毛泽东在顾名编的《曲选》中读到这首小令时，先后两次进行了圈点，对后二句两次都画了圈，对曲中女子拆信的动作和读信的形态的生动描绘表示欣赏。

【原文】

锁南枝

　　傻俊角[1]，我的哥！和块黄泥儿捏咱两个[2]。捏一个儿你，捏一个儿我。捏的来一似活托[3]，捏的来同床上歇卧。将泥人儿摔破，着水儿重和过。再捏一个你，再捏一个我。哥哥身上也有妹妹，妹妹身上也有哥哥。

【毛泽东评点】

　　哥哥身上有妹妹，妹妹身上有哥哥。

　　——《读西洛可夫等〈辩证法唯物论教程〉（中译本第三版）的批注》，
　　《毛泽东哲学批注集》第124页，中央文献出版社1988年版

【注释】

　　（1）傻俊角，女子对情人的昵称。傻，憨厚、诚实之意。俊，英俊。角，角色。

（2）和（huó 活），在粉状物中加水搅拌或搓弄，使之黏在一起，如和泥、和面等。捏，揉塑。黄泥，《曲选》作"高泥"。

（3）活托，亦作"活脱"，十分相像，极其相似。《通俗编·状貌》："杨万里诗：'小春活脱似春时。'史弥宁诗：'楚山活脱青屏样。'按俗谓似之至曰活脱也。"

【赏析】

这首小令见于明陈所闻编《南宫词纪》。

作品所写的情事很简单，是一对热烈相爱的情人在一起捏泥人的游戏。这种游戏是用水和些泥巴，凭着捏制者的灵心巧手捏成各种生动的形象，原是农村生活中极平常的事，作者却能捕捉入诗，不能说不是慧眼独具。这在选材上便高人一筹。

曲写得也十分出色。全诗只是女主人公一人独白，来倾吐她对钟情男子的爱情，而男子似乎只是个无动于衷的旁观者，始终一言不发，但我们从女子那欢快的情绪中可以知道，她的爱情是得到那男子首肯的。所以女主人公心中始终充溢着一种不可名状的幸福感。起首二句直呼所恋对象："傻俊角，我的哥！""傻俊角"，是她对情人的昵称，又俊又傻似乎很矛盾，但又表现在她的情人身上，唯其"俊"，才值得相爱；"傻"往往是女子对爱情已有明显暗示，而男子却不敢有所作为，在女子看来就有点"傻"，所以"傻"实是憨厚、忠诚的别名，因此女子眼中的男子实是一个忠厚可爱的人物。"我的哥！""哥"的称呼已很亲切，而且这哥只属于"我的"，则"哥"属于我，我也属于哥，二人已经密不可分了。所以，这发自肺腑的呼唤，几乎要将自己的全部身心都倾注在情人身上，为全诗奠定了热烈相爱的主调。"和块黄泥儿捏咱两个"，此句叙事，点明捏泥人题意，"咱"，集体代词，首次将两人合写。"捏一个儿你，捏一个儿我"，是将"捏咱两个"的具体化，二人又分说，四目相向，"你""我"相称，亲切之至。接下来两句又合写，是对所捏你我的具体要求。这要求简单明了，共有两个：一个是要"活托"，亦作"活脱"，即十分相像，极其相似。《通俗编·状貌》："杨万里诗：'小春活脱似春时。'史弥宁诗：

'楚山活脱青屏样。'按俗谓似之至曰活脱也。"换一个文雅的词就是"栩栩如生"。第二个要求是要把两个捏成"同床上歇卧"。这是爱情的直白，意即同床睡觉。落落大方，毫不忸怩作态，换句文雅的来说，就是同床共枕，共效绸缪，巫山云雨，备极欢洽。那是文人墨客的言语，而朴实的劳动人民只说"同床上歇卧"，民歌的刚健清新，与文人用语判然有别。

泥人捏成，目的达到，诗的爱情主题得到了充分的表现，便似乎可以终篇了。但诗人却异想天开，"将泥人儿摔破，着水儿重（chóng 虫）和过。再捏一个你，再捏一个我。"由合又写到分，但绝不是这种游戏的简单重复，而是又开新境，别赋新意："哥哥身上也有妹妹，妹妹身上也有哥哥。"换句话就是，你中有我，我中有你，合二为一再也分拆不开，表达了主人公决心与情人生死相依、心心相印的无比忠贞的爱情，而且升华到富有一种哲理意味。末二句"哥哥""妹妹"凡两用，首尾环合，中间顶针，造成一种回旋不尽的旋律，把情人间热烈纯真的爱情推到高潮，有余音绕梁、三日不绝之功效，可见其艺术性也是高的。

毛泽东曾用诗来表达和印证他的哲学思考。在延安时，当他在西洛可夫等著的《辩证唯物论课程》中读到"否定同时是肯定，'死灭'同时是'保存'"诸语，他的思维屏幕上迅即闪出"哥哥身上有妹妹，妹妹身上也有哥哥"的民歌。在毛泽东看来，该诗直观地说明："一刀两断……不是辩证法"，"辩证法否定观，是过程发展之动因，这种否定有两方面的表现；一方面表现为扬弃，即克服旧物事（事物）之主要的不适于保存的东西；一方面表现为肯定，即把旧事物中某些还暂时适于生存的东西给以合法的地位而保存起来。"（《毛泽东哲学批注集》第 124—125 页）毛泽东从情歌中看出其蕴含的哲学道理，所谓"仁者见仁，智者见智"，当然也是可以的。

【原文】

〔越调〕绵搭絮

秋夜有怀

【绵搭絮】长空如洗[1]，薄暮雨初收[2]。谁驾冰轮[3]，碾破玻璃万顷秋[4]。怕登楼，牵惹离忧。纵使清光照我[5]，未审可照他州。想是独宿嫦娥[6]，也与人间无二愁。

【前腔】花容消瘦[7]，默默自含羞。猛忆当年，枉把明珠处投[8]。甚来由[9]，去觅封侯[10]。未审青骢何处[11]，浪荡他州。争奈分短缘悭[12]，两地相思一样愁？

【前腔】人间天上，今夕是何秋[13]。看织女牛郎[14]，已渡银河配凤俦。恨无休，两泪交流。不是姻缘反目，恩变为仇。命薄红颜[15]，翻做了招魂宋玉愁[16]。

【前腔】寒衣未授，大火又西流[17]。只见北雁南来，衰草茫茫无尽头。望归舟，人倚西楼。夜黄野消瘦，鬼病难瘳[18]。又听吹笛谁家，落日山阳总是愁[19]。

【毛泽东评点】

毛泽东在阅读顾名编《曲选》收录的这首套曲时，在"两地相思一样愁"句旁，用毛笔加了两点墨点。

—— 中央档案馆整理：《毛泽东评点诗词曲精选·曲选》第103—104页，中央档案出版社1998年版

【注释】

（1）长空，指天空，天空辽阔无垠，故称。南朝梁萧统《弓矢赞》："杨叶命中，猿堕长空。"

（2）薄暮雨初收，语出宋柳永《满江红》："暮雨初收，长川静，征帆夜落。"暮雨，傍晚的雨，南朝梁元帝《旷野夺碑》："辚辚璇题，虹梁生于暮雨；璨璨银牓，飞观入虎云中。"

（3）冰轮，指明月。唐王初《银河》："历历素榆飘玉叶，涓涓清月湿冰轮。"

（4）玻璃，比喻明净的天空。宋陆游《八月十四日夜湖山观月》："长空露洗玻璃碧，紫金之盘径三尺。"万顷，百万亩，百亩为一顷，常用来形容面积广阔。

（5）清光，指月光，清亮的光辉。南朝齐谢朓《侍宴华光殿曲水》："欢饫终日，清光欲暮。"

（6）嫦娥，神话中的月中女神。原为神射手羿之妻，因偷吃羿从上帝那里请得的不死之药，而奔月成为神。事见《淮南子·览冥训》。

（7）花容，比喻女子美丽的容貌，亦借指女子面容。元方回《虚谷闲抄》："见少女如张等辈十许人，皆花容绰约，钗钿照辉。"

（8）明珠处投，"处"疑当作"夜"，即"明珠夜投""明珠暗投"。语出《史记·鲁仲连邹阳列传》："臣闻明月之珠，夜光之璧，以暗投入于道路，人无不按剑相眄者，何则？无因而至前也。"后多用"明珠暗投"比喻有才能的人得不到赏识和重用，或好人误入歧途。

（9）甚来由，什么办法。

（10）觅封侯，语出唐王昌龄《闺怨》："忽见陌头杨柳色，悔教夫婿觅封侯。"封侯，封拜侯爵，亦泛指显赫功名。

（11）青骢，毛色青白相杂的马。《玉台新咏·古诗为焦仲卿妻作》："踯躅青骢马，流苏金镂鞍。"

（12）争奈，怎耐。分短缘悭（qiān 千），缘分短少。分、缘，缘分，福分。悭，不多，稀少。

（13）人间天上二句，语出宋苏轼《浪淘沙》："明月几时有？把酒问青天。不知天上宫阙，今夕是何年。"人间天上，人世社会和神仙世界。

（14）看织女牛郎二句，织女星和牛郎星（牵牛星），隔银河相对。神话传说：织女是天帝外孙，长年织造云锦，自嫁河西牛郎。凤俦，凤凰俦，好夫妻，好伴侣。俦，伴侣。

（15）命薄红颜，又作"红颜薄命"，美女遭遇不好。元无名氏《鸳鸯被》第三折："知他是今世是前生，总则我红颜薄命。"红颜，指年轻人的红润脸色，特指女子美丽的容颜。汉傅毅《舞赋》："貌嫽妙以妖蛊兮，红颜晔其扬华。"

（16）招魂宋玉愁，《楚辞》有《招魂》篇，汉王逸题解："招魂者，宋玉之所作也……宋玉怜哀屈原，忠而斥弃，愁懑山泽，魂魄放佚，厥命将落，故作《招魂》，欲以复其精神，延其年寿。"招魂，招死者之魂。

（17）寒衣未授二句，语出《诗经·豳风·七月》："七月流火，九月授衣。"孔颖达疏："于七月之中，有西流者，是火之星也，知是将寒之渐。"火，指大火星（心宿）。农历五月的黄昏，火星在中天，七月的黄昏，星的位置由中天逐渐西降。后多借指七月暑气渐退而秋将至之时，授衣，制备寒衣。一说官家分发寒发。

（18）鬼病，难说的怪病，相思病。瘳（chōu 抽），病愈。《书·说命上》："若药弗瞑眩，厥疾弗瘳。"

（19）又听吹笛谁家二句，晋文学家向秀过山阳（今河南修武县境）旧居，听到邻人吹笛，不禁追念亡友嵇康、吕安，因作《思旧赋》。后因以"山阳笛"为怀念故友的典实。北周庾信《伤王司徒褒》："唯有山阳笛，凄余《思旧》篇。"

【赏析】

明代无名氏这首［越调］绵搭絮《秋夜有怀》，写得相当出色。它用简洁明快的语言，描绘了月夜美景，触景生情，抒发了对在外戍边的丈夫的殷切思念。

全套共四曲。首曲［绵搭絮］开头写道："长空如洗，薄暮雨初收。谁驾冰轮，碾破玻璃万顷秋。"四句描写。前两句写傍晚时分刚下了一阵雨，天空像被水冲洗过一样；后两句写霁月当空，照着明净的天空。不仅写出时间的推移，亦写出了景色的变换。然而，这样美好的月夜，女主人公却不敢登楼眺望，因为害怕勾起她的"离忧"。她想，纵然月光照着自己，不知道能不能参照到他州。他进而想到，天上独宿嫦娥，也与人间的忧愁是一样的。分明是自己独眠，思念远走他州的丈夫，却借天上嫦娥写出，含蓄不露。首曲切题。第二支曲子［前腔］写对外出不归的丈夫的思念。"花容消瘦，默默自含羞。猛忆当年，枉把明珠处投。"前二句描写，意谓自己因思念外出的丈夫，花容月貌变得瘦削了；后二句叙事，是说回想当年，是把明珠暗投。"甚来由，去觅封侯。"二句即是"明珠处（暗）投"的注脚，就是悔恨当年让丈夫从军，去立军功，争封侯爵。而现在不知道丈夫骑着青白相间的马，浪荡到什么地方去了。怎奈缘分短少，落得个"两地相思一样愁？"此曲是从悔恨当年让丈夫从军，表现对戍边不归的丈夫的思念。第三支曲子［前腔］继续写对丈夫的怀想。"人间天上，今夕是何秋。"二句点明时令：秋天。"看织女牛郎，已渡银河配凤俦。"后二句用牛郎织女渡鹊桥相会，点明时间：农历七月七日。"金风玉露一相逢，便胜却人间无数。"（秦观《鹊桥仙·七夕》）牛郎织女的相会又成了女子思夫的衬垫。看看牛郎织女，想想自己，不由悲从哀来，"恨无休，两泪交流"。而且这悲哀不是因为婚姻有变，恩断情绝。所以，最后只得归结为红颜命薄，像宋玉为屈原招魂一样哀愁。末曲写女子思夫成疾。"寒衣未授，大火又西流。"二句用典，语出《诗经·豳风·七月》："七月流火，九月授衣。"是说女子担心天气冷了，丈夫没有寒衣穿。北雁南飞，衰草茫茫，写季节变化，间接表现对丈夫的关爱。她情不自禁地倚西楼眺望，看丈夫是否乘船归来。就这样，日思夜想，身体消瘦，相思成疾。恰在这时，她又听见别家吹笛，更增添了哀愁。末句用晋文学家向秀过山阳旧居，听邻人吹笛思念故友之典。

此曲通过对秋夜景色的描写，抒发女子对戍边丈夫的深切思念。在写法上，紧扣秋夜写怀，层层推进，步步加浓，颇有魅力。

毛泽东在顾名编的《曲选》一书中圈阅了这首散套，在"两地相思一样愁"句旁用毛笔加了两墨点，表示欣赏，其他多句均未圈点，比较符合实际，因为此曲出色的句子确实不多。

清曲

吴伟业

吴伟业（1609—1672），字骏公，号梅村。明末清初诗人、戏剧家。世居昆山，祖父始迁太仓（今江苏太仓）。少时"笃好《史》《汉》，为文不趋俗"，受张溥赏识，收为学士。崇祯四年（1631）中进士，授翰林编修，后任东宫讲读官、南京国子监司业等职。南明福王时，拜少詹事，因与马士英、阮大铖不和，仅任职两月便辞官归里。清顺治十年（1653），被迫赴京出仕，初授秘书院侍讲，后升国子监祭酒。三年后奔母丧南归，从此隐居故里直至去世。

吴伟业诗今存一千多首，他与钱谦益、龚鼎孳并称"江左三大家"。《四库全书总目提要》评论说："其少作大抵才华艳发，吐纳风流，有藻思绮合、清丽芊眠之致。及乎遭逢丧乱，阅尽兴亡，激楚苍凉，风骨弥为遒上。"颇能概括其诗特色及其前后变化。他的诗歌多写哀时伤事的题材，富有时代感。他的七言歌行更为出色，音节极佳，情韵悠然，以《圆圆曲》为最著名，也有一些反映民间疾苦的作品。

吴伟业词作不多，但传诵颇广，其风格清丽哀婉，与其诗风相近。

吴伟业著有《梅村家藏稿》《梅村诗余》，传奇《秣陵春》，杂剧《通天台》《临春阁》，史乘《绥寇纪略》等。

【原文】

泣颜回（摘录）

藓壁画南朝⁽¹⁾，泪尽湘川遗庙⁽²⁾。江山余恨，长空黯然芳艸⁽³⁾。莺花似旧，识兴亡断碣先人表⁽⁴⁾。过夷门梁孝台空⁽⁵⁾，入西洛陆机年少⁽⁶⁾。

【毛泽东评点】

毛泽东在顾名编《曲选》收录的这首曲子（摘录）时，先用铅笔在"长空黯淡芳香"和末二句旁各画了两个圈，"识兴亡断碣先人表"句旁画了三个圈，然后又用毛笔在首二句旁各加了两个点，在后六句除了"莺花似旧"句旁画了一个墨圈外，其余五句旁所画墨圈与原用铅笔所画相同，形成套圈。

——中央档案馆整理：《毛泽东评点诗词曲精选·曲选》第48页，中央档案出版社1998年版

【注释】

（1）南朝，我国南北朝时期，据有江南地区的宋、齐、梁、陈四朝的总称。因四朝都建都于建康，即今江苏省南京市，故称，亦泛指位于南方的南宋、南明。据《秫陵春》传奇所写是指南唐，南唐为五代十国之一。公元937年李昪代吴称帝，建国金陵（今南京），国号唐，史称南唐。历经中主李璟和后主李煜，975年为北宋所灭，共历三主，三十九年。实指南明政权。

（2）湘川遗庙，指南唐二陵，李昪的永陵和李璟的顺陵，在江苏江宁牛首山附近的高山南麓。湘川，原指湘江，此指长江。

（3）黯淡，阴沉，昏暗。艸，"草"的异体字。

（4）断碣（jié劫），断碑。碣，圆头石碑。《后汉书·窦宪传》："封神丘兮建隆碣。"唐李贤注："方者谓之碑，员者谓之碣。碣，亦碑也。"先人表，前人立的石碑。表，指石碑。唐杜甫《石笋行》："恐是昔时卿相家，立石为表今仍存。"

（5）夷门，战国时魏都城的东门，故址在今河南开封城内东北隅。因建在夷山之上，故名。《史记·魏公子列传》："魏有隐士曰侯嬴，年七十，家贫，为大梁夷门监者。"梁孝台，指西汉梁孝王刘武所建的东苑，亦名梁苑、菟园，故址在今河南开封市东南。园林规模宏大，方三百余里，宫室相连属，供游赏驰猎。梁孝王在其中广纳宾客，当时名士司马相如、枚乘、邹阳均为座上客，尽一时之盛。

（6）陆机年少，陆机（261—303），字士衡，吴郡吴（今江苏苏州）人，西晋文学家。曾任平原内史，世称"陆平原"。与其弟陆云合称"二陆"。祖陆逊是吴丞相，父陆抗是吴大司马。吴亡，家居。太康十年（289），陆机和陆云到洛阳，拜访太常张华。张华大为爱重，说："伐吴之役，利获二俊。"广为称扬，使陆氏兄弟享誉京师，有"二陆入洛，三张减价"之说。西洛，西晋都城洛阳，在东晋京师金陵之西，故称西洛。年少，陆机入洛，时年二十八岁。

【赏析】

这首曲子摘自作者著《秣陵春》传奇，是剧中男主角徐适拜谒李王庙时所唱。徐适到汴梁访故人不遇，途经李王庙时便唱了这支曲子。"藓壁画南朝，泪尽湘川遗庙。"首二句描写李王庙一片残破景象。徐适看到长江边上南唐二主的祠庙，彩绘的墙壁上长满了苔藓，不由悲从中来，为之一洒同情之泪。中四句寄慨："江山余恨，长空黯淡芳草。莺花似旧，识兴亡断碣先人表。"作者的视线由庙内移往庙外，放眼四望，长空浩荡，莺歌花艳，可惜大好江山，尽属他人，只有那前人立下的断碑残碣，诉说着兴亡变化、江山易主的历史。字里行间，寄寓着深沉的兴亡之感。末二句抒情："过夷门梁孝台空，入西洛陆机年少。"二句用典，汉初梁孝王刘武在大梁（今河南开封）建菟园，延揽人才，游猎诗赋，极一时之盛。晋朝文学家陆机被俘入洛时年仅二十八岁，风华正茂，二句慨叹自己怀才不遇。此曲实际寄托了作者对明清易代的感慨，抒发怀才不遇的情感。

毛泽东在顾名编的《曲选》中读到这首曲子时，先后两次进行了圈点，而且每句都加了圈或点，说明他对这支曲子比较欣赏。

尤 侗

尤侗（1618—1704），字同人，一字展成，号梅庵，又号艮斋，晚自号西堂老人。江南长洲（今江苏苏州）人，清代文学家，明诸生，入清，为顺治三年（1646）副榜贡生；九年授永平推官，在任三年，坐挞旗丁降调辞归。康熙十八年（1679）举博学鸿儒，授翰林院检讨，参与修《明史》。二十二年告老归家。四十二年康熙帝南巡，给他晋官号为侍讲。

尤侗才情敏捷，文名早著。曾以《怎当他临去秋波那一转》制义以及《读离骚》乐府流传禁中，受顺治帝赏识；在史馆时进呈《平蜀赋》，又受康熙帝赏识。他的诗文多新警之思，杂以谐谑，每一篇出，人所传诵。尤侗论诗，将唐宋诗置于平等地位，作诗以"性情自在"为尚。其诗笔调酣畅，格调多样。但数量既多，不免有信手敷衍、浮浅油滑之弊。中年所作长篇古风，颇关注于现实社会，对人民疾苦表示同情。

尤侗亦能词曲，著有《百末词》六卷，自称是"花间""草堂"之末；又有《钧天乐》传奇，《读离骚》《吊琵琶》《桃花源》《黑白卫》《清平调》杂剧五种，合称《西堂曲腋》。

尤侗著作浩繁，大都收入《西堂全集》及《续集》（共一百三十五卷）；另有《鹤栖堂集》诗、文各三卷，是晚年作品。

【原文】

〔南中吕〕驻云飞

十空曲

竖子英雄[1]。触斗蛮争蜗角中[2]。一饭丘山重。睚眦刀兵痛[3]。嗏[4]！世路石尤风[5]，移山何用？飘瓦虚舟[6]，不碍松风梦[7]，君看尔我恩仇总是空[8]。

【毛泽东评点】

毛泽东在阅读顾名编《曲选》收录的这首小令时，先在原文上方的天头处用铅笔画了一个大圈，后在"一饭丘山重"二句旁各画了两个小圈；还用毛笔进行了圈点：在首二句旁，各加了两个墨点，除独词句"嗏"无圈点和末句旁画了三个墨圈外，其余各句旁皆画了一个墨圈。

——中央档案馆整理：《毛泽东评点诗词曲精选·曲选》第48—49页，中央档案出版社1998年版

【注释】

（1）竖子英雄，语出《晋书·阮籍传》："〔阮籍〕尝登广武，观楚汉战处，叹曰：'时无英雄！使竖子成名。'"后指无能者侥幸得以成名。竖子，对人的鄙称，小子。《战国策·燕策三》："荆轲怒，叱太子，曰：'今日往而不反者，竖子也！'"

（2）触斗蛮争，典出《庄子·则阳》："有国于蜗之左角者曰触氏，有国于蜗之右角者曰蛮氏。时相与争地而战，伏尸数万。"触和蛮，古代寓言中蜗牛角上的两个小国，后因以"触蛮"称因争微利而兴师动众。

（3）一饭丘山重二句，语出《史记·范雎蔡泽列传》："范雎于是散家财物，尽以报所尝困厄者。一饭之德必偿，睚眦之怨必报。"一饭丘山重，一餐饭的恩德重于大山，喻微小的恩德，意义重大。睚眦（yá zì牙字），嗔目怒视，瞪眼看人，借指微小的怨恨。《战国策·韩策二》："夫贤者以感忿睚眦之意，而亲信穷僻之人，而政独安可嘿然而止乎？"刀兵，指战事。唐杨巨源《失题》诗："山河空道路，蕃汉共刀兵。"

（4）嗏（chā叉），叹词，表示提醒或应答等。元吴弘道《金字经》曲："燕子堂前竹映纱，嗏，路人休问他。"

（5）世路，人世间的道路，指人们一生处世行事的历程。《后汉书·张衡传》："吾子性德体道，笃信安仁，约己博执，无坚不钻，以思世路，斯何远矣。"石尤风，传说古代有商人尤某娶妻石氏女，情好甚笃。尤远行不归，石思念成疾，临死叹曰："吾恨不能阻其行，以至于此。今凡有商旅远行，吾当作大风为天下妇人阻之。"见元尹世珍《嫏嬛记》引《江湖

纪闻》，后因称逆风、顶头风为"石尤风"。南朝宋孝武帝《丁都护歌》之一："愿作石尤风，四面断行旅。"

（6）飘瓦虚舟，语出《庄子·达生》："虽有忮心者不怨飘瓦。"又《山林》："方舟而济于河，有虚船来触舟，虽有惼心之人不怒。"后遂以"飘瓦虚舟"比喻凭空加害于人而又无从追究的事物。

（7）松风梦，做贤者，隐士的梦想。清陈洪绶《偶成》："是非不入松风耳，花开花落只读书。"松风，松林之风。

（8）尔我，你我。

【赏析】

尤侗的［南中吕］驻云飞《十空曲》，共十首，是一组曲子。

原有小序云："昔莲池大师作七笔勾，予窃慕焉。旅次无聊，拟为《十空曲》，既以自警，并劝世人。"十首依次写"盖世功名""敌国货财""甲第田园""绝世红艳""大地音声""饮食因缘""眷属团圞""锦绣文章""尔我恩仇"和"万法无常"等十种事物都是虚空的，流露出人生无常、盛筵难再的思想情绪。这里选录的是第九首，写人们之间的恩情仇怨是空的，规劝人们不要互相结仇，思想较为积极。

"竖子英雄，触斗蛮争蜗角中。"起首二句用典：首句用阮籍观广武楚汉相争战场，慨叹说："时无英雄，使竖子成名。"他看不起刘邦，称战胜者刘邦为竖子。"竖子"，就是小子，是对人的一种鄙称。次句用《庄子·则阳》中蜗牛角上的触国和蛮国争斗故事，喻指为争微利而兴师动众。两句合而言之，是说那些所谓英雄，不过是些争名夺利之徒。"一饭丘山重，睚眦刀兵痛。"二句典出《史记·范雎蔡泽列传》："一饭之德必偿，睚眦之怨必报。"二句是说：一餐饭的恩德必然报答，瞪一眼的小怨必定报复。这种斤斤计较小恩怨的做法，往往酿成双方大动刀兵，给人民带来巨大灾难。"嗏！"是个表示提醒的感叹词，也是个独词句。"世路石尤风，移山何用？"二句也是用典："石尤风"，传说古代商人尤某娶妻石氏。尤某远行不归，石氏思念成疾，死前叹曰："今凡有商旅远行，吾当作大风为天下妇人阻之。"后因称逆风、顶头风为"石尤风"。"移山何用"，化

朱彝尊

朱彝尊（1629—1709），字锡鬯（chàng 畅），号竹坨，又号鸥舫，晚号金风亭长、小长芦钓鱼师，秀水（今浙江嘉兴）人，清代词人、学者。康熙十八年（1679），举博学鸿词科，以布衣中选，除翰林院检讨，纂修《明史》，随后任日讲起居注，入直南书房，后曾出典江南省试，三十一年（1692）归里，专事著述。

朱氏博极群书，勤于著述，以诗词古文名噪一时。诗歌善于用典，风格工整雅健，与王士祯齐名，有"南朱北王"之称。词与陈维崧并美，号称"朱陈"。以他为代表的浙派（一称浙西派）和陈维崧为代表的阳羡派，在词坛并峙称雄。他经过八年努力，于1678年纂成《词综》，选取唐、五代、宋、金、元词六百家，两千二百多首，以作者时代先后为序，附有作者小传和一些宋、元间人的评语，其中存录了不少优秀作品，至今还不失为中国词学方面的一种重要选本。朱氏认为词要"醇雅"，而不要多"硬语""新腔"（《水村琴趣序》），奉姜夔、张炎为词坛正宗，并认为诗词有别。朱氏所作词现存四种，共七卷，五百余首。风格清雅疏荡，但过分追求技巧，讲究格律，偏重字句琢磨，作品虽多，题材仍不免狭窄。

著有《曝书亭集》八十卷，《日下旧闻》四十二卷，《经义考》三百卷，选《明诗综》一百卷，《词综》三十六卷（汪森增补）。亦善作散曲，有《叶儿乐府》。对于官场争权夺利的丑态，多有揭露。《清史稿》有传。

【原文】

〖北中吕〗普天乐

到清秋[1]，开家宴，生鱼切玉[2]，野雀披绵[3]。村村簖蟹肥[4]，日日湖菱贱。对竹千竿书千卷。闷来时划个花船[5]，白莲寺前[6]，青阳桥外[7]，金粟山边[8]。

【毛泽东评点】

毛泽东在阅读顾名编《曲选》收录的这首小令时，用毛笔加以圈点："闷来时划个花船"句旁点了两个墨点，并把句末的句号改为逗号，在末三句旁各画了一个墨圈。

——中央档案馆整理：《毛泽东评点诗词曲精选·曲选》第49页，中央档案出版社1998年版

【注释】

（1）清秋，明净爽朗的秋天，这里指清秋节，即农历九月九日重阳节。唐李白《忆秦娥·箫声咽》："乐游原上清秋节，咸阳古道音尘绝。"

（2）生鱼切玉，生鱼切开像割开的玉石，形容鱼的洁白。唐杜甫《峡隘》："白鱼如切玉，朱橘不论钱。"

（3）披绵，脂厚。宋苏轼《送牛尾狸与徐使君》："通印子鱼犹带骨，披绵黄雀漫多脂。"施元之注："黄雀出江西临江军，士人谓脂厚为披绵。"

（4）籪（duàn 段）蟹，用籪捞取的螃蟹。籪，渔具名，插在河中阻断鱼蟹行进的栅栏，常用竹枝或芦秆编成。唐陆龟蒙《渔具·沪》："沪，吴人今谓之籪。"

（5）花船，指有彩饰的船。《元史·河渠志一》："其大都、江南权势红头花船，一体不许往来。"

（6）白莲寺，未详。

（7）青阳桥，在今安徽省青阳县，因其地在青山之阳而得名，明清时属安徽池州府。唐韩翃《赠别韦兵曹归池州》："楚竹青阳路，吴江赤马船。"

（8）金粟山，在今陕西省蒲城县东北。唐玄宗的泰陵在此山。唐刘肃《大唐新语·厘革》："玄宗尝谒桥陵，至金粟山，睹岗峦有龙盘凤翔之势，谓左右曰：'吾千秋后，宜葬此地。'"后世泛指帝王陵墓。

【赏析】

这首［北中吕］普天乐见于《叶儿乐府》，共二首，这里选的是第二首。从所写内容看，写的是作者晚年罢归田里的生活，前首写平时家居时的读书与交游，后首则写其过重阳节和日常生活，两首都写得悠然自适，

清新可喜。

此曲可分为前后两层："到清秋，开家宴，生鱼切玉，野雀披绵。村村籔蟹肥，日日湖菱贱"，前六句为第一层，写作者在家中过重阳节。"到清秋"，交代时令。清秋，此指清秋节，即农历九月九日的重阳节。重阳节是我国传统的老人节，当然要庆祝一番，所以次句写"开家宴"。家宴的菜肴很多，有白玉一般切开的生鱼，有脂如披绵的野雀，当然这是举偏以概全，是说宴席丰盛，气氛欢乐。而且不仅作者一家如此，而是"村村籔蟹肥，日日湖菱贱。"说明这是个五谷丰登的秋天，家家有鱼有蟹，菱角也一天比一天便宜，二句由己及人，境界扩大，内蕴更多。但作者主要是写自己的生活，所以下面接着写道："对竹千竿书千卷。闷来时划个花船，白莲寺前，青阳桥外，金粟山边。"后五句写作者的平时生活。"对竹千竿书千卷"，"对竹千竿"，喻其节操；"书千卷"，谓其学识渊博。平时在这清幽的环境读书作诗，这是知识分子的日常生活的一面；而其生活的另一面便是出游，徜徉在名山胜水之间，陶冶自己的情怀。划上一只花船，经过白莲寺前，青阳桥外，到达金粟山边。有山有水，又有白莲古寺，是个颇宜游玩之所。末三句，全用地名入曲，自然妥帖，一气贯注，很好地表现了出游时心旷神怡的心情。总之，全曲写作者过重阳节和平时的生活，淳朴自然，清新流利，十分可喜。

毛泽东在顾名编的《曲选》中读到这支小令时，用毛笔进行了圈点，在倒数第四句旁加了两个墨点，末三句旁各画了一个圈，表明他对这几个佳句十分喜爱。

【原文】

〖北双调〗折桂令

归去来休

【折桂令】闹红尘衮衮公侯[1]：白璧黄金[2]，肥马轻裘[3]。蚁阵蜂衙[4]，鼠肝虫臂[5]，蜗角蝇头[6]。神仙侣淮王鸡狗[7]，衣冠队楚国沐猴[8]。归去来休，选个溪亭，作伴沙鸥。

【前调】故乡千里书投，渔弟樵兄，盼我回舟。老仆长须，侍儿赤脚，稚子蓬头。趁新雨过时插柳，拣绿阴深处骑牛。归去来休，二顷秋田⁽⁹⁾，一篑糟丘⁽¹⁰⁾。

【前调】挂轻帆潞水春流⁽¹¹⁾，夹路烟花，直下扬州⁽¹²⁾。第二桥边⁽¹³⁾，第三船里，第四桥头。唤十五女青蛾对酒⁽¹⁴⁾，点两三条红蜡藏钩⁽¹⁵⁾。归去来休，老子尊前⁽¹⁶⁾，最爱歌喉。

【前调】近南湖结个书楼⁽¹⁷⁾，桥影前溪，塔火中流。梅蕊衡寒⁽¹⁸⁾，荷香消夏，枫叶鸣秋。松萝底一壶村酒⁽¹⁹⁾，柳阴中几只渔舟。归去来休，典我春衣⁽²⁰⁾，日日郊游。

【前调】问先生老矣何求？一片西山，几载勾留⁽²¹⁾。献赋长杨⁽²²⁾，挂冠神武⁽²³⁾，捐佩瀛洲⁽²⁴⁾。也曾簪笔⁽²⁵⁾。砧螭右手⁽²⁶⁾；也曾家住，鳌禁东头⁽²⁷⁾。归去来休，闲把君恩，说与朋俦⁽²⁸⁾。

【毛泽东评点】

毛泽东在阅读顾名编《曲选》收录的这首套曲时，在［折桂令］一曲首句旁，用毛笔加了三个墨点，二、三两句旁各加了两个墨点，三、四、五句旁各加了一个墨点，六、七两句旁各加了两个墨点；

在曲子的末二句旁各加了两个墨点；

在第三支曲子的前六句和末二句旁，各加了两个墨圈。

—— 中央档案馆整理：《毛泽东评点诗词曲精选·曲选》第107—108 页，中央档案出版社 1998 年版

【注释】

（1）红尘，车马扬起的飞尘。衮衮（gǔn 滚）公侯，众多的显官。衮衮，神龙卷曲之状。唐皮日休《神九夏歌·鹜夏》："桓桓其珪，衮衮其衣。"衮衣，即古代帝王及上公穿的绘有卷龙的礼服。公侯，公爵，侯爵。《礼记·王制》："王制之制禄爵，公、侯、伯、子、男凡五种。"泛指有爵位的贵族和官高位显的人。

（2）白璧，平圆形而中有孔的白玉。《管子·轻重甲》：“禺义不朝，请以白璧为弊乎！”

（3）肥马轻裘，语出《论语·雍也》：“公（公西赤）之适齐也，乘肥马，衣轻裘。”谓骑着肥壮的骏马，穿着轻暖的皮袍，后以“肥马轻裘”形容生活豪华。

（4）蚁阵，蚂蚁战斗时的阵势。蜂衙，群蜂早晚聚集，簇拥蜂王，如旧时官吏到上司衙门排班参见。宋陆游《睡起至园中》：“更欲世间同省事，勾回蚁战放蜂衙。”

（5）鼠肝虫臂，老鼠的肝，昆虫的臂，比喻轻微卑贱之物。

（6）蜗角蝇头，蜗牛的触角，苍蝇的头，比喻微小之地。

（7）神仙侣淮王鸡狗，《曝书亭词拾遗》注：“原本作‘再不惹羊肠虎口’。”神仙侣，神仙的同伴。神仙，神话传说中的人物，有超人的能力，可以超越尘世，长生不老。《史记·孝武本纪》：“海上燕齐之间，莫不扼腕而自言有禁方，能神仙矣。”淮王鸡狗，典出晋葛洪《神仙传·刘安》：“时人传八公、安临去时，余药器置在中庭。狗犬舐啄之，尽得昇天。”后以“淮王鸡狗”比喻攀附别人而得势的人。

（8）衣冠队楚国沐猴，《曝书亭词拾遗》注：“原本作‘也休攀凤阙龙俦’。”衣冠，衣服和帽子，代称缙绅、士大夫。《汉书·杜钦传》：“茂陵杜邺与钦同姓字，俱以材能称京师，故衣冠谓钦为‘盲杜子夏’以相别。”颜师古注：“衣冠谓士大夫也。”楚国沐猴，典出《史记·项羽本纪》：‘项羽攻下咸阳后，想回故乡炫耀富贵，曰：“富贵不归故乡，如衣绣夜行，谁知之者！’时人讽刺其爱虚荣，曰：‘人言楚人沐猴而冠，果然！’”这是讽刺项羽像戴冠的狝猴。

（9）二顷，二百亩，秫田，《曝书亭词拾遗》注：“原本作‘闲田’。”种植黏粟之田。宋方岳《次韵田园居》之九：“廛居何似山居乐，秫田虽少不如归。”秫粟为酿酒原料。

（10）一篑（kuì愧），一筐。篑，盛土的竹筐。《书·旅獒》：“为山九仞，功亏一篑。”糟丘，积糟成丘，极言酿酒之多，沉湎之至。《尸子》：“六发登糟丘，方舟泛酒池。”

（11）潞水，亦称潞河，即白河，为北运河之上游。《水经注》："沽水俗谓之西潞水。鲍丘水泄谓之东潞水。会流南迳潞县为潞河。"此指北运河。潞县后汉置，明废，故城在今北京市通州东。

（12）夹路烟花二句，语出唐李白《黄鹤楼送孟浩然之广陵》："故人西辞黄鹤楼，烟花三月下扬州。"烟花，雾霭中的花，泛指绮丽的春天景色。扬州，今江苏省扬州市。

（13）第二桥边，原作"第二泉边"。此句连下二句化用唐杜牧《寄扬州韩绰判官》"二十四桥明月夜，玉人何处教吹箫"诗意。

（14）青蛾，青黛画的眉毛，借指少女、美人。前蜀韦广《陪金陵府相中堂夜宴》："却愁宴罢青蛾散，扬子江头月半斜。"对酒，面对着酒。此作陪酒解。

（15）藏钩，古代的一种游戏。相传汉昭仪母钩弋夫人少时手拳，入宫，汉武帝展其手，得一钩，后人乃作藏钩之戏。三国魏邯郸淳《艺经·藏钩》："义阳腊日饮祭之后，叟媪儿童为藏钩之戏，分为二曹，以交（校）胜负。"宋梅尧臣《和腊前》："土人熏肉经春美，宫女藏钩旧戏存。"

（16）老子，老年人的自称，犹老夫。《后汉书·逸民传·韩康》："康曰：'此自老子与之，亭长何罪！'"尊前，在酒樽之前，指在酒宴上。唐马戴《赠友人边游回》："尊前语尽北风起，秋色萧条胡雁来。"

（17）南湖，一名鸳鸯湖，在今浙江省嘉兴城东南，湖中有烟雨楼，为当地名胜。

（18）梅蕊，梅花蓓蕾。宋欧阳修《蝶恋花》："腊月初消梅蕊绽。梅雪相和，喜鹊穿花转。"

（19）松萝，即女萝，地衣门植物，体呈丝状，直立或悬垂，灰白色或灰绿色，基本多附着在松树或别的树的树皮上，少数生于石上。《诗经·小雅·頍弁》："茑与女萝，施于松上。"毛传："女萝、兔丝，松萝也。"

（20）典我春衣，典押我春季穿的衣服。典衣，典押衣服。语出唐杜甫《曲江》之二："朝回日日典春衣，每日江头尽醉归。"后亦指饮酒。清曹寅《读朱赤霞寄后陶诗漫和》："衙罢典衣违例禁，病余丸药避章纠。"

（21）一片西山二句，指在京城供职生涯。西山，北京市西郊群山的总称，林泉茂密，为京郊名胜之地。勾留，逗留，停留。唐白居易《春题湖上》："未能抛得杭州去，一半勾留是此湖。"

（22）献赋长杨，汉扬雄于成帝永始四年（前13）献《长杨赋》。事见《汉书·扬雄传》。献赋，作赋献给皇帝，用以颂扬或讽援谏。《西京杂记》卷三："相如将献赋，未知所为。梦一黄花翁，谓之曰：'可为《大人赋》。'"长杨，扬雄所作《长杨赋》的省称。

（23）桂冠神武，典出《南史·隐逸传下·陶弘景》，齐高帝作相时，陶弘景被引为诸王侍读。因家贫，求作县令不得，乃脱朝服挂于神武门上，上表辞禄，后因以"桂冠"指辞官、弃官。

（24）捐佩，抛弃玉佩。语本《楚辞·九歌·湘君》："捐余玦兮江中，遗余佩兮醴浦。"南朝宋颜延之《祭屈原文》："访怀沙之渊，和捐佩之浦。"瀛洲，传说中的仙山。《列子·汤问》："渤海之东，不知几亿万里……其中有五小焉，一曰岱舆，二曰员峤，三曰方壶，四曰瀛洲，五曰蓬莱……所居之人，皆仙圣之种。"

（25）簪笔，插笔于冠或笏，以备书写。古代帝王近臣、书吏及士大夫均有此装束。《汉书·赵充国传》："〔张安世〕本持橐簪笔事孝武帝数十年，见谓忠谨，宜全度之。"颜师古注引张晏曰："近臣负橐簪笔，从备顾问，或有所记也。"

（26）砧蛴（zhàn chī 站吃）右手，一作"砧蛴墀右手"。砧，站立。元范康《一叶舟》第一折："从教他风涛汹涌蛟龙怒，你则是紧闭着双眉稳砧着身躯。"蛴墀，宫殿蛴阶前墀处。朝会时为殿下值班史官所站的地方。宋司马光《奉和始平公喜闻昌言修注》："晓提麟笔依华盖，日就蛴墀记圣言。"朱氏曾与修《明史》作起居注，故言。

（27）鳌禁，亦作"鼇禁"，翰林院的别称。宋司马光《神宗皇帝挽词》之四："鼇禁叨承诏，金华侍执经。"

（28）朋俦，朋辈，伴侣。南朝宋刘义庆《世说新语·品藻》："不得称诣，政得谓之朋耳。"刘孝标注："谢王于理，相与为朋俦也。"

【赏析】

此套曲原载《叶儿乐府》，作《北双调·折桂令》，无标题。现题作《归去来休》当是顾名编《曲选》时据曲意所拟。"归去来"，辞赋篇名，晋诗人陶潜所作。《晋书·隐逸传·陶潜》："执事者闻之，以为彭泽令……郡遣督邮至县，吏曰：'应束带见之。'潜叹曰：'吾不能为五斗米折腰，拳拳事乡里小人邪！'义熙二年解印去县，乃赋《归去来兮辞》。"后用为归隐之典。休，指辞官。唐杜甫《旅夜书怀》："名岂文章著，官应老病休。"《归去来休》即辞官归隐之意。其构思和题旨皆与陶潜《归去来兮辞》相似，抒写辞官原因及归隐之后的闲散生活。

全套共五曲，第一、第二两支曲子写辞官归隐原因，后两支曲子铺写归隐后的生活情状，第三支曲子是个过渡。我们先看第一支曲子［折桂令］，写辞归缘由。"闹红尘衮衮公侯：白璧黄金，肥马轻裘。"起首三句叙事。写车马喧阗，达官贵人很多：他们个个以黄金美玉为饰，骑着骏马，穿着皮袍，生活十分豪华。叙述当中不无贬义。作者接着写道："蚁阵蜂衙，鼠肝虫臂，蜗角蝇头。"把官员办公称为蚂蚁排阵，蜜蜂上巢，把各级官吏视为胆小如鼠、螳臂当车的无用之物，把官场看作蜗牛的角，苍蝇的头，比喻微小之地。三句全用比喻，描绘官场争权夺利，极为生动。更有甚者："神仙吕淮王鸡狗，衣冠队楚国沐猴。"二句用典：前句用汉淮南王刘安仙去之后，余药器放在院子里，鸡犬舐啄之以后，尽得升天事，比喻攀龙附凤的得势之徒；后句用项羽攻下秦都咸阳后，欲回乡炫耀富贵，时人言："人言楚人沐猴而冠，果然！"讽刺项羽是戴冠的沐猴。此处用以比喻窃踞官位而无真才实学的人，你看，官场中是如此龌龊不堪，蝇营狗苟，作者作为一个有真才实学的正直的读书人，怎能与此辈为伍？于是决定辞官归隐："归去来休，选个溪亭，作伴沙鸥。"

以下四曲皆用［前调］即曲牌都是［折桂令］。第二支曲子紧承上曲写道："故乡千里书投，渔弟樵兄，盼我回舟。"开头三句叙事，言正在自己决定归去之时，恰巧接到故乡来信，那些打鱼砍柴的朋友，都盼他乘舟返里。这是促成作者辞归的又一原因。说到归隐，作者眼前浮现出未来的田园生活："老仆长须，侍儿赤脚，稚子蓬头。趁新雨过时插柳，拣绿阴深处骑牛。归去来休，二顷秫田，一篑糟丘。"作者设想，归去后，相伴者有老仆侍儿，膝下子孙；所务无非雨后插柳，绿荫下骑牛，更有种植秫的田地二百亩，酿酒剩下的酒糟足能堆起一座小丘，喝酒是没有问题的。这种归隐后生活并非现实，而只是想象，作者用的是示现法。上曲写黑暗的官场不能再待下去，此曲写轻松愉快的田园生活又强烈地召唤着诗人，两曲写出了"归去来休"的原因。

第三支曲写归隐途经扬州。"挂轻帆潞水春流，夹路烟花，直下扬州。第二桥边，第三船里，第四桥头。"作者在北京做官，辞归要经运河乘船南下，扬州是必经之地。扬州在古代是个繁华都市，又是风光秀丽的名胜之地。唐诗人李白《黄鹤楼送孟浩然之广陵》有云："故人西辞黄鹤楼，烟花三月下扬州。"广陵即扬州，阳春三月的扬州晨曦雾霭中百花盛开，风光旖旎。扬州南临长江，市内又有著名的瘦西湖，是个水乡，水多桥自然就多，乘船览观，十分有趣。"第二桥边"第三句，化用唐杜牧《寄扬州韩绰判官》"二十四桥明月夜，玉人何处教吹箫"诗意，写水乡风光，自然流畅。扬州又是繁华都市，歌舞之乡。到了扬州，听歌观舞，自不可少。"唤十五女青蛾对酒，点两三条红蜡藏钩。归去来休，老子尊前，最爱歌喉。"请一个十五岁的女郎陪酒，点染两三枝红烛作藏钩的游戏。当然有趣，但他最喜欢的是听音乐。此曲写途经扬州时游览观光和饮酒取乐，是个过渡性的曲子。

第四支、第五支曲子写回故乡里后的生活，两曲又有分工：第四支曲子写归隐后悠然自然的闲居生活："近南湖结个书楼，桥影前溪，塔火中流。"过扬州之后，乘船继续南行，便到了作者的故乡——嘉兴。嘉兴有个著名的风景区便是南湖，所以作者选择靠近南湖的地方修建书楼，这里湖光塔影，风光宜人，是个读书写作的理想之所。"梅蕊衡寒，荷香消夏，枫叶鸣秋。"三句描写，突出夏秋冬各具特色，春季更不必说了。"松萝底一壶村酒，柳阴中几只渔舟。归去来休，典我春衣，日日郊游。"在松萝架上摆上一壶村酒，邀"渔弟樵兄"共饮，不远的柳阴中还系着几只渔舟。钱若不够，就典当春衣换酒，天天作这样的郊游。第五支曲子则是对自己生活的回顾。"问先生老矣何求？"用疑问开头，逗起下文："一片西山，几载勾留。献赋长杨，桂冠神武，捐佩瀛洲。""西山"，北京市西郊群山的总称。"一片西山"二句，指作者在京供职的生涯。接下来三句用典："献赋长杨"，用汉扬雄献《长杨赋》讽谏事，是说自己曾对皇帝进行讽谏；"挂冠神武"，指南朝齐陶弘景把朝服挂在神武门上，辞官而去，用来喻指自己辞归乡里；"捐佩瀛洲"，瀛洲为古代传说中的仙山，此是说自己也曾求仙访道。以上从三个方面概括自己一生的经历。"也曾簪笔，跕蹈右手；也曾家住，鳌禁东头。归去来休，闲把君恩，说与朋侪。"也曾"簪笔"二句，是说，自己作为史官，曾把笔插到自己的帽子上，站在宫殿蹈阶前坳处，尽职尽责，这是指诗人作为史官，曾参与修《明史》起居注；"鳌禁"是翰林院的别称。"也曾家住"二句，是说自己曾在翰林院供职。末三句，归于把皇帝的恩惠，说给他的那些亲戚朋友听。结末拖了条颂圣的光明尾巴，不足为训，也可能是一种避祸的掩护。

总之，全套五曲中，前两曲写辞官归里的原因，后两曲写辞归后的闲散生活，中间一曲途经扬州作为过渡，形成一种对称的结构。结构完美，描写细腻，语言华丽，生动地描摹出诗人辞官归隐的喜悦心情和悠然自得的生活，是对黑暗的官场生活的否定，具有一定的积极意义。

毛泽东在顾名编的《曲选》中读到这套散曲时，用毛笔进行了圈点，五支曲子中，他圈点最多的是第一、第三支曲子。对第一支曲子描写官场龌龊生活的诗句都加了墨点；第三支曲子中对描写途经扬州的大多诗句画了双圈，第二支曲子的末二句也加了双点，表明他对这些优美语句十分欣赏，而其他一般化的句则未加圈点。

刘光祖

刘光祖，生平未详。著有《鹤林集》。

【原文】

〖南仙吕〗醉落魄

曲塘泉细幽琴写⁽¹⁾，胡床滑簟应无价⁽²⁾。日迟睡起帘钩挂⁽³⁾。何不归欤⁽⁴⁾? 花竹秀而野⁽⁵⁾。春风开者，一时还共春风谢⁽⁶⁾。柳条送我今槐夏，不饮香醪⁽⁷⁾，孤负人生也⁽⁸⁾。

【毛泽东评点】

毛泽东在阅读顾名编《曲选》收录的这首小令时，先后两次进行圈点，先用铅笔在"何不归欤""春风开者""柳条送我今槐夏""不饮香醪"各句旁画了两个小圈，后用毛笔，在"何不归欤"句旁点了一个墨点，"花竹秀而野"句旁点了三个墨点，"春风开者""不饮香醪"二句旁各画了一个墨圈，"一时还共春风谢"二句和末句旁各画了两个墨圈。

——中央档案馆整理：《毛泽东评点诗词曲精选·曲选》第50页，中央档案出版社1998年版

【注释】

（1）幽琴，幽远而低沉的琴声。宋范成大《连日风作洞庭不可渡出赤沙湖》："慷慨悲歌续楚些，仿佛幽瑟迎湘灵。"

（2）胡床，一种可以折叠的轻便坐具，又称交床。《三国志·魏志·武帝纪》："贼乱取牛马，公乃得渡。"裴松之注引《曹瞒传》："公将过河，前队适渡，超得奄至，公犹坐胡床不起。"滑簟（dān 丹），供坐卧铺垫用

的光滑苇席或竹席。《诗经·小雅·斯干》："下莞上簟，乃安斯寝。"郑玄笺："竹苇曰簟。"

（3）帘钩，卷帘用的钩子。帘，通"帘"。

（4）何不归欤，为什么不返回呢。归，返回。欤，语气词，表疑问。

（5）花竹秀而野，茂盛花竹你的田野。秀，茂盛。南朝宋谢灵运《入彭蠡湖口》："春晚绿野秀，岩高白云屯。"而，你，你的。《诗经·大雅·桑柔》："嗟尔朋友，予岂不知而作。"郑玄笺："而，犹女也。"

（6）谢，凋落。

（7）香醪（láo 劳），美酒。唐杜甫《崔驸马山亭宴集》："清秋多宴会，终日困香醪。"

（8）孤负，违背，对不住。旧题汉李陵《答苏武书》："功大罪小，不蒙明察，孤负陵心。"唐韩愈《感春》之三："孤负平生心，已矣知何奈。"

【赏析】

刘光祖的这首［南仙吕］醉落魄小令，写作者春夏间乡居的闲散生活，富有浓郁的生活情趣。"曲塘泉细幽琴写，胡床滑簟应无价。日迟睡起帘钩挂。何不归欤？"起首四句写泉边夜宿的悠然自得。弯曲的水塘泉水淙淙，像幽远而低沉的琴声，有可折叠的轻便坐具胡床和可供坐卧的光滑凉席享用，应是无价之宝。太阳高升才从睡梦中醒来把帘钩挂起。这是何悠然自得的夜宿生活。还有什么理由要回去吗？有的："花竹秀而野。春风开者，一时还供春风谢。"三句描写野外的秀丽风光：花竹已经布满了田野。在春风中开放的，不久还要在春风中凋落。阳春烟景，好景不长，应及时饱赏为是，就更没有"归欤"的理由了。而且春天过去，夏天就要到了，在浓密的槐荫下消夏纳凉，不饮美酒，就太对不住人生了。此曲经春历夏，从塘边夜宿到槐荫消夏，风光宜人，更有美酒助兴，把乡居生活写得饶有兴味，十分诱人，简直是一幅田家乐居图。

毛泽东在《曲选》中读到这首小令时，先后两次分别用铅笔和毛笔圈点，"何不归欤"以下的句子两次都加以圈点，说明他喜读这些优美词句。

吴　绮

吴绮（1619—1694），字园次，号听翁，别署红豆词人，祖籍安徽歙县，江苏江都（今扬州）人，清代文学家、戏曲家。顺治十一年（1654）拔贡生，以荐授秘书院中书舍人，十五年（1658）迁兵部职方司主事，奉诏谱杨椒山传奇，称旨，迁武选司员外郎，盖即以杨官官之。康熙二年（1663）擢户部正郎，五年出知浙江湖州府，居官清介，多惠政，不畏强御，人称"三风太守"。因忤上官罢归，家居有求诗文者，以花木为润笔，因名其圃为"种字林"，读书坐卧其中，和当时名士结春江花月社。工诗词及四六外，又喜作曲。著有《亭皋集》《艺香词》《听翁六怀》《林惠堂集》《扬州鼓吹词》《岭南风物记》，以及《啸秋风》《绣平原》《忠愍记》辑有《宋金元诗永》，重订《诗谱选声集》，又与程洪合辑《记红集》《词韵简》等。

【原文】

〖越调〗小桃红

赠苏崐生（摘）

柾湿了浔阳袖⁽¹⁾，还剩得兰陵酒⁽²⁾。尽红牙拍断红珠溜⁽³⁾，青鞋踏遍青山瘦⁽⁴⁾，把黄冠撇却黄金臭⁽⁵⁾。管什么蛟龙争门无休⁽⁶⁾？

【毛泽东评点】

　　毛泽东在阅读顾名编《曲选》收录的这首小令时，首先用铅笔在题目上方的天头处画了一个大圈，接着又在正文前两句旁各画了两个小圈，后四句旁各画了三个小圈；之后，又用毛笔加圈画，每句旁所画墨圈与原用铅笔所画相同。

【注释】

（1）枉湿了浔阳袖，语出唐白居易《琵琶行》："座中泣下谁最多？江州司马青衫湿。"浔阳，江名。长江流经江西九江市北的一段。白居易《琵琶行》："浔阳江头夜送客，枫叶荻花秋瑟瑟。"

（2）兰陵酒，古代兰陵出产的一种名酒。兰陵，古县名，战国楚置，治所在今山东省苍山县西南兰陵镇。

（3）红牙，乐器名，檀木制的拍版，用以调节乐曲的节拍，颜色是红的，故名。宋司马光《和王少卿十日与留台国子监崇福宫诸官赴王尹赏菊之会》："红牙板急弦声咽，白玉舟横酒量宽。"红珠，指眼泪。

（4）青鞋，黑鞋，形容游山玩水。典出唐杜甫《奉先刘少府新画山水障歌》："若耶溪，云门寺，吾独胡为在泥滓，青鞋布袜从此始。"后很多人用以表示登山临水，如元任昱《双调·沉醉东风·会稽怀古》："鉴水边，云门外，有谁布袜青鞋。"青山，青葱的山岭。

（5）黄冠，道士之冠，亦借指道士。唐唐求《题青城山范贤观》："数里缘山不厌难，为寻真诀问黄冠。"苏崑生曾入抗清名将左良玉幕，及良玉九江兵败，苏崑生削发入九华山。黄金臭，即铜臭，铜钱的臭气。原用以讽刺用钱买官或豪富者，后常用以讥讽唯利是图的人。典出《后汉书·崔寔传》："烈时因傅母入钱五百万，得为司徒……烈于是声誉衰减。久之不自安，从容问其子钧曰：'吾居三公，于议者何如？'钧曰：'大人少有英称，历位卿守，论者不谓不当为三公；而今登其位，天下失望。'烈曰：'何为然也？'钧曰：'论者嫌其铜臭。'"

（6）蛟龙争斗，比喻英雄互相争夺江山。蛟龙，古代传说中的两种动物，居深水中。相传蛟能发洪水，龙能兴云布雨，以其本领大，喻指英雄人物和不平凡的人物。元郑光祖《醉思乡王粲登楼》第四折："收拾了龙争虎斗心。"

【赏析】

苏崐生，今河南固始人，明末清初著名昆曲表演艺术家。他与秦淮名妓李贞丽、李香君交往甚密，也与东林党人有着密切的关系。客于楚。名将左良玉驻节武昌，崐生与另一著名说书艺人柳敬亭为座上客。左良玉抗清在九江失败后，敬亭已先期东下，崐生削发入九华山为僧。久之，从武林汪然明之吴中，均以善歌名海内。苏氏演唱艺术造诣极高，时有"崐生曲子敬亭曲"之誉，词人陈维崧推崇他为"南曲当今第一"。从吴绮《赠苏崐生》套曲的内容看，此套写于苏崐生在吴中时。全套共五曲，不甚长，兹录于后：

〔南中吕尾犯序〕风雪打貂裘，乡思惊梅，客心催柳。古寺栖迟，见白发苏侯，如旧。最喜是中原故老，犹记取霓裳雅奏。相怜处，把过往事，灯下说从头。

〔倾盃序〕风流，忆少年，不解愁，游侠争驰骤。也曾向麋鹿台前，貔貅帐里，金谷留连，玉箫迤逗。把豪情倚月，逸气干云，西第南楼，都付与漆园蝴蝶老庄周！

〔玉芙蓉〕沧桑一转眄，云雨双翻手。到如今萧萧，霜鬓如秋。那些个五侯池馆争相迓，只落得六代莺花莽不收。抛红豆，叹知音冷落，向齐廷弹瑟好谁投？

……

〔尾声〕狂歌一曲为君寿，同在此伤心时候，且劝你放眼乾坤做个汗漫游。

节选的〔小桃红〕一曲是套曲的第四支曲子。

这套曲子的第一支曲子〔尾花序〕写作者与苏崐生久别重逢，灯下叙旧。第二曲子〔倾盃序〕写苏崐生的"繁华往事"：少年的游侠驰骤，当年的军中奔走，秦淮冶游。〔玉芙蓉〕一曲则写转瞬间沧桑之变，明清易代。接下来我们节选的〔小桃红〕一曲写苏崐生四处漂泊的凄凉晚景。首二句用典："枉湿了浔阳袖，还剩得兰陵酒。""浔阳袖"用白居易《琵行》"浔阳江头夜送客""江州司马青衫湿"之典，比喻苏崑生在江山易代后的沦落之感；面对老友的这种激昂情绪，诗人只有以劝酒进行慰勉。接下来三句："尽红牙拍断红珠溜，青鞋踏遍青山瘦，把黄冠撇却黄金臭。"作为一个著名昆曲艺术家，苏崑生把自己心爱的红牙拍板摔断，自然悲从中来，血泪交流，但这正是他不事伪朝（清）的民族气节的表现。他从此浪游四方，登山游水，道士也不做了，标志功名利禄的"黄金臭"，即铜臭更不在话下。这也是用典，已见前注。那么他为什么能有这超然世外的态度呢？末句云："管什么蛟龙争斗无休？"蛟龙争斗比喻英雄豪杰之士争夺江山。这种斗争是十分激烈的、非常残酷的，其结果关系到广大平民百姓，但又是一般人无能为力的，所以只有对它采取不闻不问的态度。这是苏崑生当时仅能做到的，也是作者所想及的，所以作者〔尾声〕一曲中为苏崑生的主意就是："且劝你放眼乾坤做个汗漫游"。换句话说，就是漫无边际的遨游。这真是没有办法的办法！总之，这支曲子叙写了在故国沧桑、云翻雨覆之际，苏崑生摔断红牙拍板，抛掉道冠，漂泊无依的凄凉晚景，对苏崑生的落魄遭遇表示深切的同情，对其民族思想，作出崇高的评价，也流露出作者出仕清朝的矛盾心情，以及晚明灭亡的惨痛教训，意蕴丰厚，感人至深。

毛泽东很喜欢这支曲子，他在顾名编的《曲选》中读到这支曲子时，先用铅笔在题目上方天头处画了一个大圈，这是他认为作品最好的标志，然后他又分别用铅笔和毛笔两次圈点，而且每次每句都加了密圈，这也是他对好的诗句的圈点方法。

吴锡麒

吴锡麒（1746—1818），字圣征，号穀人，别署东皋生，浙江钱塘（今杭州）人，清代文学家。乾隆四十年（1775）进士，改庶吉士，授翰林院编修。乾隆四十九年、五十五年两充会试同考官。嘉庆六年（1801）授国子监祭酒。乞归后侨寓扬州，历主东仪、梅花、安定、乐礼等书院讲席。工骈体，又善倚声。诗笔清淡秀丽，古体有时藻采丰赡，在浙派诗人中，能继朱（彝尊）、杭（世骏）、厉（鹗）之后，自成一家。吴氏以骈文著称，与邵齐焘、洪亮吉、刘星炜、袁枚、孙星衍、孔广森、曾燠并称骈文八家。亦能词曲，但不如其诗与骈文著名。著有《有正味斋集》七十三卷。凡诗集十六卷，诗续集八卷，外集五卷；骈体文集二十四卷，骈体文续集八卷；词集八卷，词续集二卷，词外集二卷。《藤花曲话》记吴锡麒南北曲，"亦复妙墨淋漓。"有《渔家傲》传奇，演汉代严子陵故事，已佚。

【原文】

〔商调〕梧桐树

西　施

西风吹白纻[1]，歌罢人何处？莫道功成[2]，肯逐鸱夷去，算回头只有烟波路。吴苑千秋[3]，花也愁无主，越客千丝[4]，网也兜难住。剩相思石上苔无数[5]。

【毛泽东评点】

毛泽东在阅读顾名编《曲选》收录的这首小令时，先用铅笔在题目上方天头处画了一个大圈，然后对全文作了圈画：在首二句旁和"肯随鸱夷去""吴苑千秋"和"越客千丝"二句旁各画了两个小圈，在"算回头只有烟波路""花也愁无主"二句旁各画了三个小圈，末句旁画了四个小圈；又用毛笔加以圈点，除在"算回头只有烟波路"和末句旁各画了三个墨圈，在"莫道功成"句旁画了一个墨圈外，其余各句旁都各画了两个墨圈。

——中央档案馆整理：《毛泽东评点诗词曲精选·曲选》第51页，中央档案出版社1998年版

【注释】

（1）白纻（zhù住），即白苎，苎麻的一种，俗称麻，纤维细长，韧性强，可作衣料。

（2）"莫道功成"三句，西施本越国美女，越王勾践败于会稽，范蠡取西施献吴王夫差，使其迷惑忘政，越遂亡吴。后西施归范蠡，同泛五湖。鸱夷，即范蠡，范蠡助勾践灭吴后，知勾践不可以共享安乐，因浮海至齐，变姓名，自谓鸱夷子皮（见《史记·越王勾践世家》）。

（3）吴苑，吴王之苑，即长洲苑，故址在今江苏省苏州市。

（4）越客，作客他乡的越人。南朝宋颜延之《寒蝉赋》："越客发度漳之歌，代马怀首燕之信。"此指西施至吴的随行者。

（5）相思石，即浣纱石，在今浙江省绍兴市南若耶山下，若耶溪旁有浣纱石，相传为西施浣纱处。西施去后，时人见石，睹物思人，故又称相思石。事出《太平御览》卷四七引晋孔晔《会稽记》："勾践索美女以献吴王，得诸暨罗山卖薪女西施、郑旦，先教习于土城山。山边有石，云是西施浣纱石。"唐李白《送祝八之江东赋得浣纱石》："未入吴王宫殿时，浣纱古石今犹在……若到天涯思故人，浣纱石上窥明月。"相思，彼此思念。

【赏析】

这首［商调］梧桐树《西施》，又题作《一舸》。此曲赞扬西施功成之后随范蠡飘然而去，不慕荣华的高尚品德，以及故国人民对她的怀思。

西施是春秋末年越国的一位浣纱女，著名的美人。当越国被吴国击败

时，她听从越国谋臣范蠡、文种的谋略，入吴宫为妃，诱使吴王夫差喜好女色，耽于逸乐，荒废朝政，国势衰弱，后被卧薪尝胆的越王勾践率军攻破吴都，吴国遂亡。范蠡、西施当是越国复兴的大功臣，但具有远见卓识的范蠡深知封建帝王可与共患难，不可与共安乐，遂功成身退，驾一叶小舟，与西施翩然而去，至今山东定陶，更名为鸱夷子皮，经商致富，人称陶朱公。这是我国历史上一段佳话，成为文学家们常写常新的题材，自古以来，名篇佳制颇多，后人再写这个题材，很不容易讨好。但吴锡麒这篇《西施》却能别出机杼，一翻旧案。他认为西施功成身退，并没有同范蠡同泛五湖而去，而从越国人民对她的深切怀念着笔，突出其事迹的影响和意义。

"西风吹白纻，歌罢人何处？"起首二句叙事，以提问发端。作者设想，西施从吴国回到自己的家乡，在苎萝山下的小溪旁重操旧业，浣洗白纻纱线，这位劳动人民的女儿，干得高兴了，便放开嗓子高歌一曲，当年的浣纱女又回来了。二句叙事中暗点西施。经过一番事关国家兴衰磨难的西施，还能过这种无忧无虑劳动生活吗？这是人们所关心的。作者继续写道："莫道功成，肯逐鸱夷去，算回头只有烟波路。"二句意谓不要说吴国被灭，大功告成，西施随范蠡乘船泛五湖而去。看来作者对这种说法持否定态度。因为这种说法本来只是一种传闻，史无明载，不足为凭，这就翻了历史旧案，令人耳目一新。西施归于何处，将永远是一个解不开的谜，作者也没有勉强破译，而只是留给读者去思考。"吴苑千秋，花也愁无主，越客千丝，网也兜难住。"吴宫花草，因为西施的离开，也在发愁自己没有主人，此句拟人；越国的渔人，千丝万网也总打不住鱼，因为他们失去这位浣纱的朋友，干活没有兴致。从吴、越两国的人物和山川花草来写西施深受人们爱戴。"剩相思石上苔无数"，相思石即西施当年的浣纱石，因西施去后，人们不肯再用此石浣纱，以作永恒纪念，写出了西施的精神感人之深，表现了越国人民对为自己的国家做了好事的女儿的无尽怀念，突出了西施爱国主义精神的影响和意义。从人们对西施的怀念来看，西施当仍生活于劳动人民之中，这不是我们毫无根据的臆测吧！

毛泽东十分喜读这首小令，在顾名编的《曲选》一书中读到这篇作品时，他首先在题目上方天头处用铅笔画了一个大圈，这是他对优秀作品的习惯画法；然后又先后两次，分别用铅笔和毛笔加上圈点，而且每句都画了两个至三个圈，表明他对这些语句十分欣赏。

【原文】

〖南中吕〗好事近

八月十八日秋涛宫观潮

【好事近】斜照送登楼，拓开胸底清秋。千墙荠簇⁽¹⁾，全教拢了沙洲。飕飕，闪过空江风色，堕凉雪先有飞鸥⁽²⁾。霎时间天容变也，看青连大地，我亦如浮。

【锦缠道】者前头⁽³⁾，似银潢从空倒流⁽⁴⁾。斜界一条秋：倏灵蛇东奔西掣⁽⁵⁾，接着难休。响琅琅雷车碾骤⁽⁶⁾，高矗矗雪山飞陡⁽⁷⁾，四面撼危楼⁽⁸⁾。渐离却樟亭赤岸⁽⁹⁾，一路的和沙折柳⁽¹⁰⁾，更道凭仗鸥夷势⁽¹¹⁾，水洋军浑不怕婆留⁽¹²⁾。

【普天乐】羽林枪⁽¹³⁾，前驱走；伙飞队⁽¹⁴⁾，中权守。折波涛颠倒天吴⁽¹⁵⁾，逐风云上下阳侯⁽¹⁶⁾。青天湿透，惹鸟啼兔泣⁽¹⁷⁾，罴惯龙愁⁽¹⁸⁾。

【榴花泣】(石榴花首至四)一声弹指⁽¹⁹⁾，重见涌琼楼⁽²⁰⁾，湘女倚⁽²¹⁾，宓妃游⁽²²⁾。神仙缥缈数螺浮⁽²³⁾，度匆匆羽葆霞游⁽²⁴⁾。

【泣颜回五至末】珠玑乱丢⁽²⁵⁾，杂冰涎喷出龙公口。猛淋侵帕渍鲛绡⁽²⁶⁾，忒模糊锦涴鱼油⁽²⁷⁾。

【古轮台】问根由⁽²⁸⁾，古来曾阅几春秋？却烦寿酒今番醉⁽²⁹⁾，大江依归。呼吸神通⁽³⁰⁾，过了天长地久。有甚难乎番息后⁽³¹⁾，但听伊呜咽过津头⁽³²⁾。叹则叹茫茫世宙⁽³³⁾，也等闲消长如沤⁽³⁴⁾。残山剩水⁽³⁵⁾，荷花桂子⁽³⁶⁾，故宫回首⁽³⁷⁾，寂寞付寒流。看来去，只铜驼无语铁幢愁⁽³⁸⁾。

【尾声】朝又夕，春复秋。能唱到风波定否？怪不得回转严滩总白头⁽³⁹⁾。

【毛泽东评点】

毛泽东在阅读顾名编《曲选》收录的这首套曲时，在［好事近］一曲前七句（除"飕飕"外）中六句旁，各用毛笔加了两个墨点，倒二句画了两个圈，末句画了一个墨圈；

在［锦缠道］一曲中，前二句旁，分别加了一个、两个墨点，第三句旁画了一个墨圈；

在［普天乐］一曲"折波涛颠倒天吴"等三句旁，各画了一个墨圈，"惹鸟啼兔泣"二句旁，各点了一个墨点。

在［古轮台］一曲"残山剩水"等四句旁，各画了一个墨圈，在"只铜驼无语铁幢愁"句旁画了两个墨圈，在末句旁加了两个墨点。

—— 中央档案馆整理：《毛泽东评点诗词曲精选·曲选》第108—120页，中央档案出版社1998年版

【注释】

（1）千墙，千帆，"墙"当作"樯"，船桅杆，指代帆船或帆。荠（jì妓）簇，像荠菜一样聚集在一起。荠，荠菜。《诗经·邶风·谷风》："谁谓茶苦？其甘如荠。"簇（cù促），丛聚。唐白居易《游悟真寺》："野绿簇草树，眼界吞秦原。"

（2）凉雪，清凉的白浪。雪，指代白浪。唐温庭筠《拂舞词》："龙伯驱风不敢止，百川喷雪高崖危。"

（3）者前头，这前面。者，这，指代潮。

（4）银潢，天河，银河。《旧唐书·彭王仅传》："银潢毓庆，璿萼分辉。"宋苏轼《和文与可洋川园池三十首·天汉台》："漾水东流旧见经，银潢左界上通灵。"

（5）倏（shū叔），犬疾行之状。引申为疾速，忽然。段玉裁注本《说文·犬部》："倏，犬走疾也。"段玉裁注："引申为凡忽然之辞。"灵蛇，神异的蛇，有灵性的蛇。《楚辞·天问》："一蛇吞象，厥大如何？"汉王逸注："《山海经》云：南方有灵蛇，吞象，三年然后出其骨。"此指潮水。东奔西掣（chè彻），东奔西跑。掣，疾行，疾飞。南朝梁简文帝

《金錞赋》：“野旷尘昏，星流电掣。”

（6）琅琅，象声词，形容清朗、响亮的声音。汉司马相如《子虚赋》：“礧石相击，琅琅礚礚。”雷车，雷神的车子。《庄子·达生》：“其（委蛇）为物也，恶闻雷车之声，则捧其首而立。”

（7）蠢蠢，高峻之状。《文选·司马相如〈上林赋〉》：“于是乎崇山蠢蠢，岧嵲崔巍，深林巨木，崭岩。”雪山，指浪涛。

（8）危楼，高楼。

（9）樟亭，古地名，在今浙江省杭州市城南钱塘江北岸。唐李白《送王屋山人魏万还王屋》：“挥手杭越间，樟亭望潮还。”

（10）和沙，携带沙。和，连带。唐元稹《贬江陵途中寄乐天》：“紫芽嫩茗和枝采，朱橘香苞数瓣分。”

（11）鸱（chī 吃）夷，即鸱夷子皮。唐杜牧《杜秋娘》：“西子下姑苏，一舸逐鸱夷。”冯集梧注：“《史记·货殖传》：范蠡乘扁舟，浮于江湖，变名易姓，适齐为鸱夷子皮。”

（12）水洋军，一本作“水犀军”，披水犀甲的水军。唐杜牧《润州》之二：“谢朓诗中佳丽地，夫差传里水犀军。”后多借指水上劲旅。明瞿佑《归田诗话·哀姑苏》：“王叔闰月诗哀之云：‘天星夜坠水犀军，又见吴宫走鹿群。’”婆留，五代吴越王钱镠的小名。镠初生，父将弃于井，祖母（一说邻媪）强留之，故名“婆留”。清钱谦益《读建阳黄帅先〈小桃源记〉戏题短歌》：“彭籛之后武夷君，我是婆留最小孙。”

（13）羽林，禁卫军名。汉武帝选陇西、天水、安定、北地、上郡、西河等六郡良家子弟宿卫建章宫，称建章营骑。所改名为羽林骑，取为国羽翼，如林之盛之意；一说像天文羽林星，主车骑。

（14）伙（cì 次），通“次”。排列有序。《诗经·小雅·车攻》：“决拾既伙，弓矢既调。”郑玄笺：“伙，谓手指相伙比也。”

（15）天吴，水神名。《山海经·海外东经》：“朝阳之谷，神曰天吴，是为水伯。”又《大荒东经》：“有神人，八首人面，虎身十尾，名曰天吴。”三国魏嵇康《琴赋》：“天吴踊跃于重渊，王乔披云而下坠。”

（16）阳侯，古代传说中的波涛之神。《战国策·韩策二》：“塞漏舟而轻阳侯之波，则舟覆矣。"鲍彪注："说阳侯多矣。今按《四八目》，伏羲六佐，一曰阳侯，为江海。盖因此为波神欤？"此用作波涛的代称。

（17）乌啼兔泣，一本作"乌啼兔泣"，形容天地变色，日月无光。乌，古代传说日中有三足乌，因以"乌"指代太阳。兔，相传月中有玉兔，故以"兔"指代月亮。

（18）鼍（tuó驼），动物名。一名鼍龙，又名猪婆龙，或称扬子鳄。体长六尺至丈余，四足，背尾鳞甲，力猛，穴居岸边。皮可冒鼓。《国语·晋语九》："鼋鼍鱼鳖，莫不能化，唯人不能。"龙，古代传说中的一种善变化能兴云雨利万物的神异动物，为鳞虫之长。《礼记·礼运》："麟、凤、龟、龙，谓之四灵。"

（19）弹（tán坛）指，捻手指作声，佛家多用以喻时间短暂。《翻译名义集·时分》："《僧祇》云，二十念为一瞬，二十瞬为一弹指。"

（20）琼楼，形容华美的建筑物，诗文中有时指月宫中的楼台。

（21）湘女，亦称"湘妃""湘夫人"，传说中的湘水女神。舜之二妃娥皇、女英没于湘水，遂为湘水之神。

（22）宓（mì觅）妃，传说中的洛水女神。《楚辞·离骚》："吾令丰隆乘云兮，求宓妃所在。"玉逸注："宓妃，神女。"《文选·司马相如〈上林赋〉》："若夫青琴、宓妃之徒，绝殊离俗。"李善注引如淳曰："宓妃，伏羲氏女，溺死洛，遂为洛水之神。"

（23）神仙，一作"神山"。缥缈，高远隐约之状。《文选·木华〈海赋〉》："群山缥缈，餐玉清涯。"李善注："缥缈，远视之貌。"螺，形容青碧色的山形盘旋似螺髻，借指青山。宋陆游《初夏郊行》："破云山踊千螺翠，经雨波涵一镜秋。"

（24）羽葆，帝王仪仗中以鸟羽联缀为饰的华盖，此指神仙的仪仗中的华盖。霞游，远游。霞，通"遐"，遥远。《楚辞·远游》："载营魄而登霞兮，掩浮云而上征。"朱熹集注："霞与遐通，谓远也。"

（25）珠玑，珠宝，珠玉，喻指水珠。宋刘过《朝天子》："宿雨频飘洒……终朝连夜，有珠玑鸣瓦。"

（26）鲛绡，相传为海中鲛人所织之绡，泛指细薄的纱，此指手帕。

明王鑅《春芜记·采遗》:"绞绡失却暗惊心,感取书生意气深。"

(27)忒(tè特),太,过分。涴(wò沃),污染,弄脏。唐杜甫《虢国夫人》:"却嫌脂粉涴颜色,淡扫蛾眉朝至尊。"

(28)根由,缘故,来历。唐元稹《弹奏山南西道两税外草状》:"积习多年,成此乖越,然在长吏,合寻根由。"

(29)寿酒,祝寿的酒。酹(lèi泪),以酒浇地,表示祭奠。

(30)呼吸,一呼一吸,顷刻之间。《孔丛子·论势》:"齐楚远而难恃,秦魏呼吸而至,舍近而求远,是以虚名自累而不乏困敌之困者也。"神通,泛指神奇高超的本领。晋干宝《搜神记》卷一:"左慈,字元放,庐江人也,少有神通。"

(31)有甚难乎番息后,一本作"有甚难平,一番息后"。番,次,回。息,停止,停息。《易·乾》:"天行健,君子以自强不息。"

(32)伊,他,指代潮。呜咽,象声词,悲泣声。津头,渡口。

(33)世宙,宇宙,世界。

(34)等闲,寻常,平常。唐贾岛《古意》:"志士终夜心,良马白日足,俱为不等闲,谁是知音目。"消长(zhǎng掌),增减,盛衰。《后汉书·党锢传赞》:"兰莸无并,消长相倾。"沤,水中浮泡,喻虚空常的世事。义本《楞严经》卷文:"空生大觉中,如海一沤发。"

(35)残山剩水,残破的山河,指亡国或经过丧乱后的土地、景物。宋范成大《与胡经仲陈朋元游照山堂》:"晴日暖风千里目,残山剩水一人心。"

(36)荷花桂子,语出宋柳永《望海潮》:"重湖叠巘清嘉,有三秋桂子,十里荷花。"

(37)故宫,旧时的宫殿。《汉书·食货志下》:"公卿白议封禅事,而郡国皆豫治道,修缮故宫。"此指吴越、南宋王朝在杭州的宫殿。

(38)铜驼,铜铸的骆驼,多置于宫门寝殿之前。晋陆机《邺中记》:"二铜驼如马形,长一丈,高一丈,足如牛,尾长三尺,脊如马鞍,在中阳门外,夹道相向。"元萨都剌《梅仙山行》:"咸阳秋色压宫树,金人夜泣铜驼悲。"幢(chuáng床),佛教的一种柱状标帜,饰以杂彩,建于佛前，表示魔导群生、制服魔众之意。后用以称经幢，即写经于其上的长筒形绸缴；亦用以称石幢、铁幢，即刻经于其上的石柱或铁柱形小经塔。《大日经疏》卷九："梵云'驮嚩若'，此翻为'幢'，梵云'计都'，此翻为'旗'，其相稍异。幢但以种种杂采标帜庄严，计都大亦相同，而更加毓旗密号。"

（39）严滩，即严陵濑，在今浙江桐庐县南，相传为东汉隐士严光隐居垂钓之处。《后汉书·逸民传·严光》："除为谏议大夫，不屈，乃耕于富春山，后人名其钓处为严陵濑焉。"

【赏析】

钱塘江湖为天下奇观，杭州观潮为古今胜事，自古以来，描写杭州观潮的佳作颇不少，吴锡麒的散套《八月十八日秋涛宫观潮》气势雄伟，风格豪壮，相当精彩。

全套共七支曲子，首末二句分为开头、结尾，中间五曲写观涛的全过程。我们先看首曲［好事近］，"斜照送登楼，拓开胸底清秋"。开头二句点明在一个凉爽的秋天傍晚，交代观潮时间，暗点八月十八日；"登楼"，即登临秋涛宫，点明观涛地点。诗人放眼望去，上千只帆船簇拥在一起，靠拢在沙洲旁边。这时江风飕飕，海鸥掠水低飞，浪花似雪飞溅。这是潮来前奏。潮来迅疾，转眼之间，天地变色，漫江碧透，诗人在秋涛宫楼上也好像浮在水中。潮来前奏已写得气势非凡，但这只不过是个引子。

从［锦缠道］至［古轮台］共用五支曲子来写观潮经过，写得又很有层次。［锦缠道］和［普天乐］二曲写潮势盛大。潮起处，像灵蛇东跑西蹿，接着像雷车隆隆碾过，壁立万丈的雪山蜂拥而至，从四面八方摇撼着秋涛宫，写得已很惊心动魄。但更有甚者，当潮头离开樟亭北岸南下，一路上携带着泥沙，折断了岸边的杨柳，像凭借着范蠡的威势，水军全然不害怕钱婆留。末二句用典，"鸱夷"即鸱夷子皮，春秋末年越国大臣范蠡功成身退游齐时所改之名。"钱婆留"，即五代吴越王钱镠的小名。涛势盛大，好像羽林军开道，排列有序地将中军把守。波涛汹涌弄得水神晕头转向，浪涛飞溅使波涛之神失去自由。整个青天像湿透了一样，日月无光，豬婆龙和海龙王也发了愁。涛势之盛达到极点。"天吴""阳侯""鸟啼兔泣"皆用典，十分贴切。

〔榴花泣〕和〔古轮台〕二曲，写潮之神异。"一声弹指，重见涌琼楼，湘女倚，宓妃游。""一声弹指"用佛教弹指典故，喻时间短暂。"琼楼"，即琼楼玉宇，指月宫中的楼台。湘女，即湘水女神娥皇、女英。"宓妃"，传说中的洛水女神。几句用典，仙宫神女，增添了神异色彩。水中青山上神仙若隐若现，像盘旋在江涛中的青碧的螺髻，急急忙忙掌着华盖像去远游。水珠飞洒，夹杂着冰屑像从龙王口中喷出，猛然地把游人的手帕湿透，模模糊糊还带着鱼油。这就进一步写出了潮势的神秘。

〔古轮台〕一曲，写涛之收势，抒盛衰之感。询问海潮形成的原因，自古以来经过几多春秋？却要我们今天洒酒临江，祭奠水涛之神，钱塘江依然完好。一呼一吸，已过了天长地久。以上几句说明江涛由来已久。"有甚难乎番息后，但听伊呜咽过津头。"一次潮汛有什么难于平息，只听得潮水呜咽过了渡口。二句写出潮水退去的迅疾和微弱。观潮之后，作者顿时浮想联翩，百感交集：他感叹世事茫茫，兴盛衰弱如同水泡一般。于是联想到观潮胜地杭州的历史，产生了今昔之感："残山剩水，荷花桂子，故宫回首，寂寞赴寒流。看来去，只铜驼无语铁幢愁。""残山剩水"，残破的山河，指亡国或经过丧乱后的土地。杭州历史上是南宋和五代吴越两朝的国都，当时地势险要，人员簇集，极其繁盛，宋柳永赞扬杭州"有三秋桂子，十里荷花"之句，据传金主观后，遂起渡江南侵之意。在此之前，最早在杭州建都的是五代时吴越王钱镠，后被赵匡胤攻灭。久经战乱之后，两朝故宫已经化为乌有，只剩下宫中不会说话的铜驼铁幢在发愁。诗人由潮之生灭，感悟到历史的变迁，十分感慨。

〔尾声〕一曲写道："朝又夕，春复秋。能唱到风波定否？怪不得回转严滩总白头。"黑夜白天相接，春夏秋冬相继，永无止息，我们能看潮势止息的那一天吗？当然不能。怪不得回头看看严陵滩总是愁得人头发变白。"严陵"，即严陵滩，此句用东汉隐士严光隐居事，意谓世事堪忧，连像严光一样去做隐士也难免愁得头白，感慨至深。

总之，这支散套通过对秋涛宫观潮的描写，抒发了今不如昔、世事堪忧的感慨；在写法上由于是状物为主，故通篇多用白描，生动形象，气势磅礴，蔚为奇观，十分吸引人，适当地用事用典贴切得当，增加了曲子的文采。

毛泽东在阅读顾名编的《曲选》时圈点了这首散套，对其中［好事近］［锦缠道］和其他曲子中的一些佳句都或圈或点，表明他比较喜欢，同时也说明这样的咏物之作毛泽东也很喜读。

林庭玉

林庭玉，字粹夫。生平不详。

【原文】

〖北双调〗清江引

慨　世

胜水名山和我好[1]，每日相顽笑[2]。人情上苑花[3]，世事襄阳炮[4]。霎时间虚飘飘多过了[5]。

【毛泽东评点】

毛泽东在阅读顾名编《曲选》收录的这首小令时，先铅笔在首二句旁各画了两个小圈，然后用毛笔，在首二句旁各加了两个墨点，在三、四两句旁各加了一个墨点。

——中央档案馆整理：《毛泽东评点诗词曲精选·曲选》第51页，中央档案出版社1998年版

【注释】

（1）胜水名山，亦作"名山胜水"，风景优美的著名山川。南宋叶绍翁《四朝闻见录·萧照画》："萧画无他长，唯能使玩者精神如在名山胜水间，不知其为画尔。"

（2）顽笑，玩笑。顽，通"玩"。《三侠五义》第二十五回："别顽笑呀！我是烧心的事，你们这是什么劲呢？"

（3）上苑，皇家的园林。南朝梁鲍泉《落日看还》："妖姬竞早春，

上苑逐名辰。"

（4）襄阳炮，炮名，元攻襄阳时所用之炮，回回人亦思马因所造。《说郭续》卷五引明王祎《逐鹿记》："又记襄阳炮，着物无不糜碎，炮风着人皆死，城中震恐。"

（5）霎时间，极短时间。宋黄庭坚《两同心》："霎时间，雨散云归，无处追寻。"虚飘飘，非常轻飘。

【赏析】

林庭玉这首〔北双调〕清江引《慨世》小令，顾名思义，是抒写对世事的感慨的。但作者写来生动形象，毫不空泛，堪称高手。全曲仅五句，分两层意思来写。"胜水名山和我好，每日相顽笑。"前两句拟人。本来是作者自己喜欢风景优美的山川，每日徜徉其间，流连忘返，偏说山水和我好，"每日相顽笑"，这就是把山水当成有七情六欲的人来写了，用的是拟人化手法，分外生动。再加上二句以口语入曲，自然流畅，给人以驾轻就熟之感。"人情上苑花，世事襄阳炮。霎时间虚飘飘多过了。"后三句议论。"人情""世事"都是大题目，议论起来，不易讨好，而作者打了两个贴切的比喻，就举重若轻了。"上苑花"，即皇家园林里的花，自然珍贵，但月无常圆，花无常好，人情若此，正说明人心不古；"襄阳炮"，是元人攻打襄阳时用的一种炮，"着物无不糜碎，炮火着人即死"，威力是很大的，世事也是如此，说明世事叵测。"上苑花"也好，"襄阳炮"也好，都不能持久，风光一阵子，短时间就轻飘飘地过去了，抒发了好景不长、世事难测的感喟，这就是作者对"人情""世事"的看法，也就是他对当时社会产生的感慨。

毛泽东在顾名编的《曲选》中读到这首小令时，用毛笔在前二句旁各加了两个墨点，三、四两句各加了一个墨点，说明他对这四句的生动形象的描写比较感兴趣。

汪锁

汪锁，字啸尹。生平未详。

【原文】

〔南商调〕黄莺儿

闺 怨

跌绽凤头鞋⁽¹⁾，（脚跟无线）卷珠帘⁽²⁾，（毕罢牵挂）收镜台。（只少个圆光）懒拈针线恹恹待⁽³⁾。（指头儿告了消乏）把象棋下来⁽⁴⁾，（安排着车儿马儿）把双陆打来⁽⁵⁾，（又在巫山那厢）怎奈寸情远逐征轮迈⁽⁶⁾？（小则小心肠儿转关）酒醒才⁽⁷⁾，（改变了朱颜）苍天叫破⁽⁸⁾，（直恁响喉咙）哭倒在尘埃。⁽⁹⁾（也有些土气息）

【毛泽东评点】

毛泽东在阅读顾名编《曲选》收录的这首小令时，对双行排印的衬字都用毛笔加了括弧，以示区别，又在"（只少一个圆光）懒拈针线恹恹待"和"（又在巫山那厢）怎奈寸情远逐征轮迈"句旁，分别加了两个墨点和三个墨点，并将"（安排着车儿马儿）把双陆打来"句末和"（小则小心肠儿转关）酒醒才"句末的句号改为逗号。

——中央档案馆整理：《毛泽东评点诗词曲精选·曲选》第52页，中央档案出版社1998年版

【注释】

（1）凤头鞋，鞋头绣有凤凰图饰的一种花鞋。宋苏轼《谢人惠云巾方》"妙手不劳盘作凤"句自注："晋永嘉中有凤头鞋。"

（2）脚跟无线，行迹无线索可寻。语出元王实甫《西厢记》第一本第一折："游艺中原，脚跟无线，如蓬转。"珠帘，珍珠缀成的帘子。《西京杂记》卷二："昭阳殿织珠为帘，风至则鸣，如珩珮之声。"

（3）圆光，旧时江湖术士利用迷信心理骗人财物的一种方法。用镜或白纸施以咒语，令人视之，谓其上能现诸象，可预测吉凶祸福，或知失物所在，参阅徐珂《清稗类钞·方伎·圆光》。恹恹，精神萎靡不振之态。

（4）消乏，疲倦。明汤式《醉太平·重九无酒》："苏司业检裂囊弹指告消乏。"

（5）安排着车儿马儿，语出元王实甫《西厢纪》第四本第三折："见安排着车儿马儿，不由人煎煎熬熬的气，……从今后彩儿袖儿，都揾做重重叠叠的泪。"双陆，亦称"双鹿"，古代一种博戏。唐薛用弱《集异记·集翠裘》："遂命披裘，供奉双陆。"明谢肇淛《五杂俎·人部二》："双陆，一名握槊……曰双陆者，子随骰行，若得双陆，则无不胜也。……其法以先归宫为胜，亦有任人打子，布满地宫，使之无所归者，谓之'无梁'，不成则反负矣。其胜负全在骰子，而行正之间，贵善用之。"

（6）巫山那厢，巫山那边。典出战国宋玉《高唐赋序》："昔先王尝游于高唐，怠而昼寝。梦见一妇人，曰：'妾巫山之女也，为高唐之客。闻君游高唐，愿荐枕席。'王因幸之。去而辞曰：'妾在巫山之阳，高山之阻，旦为朝云，暮为行雨，朝朝暮暮，阳台之下。'"后遂用男女幽会的典实。五代冯延巳《鹊踏枝》之七："心若垂杨千万缕，水阔花飞，梦断巫山路。"

（7）小则小心肠儿转关，语出元王实甫《西厢记》第三本第二折："几曾见寄书的颠倒瞒着鱼雁？小则小心肠儿转关。"转关，耍手段，玩计谋。

（8）朱颜，红润美好的颜色。《楚辞·大招》："嫮目宜笑，蛾眉曼只。容则秀雅，稚朱颜只。"苍天，指天。《诗经·王风·黍离》："悠悠苍天，此何人哉！"毛传："苍天，以体言之……据远视之苍苍然，则称苍天。"

（9）直恁，竟然如此。《京本通俗小说·错斩崔宁》："官人直恁负恩！甫能得官，便娶了二夫人！"尘埃，飞扬的尘土，土地。《礼记·曲礼上》：“前有水，则载青旌；前有尘埃，则载鸣鸢。”也有些土气息，语出元王实甫《西厢记》第四本第三折：“将来的酒共食，尝着似土和泥。假若便是土和泥，也有些土气息，泥滋味。”

【赏析】

汪琐这位不太有名气的散曲作家，这首［南商调］黄莺儿《闺怨》却写得十分精彩。“闺怨”也是被历代作家写滥了的老题目，作者却能巧妙构思，生动描绘，高人一筹。

“跌绽凤头鞋，（脚跟无线）卷珠帘，（毕罢牵挂）收镜台。”开头四句描写。

“凤头鞋”是一种女子穿的绣有凤凰图饰的花鞋，亦有象征爱情之意。心爱的凤头鞋都踏破了，人们不禁要问，曲中的女主人公去忙什么呢？“脚跟无线”，不是这女子，而是指她所寻找的情人。此句典出王实甫《西厢记》张生游艺中原，“脚跟无线”，即行踪不定之意。看来女主人的情人也像张生一样行踪不定，无从寻找。找不着情人，女子便泄了气，回到家中把珠帘卷起，相思丢开，镜台也收拾起来，不再梳妆打扮，因为情人外出不归，没有人欣赏自己了。“（只少个圆光）懒拈针线恹恹待。”“圆光”是旧时江湖术士用镜子施以咒语预测吉凶的方法。“只少个圆光”，就是说也无法用圆光之法预测吉凶，卜知情人行踪，又懒做针线，只能无精打采地耐心等待情人来归。“（指头儿告了消乏）把象棋下来，（安排着车儿马儿）把双陆打来，（又在巫山那厢）怎奈寸情远逐征轮迈？”六句叙事，写女子想用娱乐活动排遣愁绪。不做针线活，手指头虽然不疲倦了，但心中的愁闷仍是无法排解，便想用下象棋、打双陆这种娱乐活动来占据自己的时间，以排除对情人的思念。但又谈何容易，她的新的顾虑又产生了：“又在巫山那厢”，此句用楚王云雨巫山典故，担心情人在外另觅新欢，所以，她虽然下着象棋，打着双陆，可心里老围绕着情人乘坐的车轮转。几句是说用娱乐活动也不能排遣她的愁怀。一计不成，便又生一计：“（小则小心肠儿转关）酒醒才”。二句是说，她小心肠儿一转，又想出新招：用喝酒的办法来排解愁闷。曹孟德云：“何以解忧？唯有杜康。”

（《短歌行》）借酒浇愁，古亦有之，然而作用也有限。不信你看："（改变了朱颜）苍天叫破，（直恁响喉咙）哭倒在尘埃。（也有些土气息）。"女子想的这些办法，看来收效甚微，终日还是愁恨交加，致使脸上的红润也消失了，于是她呼天抢地，放开喉咙，叫得如此之响，却是叫天天不应，叫地地不灵，万般无奈，一头哭倒在地上，只闻到些泥土的气息。曲子至此，戛然而止，把闺中少妇对情人的思念推上高潮。

此曲在写法上也颇具特色：作者以少妇思念情人为中心，线索分明，层层推进，情绪至高潮时便止，很好地服务于感情的抒发。此外，衬字的运用，既多又恰切，特别是曲中数处引用《西厢记》中的语句作衬字，对感情的表达起了很好的辅助作用。这也是此曲写法上的一个特色。

毛泽东在顾名编的《曲选》一书中读到这首小令时，用毛笔进行了圈画，他把所有的衬字都用括号括起来，以示区别；还在两个佳句旁加了墨点，并修改了一个标点，由此我们可见看出他读书是十分认真、一丝不苟的。

许光治

许光治（1811—1855），字龙华，号羹梅，别号穗嫣，浙江海宁人，清诗人。廪贡生。少颖悟，从兄光清学。弱冠后以教徒为生，书、画、音律皆通。其散曲学元代张可久，风格清润华美，小令闲婉有致。著有《放吟》《声诗画》《红鲆香馆集》，还有《江山风月谱》，计词一卷，散曲一卷。

【原文】

〖北中吕〗满庭芳

农 事

蔷薇槛亚⁽¹⁾，荼蘼径仄⁽²⁾，芍药阑斜⁽³⁾。春红都被东风嫁⁽⁴⁾，细数韶华⁽⁵⁾。梅雨波添钓槎⁽⁶⁾，麦风晴送田家。邻庄话⁽⁷⁾，听来不差，小满动三车⁽⁸⁾。

【毛泽东评点】

毛泽东曾手书过这支曲子。

——中央档案馆整理：《毛泽东手书选集·古诗词（下）》第265—266页，北京出版社1996年版

【注释】

（1）蔷薇，蔷薇科蔷薇属中某些观赏种类的泛称，如黄蔷薇、七姐妹等，花、果、根皆可供药用或制香料。亚，低垂之状，通"压"。

（2）荼蘼，也作"酴醾"，花名，以色似酴醾酒得名。仄，狭窄。

（3）芍药，植物名，多年生草本植物。初夏开花与牡丹花相类，供观赏，块根可入药。阑，通门口的横格栅门。

（4）春红，春花。被东风嫁，都被东风吹落。

（5）韶华，美好的时光，常指春光。唐戴叔伦《暮春感怀》："东皇去后韶华尽，老圃寒香别有秋。"

（6）梅雨，也叫"黄梅雨"，指春末夏初江淮流域雨期较长的阴雨天气。因正值梅子黄熟得名。钓槎，钓舟，钓船。宋文天祥《寄故人刘方斋》："溪头浊潦拥鱼虾，笑杀渔翁下钓差。"

（7）邨，"村"的异体字。

（8）小满，二十四节气之一，在农历四月中旬，此时我国大部地区麦类等夏熟作物籽粒渐饱满。动三车，俗语有"小满见三新"，"三新"即二种夏熟作物（油菜、大蒜）及蚕茧。

【赏析】

许光治的这首［北中吕］满庭芳《农事》连同下面一首，均见于《江山风月谱》散曲卷，是一组曲，两首都是描写农村景色和农民劳动的。时令不分先后，只是角度不同，内容有别。

"蔷薇槛亚，荼蘼径仄，芍药阑斜。"起首三句写农村景色。你看，蔷薇架低垂，荼蘼径窄狭，芍药栏倾斜。三句全用白描，农村景色生动如画。当然，"蔷薇""荼蘼""芍药"这些观赏植物都枝繁叶茂，已不是初春天气。"春红都被东风嫁，细数韶华。"春红即春花，东风即春风。春花都被春风吹落，美好的春光时日无多，需要"细数"，说明已经到了春夏之交。所以下面接着写道："梅雨波添钓槎，麦风晴送田家。""梅雨"，也叫"黄梅雨"，指春末夏初江淮流域阴雨连绵的天气，因正值梅子黄熟而得名。钓槎，即钓船。由于阴雨不断，河水上涨，渔船被高高浮起，此时，南风劲吹，麦将黄熟，阵阵麦香送入农家，这是农民最高兴的时候。"邨庄话，听来不差"，农民的质朴话语，听得清清楚楚；"小满动三车"，"小满"是农历二十四节气之一，时值四月中旬。此时我国大部分地区麦类等夏熟作物籽粒逐渐饱满，故称"小满"。俗话说："小满见三新。"就是说有二种夏熟作物（油菜、大蒜）和蚕茧开始收获了，表明割麦插稻的三夏大忙季节就要来到了。写农民们欢快的劳动生活，洋溢着一种兴奋的激情。总之，此曲写春夏之交的农村景色和农民的劳动生活，具有浓厚的乡土气息。这在古代作家中是不多的，可能与作者长期处于生活底层，比较接近劳动人民有关。

毛泽东曾手书过这支曲子，说明他十分熟悉并且非常喜爱它。

【原文】

〖北中吕〗满庭芳

农 事

绿阴野港，黄云陇亩⁽¹⁾，红雨村庄⁽²⁾。东风归去春无恙⁽³⁾，未了蚕忙。连日提笼采桑，几时荷锸栽秧⁽⁴⁾？连枷响⁽⁵⁾，田塍夕阳⁽⁶⁾，打豆好时光。

【毛泽东评点】

毛泽东在阅读顾名编《曲选》收录的这首小令时，首先用铅笔在题目上方的天头处画了一个大圈，接着又在"绿阴野港""红雨村庄"二句旁画了两个小圈；然后又用毛笔加以圈点，在起首三句旁各画了两个墨圈，并将"东风归去春无恙"句末的句号改为逗号，后五句除了"连枷响"句旁加了一个墨点外，其余四句都加了两个墨点。

——中央档案馆整理：《毛泽东评点诗词曲精选·曲选》第52页，中央档案出版社1998年版

毛泽东曾手书过这首曲子。

——中央档案馆整理：《毛泽东手书选集·古诗词（上）》第264—265页，北京出版社1996年版

【注释】

（1）黄云，比喻成熟的麦子。宋王安石《壬戌五月与和叔游齐安院》："缲成白雪桑重绿，割尽黄云稻正青。"

（2）红雨，指落花。唐李贺《将进酒》："况是青春日将暮，桃花乱

落如红雨。"

（3）无恙（yàng样），没有疾病，没有忧虑，多作问候语。《楚辞·九辩》："赖皇天之厚德兮，还及君之无恙。"《太平御览》卷七三九引汉应劭《风俗通》："恙，病也。凡人相见及通书，皆云'无恙'。又《易经》云：'上古之时，草居露宿。'恙，啮虫也，善食人心，俗悉患之，故相劳云'无恙'。"

（4）锸（chā叉），即锹，翻土的工具。

（5）连枷，收获时脱粒的农具。范成大《秋日田园杂兴》之八有"一夜连枷到天明"句。

（6）田塍（chéng呈），亦作"田塖"，田埂。

【赏析】

许光治的［中吕］满庭芳《农事》，见于《红山风月谱》散曲卷。此曲写暮春至初夏时节的农村景色和繁忙的农事活动。"绿阴野港，黄云陇亩，红雨村庄。"起首三句写农村暮春景色。田野小河旁，浓浓的绿荫笼罩着河上的港湾。无边的原野麦浪滚滚，如同覆盖着一层黄云，美丽的村庄，红花飘落，好像下了一阵红雨。几句描写，把农村景色写得十分迷人。"黄云""红雨"分别用黄庭坚和李贺的诗句为典，自然无痕，确系高手。但是，作者所关心的不仅是这美丽的景色，而主要是农民的劳动生活。"东风归去春无恙"，点明时在暮春。此时，农民们繁忙的蚕事尚未结束，天天提着竹笼采摘桑叶，养蚕收茧。同时又牵挂着荷锸整地、插秧栽稻之事。一片农忙景象，时令推移，已届三夏大忙的季节了。"连枷响，田塍夕阳，打豆好时光。"当夕阳照耀田野，村边打谷上连枷声声，又是农民打豌豆的好时光了。采桑、插秧、打豆，构成了一幅农忙图，从而歌颂了农民的辛勤劳动。

此曲描写田园生活，没有常见的文人那种闲情逸致，而是真实地反映了农民的辛勤劳动，具有浓郁的生活气息，表现了作者与农民息息相关的淳朴感情。再加上曲子语言通俗，自然流畅，读来朴实亲切，十分可贵。

毛泽东在顾名编的《曲选》中读到这小令时，首先用铅笔在题头上方天头处画了一个大圈，然后又用毛笔加以圈点，在开头三句写农村景色和后五句描写繁忙农事的佳句旁，分别加了圈或点，表明他是十分欣赏这首曲子的。

赵对澂

赵对澂（1798—1860），字子徵，一字念堂，号野航，别署浮槎山樵，安徽合肥人，清代文学家、戏曲家。禀贡生，历亳州、和州、池州学官。道光二十四年（1844），补广德州学正，训士有方，彬彬向化。性耽吟咏，著有《小罗浮馆诗词杂曲》《野航杂著》和《酬红记》（又名《鹃红记》）传奇等。

【原文】

〖越调〗寨儿令

初夏小曲

豆角儿香，麦索儿长⁽¹⁾。响嘶啷茧车风外扬⁽²⁾。青杏儿才黄，小鸭儿成双，雏燕话雕梁⁽³⁾，红石榴花满西窗，黄蜀葵叶扫东窗⁽⁴⁾。泥金团扇凉⁽⁵⁾，香玉紫纱囊⁽⁶⁾。将佳节、庆端阳⁽⁷⁾。

【毛泽东评点】

毛泽东在阅读顾名编《曲选》收录的这首小令时，用毛笔在"红石榴花满西窗"二句旁各加了三个墨点，并将"雏燕话雕梁"句末的句号改为逗号，"香玉纱囊"句末的逗号改为句号，还把"将"字后的逗号改为顿号。

——中央档案馆整理：《毛泽东评点诗词曲精选·曲选》第53页，中央档案出版社1998年版

【注释】

（1）麦索儿，麦穗。索，粗绳，泛指绳索。穗引申为锁链，麦穗状如链子，故名。

（2）茧车，纺茧丝的纺车。

（3）雏燕，幼燕。雕梁，饰有浮雕、彩绘的屋梁，装饰华美的房梁。南朝梁萧统《锦带书十二月启·姑洗三月》："燕语雕梁，恍对幽闺之语。"

（4）黄蜀葵，亦称"黄葵"，植物名。唐薛能有《黄蜀葵》诗；唐韩偓有《黄蜀葵赋》。明李时珍《本草纲目·草五·黄蜀葵》："黄葵二月下种，或宿子在土自生，至夏始长。叶大，如菴麻叶，深绿色，开歧丫，有五尖如人爪形，旁有小尖。六月开花，大如盌，鹅黄色，紫心六瓣而侧，旦开午收暮落，人亦呼为侧金盏花。随即结角，大如拇指。"又［集解］引寇宗奭曰："黄蜀葵与蜀葵别种，非是蜀葵中黄者也。叶心下有紫檀色。"

（5）泥金团扇，用泥金颜料绘画于团形扇面的扇子。元戴善夫《风光好》第四折："再不向泥金扇底歌新曲，白玉堂前舞柘枝。"

（6）香玉纱囊，缀有美玉的纱制的袋子。香玉，有香气的玉，亦泛指美玉。清曹雪芹《红楼梦》第二十八回："老太太多着一个香玉如意。"纱囊，纱制的袋。晋王嘉《拾遗记·周》："［江汉之民］至暮春上巳之日，褉集祠间，或以时鲜甘味，探兰杜包裹，以沉水中。或结五色纱囊盛食，或用金铁之器，并沉水中，以惊蛟龙水虫，使畏之侵此食也。"

（7）将，就要。端阳，即端午节，农历五月初五日，我国传统的民间节日，亦以纪念相传于是日自沉汨罗江的古代爱国诗人屈原，有裹粽子及赛龙舟等风俗。明冯应京《月令广义·岁令一·礼节》："五月初一至初五日名女儿节，初三日扇市，初五日端阳节，十三日龙节。"

【赏析】

赵对澂（chéng 澄）的［越调］寨儿令《初夏小曲》（一说作者为王九思），描写农村初夏景色、农事活动以及民风民俗，生动形象，清新自然，有一种浓郁的民歌气息。

"豆角儿香，麦索儿长，响嘶啷茧车风外扬。"开头三句先与农事活动。"香"从味觉写，"长"从视觉写，"响嘶啷"从听觉写，三句从人们的不同视角写出了主要农作物长势良好和农业活动的繁忙，洋溢着一种欢快的情绪，呈现出一种丰收的景象。"青杏儿才黄，小鸭儿成双，雏燕话雕梁，红石榴花满西窗，黄蜀葵叶扫东窗。"以青杏代水果种植，以小鸭代家禽饲养，以雏燕呢喃形容鸟儿繁多，以花红叶绿状石榴、黄葵枝繁叶茂，进一步描写了农村初夏的优美景色和丰富多彩的生活。"泥金团扇凉，香玉紫纱囊。将，佳节庆端阳。"人人手摇泥金颜料绘制的团扇，个个佩戴有美玉为饰的纱囊，不仅暗点初夏，而且写出民间风习。末二句更点明就要过端午节了。端阳，在农历五月初五，是我国传统的民间节日。相传是为了纪念古代伟大诗人屈原自沉汨罗江而设，有包粽子、赛龙舟等风俗。进而写到民间风俗，是初夏最有特色的民间活动。总之，此曲写景状物，全用白描，紧扣初夏，笔墨集中，情调欢快，读来清新可喜。

　　毛泽东在顾名编的《曲选》一书中读到这支小曲时，用毛笔在"红石榴花满西窗"等句各加了三墨点，并修改了三处标点，由此我们可窥见他阅读此曲的兴趣所在。

冯云鹏

冯云鹏，又作云搏，字宴海，一字艳澥，又字九飓，号红雪词人，江苏通州紫琅（今南通市）人，清诗人。工诗文篆刻，尤善填词。著有《红雪词》甲集二卷，乙集二卷，《词余》一卷，以及《扫红亭诗集》《金石索》《崇川金石志》等。

【原文】

〖北中吕〗一半儿

新嫁赋十六选一

小时独宿不关情，彻夜酣眠直到明[(1)]。自有同衾人唤卿[(2)]，怎安宁？一半儿迷蒙[(3)]，一半儿醒。

【毛泽东评点】

毛泽东在阅读顾名编《曲选》收录的这首小令时，用毛笔在全文每句旁都加了两个墨点。

——中央档案馆整理：《毛泽东评点诗词曲精选·曲选》第53页，中央档案出版社1999年版

毛泽东曾手书过这支曲子。

——中央档案馆整理：《毛泽东手书选集·古诗词（下）》第262页，北京出版社1996年版

【注释】

（1）彻夜，整夜，通宵。酣眠，酣睡，熟睡。酣，睡眠甜浓。后蜀

顾夐《酒泉子》之五："泪侵山枕湿，银灯背帐梦方酣，雁飞南。"

（2）同衾（qīn 亲）人，同被窝的人，指丈夫。衾，大被。《诗经·召南·小星》："肃肃宵征，抱衾与裯，寔命不犹。"毛传："衾，被也。"卿，旧时夫妻情人间的爱称。《玉台新咏·古诗为焦仲卿妻作》："我自不驱卿，逼迫有阿母。卿但暂还家，吾今且报府。"此是女子自指。

（3）迷蒙，迷迷糊糊。

【赏析】

冯云鹏的［北中吕］一半儿《新嫁娘》是组曲，共十六首。写了新嫁娘从准备出嫁到三日回门（回娘家）期间的种种情事，语言俏丽风趣，感情真挚明快，俨然是一幅风俗画。这里选的是第十四首。

此曲采用对比手法叙写。先写小时候夜宿："小时独宿不关情，彻夜酣眠直到明。"从幼时到结婚前，姑娘只身一人"独宿"，自己不想情事又无情人打扰，自然可以通宵睡个好觉。起首二句叙事，写婚前独宿境况。"自有同衾人唤卿，怎安宁？一半儿迷蒙，一半儿醒。"结婚以后便不同了，"同衾人"，指丈夫。"卿"是旧时夫妻情人间的昵称。自从出嫁以后，与丈夫同床共枕，她还能睡安稳觉吗？即使她睡着了，丈夫也会半夜里把她叫醒，再想酣睡已不可得。往往在她一半迷迷糊糊，一半清醒之时，雨情雨意，新嫁娘享受着爱情的欢乐。当然，这也是新嫁娘梦寐以求的。后四句描写，活现婚后欢快的夜生活。此曲通过结婚前后不同睡眠的描写，表现了新嫁娘婚后过夜生活时的愉快心情。

毛泽东在顾名编的《曲选》一书中读到这首小令时，用毛笔对正文每句都加了两个墨点。他还手书过这支曲子，这表明他十分熟知并且喜爱这篇作品。

曹雪芹

　　曹雪芹（1715—1763），名霑，字梦阮，雪芹是其号，又号芹圃、芹溪，别署芹溪居士，祖籍盛京辽阳（今辽宁辽阳），先世原是汉人，后为满洲正白旗"包衣人"，清代小说家。

　　曹雪芹的曾祖父曹玺任江宁织造。曾祖母孙氏做过康熙帝玄烨的乳母。祖父曹寅做过玄烨的伴读和御前侍卫，后任江宁织造，兼任两淮巡盐监察御史，极受玄烨宠信。玄烨六下江南，其中四次交由曹寅负责接驾，并住在曹家。曹寅病故，其子曹颙、曹頫先后继任江宁织造。他们祖孙三代担任江宁织造达六十年之久。曹雪芹自幼就是在"秦淮风月"之地繁华生活中长大的。雍正初年，由于封建统治阶级内部政治斗争的牵连，曹家遭受一系列打击。曹頫以"行为不端""骚扰驿站"和"亏空"罪名被革职，家产被抄没。这时，曹雪芹随着全家迁回北京居住。晚年，曹雪芹移住北京西郊，过着"满径蓬蒿""举家食粥"的穷苦生活。他以坚韧不拔的毅力，专心致志地从事《红楼梦》的写作和修订。乾隆二十八年除夕（1763 年 2 月 12 日），终在贫病交加中逝世。

　　雪芹为人鄙视庸俗，傲骨嶙峋，嗜酒健谈，慷慨激昂而又诙谐有趣。工诗画，其诗立意清新，风格近于唐代诗人李贺。为朋辈所推服，有"诗胆昔如铁""诗笔有奇气"之誉，诗稿惜多散佚；喜绘突兀奇峭的石头，寄托胸中抑郁不平之气。他的最大贡献是创作了长篇小说《红楼梦》，内容丰富，思想深刻，艺术精湛，把中国古典小说创作推上最高峰，在文学史上占有重要地位。

终身误

都道是金玉良缘⁽¹⁾，俺只念木石前盟⁽²⁾。空对着⁽³⁾，山中高士晶莹雪；终不忘，世外仙姝寂寞林⁽⁴⁾。叹人间，美中不足今方信：纵然是齐眉举案⁽⁵⁾，到底意难平。

【毛泽东评点】

毛泽东曾手书过："都道是金玉良缘，俺只念木石前盟。空对着，山中高士晶莹雪；终不忘，世外仙姝寂寞林。"

——中央档案馆整理：《毛泽东手书选集·古诗词（下）》第 256 页，北京出版社 1996 年版

【注释】

（1）金玉，黄金和美玉。这里指金锁和宝玉，代指薛宝钗和贾宝玉。良缘，美好的姻缘。《红楼梦》第八回写薛宝钗的金锁"是个癞头和尚送的"，上面所錾（zàn 赞）两句吉利话"不离不弃，芳龄永继"，与贾宝玉出生时衔来的那块通灵宝玉上癞僧所镌（juān 娟）的篆文"莫失莫忘，仙寿恒昌""是一对儿"。小说第二十回薛姨妈也说："金锁是个和尚给的，等日后有玉的方可结为婚姻。"

（2）木石前盟，木石，一棵绛珠仙草和一块顽石，指代林黛玉和贾宝玉。前盟，指宝黛二人在"前世"就结下了姻缘。作者在小说中虚构绛珠仙草为酬报神瑛侍者以甘霖灌溉之惠，要把一生所有的眼泪都还给他。第三十六回写宝玉在梦中骂道："和尚道士的话如何信得？什么'金玉良缘'？我偏说'木石前盟'。"

（3）"空对着"二句，指宝玉与宝钗名为夫妇却没有爱情。雪，"薛"的谐音，指薛宝钗，兼喻其冷。第七十回薛宝钗咏柳絮词："好风凭借力，送我上青云。"这里称她为"山中高士"，讽刺宝钗自命清高。

（4）仙姝，仙女。世外仙姝，黛玉本为绛珠仙子，寓黛玉之死。林，

清
曲

指林黛玉。寂寞，指黛玉"曾经丧离"，"无依无靠"，寄人篱下的遭遇。

（5）齐眉举案，典出《后汉书·梁鸿传》，东汉人梁鸿家贫，为人舂米；他的妻子孟光对他很恭顺，每送饭给他吃时，都把食盘举到眉毛一样高。后因以"齐眉举案"作为妇道的楷模。案，进食用的托盘。此处指宝玉与宝钗婚后维持着相敬如宾的表面上的夫妇关系而没有真爱情，故云"到底意难平"。

【赏析】

这首曲子见于《红楼梦》第五回《贾宝玉神游太虚境　警幻仙曲演红楼梦》，是《红楼梦》十二钗套曲的第一支曲子。这首曲子写书中三位主要人物贾宝玉、林黛玉、薛宝钗的爱情纠葛。贾宝玉婚后仍不能忘怀死去的林黛玉，造成薛宝钗的终身寂寞。曲名《终身误》，是就薛宝钗而言的。

"都道是金玉良缘，俺只念木石前盟。"曲子的开头两句，就提出贾宝玉婚姻的两种可供选择的办法。"金玉良缘"是贾宝玉与薛宝钗结婚门当户对，三媒六证，象征着封建婚姻制度；"木石前盟"是指贾宝玉与林黛玉结合，私相愉悦，自定终身，是自由恋爱的办法。而且，两者在小说中都被画了癞头和尚的神符，载入了警幻仙子的仙册。这样，宝、黛的悲剧，贾、薛的结合，便都成了早已注定的命运。小说中情节也大致是这样写的。但作为婚姻一方的男主角贾宝玉对这个婚姻悲剧是不甘心的，这就是："空对着，山中高士晶莹雪；终不忘，世外仙姝寂寞林。"这个婚姻悲剧，一方面固然有作者悲观的宿命论思想的流露，另一方面也曲折地反映了这样的现实：在封建宗法社会中，要违背封建秩序、封建礼教、封建家族的利益，去寻求一种建立在共同理想、志趣上的自由爱情，是极其困难的。因此，眼泪还债的悲剧也像"金玉"相配的"喜事"那样有它的必然性。

然而，封建压迫可以强制人处于他本来不愿处的地位，可以使软弱的抗争归于失败，但不可能消除已经觉悟现实环境不合理的人们更加强烈的反叛。"金玉良缘"这种没有爱情的婚姻，无法消除贾宝玉心灵上的巨大创痛，使他忘却精神上的真正伴侣，也无法调和他与宝钗之间两种思想性格间的本质冲突。"纵然是齐眉举案，到底意难平。"结果是：一个万念俱灰，弃家为僧；一个空闺独守，抱恨终生。这就是"金玉良缘"带来的苦果，是封建统治者所不愿看到的一个不争的现实。由此我们可以看出，曹雪芹的思想倾向和他对封建传统观念、婚姻制度的大胆深刻的批判精神。

毛泽东曾手书过这首曲子的前六句，可见他对"金玉良缘"和"木石前盟"两种婚姻制度的关注，以及对贾宝玉、林黛玉、薛宝钗爱情纠葛的态度。当然，文辞之优美，也是他喜欢这支曲子的又一个原因。

【原文】

贾宝玉"女儿"酒令曲

滴不尽相思血泪抛红豆[(1)]，开不完春柳春花满画楼[(2)]，睡不稳纱窗风雨黄昏后，忘了新愁与旧愁，咽不下玉粒金莼噎满喉[(3)]；照不见菱花镜里形容瘦[(4)]，展不开的眉头，捱不明的更漏[(5)]。呀！恰便是遮不住的青山隐隐，流不断的绿水悠悠[(6)]。

【毛泽东评点】

毛泽东曾手书过这支曲子。

—— 中央档案馆整理：《毛泽东手书选集·古诗词（下）》第258—262页，北京出版社 1996 年版

【注释】

（1）红豆，一名相思子，形扁圆，色鲜红。古诗词中多用以象征相思。唐王维《相思》诗有"此物最相思"句。这里比喻珠泪。

（2）画楼，装饰华丽的楼房。唐李峤《晚秋喜雨》："聚霭笼仙阁，边霏绕画楼。"

（3）玉粒，指白米饭。金莼（chún 纯），指珍美菜肴。莼，水生睡莲科植物，嫩叶可食，味美，产于江浙一带。金莼，程乙本改为"金波"，则指酒，亦可通。

（4）菱花镜，即镜子，古代铜镜映日则发光，影如菱花。《埤雅·释草》："旧说，镜之谓菱华（花），以其面平，光影所成如此。"形容，形体容颜。

（5）捱不明，等不到天亮。捱，心焦地等待，熬。更漏，古代夜间报时器具。

（6）恰便是遮不住的青山隐隐二句，语出元王实甫［中吕］十二月过尧民歌《别情》："自别后遥山隐隐，更那堪远水粼粼。"又《四游记·玉帝起赛宝通明会》："一见我这里青山隐隐，绿水迢迢，便问我借与他居住。"隐隐，隐约不明之状。悠悠，连绵不绝之态。

【赏析】

这支曲子见于《红楼梦》第二十八回《蒋玉函情赠茜香罗　薛宝钗羞笼红麝串》，是贾宝玉在冯紫英的宴席上行酒令时唱的一支曲子。行酒令为戏的花样很多，书中宝玉交代这次行令的办法："如今要说'悲''愁''喜''乐'四字，都要说出'女儿'来，还要注明这四字的原故。说完了，饮门杯。酒面要唱一个新鲜时样曲子；酒底要席上生风一样东西——或古诗、旧对、四书、五经成语。""门杯"，每人行令时规定要喝的面前的一杯酒。"酒面""酒底"，饮门杯之前和之后要出的节目或要说的诗词、趣语。"席上生风"，想起一句诗词、成语来，与桌面上有一种东西有关，使大家感到风趣。

行酒令办法制定好后，因为是宝玉提出，便从宝玉开始。宝玉便先说四句话：

> 女儿悲，青春已大守空闺。
> 女儿愁，悔教夫婿觅封侯。
> 女儿喜，对镜晨妆颜色美。
> 女儿乐，秋千架上春衫薄。

在酒令中，"喜""乐"只是"女儿"眼前生活情景的反映，是陪衬；而"悲""愁"则同后来的情节发展有关，有的是藏有深意的。首句"青青已大守空闺"即成了后来他出家，宝钗守寡的预言。次句"悔教夫婿觅封侯"，看似随便借用了唐代诗人王昌龄的名句，其实，是非常确切地暗示了宝玉弃宝钗的原因——以"仕途经济"那一套"讽刺"宝玉的人，终归被宝玉所抛弃。而三、四两句女儿对镜梳妆之"喜"，秋千衫薄之"乐"，便是青年女子的日常生活，是陪衬。

说过酒令后，宝玉在琵琶的伴奏下唱了一支曲子，让我们欣赏一下：

> 滴不尽相思血泪抛红豆，开不完春柳春花满画楼，睡不稳纱窗黄昏后，忘不了新愁与旧愁，咽不下玉粒金莼噎满喉，照不见菱花镜里形容瘦，展不开的眉头，捱不明的更漏。呀！恰便是遮不住的青山隐隐，流不断的绿水悠悠。

曲子的前七句，写贵族之家女儿们的生活，大体上包括其衣食住行各个方面：她们吃的是"玉粒金莼"，住的是"纱窗""画楼"，用的是"菱花""更漏"，更有深宅大院，春柳春花。优裕的生活，优美的环境，在一般人来看，简直是神仙过的日子。但是贵族妇女们思想空虚，新愁旧愁不断，往往是睡不安席，食不甘味，眉头不展，形容消瘦，心焦地数更漏盼天亮，相思血泪滴洒不断，精神上的压抑和折磨是何等沉重！这是时代的重压，反映着她们要求摆脱束缚，寻求精神上解脱的内心要求和呼声。一连串的排比句式加强曲子的气势。曲子的后三句，承上写女子们精神痛苦的深重与遥远。以"青山隐隐"，比喻女子所受重压的重重叠叠、隐约不明；以"绿水悠悠"，形容其连绵不绝之状，寓意深长。这首曲子是贵族少女悲愁的，也包括少男少女，即封建贵族的青年一代，实则贾宝玉自己生活的写照，表现了贵族男女青年一代的普遍的思想苦闷与变革要求，因而是一支很好的曲子。在唱过此曲之后，贾宝玉又说了一句"雨打梨花深闭门"的诗句作为"席上生风"，酒令才算完毕。

总之，小说中这一情节，写宝玉这位"富贵闲人"放荡生活的另一个侧面。通过他的结交，作者揭示了当时与上层贵族生活联系着的都市中淫靡逸乐的社会习俗风气。其中所有的曲令都各自切合不同人物的身份、地位、性格和教养，贾宝玉的这支曲子尤其是如此。可见作者所熟悉的生活面是很广的，描摹是极其出色的；而且，作者于惟妙惟肖的摹写中，又对此淫腔滥调杂以嘲弄，态度也是正确的。

毛泽东曾手书过这支曲子的全文，可见他对此曲的熟稔和兴趣。

【原文】

飞鸟各投林

为官的[(1)]，家业凋零[(2)]；富贵的，金银散尽；有恩的，死里逃生；无情的，分明报应[(3)]；欠命的，命已还；欠泪的，泪已尽；冤冤相报实非轻[(4)]，分离聚合皆前定[(5)]。欲知命短问前生，老来富贵也真侥幸。看破的[(6)]，遁入空门[(7)]；痴迷的，枉送了性命。好一似食尽鸟投林，落了片白茫茫大地真干净！

【毛泽东评点】

毛泽东曾手书过这支曲子。

——中央档案馆整理：《毛泽东手书选集·古诗词（下）》第252页，北京出版社1996年版

【注释】

（1）这支曲子是十二钗曲的收尾，以写十二钗的结局为主，但并不是每句专咏一人的。因为那样有的解释不通，而且割裂了整支曲子。过去，俞平伯先生以为它"不是泛指"，"恰恰十二句分配十二钗"，这是"百衲天衣"，并依原文次序列其名为：湘云、宝钗、巧姐、妙玉、迎春、黛玉、可卿、探春、元春、李纨、惜春、凤姐。但是，后来俞平伯先生自己也觉得未必妥当。参见《红楼梦研究·八十回后的红楼梦》。

（2）凋零，形容事物衰败和耗减。

（3）报应，佛教用语，原谓种善因得善果，种恶因得恶果，后专指种恶因得恶果。晋袁宏《后汉纪·明帝纪下》："生时所行善恶皆有报应。"

（4）冤冤相报，冤家对头世代报复。冤，冤仇。实非轻，指这种循环的因果报应来历不浅，并非轻易造成。

（5）前定，前生注定。

（6）看破，即看破红尘之意，谓看透了人生，不留恋世间一切。宋陆游《破阵子》："看破空花尘世，放轻昨梦浮名。"

（7）遁入空门，逃到佛门，指当了和尚、尼姑。空门，佛教认为色相世界都是虚妄，能破除偏执，由空而得涅槃，以空为入道之门，故称空门。《释氏要览》上《称谓空门子》："何者空门？谓观诸法无我无所，诸法从因缘生，无作者受者，是名空。"

【赏析】

这首《飞鸟各投林》曲子见于《红楼梦》第五回《贾宝玉神游太虚境　警幻仙曲演红楼梦》，是警幻仙子令舞女们为贾宝玉演唱《红楼梦》套曲的最后一支曲子，是《红楼梦》十二曲的总结。这首曲子，是对金陵十二钗命运的总写，它写出了贾府最后家破人亡、一败涂地的景象，表现了封建社会末期以贾府为代表的贵族家庭发生的急剧变化，揭示了封建制度和封建阶级正在走向灭亡的历史趋势。

这首曲子是十二钗曲的收尾，它在表现贾府"树倒猢狲散"的情景时，当然是以写金陵十二钗的结局为主的。但是，它不是把前面曲子里都已具体写过的各人命运再重复一遍，作者也并未故意求巧，使每句曲文恰好分写一钗。它是对十二钗命运的总写，是对四大家族命运的艺术概括，所以，它是一首一气呵成的曲子，是一个艺术整体。如今我们解读时，如果把这首曲子割裂开来，按人分派，只会削足适履，损伤原意；证之以事实，又不免牵强附会。如说："欠泪的"是黛玉，"看破的"是惜春，"老来富贵"是李纨，这当然不错；说"为官的，家业凋零"是湘云，"富贵的、金银散尽"是宝钗，就难令人信服。脂评说这两句是"先总宁荣"（四大家族的代表），倒是比较确切。再如把"欲知命短问前生"派给元春，把"欠命的，命已还"分在迎春头上，也没有多少道理。因为十二钗中命短的不只是元春一个，她的前生如何，书中也未交代；小说中只说贾家欠孙家的钱，没说迎春欠孙绍祖的命，怎么要她还命呢？十二钗中，倒是王熙凤，现世欠了几条人命债，只是要她偿还，一条命也还不清呢！总之，解读此曲，我们不应拘泥于一句一人，把文义说死，这对掌握这首曲子的实质没有多少好处。

这首曲子是对金陵十二钗命运的总写，是对四大家族历史命运的艺术概括，为四大家族的衰亡预先敲响了丧钟。它的意义在于对四大家族必然覆灭的历史命运的揭示，对封建社会必然走向没落的预测。这首曲子在结句中，作者以食尽鸟飞、唯余白地的悲凉图景，作为贾府未来一败涂地、子孙流散惨象的写照，从而向读者明确地揭示全书情节发展必以悲剧告终的艺术构思。如果真要追踪作者原意，续补完这部不幸残缺了的不朽小说，就不能无视如此重要的提示。在《红楼梦》的诸多续书中，以高鹗续的后四十回为好，其原因就是它基本上保持了《红楼梦》的悲剧结构，也注意到了这首曲子的暗示。鲁迅在《中国小说史略》中评及高鹗的续书中提到贾政雪夜过毗陵，见光头赤脚、披大红猩猩毡斗篷的宝玉与他拜别，追之无有时，两次引用了续书中"只见茫茫一片旷野"这句话，提醒读者注意，高鹗是如何煞费苦心地利用自然界的雪景来混充此曲末句所喻贾府衰败景象的。他还正确地指出后四十回虽然看上去："大故迭起，破败死亡相继，与所谓'食尽鸟飞独存白地'者颇符"，其实高鹗"心老未灭"，所续文字与原作的精神"绝异"，所以，"贾氏终于'兰桂齐芳，家业复起'，殊不类茫茫白地，真成干净者矣。"所指出的续书的不足也是从这个方面着眼的。这说明鲁迅十分重视这支曲子的提示。

此外，需要说明的是，作者曹雪芹并不了解历史发展的客观规律和深刻根源，不能对阶级斗争和统治阶级内部斗争所带来的家族命运的剧变作出科学的解释，同时，还由于他在思想上并没有同这个没落的封建家庭割断联系。因此，不可避免地就有许多宿命论的说法，使整首曲子都蒙上了浓重的悲观主义色彩。这是我们不能苛求前人的。

毛泽东曾手书这首曲子全文，说明他对这支曲的熟稔和喜爱，这是不言自明的。

又副册判词之一

只见这首页上画的，既非人物，亦非山水，不过是水墨渲染⁽¹⁾，满纸乌云浊雾而已。

霁月难逢⁽²⁾，彩云易散⁽³⁾。心比天高⁽⁴⁾，身为下贱。风流灵巧招人怨⁽⁵⁾。寿夭多因诽谤生⁽⁶⁾，多情公子空牵念⁽⁷⁾。

【毛泽东评点】

毛泽东手写过这支曲子。

——中央档案馆整理：《毛泽东手书选集·古诗词（下）》第265页，北京出版社1996年版

【注释】

（1）渲（wěng 翁）染，烘托渲染。

（2）霁月，雨止天晴，明月高照的景象，旧时以"光风霁月"比喻人的品德光明磊落。《宋史·周敦颐传》："黄庭坚称其人品甚高，胸怀洒落，如光风霁月。"雨雪后新晴叫霁，暗寓"晴"字。

（3）彩云，喻美好。唐白居易《简简吟》："大都好物不坚牢，彩云易散琉璃脆。"《红楼梦》第七十八回："仙女既散，芳趾难寻。"作者有此以悲晴雯的横遭迫逐，饮恨而亡。

（4）"心比天高"二句，倒装句。身为下贱，指晴雯是奴隶，原是赖大买来养大的，是"奴才的奴才"。心比天高，指晴雯品格高贵，毫无奴颜媚骨。

（5）"风流"句，晴雯因美丽、聪明而招致封建统治者的怨恨。《红楼梦》第七十七回："袭人道：'太太只嫌她生的太好了，未免轻狂些。太太是知道这美人似的人，心里是不能安静的，所以很嫌她。'"

（6）寿夭，人未成年而死叫夭。晴雯死时仅十六岁。

（7）多情公子，指贾宝玉。《红楼梦》七十八回的《芙蓉女儿诔》："岂道红绡帐里，公子情深。"

【赏析】

旧称女子为"裙钗"或"金钗"。《红楼梦》写金陵十二钗，就是十二个贵族小姐、奶奶，如林黛玉、薛宝钗等十二人，这是正册。又副册是丫头，即家务奴隶，如晴雯、袭人等。

这支曲子是写晴雯的。

"霁月难逢，彩云易散。"起首二句描状，隐寓晴雯名字，暗示其寿命不永。霁月，天净月朗的景象。雨雪之后新晴曰"霁"，暗寓"晴"字。彩云，是一种美丽景色，云呈彩叫"雯"，暗寓"雯"字。两句隐含晴雯之名，"难逢"，谓其人极其难得，"易散"，谓其好景不长。不仅写出了晴雯品格的光明磊落，而且暗示其遭际不佳。接下来三句是："心比天高，身为下贱。风流灵巧招人怨。"这是对晴雯出身、品格和经历的艺术概括。晴雯从小被人卖给贾府的奴仆赖大供役使，连父母的籍贯姓氏都无从知道，地位原是最低下的。这就是所谓"身为下贱"。

但这个"身为下贱"的女子，却没有丝毫的奴颜和媚骨，在贾府的众多奴隶中，她是反抗性最强的一个。她蔑视王夫人为笼络丫头所施的小恩小惠，嘲讽向主子讨好邀宠的袭人是哈巴狗。她要维护做人的尊严，这就是所谓"心比天高"。这种最起码的要求，在封建统治者眼中却是大逆不道的，不能允许的，终于惹来了杀身之祸。"风流灵巧招人怨"。晴雯不仅模样儿生得俊俏，眉眼有点像林黛玉，而且心灵手巧，"勇晴雯病补雀斑衣"，便是明证。这些优长之处却成了致祸之由，因在那些封建卫道者的眼中，像晴雯这样美的人，心中是不能安静的。果然在抄阅大观园时，凤姐、王善保家的一伙直扑怡红院，袭人等俯首帖耳，"任其搜检一番"，唯独晴雯，"挽着头发闯进来，'豁啷'一声，将箱子掀开，两手提着底子，朝天往地下尽情一倒，将所有之物尽都倒出"，还当众指着狗仗人势的王善保家的脸痛骂。于是王善保家的就落井下石向王夫人说："别的都还罢了，太太不知道一个宝玉屋里的晴雯，那丫头仗着她生的模样儿比别人标致些，又生了一张巧嘴，天天打扮的像个西施的样子，在人眼前能说惯道，抓尖要强；一句话不投机，他就立起两个骚眼睛来骂人，妖娇趔趄，太不成个体统！"晴雯的公然反抗，因此遭到残酷报复，在她"病得四五日水米不曾沾牙"的情况下，硬是被"从炕上拉了下来"，撵出大观园，不久就悲惨地死去。晴雯死时年仅十六岁，这就是"寿夭多因诽谤生"。末句"多情公子空牵念"，是为晴雯辩诬。贾宝玉对于晴雯充满同情，在她抱屈夭亡之后，特意为她写了一篇长长的悼词《芙蓉女儿诔》，以抒发自己内心的哀痛和愤慨。其中有云："自为红绡帐里，公子情深；始信黄土陇中，女儿命薄！"这是贾宝玉对他与晴雯关系的自白。作者还在晴雯被逐出之后，宝玉去探望她时，用晴雯自己的话以自明："只是一件，我死也不甘心：我虽生得比别人好些，并没有私情勾引你，怎么一口咬定了我是个'狐狸精'！我今儿既担了虚名，况且没了远限，不是我说一句后悔的话：早知如此，我当日。"从贾宝玉和晴雯的自白来看，二人本是"各不相扰"，清清白白的。这说明贾宝玉之亲近晴雯，晴雯之尽心宝玉，自有其民主性思想作为基础的。晴雯是个奴隶，是一个虽未完全觉醒，但对她已能感觉的屈辱怒火冲天的奴隶，而不是那种把奴隶的手铐看作手镯，锁链当成项链的无耻奴才。这正是她为封建统治者所不容的根本原因，她的悲剧命运是必然的。曹雪芹在介绍十二钗的副册时，将晴雯置于首位，这是有意安排的。作者对晴雯的特殊热情，是有现实生活为基础的；在描写她的不幸遭遇的同时，可能还有政治上的寄托，所以图咏中颇有"伤时骂世"的味道。

毛泽东很喜欢这支曲子，在练习书法时，曾手书过全曲，也表明了他对晴雯这个人物的态度。

徐大椿

徐大椿（1693—1771），一名大业，号灵胎，晚号洄溪老人，吴江（今江苏吴江）人，清代名医、诗人。因厌薄时艺，岁试题诗被黜，以布衣终其身。工文辞，通晓音律，善作道情。著有《洄溪道情》三十余首。

【原文】

道情　刺时文

读书人，最不济⁽¹⁾，歪时文，烂如泥。国家本为求才地⁽²⁾，谁知道变作欺人计⁽³⁾？三句承题⁽⁴⁾，两句破题，摆尾摇头，便是圣门高第⁽⁵⁾。可知道三通四史是何等文章⁽⁶⁾，汉祖唐宗是那朝皇帝⁽⁷⁾！案头放高头讲章⁽⁸⁾，店里买新科利器⁽⁹⁾。读得来肩背高低，口角嘘唏⁽¹⁰⁾。甘蔗渣儿嚼了又嚼，有何滋味？辜负光阴，白日昏迷一世⁽¹¹⁾。就教他骗得高官，也是百姓朝中的晦气⁽¹²⁾。

【毛泽东评点】

毛泽东在阅读顾名编《曲选》收录的这首小令时，首先用铅笔在题目上方的天头处画了一个大圈，然后用毛笔对全文进行了圈点：在"读书人"等前六句每句旁各加了两个墨点，并把"最不济"句末的句号改为逗号，"歪时文"句末也改为逗号，在"三句承题"等四句旁每句各加了一个墨点，在"可知道三通四史是何等文章"等二句旁每句各画了两个墨圈，并把"案头放高头讲章"句末的句号改为逗号，在"读得来肩背高低"等四句和末二句旁每句各加了两个墨点，并在曲后的大空白处签上"毛泽东"三个字。

——中央档案馆整理：《毛泽东评点诗词曲精选·曲选》第64—65页，中央档案出版社1998年版

《随园诗话》十二卷中有一则说：吴江布衣徐灵胎，有戒赌、戒酒、劝世道情诗，"语虽俚，恰有意义"。他写的一首刺时文诗：（略）毛泽东在刺时文旁用红铅笔画着着重线。

——转引自陈晋主编《毛泽东读书笔记解析》第 1480 页，广东人民出版社 1996 年版

【注释】

（1）不济，不顶用，不好。元宫天挺《范张鸡黍》："区区实是不济，不是诈谦。"

（2）才地，才能和门第。地，通"第"。《晋书·王恭传》："［恭］自负才地高华，恒有宰辅之望。"一本作"才计"。

（3）欺人计，骗人的计策。计，计策，谋略。《孙子·计》："将听吾计，用之必胜，留之；将不听吾计，用之必败，去云。"一本作"欺人伎"。伎，旧指医卜历算之类的方术。《史记·扁鹊仓公列传》："诏问帮太仓长臣意：'方伎所长，及所能治病者？有其书无有？'"亦可通。

（4）承题，破题，八股文术语。破题是明清八股文中的开头两句，点破题目要义。承题是承接破题的意思而阐明之。二者是八股文开头最要紧的两段。这是明代成化年间以来所形成的一种固定格式。清孔尚任《桃花扇·访翠》："也罢，下官做个破承题罢：'睹拭汗之物而春色撩人矣。夫汗之沾巾，必由于春之生面也。伊何人之面，而以冰绡拭之；红素相著之际，不亦深可爱也耶？'"

（5）圣门，孔子的门下，亦泛指传孔子之道者。指儒家。圣，儒家以孔子为至圣，孟子为亚圣。汉班固《幽通赋》："游圣门而靡救兮，虽覆醢其何补？"高第，经过考核，成绩优异，名列前茅。《史记·儒林列传》："一岁皆辄试，能通一艺以上，补文学掌故缺；其高第可以为郎中者，太常籍奏。"后常指科举中式。唐贾岛《送陈商》："联翩曾数举，昨登高第名。"一本作"高弟"，才优而品第高。《史记·礼书》："自子夏，门人之高弟也。"司马贞索隐："言子夏是孔子门人之中高弟者，谓才优而品第高也。"后用以谓门弟子之成绩优良者。

（6）三通，唐杜佑的《通典》，宋郑樵的《通志》，元马端临的《文献

通考》，合称为"三通"。四史，西汉司马迁的《史记》，东汉班固的《汉书》，南朝宋范晔的《后汉书》，晋陈寿的《三国志》，合称为"四史"。

（7）汉祖唐宗，指汉代的开国君主刘邦，也就是汉高祖；唐代的著名君主李世民，也就是唐太宗。两人都是中国历史上的著名帝王。

（8）高头讲章，经书正文上端留有较宽空白，刊印讲解文字，这些文字称为"高头讲章"。《儿女英雄传》第十八回："先生见了那没头没脑辟空而来的十五个大字，正不知从那里开口，才入得进这'中庸'两个字去，只得先看了一遍高头讲章，照着那讲章往下敷衍半日，才得讲完。"后来泛指这类格式的经书。清纪昀《阅微草堂笔记·滦阳消夏录一》："鬼嗫嚅良久曰：'昨过君塾，君方昼寝。见君胸中高头讲章一部。'"

（9）新科利器，最新一届科举考试中取得高第的试卷。新科，本年科举中式。明沈德符《野获编·科场二·进士给假》："近来新科进士选期未及者，多以给假省亲省墓为辞，得暂归里。"利器，精良的工具。《论语·卫灵公》："工欲善其事，必先利其器。"

（10）嘘唏，哽咽，抽泣。《文选·枚乘〈七发〉》："纷屯澹淡，嘘唏烦酲。"李善注："王逸《楚辞注》曰：'歔欷，啼貌。'《方言》曰：'哀而不泣曰唏。'嘘与歔古字通。"

（11）白日，一本作"白白"，是。

（12）晦气，不吉利，倒霉。

【赏析】

徐大椿的这首《道情·刺时文》，揭露八股文的毒害，切中时弊，颇为深刻。

道情是曲艺的一种，渊源于唐代的《九真》《承天》等道曲，以道教故事为题材。明清以来流传甚广，并有以七言为主的唱词体制，题材也有所扩大。近代流行在各地的道情与当地民歌小调结合，或吸收戏曲、曲艺的唱法，形成各自不同的风格。唱词以七言为主，音乐上为主体曲；少数唱曲牌，唱歌为长短句。伴奏乐器主要是渔鼓、简板，有的还增添弦乐和打击乐。多数以唱为主，以说为辅，也有只唱不说的。徐大椿著有《洄溪道情》

三十余首，扩大了这种文学样式的题材，提高了它的表现力，无论在语言和形式上，都给人以新鲜活泼的感觉，的确具有一种可贵的创造精神。

时文是明清科举考试的一种文体，也称制艺、制义、八比文、八股文。其体源于宋元的经义，而成于明代成化年间以后，至清代光绪末年始废。文章就《四书》取题。开始先揭示题旨，为"破题"。接着承上文而加以阐发，叫"承题"。然后开始议论，称"起讲"。再后为"入手"，为起讲后的入手之处。以下再分"起股""中股""后股"和"束股"四个段落，而每个段落中，都有两股排比对偶的文字，合共八股，故称八股文。其所论内容，都要根据宋朱熹《四书集注》等书"代圣人立说"，不许作者自由发挥。这样八股文就形成了一种固定的程式、套子，成为一种僵死的公式化、概念化的东西。它是封建统治者束缚人民思想、维护封建统治的工具。毛泽东把革命队伍中某些人在写文章、发表演说或者做其他宣传工作的时候，对事物不加分析，只是搬用一些革命的名词和术语，言之无物，空话连篇的现象叫作党八股，在延安时期就响亮地提出"反对党八股"，在建国后写的《〈中国农村的社会主义高潮〉的按语》中又指出："我们的许多同志，在写文章的时候，十分爱好党八股，不生动，不形象，使人看了头痛。"可见，反对像八股文那样的死板教条，是毛泽东同志的一贯主张，这就不难理解毛泽东对徐大椿的《刺时文》很感兴趣了。

《刺时文》以议论发端："读书人，最不济，歪时文，烂如泥。"读书人，在旧社会被认为是高人一等的，因为当时的信条是："万般皆下品，唯有读书高。"这是世俗之见。作者却一言论定是"最不济"。不济者，无用之谓也。不是一般的无用，而且是"最不济"。这看法便有振聋发聩之作用。为什么说读书人"不济"呢？因为他们所擅长是"歪时文"。歪者，不正也，就是说时文所讲的都是歪理邪说，不仅于人无益，而且有害，可他们背诵得"烂如泥"。接下二句说："国家本为求才地，谁知道变作欺人计？"从国家设立科举的本意来讲，是为了选拔人才，但由于自古以来都是"学而优则仕"，所以熟读时文，应付科举，便成了某些读书人升官发财的计策。这虽然背离了封建统治设立科举的初衷，但却是时文这种公式化、概念化的格套带来的必然恶果。你看："三句承题，两句破题，摆尾摇头，便是圣门高第。"承题、破题，都是八股文术语，这里代表八股文，即时文。就是说要应付科举，读书人只要摇头晃脑把时文念得滚瓜烂熟，便能中式，也就是儒门的高足弟子了。当时通过科举选拔的人才未必都无真才实学，但由于这种制度本身的弊端，其中的大部分都不过是一些知识里手，说起来头头是道，实则胸无点墨。他们连"三通""四史"是什么样的文章都不清楚，中国历史上最著名的两个皇帝汉高祖刘邦和唐太宗李世民是哪朝的也不知道，岂不是天大的笑话吗？人们不禁要问：读书人既然这么没学问，为什么又能高中呢？原来他们自有诀窍："案头放高头讲章，店里买新科利器。读得来肩背高低，口角嘘唏。""高头讲章"是经书正文上端空白处刊印的讲解文字，用现在的话说就是标准答案；"新科利器"是最新一届科学考试中取得高第的试卷，就是例卷。读书人为了应试，就要把这些"高头讲章"和"新科利器"拿来死背，背得肩也低了，背也高了，也就是变成驼背罗锅了，口吐白沫，或者说哽咽抽泣，如醉如痴，就能奏效，可能中第。即所谓"文选烂，秀才半"者也。但是这又有什么好处呢？"甘蔗渣儿嚼了又嚼，有何滋味？"作者打了个形象的比喻，把读书人读时文，比作嚼甘蔗渣儿，而进行反问，其意自明。所以作者接下来以议论作结："辜负光阴，白日昏迷一世。就教他骗得高官，也是百姓朝中的晦气。"四句议论分两层说：前两句从个人来说，对不起自己，糊里糊涂过一辈子，后两句就对社会的影响而言，既对老百姓无益，更使朝廷倒霉。卒章显志，戛然而止。总之，此曲淋漓尽致地揭示了八股先生内心的空虚和外形的丑陋，也尖锐地批判了科举制的腐朽和危害，描形画态，生动如绘，嬉笑怒骂，无不如意，既保持了民间文学通俗的特色，又提高了它的艺术水平和文学价值，可以视为《儒林外史》的缩影。

毛泽东对这支曲子十分感兴趣。他在顾名编的《曲选》中读到这支曲子时，进行了圈点，首先在题目上方天头处画了一个大圈，又用墨笔对全文每句都加了点、圈，并改正了几个错用的标点，在篇末空白处，并签上了自己的名字，由此，我们可以想见毛泽东读此曲时的喜悦心情。此外，他在读清袁枚《随园诗话》卷十二中写到这篇《刺时文》时，又在《刺时文》题旁用红铅笔画了着重线，可见他对这支曲子的一贯关注。

方玉坤

方玉坤，顺天（今北京）人，清散曲作家。生平未详。

【原文】

雁 字

丁宁嘱咐南飞雁[1]，到衡阳与侬代笔[2]，行些方便！不倩你报平安[3]，不倩你诉饥寒。寥寥数笔莫辞难[4]，只写个"一人"两字碧云端[5]！高叫客心酸，高叫客心酸，万一阿郎出见[6]，要齐齐整整，仔细让他看。

【毛泽东评点】

毛泽东在阅读顾名编《曲选》收录的这首小令时，首先用铅笔在题目上方天头处画了一个大圈，然后用毛笔对全文进行了圈点：除"只写个'一人'两字碧云端"句旁画了三个墨圈外，其余各句旁都画了两个墨圈，并在首句末添了冒号，将"到衡阳与侬代笔"句前的前引号和"不倩你报平安"句末的后引号删去。

—— 中央档案馆整理：《毛泽东评点诗词曲精选·曲选》第63页，中央档案出版社1998年版

【注释】

（1）丁宁，嘱咐，告诫。《诗经·小雅·采薇》："曰归曰归，岁亦莫止。"郑玄笺："丁宁归期，定其心也。"《汉书·谷永传》："二者（日食、地震）同日俱发，以丁宁陛下，厥咎不远，以厚求诸身。"颜师古注："丁宁，谓再三告示也。"嘱咐，吩咐，叮嘱。宋晁补之《惜奴娇》："说衷肠，丁宁嘱付。棹举帆开，黯行色，秋将暮。"南飞雁，雁为候鸟，每

年秋分后飞回南方。

（2）衡阳，今湖南省衡阳市。市南衡山有雁回峰，也称回雁峰，相传雁至衡阳而止，遇春而回。与侬（nóng 农）代笔，为我传信。侬，我。代笔，替人写信。我国古代有鱼雁足传书之说，事见《汉书·苏武传》，故云。

（3）倩，请，恳求。

（4）寥寥数笔，形容数量非常少。寥寥，形容数量少。唐全德舆《舟行见月》："月入孤舟夜半晴，寥寥霜雁两三声。"

（5）只写个"一人"两字碧云端，指雁队在空中排成"一"字或"人"字。碧云端，青云之上。

（6）阿郎，父亲。宋司马光《书仪·宋书》："古人谓父为阿郎，谓母为孃子。"

【赏析】

方玉坤的这首小令题作《雁字》。"雁字"是指成列而飞的雁群。群雁飞行时常排成"一"字或"人"字，故称。语出唐代诗人白居易《江楼晚眺景物鲜奇吟玩成篇寄水部张员外》："风翻白浪花千片，雁点青天字一行。"宋范成大《北门覆舟山道中》诗云："雁字江天闻塞管，梅梢山路欠溪桥。"《雁字》通过叮嘱南飞雁飞行时排成"一"字或"人"字的描写，抒发了乡关之思和父子之情。

大雁南飞，一会儿排成"一"字，一会儿排成"人"字，本来是这种候鸟的自然习性，是人们常见的一种生活现象，与人们的喜怒哀乐并无关系。而作者抓住这种生活现象，巧妙构思，寄寓了自己的乡思之情。我们来看作者的描写："丁宁嘱咐南飞雁，到衡阳与侬代笔，行些方便！"首句起笔突兀，二、三两句近于乞求。我国秋分以后，大雁南飞，南飞不过衡阳附近的雁回峰，这是自古以来的传说。衡阳也是作品主人公的故乡，所以他请求大雁帮忙，帮他传递信息。人们不禁要问，他要求大雁为他做些什么呢？"不倩你报平安，不倩你诉饥寒。寥寥数笔莫辞难，只写个'一人'两字碧云端！""报平安""诉饥寒"，是羁旅在外的游子所急于告诉家人的，内容比较复杂，大雁不能作人语，无法胜任，这是不能苛求于大雁的，所以，前两句推开一层，先从"不倩"大雁着笔；后两句再递进一层，从大雁能做的入手："寥寥数笔莫辞难"，承上"与侬代笔，行些方便"而来，仍作乞求口吻，其实他求大雁做的很简单，就是经过他的故乡时，天空中排成"一"字或"人"字（而不是同时排成"一人"两字），这是大雁不难做到的，请求是合情合理的。作品的主人公为什么要请求大雁这样做呢？"高叫客心酸，高叫客心酸，万一阿郎出见，要整整齐齐，仔细让他看。"雁声凄厉，闻之令人心酸，即"高叫客心酸"叠句之意。但主人公（即"客"）寄希望于万一的是，大雁所排出的"一"字、"人"字，恰巧被他父亲（阿郎）看见，如果是这样的话，他希望大雁要把队形排列得整整齐齐，让他父亲仔细看，看得清清楚楚，从而意识到自己还有一个儿子客避远方。此曲就是这样巧妙地抒发了羁旅在外的游子思乡怀亲的感情，想象合理，用语朴素，有一定的感染力量。

毛泽东十分喜读这篇作品。他在顾名编的《曲选》一书中读到这首小令时，首先用铅笔在题目上方天头处画了一个大圈，这是他对优秀作品的画法；然后又用毛笔对正文进行了圈点，在每句旁两个或三个墨圈，这是他对作品中佳句的圈点方法。

许宝善

许宝善（1731—1803），字敩虞，一字穆堂，别号自怡轩主人，江苏云间（今上海松江）人，清代文学家。乾隆二十五年（1760）进士，累官监察御史。丁艰归，不复出，以诗文词曲自娱。与杜纲友善，曾为杜纲所作《南史演义》《北史演义》作序且为之评，杜纲亦评许之散曲。著有《穆堂词曲》《自怡轩诗草》《自怡轩词》《南北宋填词谱》《五经揭要》《杜诗注释》《娱目醒心编评》《自怡轩乐府》等。

【原文】

题邵西樵酿花小圃

【正宫刷子带芙蓉】［刷子序］春色满山家⁽¹⁾，红酣昼阴⁽²⁾，绿映朝霞。看玉砌琼雕⁽³⁾，分得瑶圃繁华⁽⁴⁾。幽佳，一处处珠帘间挂⁽⁵⁾，一扇扇朱扉如画⁽⁶⁾，湖山石罅⁽⁷⁾。［玉芙蓉］最撩人，一湾流水浸桃花。

【渔灯映芙蓉】［山渔灯］畅名园，添风雅。曲径藏春，长昼潇洒。红楼畔嫩栖鸦，似维摩画揭⁽⁸⁾。绿肥红绽花低亚⁽⁹⁾，更熏人蝶占蜂衙⁽¹⁰⁾。风光，比壶天更佳⁽¹¹⁾。只见那深院沉沉香风软，枕簟上梦阑醉落花⁽¹²⁾。风骚煞⁽¹³⁾，任莺捎燕打⁽¹⁴⁾。［玉芙蓉］看缤纷半帘红雨映窗纱⁽¹⁵⁾。

【普天看芙蓉】［普天乐］爱珠溪，多幽雅。近兰丛，添声价。赏名园酒地诗天；寄春情，玉蕊琼葩⁽¹⁶⁾。飞觞刻烛⁽¹⁷⁾，斜倚着荼蘼架⁽¹⁸⁾，映着个人风儿流煞。妒煞他别苑奇花，不胜似玉真一掐⁽¹⁹⁾。［玉芙蓉］惜花心，看枝枝舞态应红牙⁽²⁰⁾。

【朱奴插芙蓉】［朱奴儿］论高致辟姜孰亚⁽²¹⁾？侈艳丽季伦也羞煞⁽²²⁾，似这般领略烟霞世真寡。藏春坞，买春无价。难相下，河阳县花⁽²³⁾。［玉芙蓉］再休题东陵五色邵平瓜⁽²⁴⁾。

【尾声】醉春娇，非盃斝[25]。消受煞无边风雅。真个是一缕香酣满苑花。

【毛泽东评点】

毛泽东在阅读顾名编《曲选》收录的这首散套时，在〔普天看芙蓉〕一曲"斜倚着荼蘼架"和"妒煞他别苑奇花"等二句旁，用毛笔加了两个墨点，在"映着个人儿风流煞"句旁加了三个墨点，在"惜花心"句旁画了一墨圈，在"看枝枝舞态应红牙"句旁画了两个墨圈；

在〔朱奴插芙蓉〕末句"再休题东陵五色邵平瓜"句旁加了两个墨点。

—— 中央档案馆整理：《毛泽东评点诗词曲精选·曲选》第110—111页，中央档案出版社1998年版

【注释】

（1）山家，山野人家。《南史·贼臣传·侯景》："山家小儿果攘背，太极殿前作虎视。"唐杜甫《从驿次草堂复至东屯茅屋》之二："山家蒸栗暖，野饭射麋新。"

（2）红酣，红花怒放。酣，饱满，充足。昼阴，白昼阴暗。汉司马相如《长门赋》："浮云郁而四塞兮，天窈窕而昼阴。"

（3）玉砌，用玉石砌的台阶，亦用为台阶的美称。汉刘桢《鲁都赋》："金陛玉砌，玄柜云柯。"琼雕，用美玉雕成。琼，美玉。

（4）瑶圃，语本《楚辞·九章·涉江》："驾青虬兮骖白螭，吾与重华游兮瑶之圃。"瑶圃，产玉的园圃，指仙境。晋陆云《九愁·修身》："树椒兰于瑶圃，掩夜光于琼华。"

（5）珠帘，珍珠缀成的帘子。《西京杂记》卷二："昭阳殿织珠为帘，风至则鸣，如珩珮之声。"间，通"闲"。

（6）朱扉，红漆门。南朝陈徐伯阳《日出东南隅行》："朱城壁日启朱扉，青楼含照本晖晖。"

（7）石罅（xià 下），石头的缝隙。罅，裂缝，缝隙。《鬼谷子·抵巇》："圣人见萌芽巇罅，则抵之以法。"

（8）似维摩画搨，好像王维的摹本。维摩，即维摩诘，此指王维，维字摩诘，唐代著名画家、诗人。搨，搨本。书画真迹的影摹本。

（9）绿肥红绽，绿叶繁茂，红花开放。语本宋李清照《如梦令》："试问卷帘人，却道海棠依旧。知否，知否？应是绿肥红瘦。"低亚，低压。

（10）蜂衙，蜂巢。元赵奕《黄龙洞》："龙居潜石洞，花暖护蜂衙。"

（11）壶天，传说东汉费长房为市掾时，市中有老翁卖药，悬一壶于肆头，市罢，跳入壶中。长房于楼上见之，知为非常人。次日复诣翁，翁与俱入壶中，唯见玉堂严丽，旨酒甘肴盈衍其中，共饮毕而出。事见《后汉书·方术传下·费长房》，后遂以"壶天"谓仙境、胜境。唐张乔《题古观》："洞水流花早，壶天闭雪春。"

（12）枕簟（diàn 电），枕席，泛指卧具。《礼记·内则》："敛枕簟，洒扫室堂及庭，布庭，布席，各从其事。"梦阑，梦醒，梦回。阑，将尽，将完。

（13）风骚煞，风光极了。风骚，风情。

（14）莺捎燕打，黄莺掠过，燕子打架。捎，拂，掠。汉司马相如《上林赋》："拂翳鸟，捎凤凰。"

（15）红雨，比喻落花。唐李贺《将进酒》："况是青春日将暮，桃花乱落如红雨。"

（16）玉蕊琼葩，美玉般的花朵。

（17）飞觞（shāng 商），举杯或行觞。《文选·左思〈吴都赋〉》："里燕巷饮，飞觞举白。"刘良注："行觞疾如飞也。大白，杯名，有犯令者举而罚之。"刻烛，典出《南史·王僧孺传》："竟陵王子良尝夜集学生，刻烛为诗，四韵者则刻一寸，以此为率。文琰曰：'顿烧一寸烛，而成四韵诗，何难之有？'"后因以喻诗才敏捷。唐潘述《水堂遂诸文士戏赠潘丞联句》："诗教刻烛赋，酒任连盘酌。"

（18）荼蘼，落叶小乔木，攀缘茎，有刺，夏季开白花，洁美清香，可供观赏。

（19）玉真，花名，瑞圣花的一种。宋宋祁《益部方物略记·瑞圣花》："[瑞圣花] 白者名玉真。成都人竞移莳园中。"一掐（qiā），比喻数量微小。挦，量词。拇指和另一指头相对握着的数量。宋曾觌《鹊桥仙》："温柔伶俐总天然，没半挦教人看破。"

（20）红牙，乐器名，檀木制的拍板，用以调节乐曲的节拍。宋司马光《和王少卿十日与留台国子监崇福宫诸官赴王尹赏菊之会》："红牙板急弦声咽，白玉舟横酒量宽。"

（21）高致，高尚或高雅的情致、格调。《三国志·吴书·周瑜传》："性度恢廓，大率为得人，惟与程普不睦。"裴松之注引晋虞傅《江表传》："干（蒋干）还，称瑜雅量高致，非言辞听闻。"辟姜，冒襄的字，自号巢民，如皋（今江苏如皋）人，幼有俊才，负时誉。史可法荐为监军，后又特用司李，皆不就。所居有朴巢、水绘园、深翠山房诸胜。入清后著书自娱，宾从宴游，极一时之盛。著有《影梅庵忆语》《朴巢》《水绘》二集。

（22）侈艳丽，侈奢华丽。季伦，晋石崇字季伦，南皮（今河北南皮）人，生于青州，故小字齐奴。历任散骑常侍、荆州刺史等职。曾劫远使客商，致富不赀。于河阳置金谷园，奢靡成风，与贵戚王恺、羊琇等以豪侈相尚。与潘岳、陆机、陆云等俱附事贾后、贾谧，时号二十四友。永康元年（300）赵王伦废杀贾后等，崇以党与免官。后为伦嬖人孙秀所害，被杀。

（23）河阳县花，晋潘岳任河阳（今河南孟津西）县令，于一县遍种桃李，传为美谈。北周庾信《枯树赋》："若非金谷满园树，即是河阳一县花。"

（24）东陵五色邵平瓜，东陵，指秦东陵侯邵平。邵平所种的瓜，味甜美。《三辅黄图·都城十二门》："长安城东出南头第一门曰霸城门……或曰青门，门外旧出佳瓜。广陵人邵平为秦东陵侯，秦破，为布衣，种瓜青门外，瓜美，时人谓之'东陵瓜'。"

（25）盂斝（jiǎ甲），古代酒器。明宋应星《天工开物·珠玉》："所谓连城之璧，亦不易得。其纵横五六寸无瑕者，治以为杯斝，此已当时重宝也。"亦指酒或饮酒。

【赏析】

此曲顾名编《曲选》选自任讷编《续曲雅》有几处讹误，今据许宝善《自怡轩乐府》四卷所载原文加以校正，曲末有杜纲（草亭）评语曰："不脱不粘，悠扬婉转，南词正派。"

此曲是首咏物的曲子，咏歌的对象是一位邵姓樵夫的小花圃。全套包括五支曲子，分三层意思来写，首末二曲为开头、结尾，中间三支曲子是歌赞酿花小圃正文。首曲［正宫刷子带芙蓉］写邵西樵的山家景象，为酿花小圃构造了一个大环境。"春色满山家"，首句点出主人身份。山村农家，景色自具特点，红花怒放，白昼阴暗，一片葱绿映着红霞，二句已写出花农特色。看屋宇房舍，如玉石砌就，美玉雕成，可与仙境媲美，十分幽静而美丽。二句紧扣"山家"着墨。写来已自不俗。一处处珠帘闲挂，一扇扇红漆大门，再加上湖中有山，山上满布裂缝，更讨人喜欢的是，一湾流水上浸着鲜艳的桃花。把个山村农家小院，写得如同蓬莱仙境一般，已经十分令人神往，更何况他的小花圃呢？

接下来［渔灯映芙蓉］等三支曲子写邵西樵的酿花小圃。"畅名园，添风雅。"好个茂盛的花圃，为主人家又添风雅。起首二句议论，以感喟口气领起下文。这是怎样一个小园呢？曲径通幽，长长的白天，生活十分潇洒。红楼畔嫩柳枝上卧着乌鸦，简直像一幅榻下来的唐代王维的水墨画。四句总写小圃春色。枝叶繁茂，红花怒放，花枝低压，更加春风吹暖，蝶飞蜂舞，风光比壶天更佳。"壶天"句用典，用东汉费长房跳入药翁壶中观赏景色饮宴事，后以"壶天"指仙境、胜境。以上四句是对花圃的总体感受。下面继续描写园中景色：只见那深深的庭院香风送暖，梦醒后枕席上洒满落花，更加上黄莺掠过，燕子倾斜，"半帘红雨映窗纱"，风光极了。"红雨"，指落花。语出唐李贺《将进酒》"桃花乱落如红雨"。以上数句，具体描绘了小圃的宜人景色。［普天看芙蓉］一曲写花圃引起诗兴，进一步写花圃的景色之美。园中还有一条珍珠般的小溪，十分幽静雅致。一丛丛的兰花，更增添了小园的身价。面对着美玉般的花朵，诗兴大发，斜倚着荼蘼架，"飞觞刻烛"，风流潇洒。就是别苑的奇花再妒，也比不过圃中一束玉真花，用惜花的心情看着花枝上下。"飞觞刻烛"用典，语出《南史·王僧孺传》，竟陵王萧子良夜集学士刻烛为诗事，后用比喻诗才敏捷。此处用以形容花圃美景引起人们诗兴之高，正见出景色之美。［朱奴插芙蓉］一曲则拿历史上爱花名家作衬托，突出写邵西樵的兴致高雅。

此曲凡用四典："论高致辟畺孰亚？"和清代名士冒辟疆作比，谁的情致更高一些呢？"侈艳丽季伦也羞煞"，次句用石崇与王恺斗富事；"河阳县花"，则用晋潘岳任河阳县令时，一县遍种桃李事；"再休题东陵五色邵平瓜"，则用秦朝东陵侯邵平在长安青门外种瓜事。以上四典，是说邵西樵情调高雅超过冒襄：其花圃艳丽赛过晋石崇的金谷园、潘岳为令时河阳全县桃李花，至于秦朝东陵侯邵平种的瓜更不在话下，映衬出邵西樵情调的高雅及其花圃的艳丽无比。

　　〔尾声〕一曲是全曲的总收束，娇艳的春色，不是饮酒致醉，而是满苑花香所致，让人享用不尽。尾曲余味深长。

　　此曲对邵氏酿花小圃景的描写，多用白描，生动形象，用典贴切，起到很好的衬托作用，再加上语言流转，音调悠扬，具有很强的艺术魅力。

　　毛泽东在阅读顾名编的《曲选》时圈阅了这套曲子，在"斜倚着荼蘼架"等六句旁分别加了点或圈，非常欣赏这些生动的描绘。

赵庆熺

赵庆熺（1792—1847），字秋舲，清代散曲作家。道光二年（1822）进士，后等待任命，居家授徒约二十年，才授陕西延川知县，又中途病发不能前往。道光末，改任浙江金华府教授，未到任，以疾卒。赵庆熺中进士后未登馆阁，以教授终其身；怀才不遇，与魏滋伯、葛秋生、梁晋竹、俞少卿等为词章之学，而尤工于词曲。散曲可与明施绍莘媲美。其曲作除对花、赏月、伤秋、题画等传统题材外，也不乏内容较为深刻的作品，而且才华出众，技巧精熟，常能写态传神，奇物新颖，绘影摹声，生动贴切，自然本色，情味隽永。

吴蘋香女士手定其词曲稿，刊成《香消酒醒词》《香消酒醒曲》各一卷，有道光己酉刻本、《散曲丛刊》本。所著尚有《蘅香馆诗稿》《蘅香馆杂著》《楚游草》等。

【原文】

〔南中吕〕驻云飞

沉　醉

等得还家，澹月刚刚上碧纱[1]。亲手递杯茶，软语呼名骂[2]。他只管眼昏花[3]，脚跟儿乱踹[4]。问著些儿，半晌无回话。偏生要靠住侬身似柳斜[5]。

【毛泽东评点】

毛泽东在阅读顾名编《曲选》收录的这首小令时，先后用铅笔和毛笔两次圈画：先用铅笔在末句旁画了四个小圈，又用毛笔在"亲手递杯茶"

句旁加了两个墨点，在"软语呼名骂"句旁加了三个墨点，在"他只管眼昏花"以下四句旁各加了一个墨点，在末句旁画了三个墨圈。

——中央档案馆整理：《毛泽东评点诗词曲精选·曲选》第54页，中央档案出版社1998年版

【注释】

（1）澹月，清淡的月光，亦指月亮。宋苏轼《淮上早发》："澹月倾云晓角哀，小风吹水碧鳞开。"碧纱，即碧纱窗，装有绿纱的窗。

（2）软语，柔和而委婉的话语。南朝梁王僧孺《礼佛唱导发愿文》："折伏摄受之仁，遇缘而咸拯。苦言软语之德，有感而斯唱。"

（3）只管，一本作"只自"。只顾，一直，一味。宋范成大《去年多雪苦寒，梅花遂晚，元夕犹未盛开》："只管苦吟三尺雪，那知迟把一枝春。"昏花，指视力模糊。

（4）乱蹀（xǐ洗），乱踏，亦作"蹝"。踩，踏。南朝齐王融《永明乐》之四："振玉蹀丹墀，怀芳步青阁。"

（5）侬，我。《晋书·会稽王道子传》："道子领曰：'侬知侬知。'"此是女子自指。

【赏析】

［南中吕］驻云飞《沉醉》这首小令，抒写一位妻子月夜中迎接喝醉酒的丈夫回家的情事，生动如绘，像一幅生活剪影。此曲分为前后两层，分写妻子迎接和丈夫回家时的情态。先看对妻子的描写："等得还家，澹月刚刚上碧纱。亲手递杯茶，软语呼名骂。"丈夫在外饮酒，妻子在家等候，一直等到玉兔东升，月上窗纱，丈夫方才回来。贤惠的妻子连忙亲手递上杯热茶，口里提着丈夫名字骂。可是这骂，不是恶言恶语，而是"软语"。软语者，柔和而委婉的话语也。平时说女性善解人意，说"软语温存"，现在妻子用软语骂丈夫，大约也是莺啼鹏咤，这就把妻子对丈夫迟归的嗔怪写出来了，十分个性化。以上四句是对妻子迎候丈夫的描写，以下五句则是对沉醉的丈夫回家时情态的刻画："他只管眼昏花，脚跟儿乱蹀。

问著些儿，半晌无回话。偏生要靠住侬身似柳斜。"丈夫眼睛蒙眬，脚步乱踏，醉人情态，异常逼真。问着他话，好大一会儿没回答，是说他精神恍惚，反应迟钝，这是从精神状态刻画。末句"偏生要靠住侬身似柳斜"，一是脚步"乱�9"，捉脚不定的必然结果，二是倚醉故呈亲昵之态，再以"似柳斜"的比喻出之，二人亲密之状生动如画，至此，夫妻二人合写一处。此曲通过丈夫月夜喝醉酒回家时妻子迎接的描写，反映了夫妇间你恩我爱的爱情生活，语句俏丽，兴味盎然。

毛泽东在顾名编的《曲选》一书中读到这首小令时，用毛笔进行了圈点，除了首二句外的其他各句都分别加了墨圈和墨点，表明他对这首曲子是比较感兴趣的。

【原文】

〖南仙吕入双调〗忒忒令

对月有感

【忒忒令】热红尘无人解愁[1]，冷黄昏有侬生受[2]。团空月亮[3]，照心儿剔透[4]。打一个闷葫芦[5]，恨连环[6]，呆思想，问谁知道否？

【沉醉东风】闷嫦娥青天上头[7]，憾书生下方抬首[8]。云影净，露华留[9]。中庭似昼，闹虫声新凉时候。星河一周[10]，光阴不留；银桥碧汉[11]，又人间尽秋。

【园林好】想谁家珠帘玉钩[12]？问何人香衾锦裯[13]？怎年少虚空孤负[14]。无赖月[15]、是扬州，无赖客、是杭州。

【嘉庆子】和迴肠生小多软就[16]，把万种酸情彻底兜[17]，空向风谈旧。搴杜若[18]，采扶留。悲薄命，怨灵修[19]。

【尹令】廿年前胡床抓手[20]，十年前书斋回首[21]，五年前华堂笑口。一样银河[22]，今日无情做泪流。

【品令】浮生自思[23]，多恨事难酬。花天酒地，还说甚风流？参辰卯酉[24]，做了天星宿。江湖席帽[25]，三载阻风中酒[26]。只落得下九初三

444

⁽²⁷⁾，月子弯弯照女牛⁽²⁸⁾。

【豆叶黄】清高玉宇、冷淡琼楼⁽²⁹⁾，再休提雾鬓云鬟⁽³⁰⁾，再休提雾鬓云鬟，那里是乌纱红袖⁽³¹⁾，生涯疏放⁽³²⁾，天涯浪游⁽³³⁾。博得个花朝月夕⁽³⁴⁾，博得个花朝月夕，消瘦了梦厌情魔⁽³⁵⁾，酒困诗囚⁽³⁶⁾。

【月上海棠】归去休⁽³⁷⁾，一齐放下谁能觳⁽³⁸⁾？算山河现影⁽³⁹⁾，石火波沤⁽⁴⁰⁾。哭青天泪眼三秋⁽⁴¹⁾，忏青春香心一缕⁽⁴²⁾。蒲团叩⁽⁴³⁾，广寒宫何处回头⁽⁴⁴⁾？

【玉交枝】痴顽生就⁽⁴⁵⁾，闯词场名勾利勾⁽⁴⁶⁾，瑶台一阵罡风陡⁽⁴⁷⁾，吹落下魂灵滴溜⁽⁴⁸⁾。寒簧仍在月宫留⁽⁴⁹⁾，吴刚不合凡尘走⁽⁵⁰⁾。一年年新秋莫秋⁽⁵¹⁾，一年年新愁旧愁。

【玉抱肚】飞萤似豆⁽⁵²⁾，摸西风罗衫乱兜。看玉阶景物清凉⁽⁵³⁾，话碧霄儿女绸缪⁽⁵⁴⁾。我吹笙却待倚红楼，只怕仙山不是猴⁽⁵⁵⁾。

【三月海棠】银匣重开，真难得团圆，又问何年、怎样宝镜飞丢？他愁兔儿捣碎长生白⁽⁵⁶⁾，蟾儿跳出清虚走⁽⁵⁷⁾。红桥侣⁽⁵⁸⁾，鹤驭俦⁽⁵⁹⁾，有个人无赖把紫云偷⁽⁶⁰⁾。

【江儿水】自古欢须尽，从来满必收。我初三瞧你眉儿斗，十三窥你妆儿就，廿三觑你庞儿瘦，都在今宵前后。何况人生？怎不西风败柳！

【川拨棹】年华寿，但相逢杯在手。要今朝檀板金瓯，要明朝檀板金瓯⁽⁶¹⁾，莽思量情魂怎收⁽⁶²⁾？怅良宵漏儿筹⁽⁶³⁾，剔银缸梦里求⁽⁶⁴⁾。

【尾声】梦中万一钧天奏⁽⁶⁵⁾，舞仙裳风双袖，我便跨上青鸾笑不休⁽⁶⁶⁾。

【毛泽东评点】

毛泽东在阅读顾名编《曲选》所收录的这首散套时，首先在紧贴题目下面用铅笔画了一个大圈；

在〔忒忒令〕一曲后倒二、三、四句旁，用毛笔各加了一个墨点，末句加了两个墨点，并将末句的句号改作问号；

在〔沉醉东风〕一曲首二句旁，用毛笔各加了两个墨点，后四句旁各画了两个墨圈，并将"闹虫声新凉时候"句末的逗号改为句号；

在〔园林好〕一曲中前三句旁，用毛笔各加了两个墨点，后四句旁各加画一个墨圈，并将首句末的逗号改作问号，"无赖月"句末添加顿号，"是扬州"句末的句号改作逗号；

在［嘉庆子］一曲中前三句旁，用毛笔各加了两个墨点，后四句旁各画了一个墨圈；

在［尹令］一曲中前三句旁，用毛笔各画了两个墨圈，"一样银河"句旁画了一个墨圈，末句旁画了三个墨圈；

在［豆叶黄］一曲中"再休提雾鬓云鬟"等四句旁，用毛笔各加了两个墨点，在"清高玉宇"句末添加了顿号，并把"冷淡琼楼"句末的句号改作逗号，"再休提雾鬓云鬟"和"那里是乌纱红袖"后的句号和分号都改作逗号；

在［月上海棠］一曲中"哭青天泪眼三秋"等二句旁，用毛笔各画了两个墨圈；

在［玉交枝］一曲中除了首二句外的其他各句旁，用毛笔各加了两个墨点；

在［玉抱肚］后四句旁，用毛笔各加了两个墨点，并将"看玉阶景物清凉"句末的句号改作逗号；

在［三月海棠］一曲"又问何年"句末添加了一个顿号；

在［江儿水］一曲中"江儿水"三字旁用铅笔画了两个竖杠，在地脚空白处画了个"⌀"的符号，并在全曲各句旁都用毛笔画了双圈；

在［川拨掉］一曲末三句旁，用毛笔各加了两个墨点；

在［尾声］一曲中，把"舞仙裳风双袖"句末的句号改作逗号。

——中央档案馆整理：《毛泽东评点诗词曲精选·曲选》第117—119页，中央档案出版社1998年版

【注释】

（1）红尘，车马扬起的飞尘。指繁华之地。南朝陈徐陵《洛阳道》之一："绿柳三春暗，红尘百戏多。"

（2）侬，我。《晋书·会稽王道子传》："道子领曰：'侬知侬知。'"生受，受苦，辛苦。宋欧阳修《与梅圣俞书》："今后只看他人书，亦可为

乐，不能生受得也。"

（3）团空，圆空。团，圆。《墨子·经下》："团景一。"《说文·口部》："团，圜也。"

（4）剔透，指心思灵巧。元刘庭信《一枝花·咏别》："胸中锦绣三千段，心剔透，性和暖。"

（5）闷葫芦，本是一种玩具，用以指难猜透使人纳闷的话或事。元纪君祥《赵氏孤儿》第四折："好着我沉吟半晌无分诉，这画的是徯幸杀我也闷葫芦。"

（6）恨连环，怨恨连续不断。

（7）嫦娥，神话中的月中女神。

（8）憾，一本作"恨"。抬，一本作"搔"。

（9）露花，露水。

（10）星河，银河。南朝齐张融《海赋》："湍转则日月似惊，浪动而星河如覆。"

（11）银桥，传说中仙杖变化而成的大桥，桥可通月宫。典出前蜀杜光庭《神仙感遇传》："玄宗于宫玩月，公远奏曰：'陛下莫要至宫中看否？'乃取挂杖，向空抛之，化为大桥，其色如银。请玄宗同登。约行数十里，精光夺目，寒气侵人，遂至大城阙。公远曰：'此月宫也。'"金元好问《世宗御书田不伐望月婆罗门引先得楚字韵》："银桥望极竟不归，灭没燕鸿不平楚。"碧汉，绿色的天河水。

（12）珠帘，珍珠缀成的帘子。玉钩，玉制的挂钩，亦为挂钩的美称。《楚辞·招魂》："挂曲琼些。"汉王逸注："曲琼，玉钩也……雕饰玉钩，以悬衣物也。"

（13）香衾（qīn 亲），香被。锦裯（chóu 仇），丝织的单被。一说床帐。衾，大被。《诗经·召南·小星》："肃肃宵征，抱衾与裯，寔命不犹。"毛传："衾，被也。裯，禅被也。"郑玄笺："裯，床帐也。"

（14）恁（rèn 任），如此，这么。孤负，违背，对不住。旧题汉李陵《答苏武书》："功大罪小，不蒙明察，孤负陵心。"

（15）无赖，无聊，意谓多事使人讨厌。南朝陈徐陵《乌栖曲》之二："惟憎无赖汝南鸡，天河未落犹争啼。"

（16）迴肠，迴亦作"回"，愁肠反复翻转，比喻幽思郁结难解。语出司马迁《报任安书》："是以肠一日而九回。"生小，自小，幼小。《玉台新咏·古诗为焦仲卿妻作》："昔作女儿时，生小出野里。"

（17）酸情，因男女关系而引起的嫉妒。

（18）搴（qiān 千）杜若，拔取杜若香草。搴，拔取，采取。杜若，香草名，多年生草本植物，高一二尺，叶广披针形，味辛苦，夏日开白花，果实蓝黑色。《楚辞·九歌·湘君》："采芳洲兮杜若，将以遗兮下女。"

（19）扶留，植物名，藤属，叶可用与槟榔并食，实如桑葚而长，名蒟，可为酱。《文选·左思〈吴都赋〉》："石帆水松，东风扶留。"刘逵注："扶留，藤也，缘木而生，味辛，可食槟榔者，断破之，长寸许，以合石贲灰，与槟榔并咀之，口中赤如血。始兴以南皆有之。"灵修，指思慕的恋人。清方朝《大江吟》："青鸟欲语意夷犹，天路险阻怀灵修。"

（20）廿（niàn 念），亦作"卄"，数词，二十的合体。汉《石经论语·八佾》："人而不仁，如礼何……观之哉。凡廿六章。"胡床，一种可以折叠的轻便坐具，又称交床。《三国志·魏志·武帝纪》："贼乱取牛马，公乃得渡。"裴松之注引《曹瞒传》："公将过河，前队适渡，超等掩至，公犹坐胡床不起。"

（21）回首，回忆，回想。唐杜甫《将别荆南，寄别李剑州》："戎马相逢更何日，春风回首仲宣楼。"

（22）银河，晴天夜晚，天空呈现的银白色的光带。银河由大量恒星构成，古亦称云汉，又名天河、星河、银汉。隋江总《内殿赋新诗》："织女今夕渡银河，当见新秋停玉梭。"

（23）浮生，人生。语本《庄子·刻意》："其生若浮，其死若休。"以人生在世，虚浮不定，因称人生为"浮生"。

（24）参（shēn 申）辰卯酉，参、辰，二星名。参星酉时出于西方，辰星卯时出于东方。参与辰，卯与酉相对立，因用以比喻互不相关或势不两立，此指是非曲直。

（25）江湖，泛指四方各地。《汉书·王莽传下》："太傅牺叔士孙喜清洁江湖之盗贼。"席帽，古帽名。以藤席为骨架，形似毡笠，四缘垂下，可蔽日遮颜。晋崔豹《古今注·席帽》："本古之围帽也，男女通服之。以韦之四周，重丝网之，施以珠翠。丈夫去饰……丈夫藤席为之，骨鞔以缯，乃名席帽。"

（26）阻风，被风所阻。中（zhòng 重）酒，病酒。唐王建《赠溪翁》："伴僧斋过夏，中酒卧经旬。"

（27）下九初三，下九，农历每月十九日。语出《玉台新咏·古诗为焦仲卿妻作》："初七及下九，嬉戏莫相忘。"闻人倓笺注引《嬠嬛记》："九为阳数。古人以二十九日为上九，初九日为中九，十九日为下九，每月下九，置酒为妇女之欢，名曰阳会。……女子于是夜为藏钩诸戏，以待明月，有忘寐而达曙者。"初三，旧时农历每月初一至初七、八为初吉。疑为"初七"之误，指七夕。《荆楚岁时记》："七月七日为牵牛织女聚会之夜……是夕人家妇女结彩缕穿七孔鍼，或以金银鍮石为鍼，陈瓜果于庭中以乞巧，有喜（蟢蛛）子网于瓜上，则以为符应。"

（28）月子，月儿，月亮。唐段成式《酉阳杂俎·壶史》："有唐居士，土人谓百岁人，杨谒之，因留杨止宿。及夜，呼其女曰：'可将一下弦月子来。'其女遂贴月于壁上，如片纸耳。唐即起祝之曰：'今夕有客，可赐光明。'言讫，一室朗若张炳。"宋赵彦卫《云麓漫钞》卷九："月子弯弯照九州，几家欢乐几家愁……此两句乃吴中舟师之歌。"女牛，织女和牛郎，神话人物。

（29）玉宇，指太空。宋陆游《十月十四夜月终夜如昼》："西行到峨嵋，玉宇万里宽。"琼楼，形容华美的建筑物。诗文中有时指仙宫中的楼台。南朝梁陆倕《天光寺碑》："岷陉凌虚，琼楼郁起，雁塔懃珍。"

（30）雾鬓云鬟，形容细密柔美的头发，亦借指美女。宋辛弃疾《木兰花慢·题上饶郡圃翠楼》："云雨珠帘画栋，笙歌雾鬓云鬟。"

（31）乌纱，指古代官员所戴的乌纱帽，此指做官的男子。红袖，女子的红色衣袖，借指美女。唐元稹《遭风二十韵》："唤上驿亭还酩酊，两行红袖拂樽罍。"

（32）生涯，生平，生活。疏放，放纵，不受拘束。《晋书·阮孚传》："蓬发饮酒，不以王务婴心……王导等以孚疏放，非京尹才，乃除都督交、广、宁三州军事，镇南将军，领平越中郎将、广州刺史、假节。"

（33）天涯，天边。浪游，漫游，四方游荡。唐杜牧《见穆三十宅中庭海榴花谢》："堪恨王孙浪游去，落英狼藉始归来。"

（34）花朝（zhāo 招）月夕，良辰美景。《旧唐书·罗威传》："每花朝月夕，与宾佐赋咏，甚有情致。"亦特指农历二月半和八月半。明田汝诚《熙朝乐事》："二月十五日为花朝节。盖花朝月夕，世俗恒言。二八两月为春秋之中，故以二月半为花朝，八月半为月夕也。"

（35）梦厌，一本作"梦魇"，梦中的恶魔，当作"梦魇"，即梦惊。睡眠中做一种压抑而呼吸困难的梦，多由疲劳过度、消化不良或大脑过度紧张引起。唐韩愈《陪杜侍御游湘西两寺独宿有题一首因献杨常侍》："犹疑在波涛，怵惕梦成魇。"明屠龙《昙花记·礼佛求禳》："清闺梦魇，晓黛愁蛾敛，渐香肌瘦损腰纤。"情魔，迷恋于情而入魔，陷于不能自拔的境地。

（36）酒困，饮酒过多，神志迷乱。语本《论语·子罕》："不为酒困，何有于我哉！"刘宝楠正义："困，乱也……未尝为酒乱其性也。"诗囚，唐贾岛、孟郊耽于作诗，仿佛为诗所拘囚，人称诗囚，后泛指苦吟的诗人。金元好问《放言》："长沙一湘累，郊岛两诗囚。"

（37）归去休，回去吧。休，助词。耳，吧，罢等。唐杜甫《徐卿二子歌》："丈夫生儿有如此二雏者，名位岂肯卑微休！"

（38）一下谁能彀，一本作"一齐放下谁能彀"。彀（guò 够），够，达到某种程度。金董解元《西厢记诸宫调》卷三："天、天闷得人来彀。"

（39）现影，现出身影。清纪昀《阅微草堂笔记·姑妄听之二》："影必肖形，今无形而现影，何也？"

（40）石火，以石敲击，迸发出的火花，其显现极为短暂。北齐刘昼《新论·惜时》："人之短生，犹如石火，炯然以过，唯立德遗爱为不朽也。"波沤，波浪和水泡。沤，水中浮泡，比喻虚空无常的世事。义本《楞严经》卷六："空生大觉中，如海一沤发。"

（41）三秋，三年。

（42）香心，本指花苞，亦指芳洁的心地。北周庾信《正旦上司宪府》："短笋犹埋竹，香心未起兰。"

（43）蒲团，用蒲草编成的圆形垫子，多为僧人坐禅和跪拜时所用。唐欧阳詹《永安寺照上人房》："草席蒲团不扫尘，松闲石上似无人。"

（44）广寒宫，月中仙宫。传说唐玄宗于八月望日游月中，见一大宫府，榜曰："广寒清虚之府。"见旧题唐柳宗元《龙城录·明皇梦游广寒宫》，后因称月中仙宫为"广寒宫"。唐鲍溶《宿水亭》："夜深星月伴芙蓉，如在广寒宫里宿。"

（45）痴顽，愚蠢顽劣，愚蠢无知，亦用作谦辞。元杨显之《酷寒亭》第一折："大姐，孩儿痴顽，待打时你骂几句，待骂时你处分咱。"

（46）词场，科场。唐白居易《喜敏中及第偶示所怀》："自知群从为儒少，岂料词场中第频。"

（47）瑶台，指传说中的神仙居处。晋王嘉《拾遗记·昆仑山》："傍有瑶台十二，各广千步，皆五色玉为台基。"罡（gāng 冈）风，道都谓高空之风。后亦泛指劲风。明屠隆《綵毫记·游玩月宫》："虚空来往罡风里，大地山河一掌轮。"

（48）滴溜，不断下滴之状。

（49）寒簧，乐器名。簧，乐器里有弹性的薄片，用竹篾或铜片制成，作为发声的振动体，亦作"寒篁"，竹制的乐器，如笙、竽之类。

（50）吴刚，传说中的仙人名。唐段成式《酉阳杂俎·天咫》："旧言月中有桂，有蟾蜍，故异书言，月桂高五百丈，下有一人常斫之，树创随合。人姓吴名刚，西河人，学仙有过，谪令伐树。"

（51）新秋莫秋，初秋、秋末，当分别为农历七月、九月。莫秋，一作"暮秋"。

（52）飞萤，指萤火虫。

（53）玉阶，玉石砌成或装饰的台阶，亦为台阶的美称。

（54）碧霄，青天。唐杨巨源《春日奉献圣寿无疆词》之六："碧霄传风吹，红旭在龙旗。"绸缪（chóu móu 仇牟），情意殷切。汉李陵《与苏武诗》之二："独有盈觞酒，与子结绸缪。"

（55）我吹笙却待倚红楼二句，化用王子乔于缑山乘鹤成仙事。缑，缑氏山，在今河南洛阳。汉刘向《列仙传·王子乔》："王子乔者，周灵王太子晋也。好吹笙，作凤凰鸣。游伊洛之间，道士浮丘公接以上嵩高山。三十余年后，求之于心上，见桓良曰：'告我家，七月七日待我于缑氏山巅。'至时，果乘白鹤驻山头，望之不得到，举手谢时人，数日而去。"后因以为修道成仙之典。唐李白《凤吹笙曲》："绿云紫气向函关，访道应寻缑氏山。"

（56）兔儿捣碎长生臼，兔儿，指神话中月亮中的白兔。白兔捣药。晋傅咸《拟〈天问〉》："月中何者？玉兔捣药。"长生臼，捣药的工具，谓所捣之药，服之可以长生。

（57）蟾儿跳出清虚走，蟾儿，蟾蜍。传说月中有蟾蜍。清虚，指月宫。五代谭用之《江边秋夕》："七色花虬一声鹤，几时乘兴上清虚。"

（58）红桥，红色之桥。侣，伴侣。

（59）鹤驭，指仙人，传说成仙得道者多骑鹤，故名。唐吴融《和皮博士赴上京观中修灵斋赠威仪尊师兼见寄》："鹤驭已从烟际下，凤膏还向月中焚。"俦，伴侣。

（60）无赖，指撒泼放刁等恶劣的行为。紫云，紫色云，古以为祥瑞之兆。汉焦赣《易林·履之渐》："黄帝紫云，圣且神明，光见福祥，告我无殃。"

（61）檀板，乐器名。檀木制的拍板。唐杜牧《自宣州赴官入京，路逢裴坦判官归宣州，因题赠》："画堂檀板秋拍碎，一引有时联十觥。"金瓯，酒杯的美称。元本高明《琵琶记·蔡宅祝寿》："春明彩袖，春酒泛金瓯。"

（62）莽，渺茫，迷茫。元黄瑨《即事》："浮生莽莽吾何计，独立看云竟落晖。"

（63）怅，怨望，失意。《梦辞·九歌·山鬼》："怨公子兮怅忘归，君思我兮不得闲。"良宵，景色美好的夜晚，特指农历十五日夜。漏几筹，漏壶用了几个筹码。漏，漏壶，古代计时器。《史记·司马穰苴列传》："穰苴先驰至军，立表下漏待贾。"筹，签筹，算筹，古代记数的工具。

（64）剔银缸，把银白色的灯盏挑亮。剔，剔出，挑出。宋晏几道《南乡子》："细剔银灯怨漏长。"银缸，即银釭，银白色的灯盏、烛台。南朝梁元帝《草名》："金钱买含笑，银缸影梳头。"

（65）钧天奏，指钧天广乐。典出《史记·赵世家》："赵简子疾，五日不知人……居二日半，简子寤。语大夫曰：'我之帝所甚乐，与百神游于钧天。广乐九奏万舞，不类三代之乐，其声动人心。'"后以"钧天广乐"指天上的音乐、仙乐。钧天，天的中央，古代神话传说中天帝住的地方。

（66）青鸾，古代传说中凤凰一类的神鸟。赤色多者为凤，青色多者为鸾，多为神仙坐骑。北周庾信《谢赵王赉干鱼启》："文鳐夜触，翼似青鸾。"

【赏析】

月亮这个自然景观，是古代咏物作品的重要描写对象。自古描写月亮的佳作，代不乏人。文中如谢庄的《月赋》，诗中如李白的《对月独酌》，词中如苏轼的《水调歌头·明月几时有》等，都是赋月亮的名篇。我们说赵庆熹的［南仙吕入双调］忒忒令《对月有感》是曲中咏月佳构，当不为过。

此曲全套共十四支曲子，除开头、结尾外，主要内容可分为两部分。我们先看首曲［忒忒令］："热红尘无人解愁，冷黄昏有侬生受。团空月亮，照心儿剔透。"前四句写"对月"。热闹的尘世间无人为我解愁，冷寂的黄昏由我一人独自受苦。天空明月，照得我心思灵巧。四句紧扣"对月"二字。"打一个闷葫芦，恨连环，呆思想，问谁知道否？"后四句写"有感"。"闷葫芦""恨连环，呆思想"，连用三喻，比喻幽思愁苦之深。首曲切题，揭出题目之意。

从［沉醉东风］到［豆叶黄］共计六曲，是本曲的主要内容之一，写曲的主人公在读书科举和风流韵事方面双双碰壁。［沉醉东风］一曲承上曲"团空月亮"而来，月宫中自古就有嫦娥。嫦娥一人在清冷的九天之上是寂寞的，"憾书生下方抬首"，二句对仗工稳，点明对月的主人公是位读书人。下面接着描写月夜景色：皓月当空，没有半丝云影，只有露水降下。庭院中照耀如同白昼，虫声唧唧，天河灿烂，通向月中的仙桥横跨在银河之上，人间又是秋天了。几句白描，写书生抬头所见月色生动如画，进一步照应"对月"题意。接下来［园林好］和［嘉庆子］二曲，写书生由对月引发的直接感受。谁家有珍珠串成的帘子和玉制的挂钩？何人盖着薰香的大被、丝制的单被？这么对不住我这个风华正茂的少年。最撩拨人的月亮是扬州的，最无聊的是杭州的客人。可怜我九曲回肠生来就心肠软，可如今却把万种心酸都囊括其中，如今是对着西风徒谈往事：当初我拔取杜若，采摘扶留香花，献给我的意中人，可惜我命运不佳，到如今空怨神灵。两曲写这位书生想找美人结为连理不果，是对月生发的直接感受。由于婚姻上的不偶，使这位书生对自己的生活道路，进一步地进行反思。这是下面四支曲子所写的内容。［尹令］一曲是对二十年来生活道路的回顾："廿年前胡床抓手，十年前书斋回首，五年前华堂笑口。一样银河，今日无情做泪流。"前三句用"廿年""十年""五年"写时间推移，以及对月的不同情态，与今日对月"泪流"，形成鲜明对比，写出书生的生活变化。这种生活变迁，引起书生对人生道路的思考：自己遗恨的事很多，整天花天酒地，应该很满足了吧？但却像天上的参星与卯星一样永远不能会面，戴着席帽漂流四方，三年来却不是被风所阻，就是醉酒，只落得下九、初三这样的好日子，月亮弯弯地照着银河两岸的牛郎星和织女星。从这些描写来看，书生在爱情上遇到了障碍，不能与情人欢会。所以，下曲［豆叶黄］接着写道："清高玉宇、冷淡琼楼，再休提雾鬓云鬟，再休提雾鬓云鬟，那里是乌纱红袖，生涯疏放，天涯浪游。""玉宇""琼楼"，本指月宫，此处借指情人所住亭台楼阁，"雾鬓云鬟"，代指所思情人。"乌纱"，谓自己做官，"红袖"，谓红颜知己。几句是说，自己没有能够头戴乌纱帽，也失去了红颜知己，只落得生平放荡，浪游四方。所以，只落得空对良辰美景，在惊梦和梦魇中日渐消瘦，变成了一个被酒所困为诗所囚的人。重言"再休提雾鬓云鬟"表示爱情的绝望，重言"博得个花朝月夕"强调仅剩下良辰美景，二者都有力地表达了爱情的挫折。

由于事业和爱情上的双双失利，迫使这位书生对自己的生活道路作出新的抉择，从［月上海棠］至［川拨掉］共六曲，写书生意欲学道成仙，遁入空门。［月上海棠］一曲，"归去休，一下谁能彀？"二句领起下文，意谓要从情场和科场退回来，遁入空门，一时还有点恋恋不舍。但看到光阴如敲石迸火，水中浮泡，不由得面对青天哭上三年，忏悔自己诚心诚意地去追求。但现在要皈依佛门，蒲团打坐，还有什么心情抬头望月呢？

［玉交枝］一曲紧接上曲，说自己落到这个地步，是因为生就的痴顽，为追逐名利去参加科举考试，但现在落榜了，好像一阵大风把自己从天上吹落地下，还依依不舍，就这样年复一年，新愁旧愁相继。此曲写出书生的科场落榜。［玉抱肚］和［三月海棠］二曲则写书生情场失意。在秋天傍晚西风吹拂下，萤火虫乱飞，琼楼玉宇，景物清凉，想起天上仙子仙女情意殷殷。我欲效法古代的王子乔吹笙驾鹤从缑氏山升天。为什么这样想呢？因为破镜难圆，而现在月宫中兔儿已把长生臼捣破，三足蟾蜍已从月宫逃走，二句喻月已破损、镜难再圆之意。所以，本来是红桥边的伴侣，骑鹤的仙朋，被一个无赖从中作梗，把美好的爱情偷去了。词场、情场的双双失利，使这位书生对他的人生道路进行重新审视，接下来二曲就是他思考的结果。［江儿水］一曲开头二句："自古欢须尽，从来满必收。"自古以来欢乐总有尽头，满盈总有亏损，二句议论，颇富哲理意味。"我初三瞧你眉儿斗，十三窥你妆儿就，廿三觑你庞儿瘦，都在今宵前后。"四句是书生眼中情人初三、十三、廿三形态的迅速变化，何况漫漫人生呢？到如今怎么不成了西风吹动下的枯柳！既然光阴荏苒，时不我待，书生应该怎么办呢？［川拨掉］接着写道："年华寿，但相逢杯在手。"意谓以饮酒消磨岁月，即曹孟德"对酒当歌，人生几何？"（《短歌行》），李太白"人生得意须尽欢，莫使金樽空对月"（《将进酒》）之意。借酒浇愁往往是古人遇到挫折失败而无出路时，采取的消极办法，作者亦不能免。"今朝""明朝"在檀板的伴唱中尽情饮酒，迷茫的想法何时清醒。感叹美好的理想只能在半夜三更，把银灯挑亮，去梦中找寻。

　　［尾声］一曲："梦中万一钧天奏，舞仙裳风双袖，我便跨上青鸾笑不休。""钧天"，天的中央，古代神话传说中天帝住的地方。最后归结于得道成仙，收束全套。

　　总之，此套散曲通过旧时读书人对月产生的感想，表达了对读书人科场情场双双失利的深切同情，当然作者为读书人设想的遁入空门、得道成仙的生活道路是虚无主义思想的表现，并不高明，也不可取。此曲在艺术描写上多用白描，形象生动，重在传神。倒如"廿年前胡床抓手，十年前书斋回首，五年前华堂笑口。一样银河，今日无情做泪流。""我初三瞧你眉儿斗，十五窥你妆儿就，廿三觑你庞儿瘦，都在今宵前后。"等等，写态传神，奇特新颖。其语言流畅，自然本色，情味深长。像"闷嫦娥青天上头，憾书生下方抬首"二句，写嫦娥书生，人间天上，表达望月之意，自然本色。而"星河一周，光阴不留；银桥碧汉，又人间尽秋"，不仅生动形象地写出时值秋天，而且意味深长，耐人寻绎。

毛泽东非常喜读这首散套。他在顾名编的《曲选》一书中读到这篇作品时，首先用铅笔在题目下边画了一个大圈，这是他对优秀作品的习惯画法；然后又用毛笔对全曲除了［品令］［三月海棠］和［尾声］三曲外的其余各曲的大多数语句都分别加了圈或点，特别是［江儿水］一曲，不仅对全曲每句都画了双圈，还用铅笔在［江儿水］旁画了两个竖杠，并在此曲地脚处画了两条横杠，下面又画了一个圈表示对此曲特别欣赏。由此我们说毛泽东对这支曲子评价是很高的。

梁绍任

梁绍任（1792—？），字应来，号晋竹，浙江钱塘（今浙江杭州）人，清代散曲家、学者。道光元年（1821）举人，官内阁中书、广东盐大使。与赵庆熹友善。著有《两般秋雨盦词》《两般秋雨盦随笔》，附有散曲。

【原文】

〖双调〗北新水令

题西泠十子沈去矜先生诗卷

【北新水令】禾黍荒后蕨薇高[(1)]，莽乾坤泪痕多少[(2)]。江山余战伐[(3)]，发鬓賸刁骚[(4)]，凤泊鸾飘[(5)]。留下这磨不灭的遗民数行稿[(6)]。

【步步娇】落日姑苏寒山道，小泊停孤櫂[(7)]。见流离战骨抛，叹几劫红羊[(8)]，歌几回朱鸟[(9)]。雪涕太无憀[(10)]，对蓬窗写出伤心调[(11)]。

【南折桂令】这几首、过明湖清泪频飘[(12)]，恨一时鼙鼓闲却笙箫[(13)]。那几首秀水苕溪[(14)]、扁舟跌宕[(15)]、短策逍遥[(16)]。这几首、哭忠魂岳王墓表[(17)]，吊毅骨于相祠高[(18)]。这几首、江左萧条[(19)]，海国游遨[(20)]，还有那送行感逝，泣青衫死别生交。

【江儿水】呜咽青陵笛[(21)]，悲哀赤壁箫[(22)]，你天涯眼见黄尘扫，你浮生梦醒黄粱觉[(23)]，你闲身许作黄冠老[(24)]。幸免白衣宣召[(25)]，底事神伤[(26)]？别有这凄凉怀抱。

【雁儿落】想当年酒三杯浇来义膽豪，泪千行流得诗肠燥。橹撑枝双开战血波[(27)]，笔千言写不尽惊心貌。呀！早玉箫声断广陵潮[(28)]，眼见那边上将军万宝刀[(29)]，当不起玉弩儿三千搅[(30)]，留不住金瓯儿一半牢[(31)]。波也么焦，更谁将东节移王导[(32)]，悲也么号，赢得个西台哭谢翱[(33)]。

【侥侥令】留几幅残笺兼断楮⁽³⁴⁾，俫教人短诵又长谣⁽³⁵⁾。心香一瓣虔烧⁽³⁶⁾，恨不识先生貌。只认得押角的红泥把姓氏标⁽³⁷⁾。

【收江南】待提起昔年遗老，呵笑忠义枉云高。有几个西山曾赴辟贤轺⁽³⁸⁾，有几个北山又被移文诮⁽³⁹⁾。怅贞松自彫⁽⁴⁰⁾，叹芳兰自爇⁽⁴¹⁾，只賸得梅边一集殿南朝⁽⁴²⁾。

【园林好】展遗书龙眠虎跳⁽⁴³⁾，诵遗诗鸾姿鹤标⁽⁴⁴⁾，有大节千秋照耀。算兵火，不能烧，算纸劫，不相遭。

【沽美酒】喜装籖玉共瑶，喜装籖玉共瑶⁽⁴⁵⁾，留下这伤心一卷续离骚⁽⁴⁶⁾，看故国河山裂纸条。这些些墨藻，向几番零落几搜牢。零落在蛛丝虫爪⁽⁴⁷⁾，搜牢在海绢山膠⁽⁴⁸⁾。看待作兰亭墨妙⁽⁴⁹⁾，何处许茂陵求稿⁽⁵⁰⁾。今日个风凄月寥，茶乾酒销，许诗人展图恁吊。

【清江引】寸金尺璧真堪宝⁽⁵¹⁾，向何人笔尖儿横扫，这是那十子内的西泠沈氏草⁽⁵²⁾。

【毛泽东评点】

毛泽东在阅读顾名编《曲选》收录的这首散套时，在［北新水令］一曲首二句和末句旁，用铅笔各画了两个圈，三、四两句旁各画了一个圈；

在［南折桂令］一曲首句"这几首"、第四句"那几首"、第八句"这几首"三句末，用毛笔蘸墨添加了顿号，在"秀水苕溪，扁舟跌宕"二句后添加了逗号；

在［江儿水］一曲"你天涯眼见黄尘扫"等三句末，用铅笔画了两个圈，"幸免白衣宣召"句旁画了一个圈，"底事神伤"句旁画了一个圈，末句画了三个圈；

在［雁儿落］一曲首四句旁，用铅笔各加了两个点；

在［侥侥令］一曲首句"留几幅笺兼断楮""笺"字上用铅笔添了一个"残"字；

在［沽美酒］一曲"留下这伤心一卷续离骚"句旁，用铅笔加了三个点，在"看故国河山裂纸条"句旁画了一个圈，在末三句旁各画了两个圈。

——中央档案馆整理：《毛泽东评点诗词曲精选·曲选》第
123—125 页，中央档案出版社 1998 年版

（1）禾黍荒后蕨薇高，此句写对故国残破的哀伤。禾黍，禾与黍，泛指黍稷稻麦等粮食作物。《毛诗序》："《黍离》，闵宗周也。周大夫行役至于宗周，过故宗庙宫室，尽为禾黍。闵宗周之颠覆，彷徨不忍去而作是诗也。"后以"禾黍"为悲悯故国残破或胜地废圮之典。蕨薇，蕨和薇，均为山菜，每联用以代野菜。《诗经·小雅·四月》："山有蕨薇，隰有杞桋。"

（2）莽，无边无际之状。乾（qián 前）坤，国家、江山、天下。《敦煌曲子词·浣溪沙》："竭节尽忠扶社稷，指山为誓保江山。"

（3）战伐，征战，战争。《史记·龟策列传》："然皆可以战伐攻击，推兵求胜。"

（4）賸（shèng 圣），剩余，多余。唐欧阳詹《德胜颂序》："賸蔬云蠹以委圃，余粮岳峙而栖亩。"刁骚，头发稀落之状。宋欧阳修《斋官尚有残雪思作学士时摄事于此尝有〈闻莺诗〉寄原父因而有感》之三："休把青铜照双鬓，君谟今已白刁骚。"

（5）凤泊鸾飘，比喻有才之人不得志，漂泊无定。清全祖望《〈鸾脬山房诗集〉序》："然而凤泊鸾飘，漫潕怀中之刺。"

（6）留下这磨不灭的遗民数行稿，指沈去矜诗卷。遗民，亡国之民，前朝留下的老百姓。《左传·哀公四年》："司马致邑，立宗焉，以诱其遗民，而尽俘以归。"杜预注："楚复诈为蛮子作邑，立其宗主。"

（7）落日姑苏寒山道二句，唐张继《枫桥夜泊》："月落乌啼霜满天，江枫渔火对愁眠。姑苏城外寒山寺，夜半钟声到客船。"二句化用此诗意。姑苏，江苏省苏州市吴县的别称。因其地有姑苏山而得名。寒山，地名，在吴县西，本支硎山之支峰。寒山寺在今苏州市西枫桥镇。泊，停船靠岸。孤櫂（zhào 兆），孤舟。櫂，船桨，借指船。南朝陈徐陵《为护军长史王质移文》："王师舣櫂，素在中流，群帅争驱，应时歼荡。"

（8）红羊，即红羊劫，指国难。古人以为丙午、丁未是国家发生灾祸的年份。丙丁为火，色红；未属羊，故称。宋代柴望作《丙丁龟鉴》，历举战国到五代之间的变乱，发生在丙午、丁未年的有二十一次之多。唐殷尧藩《李节度平虏诗》："太平从此销兵甲，记取红羊换劫年。"

（9）朱鸟，也称朱雀，星宿名，二十八宿中南方七宿的总称。七宿相联成鸟形，朱色像火：南方属火。古代军事家按天文四宫布列前后左右军阵，军旗画四种图形为标帜，前方的叫朱鸟。《礼记·曲礼上》："行，前朱鸟而后玄武，左青龙而右白虎。"孔颖达疏："此明象天文而作阵法也。前南，后北，左东，右西。朱鸟、玄武、青龙、白虎，四方宿名也。军前宜捷，故用鸟。"此句意谓唱几回军事胜败。

（10）雪涕，擦拭眼泪。无憀（liáo料），没有凭依。憀，凭依，依靠。《淮南子·兵略训》："上下不相宁，吏民不相憀。"

（11）蓬窗，用蓬草编成的窗户，形容穷人居住的简陋住室。

（12）明湖，明圣湖的简称，杭州西湖的别名。宋曾巩《西湖二月二十日》："漾舟明湖上，清镜照衰颜。"

（13）鼙（pí皮）鼓，六鼓和小鼓，古代乐队中用。《周礼·春官·钟师》："掌鼙鼓缦乐。"《吕氏春秋·古乐》："有倕作为鼙鼓钟磬。"笙箫，笙和箫，泛指管乐器。

（14）秀水，一名绣水，在今浙江嘉兴市北，源出南湖，北入江南运河。苕（tiáo条）溪，水名。有二源：出浙江天目山之南者为东苕，出天目山之北者为西苕。两溪合流，由小梅、大浅两湖口注入太湖。夹岸多苕，秋后花飘水上如飞雪，故名。唐罗隐《寄第五尊师》："苕溪烟月久因循，野鹤衣制独茧纶。"

（15）扁（piān片）舟，小船。《史记·货殖列传》："范蠡既雪会稽之耻……乃乘扁舟浮于江湖。"

（16）短策，短的马鞭，又作短杖。

（17）岳王墓，即岳飞庙，民间均称"岳王庙"，宋代抗金名将岳飞的祠庙，在浙江杭州西湖畔栖霞岭下，今为岳飞纪念馆。岳飞死后，宁宗时追封为鄂王，故称岳王。

（18）于相，即于谦（1398—1457），字廷益，明浙江钱塘（今杭州）人。历任监察御史、兵部右侍郎、兵部尚书等职。英宗正统十四年（1449），瓦剌首领也先侵扰大同时亲征被俘。侍讲徐珵（后名有贞）主张放弃北京南迁。于谦坚决反对，拥立英宗弟为景帝，击退也先军。景泰元年（1450），也先求和，送回英宗。八年，徐有贞、石亨等发动"夺门之变"，拥英宗复位，诬于谦谋逆，处死。后追谥忠愍。

（19）江左，江东，指长江下游以东地区。五代丘光庭《兼明书·杂说·江左》："晋、宋、齐、梁之书，皆谓江东为江左。"

（20）海国，近海地域。唐张籍《送南迁客》："海国战骑象，蛮州市用银。"或指临海之国或海外之国。明何景明《送宗鲁使安南》："日月天门回，星辰海国遥。"

（21）青陵笛，青陵，即青陵台，借指在青陵台殉情的韩凭之妻。李冗《独异志》卷中引晋干宝《搜神记》："宋康王以韩朋妻美而夺之，使朋筑青陵台，然后杀之。其妻请临丧，遂投身而死。王令分埋台左右。"《太平御览》卷一七八引《郡国志》："郓州须昌县有犀丘城青陵台，宋王令韩凭筑者。"后因以"青陵台"为咏爱情坚贞的典故。

（22）赤壁箫，典出宋苏轼《前赤壁赋》："客有吹洞箫者，倚歌而和之。其声呜呜然，如怨如慕，如泣如诉，余音袅袅，不绝如缕，舞幽壑之潜蛟，泣孤舟之嫠妇。"

（23）浮生，人生。语本《庄子·刻意》："其生若浮，其死若休。"以人生在世，虚浮不定，因称人生为浮生。梦醒黄粱觉，即黄粱梦。典出唐沈既济《枕中记》：卢生在邯郸客店遇道士吕翁，生自叹穷困，翁探囊中枕授之曰："枕此当令子荣适如意。"时主人正蒸黄粱，生梦入枕中，享尽荣华富贵。及醒，黄粱尚未熟，怪曰："岂其梦寐耶？"翁笑曰："人世之事亦犹是矣。"后因以黄粱梦喻虚幻的事和不能实现的欲望。

（24）黄冠，道士之冠，亦借指道士。唐唐求《题青城山范贤观》："数里缘山不厌难，为寻真诀问黄冠。"

（25）白衣，古代平民服，因即指平民，亦指无功名或无官职的士人。《史记·儒林列传序》："延文学儒者数百人，而公孙弘以《春秋》白衣为天子三公，封以平津侯。"宣召，帝王召见臣下。宋沈括《梦溪笔谈·故事一》："盖学士院在禁中，非内臣宣召无因得入。"

（26）底事，何事。

（27）橹撑枝双开战血波，由两支橹撑的战船两度与敌人血战。此句一本作"橹双枝撑战血波",亦可通。

（28）玉箫声断广陵潮，此句用嵇康弹广陵散典故。广陵散，琴曲名，三国魏嵇康善弹此曲，秘不授人。后康遭谗害，临刑索琴弹之，曰："《广陵散》于今绝矣！"见《晋书·嵇康传》。后亦称事无后继、已成绝响者为"广陵散"。

（29）边上将军万宝刀，指南明时期在东南沿海坚持抗清的将领，如陈子龙、阎应元、李定国、夏完淳等。

（30）玉弩儿三千搅，玉弩，玉饰的弓。唐李白《大猎赋》："碎琅玕，攫玉弩，射猛虡，透奔虎。"王琦注："琅弓、玉弩者，以玉石饰弧、弩之上为观也。"此句指引清入关的民族败类吴三桂所率部队。

（31）金瓯，金的盆、盂之类，比喻疆土之完固，亦用以指国土。《南史·朱异传》："［武帝］尝夙兴至武德阁口，独言：'我国家犹若金瓯，无一伤缺。'"

（32）东节移王导，此句用晋王导东山再起典故。《晋书·谢安传》载：安少有重名，"初辟司徒府，除佐著作郎，并以疾辞"。隐居会稽东山，年逾四十复出为桓温司马，累迁中书令、司徒等要职，晋室赖以转危为安。后以"东山再起"指退隐复仕或失势后重新得势。

（33）西台哭谢翱，谢翱（1249—1295），字皋羽，自号唏发子。宋长溪人。尝为文天祥谘事参军，后别去。宋亡，文天祥被俘不屈死。翱悲恸不已，行至浙水东，设天祥神主于子陵钓台以祭，并作楚歌以招之，事见其《登西台恸哭记》。

（34）留几幅残笺兼断楮，残笺兼断楮，断简残篇之意。笺，精美的小幅纸张，供题诗、写信等用。南朝陈徐陵《〈玉台新咏〉序》："五色花笺，河北胶东之纸。"楮（chǔ 楚），落叶乔木，皮可制皮纸，因作为"纸"的代称。

（35）侭，尽。诵，朗读，念诵。《周礼·春官·大司乐》："以乐语教国子：兴、道、讽、诵、言、语。"郑玄注："以声节之曰诵。"谣，歌唱而不用乐器伴奏。《诗经·魏风·园有桃》："心之忧矣，我歌且谣。"毛传："曲合乐曰歌，徒歌曰谣。"

（36）心香一瓣，即一瓣心香。心中虔诚敬礼，如燃香供佛。宋王十朋《行可生日》："祝公寿共诗书久，一瓣心香已敬焚。"一瓣香，一炷香。佛教禅宗长老开堂讲道，烧至第三炷香时，长老即云这一瓣香敬献传授道法的某某法师。后以"一瓣香"指师承或仰慕某人。宋陈师道《观克文忠公家六一堂图书》："向来一瓣香，敬为曾南丰。"按：曾巩（南丰）为陈师道的老师。虔，虔诚。

（37）押角的红泥，指在书画上角落的签名和用印。红泥，指红色印泥。

（38）西山，北京西郊群山的总称。辟（bì壁）贤，征召贤者。辟，征召，荐举。轺（yáo瑶），轺车，奉使者和朝廷急命宣召者所乘的车，亦指代使者。唐王昌龄《送郑判官》："东楚吴山驿树微，轺车衔命奉恩辉。"

（39）北山又被移文诮，此句用南朝南齐孔稚圭《北山移文》典故。《文选》六臣注吕向解释说：时人周颙先隐于钟山，以后应诏出为海盐令，欲再经钟山，孔稚圭乃作《北山移文》，假借山灵口气，阻止周颙，不许再至。北山，即钟山，又名紫金山，在今江苏南京市东。

（40）怅贞松自彫，此句语出北周庾信《枯树赋》："至如白鹿贞松，青牛文梓；根柢盘魄，山河表里。桂何事而销亡，桐何为而半死？……桓大司马闻而叹曰：昔年种柳，依依汉南；今看摇落，凄怆江潭；树犹如此，人何以堪！"贞松，松柏耐寒，常青不凋，故以喻坚贞不渝的节操。

（41）芳兰，兰花，古人常以喻君子。晋陆机《拟涉江采芙蓉》："上山采琼蕊，穹谷饶芳兰。"

（42）梅边一集殿南朝，指史可法守扬州不屈而死事。史可法，字宪之，一字道邻。母方娠，梦文天祥入其室而生。明崇祯进士。福王立，以兵部尚书大学士督师扬州。清兵至，作者寄母妻。以元子，命副将史德威为之后，曰："死葬我高皇帝陵侧。"城破，自刎不死。命德威刃之，德威不敢仰视，遂被执不屈死。扬民讴思，葬袍于郡城梅花岭。或谓"梅边一集"指沈氏诗卷。因沈氏系杭州人，在有"梅妻鹤子"的宋代诗人林逋之后，故称，亦可通。南朝，指福王在江南建立的南明政权。明夏完淳《大哀赋序》："何意南朝天子，竟投大将之戈。"

（43）龙眠，指明朝皇帝死了。

（44）鸾姿鹤标，鸾鹤飞舞，奇特生动之状。标，格调、风度。南朝齐孔稚圭《北山移文》："夫以耿介拔俗之标，潇洒出尘之想；度白雪以方絜，干青云而直上。"

（45）籖（qiān 千），书卷、画轴封套所用的牙质或玉质帙签，多悬于卷轴旁，也称"牙籖。"

（46）《离骚》，战国楚屈原的抒情长诗名。

（47）蛛丝虫爪，指文字。

（48）搜牢在海绡山胶，印刷在绡上。海绡，一种极薄的丝织物，此指纸张。胶，一种黏性物质，印刷书画必用原料，有胶版印刷。

（49）兰亭墨妙，指东晋王羲之书《兰亭帖》。穆帝永和九年，三月上巳，著名书法家王羲之和谢安、孙绰等四十一人修禊于山阴（今浙江绍兴）兰亭，临流赋诗，羲之草序，用蚕茧纸、鼠须笔书之。书法遒媚劲健，绝代更无，为我国书法上著名的行书法帖。此指书画作品。

（50）茂陵求稿，茂陵，古县名，治在今陕西兴平市东北。武帝筑茂陵，置为县，属右扶风。汉著名辞赋家司马相如因病免官后家居茂陵，后因用以指代相如。相如曾应陈皇后之邀写为《长门赋》。其序曰："孝武皇帝陈皇后时得幸，颇妒，别在长门宫，愁闷悲思。闻蜀郡成都司马相如天下工为文，奉黄金百斤，为相如、文君取酒因于解悲愁之辞。而相如为文以悟主上，陈皇后复得亲幸。"

（51）寸金尺璧，一寸长的金锭，直径一尺的璧玉，言其珍贵。语本《淮南子·原道训》："圣人不贵尺之璧而重寸之阴，时难得而易失也。"比喻美好的诗文。晋潘尼《答陆士衡诗》："惭无琬琰，以酬尺璧。"

（52）西泠（líng 零），亦称"西陵桥""西林桥"桥名。在浙江杭州孤山西北尽头处，是由孤山入北山的必经之路。清康熙年间杭州诗人陆圻、丁澎、柴绍炳、毛先舒、孙治、张纲孙、吴百明、沈谦、虞黄昊、陈廷会等十人结社于西泠，时称"西泠十子"，亦称"西泠派"。沈氏即沈谦，字去矜。

【赏析】

此套《两般秋雨庵随笔》所附原题作［南北双调合套］《题沈去矜卷子》。正文之前有一小序云：

> 丙戌至京，寓土地庙下斜街全浙会馆，塘栖姚镜生孝廉亦寓焉。一日，出卷子属题，则西泠十子沈去矜先生谦手书诗卷也。先生于顺治乙酉泛棹苏常，时南都新破，百姓流离，目击情形，凄然有感，取是年所作之诗，写成长卷，计古今体诗四十余篇，末缀小跋。字画苍劲，诗格浑成，允为名蹟。是卷藏栖金氏，姚君部试，托其携入都中，遍征题咏。展卷，名公钜卿，山人墨客，诗词歌赋，无不美臻。余为填北曲一套。

此外，此套中的［雁儿落］应作［雁儿落带德胜令］，［沽美酒］应作［沽美酒带太平令］，也一并说明。

据原序可知，现题《题西泠十子沈去矜先生诗卷》非原题，而是顾名编的《曲选》收录时据诗意自拟的。

此散套是首题跋的曲子。题跋之作，应人之请，溢美敷衍者居多，故佳作罕有。但态度严谨的作家，不仅能给所评之作以科学评价，而且往往能出新意。梁绍任的这首散套洋洋洒洒，格调雄放，大气磅礴，于题跋之作中实不多见。

全套共十支曲，可分为四个部分。首曲［北新水令］是全套曲的引子，点明题沈去矜先生诗卷题意。"禾黍荒后蕨薇高，莽乾坤泪痕多少。"起首二句悲壮，创造了一种笼罩全篇的氛围。首句用典，"禾黍"，用周大夫行役至宗周，见故宗庙宫殿，尽为禾黍之典；"蕨薇高"，用武王伐纣，伯夷、叔齐不食周粟采薇而食被饿死于首阳山事。二句写明朝灭亡后，山河残破，令人哀伤。接下来几句说，经过明清易代的战争劫难之后，诗人的鬓发也变得稀疏了，有才能的人都漂泊无依，明朝遗民中只有沈去矜先生留下一卷诗稿。首曲点明此曲正意。

［步步娇］至［雁儿落］四曲，写沈去矜诗卷的内容。［步步娇］交代

沈去矜写作诗卷的原因。"落日姑苏寒山道,小泊停孤櫂。""姑苏"是苏州市吴县的别称,此指苏州。"寒山",地名,在吴县西。"小泊停孤櫂",说明作者是乘船游苏州的。二句化用唐张继《枫桥夜泊》中"姑苏城外寒山寺,夜半钟声到客船"诗意,创造一种凄凉的气氛。"见流离战骨抛,叹几劫红羊,歌几回朱鸟。""红羊",即红羊劫,指国难,此指明朝灭亡。"朱鸟",星宿名。古代军事家按天文四宫布阵,画朱鸟的军旗置于最前方,此指军事胜败。作者小序中云:"先生于顺治乙丑泛棹苏常,时南都新破,百姓流离,目击情形,凄然有感,取是年所作之诗,写成长卷,计古今体诗四十余篇,末缀小跋。"可为此曲注脚。揭出沈氏写作诗卷的原因。以下三支曲子描述诗卷的具体内容。这几首是诗人过西湖(明湖)的洒泪之作,因为战鼓代替了笙箫。二句化用宋林升《题临安邸》中"山外青山楼外楼,西湖歌舞几时休"诗意。那几首是骑马过嘉兴(秀水),划船过苕溪时所写;这几首是到岳飞墓、于谦祠哀悼的诗篇;这几首写江东破败,海边遁逃,还有那生离死别的送行之作。此曲从几个方面概括了沈氏诗卷的爱国主义内容。〔江儿水〕一曲写沈去矜作诗心情。沈氏在明亡之后,原要遁入空门,入为道士,也幸而没有被清朝皇帝征召,但他抱着故国之思,亡国之痛,心情凄凉地写了这部诗稿。〔雁儿落〕一曲,写沈氏的诗卷很好地反映了南明时期人民的抗清斗争。作者以"想当年"领起全曲,生动地描绘义士们的抗清活动:义士们三杯酒下肚,义气豪迈,与敌人展了血战,战斗的惨烈是千言万语写不尽的。义士们虽然像嵇康弹广陵散那样有视死为归的决心,却挡不住吴三桂等民族败类率领的降军和清军的进攻,保不住半壁江山。面对这失败局面,又有哪一个像王导那样的有为之士能东山再起呢?结果只能是落得个像南宋灭亡时,谢翱登西台恸哭并为之作记。意思是说沈氏诗卷如同谢翱的《登西台恸哭记》一样,这是很高的评价。

〔侥侥令〕至〔沽美酒〕四曲则写作者由沈氏诗卷生发的感想。〔侥侥令〕一曲写作者对沈去矜的敬仰之情。"留几幅笺兼断楮,俨教人短诵又长谣。""残笺断楮",即断简残篇之意,此指沈氏诗卷。二句是说,沈氏诗卷,值得人们既歌又读。"心香一瓣虔烧,恨不识先生貌。""心香一瓣"，即一瓣心香。意谓自己对沈氏心中虔诚礼敬，如烧香供佛，表示十分仰慕。恨不得马上就去拜识先生。而这遗憾却由在诗卷角落上的签名和用印弥补了。[收江南]一曲赞扬沈氏忠肝义胆。作者拿沈氏和明朝遗老相比，有些人不过是徒有虚名。你看，有几个应了朝廷的召聘做了官，有几个先当隐士后来也应召去做了官，途经北山而遭讥笑，像北周庾信那样见白松凋谢而自叹，叹芳香的兰草自相煎熬，只剩下沈氏诗卷哀悼明朝。"北山移文""贞松自彫"皆用典。此曲赞扬沈氏于明遗民中最能保持民族气节。[园林好]一曲写诗人读沈氏诗卷的感受。展读遗书（即沈氏诗卷），虽然明朝皇帝死了，一些虎将仍在抗清，他们犹如鸾飞凤舞，风度高尚，他们的崇高气节千古流传。沈氏的诗卷，没有毁于战火，"文字狱"也禁毁不了。再次赞扬了沈氏诗卷的精神永存。[沽美酒]一曲写诗人的读后引发的感想。沈氏诗卷装潢精美，内容丰富，简直是一部续离骚，表现了故国之思。这些诗篇，历经艰辛，搜集在一起，书写在绢上，装潢起来，好像王羲之的《兰亭集序》那么美妙，像汉司马相如等待有人求稿。今天月白风清，茶酒俱无，请允许作者展开诗卷凭吊先生。"续离骚""兰亭墨妙""茂陵求稿"，皆是化用典故。以上四句写作者读沈氏诗卷后的感受和感想。

末曲[清江引]是全曲总收束。作者把沈氏诗卷比作"寸金尺璧"，不易求得，十分宝贵，最后指明这是那西泠十子内的"沈氏"创作的，归于题目之上，与开头呼应，首尾圆合，结构完整。总之，此曲通过对沈氏诗卷内容的描述及读后感受，热烈地赞扬了沈氏崇高的爱国主义精神和民族气节，表达了作者的仰慕之情。

毛泽东在《曲选》一书中读到这首散套时，进行了圈点。他用铅笔对[北新水令][江儿水]和[沽美酒]等几支曲子大部分语句都分别加了圈或点，表明他对这些优美词句比较欣赏，也说明他对此曲十分感兴趣。

吴承烜

吴承烜（1854—？），字伍祐，号东园，安徽歙县人，清戏曲家、散曲作家。生平未详。著有《花茵侠传奇》《绿绮琴传奇》《慧镜智珠录传奇》等，尚有《竹洲泪点散曲》，未见。

【原文】

〖双调〗驻马听

上马图

马首踟蹰⁽¹⁾，红粉青梅送别图⁽²⁾。蛾眉媚妩⁽³⁾，绿波碧草销魂赋⁽⁴⁾。骊歌渺渺涉征途⁽⁵⁾，驹光急急催行路⁽⁶⁾。人远去，望中遮断垂杨树。

【毛泽东评点】

毛泽东在阅读顾名编《曲选》收录的这首小令时，先后两次进行圈点：首先用铅笔在题目上方的天头处画了一个大圈，然后在"蛾眉媚妩"句旁画了两个小圈，在"绿波碧草销魂赋"以下三句旁各画了三个小圈；又用毛笔在首句旁画了一个墨圈，二、三两句旁各画了两个墨圈，在"绿波碧草销魂赋"以下三句旁各画了三个墨圈，在"人远去"句旁点了一个墨点，末句旁点了两个墨点。

——中央档案馆整理：《毛泽东评点诗词曲精选·曲选》第56页，

中央档案出版社1998年版

【注释】

（1）踟蹰（chí chú 迟厨），徘徊不前之状，缓行之态。《诗经·邶风·静女》：“爱而不见，搔首踟蹰。”

（2）红粉，妇女化妆用的胭脂和铅粉。《古诗十九首·青青河畔草》：“娥娥红粉妆，纤纤出素手。”青梅，梅子。此用“青梅竹马”之意。语出唐李白《长干行》之一：“郎骑竹马来，绕床弄青梅。同居长干里，两小无嫌猜。”后以“青梅竹马”形容男女儿童之间两小无猜的情状。送别，送行，告别。

（3）蛾眉，蚕蛾触须细长而弯曲，因以比喻女子美丽的眉毛。《诗经·卫风·硕人》：“螓首蛾眉，巧笑倩兮。”借指女子容颜的美丽。《楚辞·离骚》：“众女嫉余之蛾眉兮，谣诼谓余以善淫。”媚妩，美好可爱。宋陆游《携瘿樽醉梅花下》：“楠瘿作尊容斗许，拥肿轮囷元媚妩。”

（4）绿波碧草销魂赋，指南朝江淹《别赋》。《别赋》起首为：“黯然销魂者，唯别而已矣！”又有云：“春草碧色，春水渌波，送君南浦，伤之如何！”绿波，原作“渌波”，水清之状。销魂，指灵魂离开肉体，形容极其哀愁。

（5）骊歌，告别的歌。南朝梁刘孝绰《陪徐仆射晚宴》：“洛城虽半掩，爱客待骊歌。”渺渺，幽远之状，悠远之态。宋王安石《忆金陵》之一：“想见旧时游历处，烟云渺渺水茫茫。”

（6）驹光，指短暂的光阴。清李氏《示儿》：“勉矣趁朝暾，驹光不我与。”

【赏析】

吴承烜的［驻马听］《题上马图》是首题画曲。题画的作品，虽是二度创作，并非易事。因为它既要切合画意，又要有所创新，有所提高。作者题的上马图，我们已无缘得见，但这首题画曲却写得相当精彩。请看原文：“马首踟蹰，红粉青梅送别图。”起首二句点题，一青年女子（红粉）送别她“青梅竹马”的丈夫。丈夫所骑之马徘徊不前，写出丈夫情意殷殷，不忍分别。这是从丈夫着眼。接下二句写道：“蛾眉媚妩，绿波碧草销魂赋。”“蛾眉”，本指女子美丽的眉毛，此借指送别的女子。媚妩，美好可爱之意。“绿波”句用典，南朝江淹《别赋》有“春草碧色，春水渌波"和"黯然销魂者，唯别而已矣"的句子。"销魂"，灵魂离开肉体，形容极其哀愁。二句是说，一位十分漂亮的女子，来送别自己的丈夫。是从女子方面写。接下来又从丈夫方面写："骊歌渺渺涉征途，驹光急急催行路。""骊歌"，告别的歌。"驹光"，指短暂的光阴。二句是说，丈夫唱罢告别的歌，便扬长而去，因为时光短暂催促他急急赶路。丈夫跨马踏上征途之后，妻子又是如何呢？"人远去，望中遮断垂杨树。"二句是说，丈夫骑马已经走得很远了，妻子还在那里伫立眺望，直到视线被路边的杨柳树遮断。最后笔触又落到妻子身上。总之，此曲通过妻子送丈夫骑马外出，表现了夫妻之间依依不舍的深情；在写法上，多用白描，生动形象，妻子与丈夫交互描写，有力地表现了二人的一往情深，是首内容与形式俱佳的优秀作品。

毛泽东在顾名编的《曲选》一书中读到这首作品时，首先用铅笔在题目上方天头处画了一个大圈，这是他对优秀作品的圈点法；然后他又用铅笔和毛笔圈点了全文，每句都加了圈或点，有的句子还加了密圈，说明他对此曲的语句也是十分欣赏的。

吴 梅

吴梅（1884—1939），字瞿安，一作癯安，又作臞安，号霜厓，别署灵、逋飞、厓叟、呆道人、孤屿学人、东篱词客，长洲（今江苏苏州）人，近代曲家、文学家。少孤，嗣于叔祖。他笃嗜词曲，尝与著名曲家俞粟庐交往切磋。终生以教学为业，先后在东吴大学、北京大学、中山大学、中央大学、金陵大学等校任教授，主讲词曲二十年。抗日战争爆发后，带病转战于武汉、湘潭、桂林、昆明等地，1939 年去世。

吴梅在诗、文、词、曲的研究和创作上，都有很深的造诣。戏曲方面尤为突出，兼擅制曲、谱曲、度曲、演曲以及校定曲本、审定音律等，被誉为近代"曲家泰斗"（夏敬观《忍古楼词话》）。著有：《暖香楼》（后改《湘真阁》）《无价宝》《惆怅爨》（合称《霜厓三剧》）《轩亭秋》《双泪碑》《白团扇》《西台恸哭记》（《义士记》）《落溷记》杂剧，《苌弘血》（《血花霈》）《东海记》《风洞山》《绿窗怨》传奇，以及《南北词简谱》《顾曲麈谈》《词学通论》《中国戏曲概论》《中国戏曲史》《辽金元文学史》《霜厓诗录》《霜厓曲录》《霜厓词录》《霜厓文录》《读画录》《奢摩他室曲话》等。编有《古今名剧选》《百嘉室曲选》，并校刻《奢摩他室曲丛》，校勘《暖红室汇刻传奇》等。

【原文】

〖北双调〗折桂令

题谢平原读书图（短柱格）

横塘[1]，一望，空凉。梦向，莼乡[2]，无恙[3]，渔庄[4]。画舫[5]，琴堂[6]，文窗[7]，虚幌[8]，俯仰，羲皇[9]。话沧浪[10]，龙冈，门巷，卧沧江，元亮，柴桑[11]。绛帐[12]，笙簧[13]，金榜[14]，文章[15]。怎样，思量，一晌[16]，都忘。

【毛泽东评点】

　　毛泽东在阅读顾名编《曲选》收录的这首小令时，先后两次进行圈画，先用铅笔在"话沧浪"以上六句旁每句各画了一个小圈，又用毛笔同样各画了一个墨圈，形成套圈；又用毛笔将题目《题谢平原谈书图》的"谈"字改正为"读"，并将"莼乡""文章"二句末的逗号改为句号，"思量"句末的句号改为逗号。

　　　　——中央档案馆整理：《毛泽东评点诗词曲精选·曲选》第54页，中央档案出版社1998年版

【注释】

　　（1）横塘，古塘名。三国时吴大帝时于建业（今南京）南淮水（今秦淮河）南岸修筑，亦为百姓聚居之地。晋左思《吴都赋》："横塘查下，邑屋隆夸。"又在今江苏吴县西南亦泛指水塘。

　　（2）莼（chún 纯）乡，出产莼菜的地方。莼，即莼菜，多年生水草，叶片椭圆形，浮水面，茎上和叶上的背面有黏液，花暗红色，嫩叶做汤，味鲜美，产于吴中一带。

　　（3）无恙，没有疾病，没有忧患，多作问候语。《楚辞·九辩》："赖皇天之厚德兮，还及君之无恙。"

　　（4）渔庄，渔村，渔民聚居的村庄。清董元度《舟行杂诗》："渔庄蟹舍接芰蒲，浩淼烟波夜月孤。"

　　（5）画舫，装饰华美的游船。唐刘希夷《江南曲》之二："画舫烟中浅，青阳日际微。"

　　（6）琴堂，琴室。南朝梁萧统《锦带书·太簇正月》："想足下神游书帐，性纵琴堂，谈丛发流水之源，笔阵引崩云之势。"

　　（7）文窗，刻镂文采的窗子。唐元稹《连昌宫词》："舞榭欹倾基尚在，文窗窈窕纱犹绿。"

　　（8）虚幌，指透光的窗帘或帷幔。《文选·江淹〈杂体诗·效王微"养疾"〉》："炼药瞩虚幌，泛瑟卧遥帷。"

　　（9）羲皇，伏羲氏，古代传说的上古三皇之一。《文选·扬雄〈剧秦美

新〉》："厥有云者，上冈显于羲皇。"李善注："伏羲为三皇，故曰羲皇。"

（10）沧浪三句，沧浪，沧浪子，指隐逸者。唐王昌龄《悲哉行》："若非沧浪子，安得从所愿。"此指三国蜀丞相诸葛亮。诸葛亮出山前曾隐居于南阳卧龙冈（一说襄阳隆中），躬耕田亩。

（11）卧沧江三句，用晋诗人陶潜事。陶潜，字元亮，柴桑（今江西九江市西南）人。沧江，江流，江水，以江水呈苍色，故称。南朝梁任昉《赠郭桐庐》："沧江路穷此，湍险方自兹。"此指长江，柴桑在长江边。

（12）绛帐，典出《后汉书·马融传》："融才高博洽，为世通儒，教养诸生，常百千数……居宇器服，多存侈饰。常坐高堂，施绛纱帐，前授生徒，后列女乐，弟子以次相传，鲜有入其室者。"后因以"绛帐"为师门、讲席之敬称。唐李商隐《过故崔衮海宅与崔明秀才话旧因寄旧僚杜赵李三掾》："绛帐恩如昨，乌衣事莫寻。"

（13）笙簧，指笙，一种吹奏乐器。簧，笙中之簧片。《礼记·明堂位》："垂之和钟，叔之离磬，女娲之笙簧。"郑玄注："笙簧，笙中之簧也……女娲作笙簧。"

（14）金榜，科举时代殿试揭晓的榜。殿试录取，即所谓金榜题名，是封建士子的最高追求。唐刘禹锡《送裴处士应制举诗》："彤庭翠松迎晓日，凤衔金榜云间出。"

（15）文章，文辞或独立成篇的文字。封建科举时代殿试三篇文章做得好才能得中进士，才有做官的资格。

（16）一晌，指短时间。南唐李煜《浪淘沙》："梦里不知身是客，一晌贪欢。"

【赏析】

吴梅的［北双调］折桂令《题谢平原读书图［短柱格］》，见于《霜厓曲录》，又题作《题谢平原（逢源）读书图，戏效虞伯生短柱韵》。正文后有卢前案云："文公折桂令短柱体，见陶九成《辍耕录》。两字协韵，平仄通协者也。吾师喜用险韵，独短柱则非宽韵不可。前曾拟为之，终未脱稿，尝自笑才俭也。"

此曲是首题画的曲子，所题之画《谢平原读书图》，我们无缘得见，但了解一下所"效虞伯生短柱韵"，则有助于对本篇的理解。虞伯生，即元代文学家虞集，伯生是其字。他所作［双调］折桂令《席上偶谈蜀汉事因赋短柱体》，全文如下：

> 鸾舆，三顾，茅庐，汉祚，难扶，日暮，桑榆。深渡，南泸，长驱，西蜀，力拒，东吴。美乎，周瑜，妙术，悲夫，关羽，云殂。天数，盈虚，造物，乘除。问汝，何如，早赋，归欤。

这支［折桂令］抒发作者对三国时期蜀汉兴衰事迹的感叹，用的是"短柱体"。"短柱体"是词曲中"巧体"的一种（见明王骥德《曲律》），一句两韵或三韵，用韵过密，极难写作。而虞集此曲，曲词流畅清通，曲意警策深刻，殊为难得，故元末陶宗仪曾记载虞集作此曲的逸事（见《南村辍耕录》卷四《广寒秋》）。而吴梅的仿作［折桂令］《题谢平原读书图》写得也颇为精新。

全曲分为前后两部分，前十九句为谢平原读书情状，后八句为作者的议论与感叹。

前部分由三层意思构成，前七句写谢平原读书中起乡关之思，中六句写谢平原读书的具体环境与内容，后六句写谢平原读书时景慕之人。起首三句写谢平原在南京读书，环境清幽。接下来四句写谢平原读书时陡起思乡之情。"莼乡""渔庄"用晋张翰"莼鲈之思"的典故。《晋书·张翰传》载，翰在洛阳做官，"因见秋风起，乃思吴中菰菜、莼羹、鲈鱼脍，曰：'人生贵得适志，何能羁宦数千里，以要名爵乎？'遂命驾而归"。旧时常用"莼鲈之思"作为思乡之情的典故。"画舫，琴堂，文窗，虚幌，俯仰，羲皇。"中六句写谢平原读书的具体环境：书斋是刻镂文采的窗子，挂着透明的窗帘，还有琴堂操琴，游船荡漾，可谓读书的理想之所。所读之书，内容古奥典雅，好像徜徉在三皇五帝之间。"话沧浪，龙冈，门巷，卧沧江，元亮，柴桑。"沧浪，即沧浪子，指隐逸者，隐居在卧龙冈的著名隐士，是三国时期的诸葛亮；后三句则指晋诗人陶潜。陶潜，字元亮，柴桑人。二人是谢平原景仰的读书人的典范。

"绛帐，笙簧，金榜，文章。"四句是对旧时读书目的的评论。"绛帐"，用东汉马融设绛帐授徒的典故，后因以"绛帐"为师门、讲席之敬称。笙簧，指笙竽一类吹奏乐器，代指旧时所授礼、乐、射、艺、书、数等六艺。金榜是指科举时代殿试揭晓的榜文。四句是说，老师讲授"六艺"，目的是要学生文章做得好，科举时能金榜题名，实现读书做官的梦想。这样做的结果如何呢？"怎样，思量，一晌，都忘。"意谓思考一下，这样做怎样呢？回答是：短时间，什么都忘掉了。这是对旧时读书的感叹。总之，此曲不仅语句流畅，音调响亮，而且对旧时读书的内容、目的和方法进行了深刻的批判，十分难得。

毛泽东认真地阅读了这首曲子，细致地加以校改和评点，除了校改数处错字和标点处，还先后两次分别用铅笔和毛笔在"话沧浪"等六句旁画了圈，形成套圈，说明他对这首小令是饶有兴致的。

许之衡

许之衡（？—1934），字守白，号饮流，别署曲隐道人，广东番禺（今广州）人，清戏曲家、散曲家、学者。历任北京大学国文系教授兼研究所国文门导师，北京师范大学、北京女子文理学院国文系教授。工吟咏，善治印。著有《守白词（一名步周词）》《词余》《曲律易知》《中国音律小史》《戏曲史》《饮流斋说瓷》及《玉虎坠》《锦瑟记》《霓裳艳》传奇等。

【原文】

〖南吕〗一枝花

拟吴梅村听卞玉京弹琴

【南吕·一枝花】不一时天日黯昏霾[1]，没乱里清气迥峦岫[2]。戴黄冠今为南山叟[3]，洒碧血惭他西市囚[4]。鬓发飕飕，只余得形骸瘦。慢低徊孙楚楼[5]！空剩老兰成涕泪的河山[6]，休问古秦淮点缀的花柳[7]？

【梁州第七】当日际昇平江山锦绣[8]，承欢乐歌管咿呕[9]。说不尽河船灯火迷宵昼[10]，谱旗亭金樽檀板[11]，闹教坊蝶袂莺喉[12]。白练裙吴姬领袖[13]，桃花扇越女班头[14]。正担承南朝金粉[15]，蓦遭逢天地奇愁。秦淮水变作了淘浪污池，石头城化作了残砖败甃[16]，江南路哭杀俺病马寒裘[17]。罢休，莫救。只賸得萧疏一片隋堤柳[18]。历兴亡，阅新旧，便落日西风倚画楼[19]，极目沧洲[20]。

【正宫九转货郎儿】收拾了碧壶唾袖[21]，打叠了红窗倦绣，正好清弹逸响抱箜篌[22]。为甚的卸榴裙[23]、迴歌扇、披月帔[24]、着霞褠[25]，打扮个天上飞琼来戏游[26]。

【二转】我也曾侍宴曲江亭口[27]，我也曾簪笔百子池头[28]，我也曾宫袍拂拭御香留⁽²⁹⁾，我也曾听唱霓裳步瀛洲⁽³⁰⁾。今日个故宫禾黍空怀旧⁽³¹⁾，只落得风僝雨僽⁽³²⁾，剩下个孤子南冠一楚囚⁽³³⁾。

【三转】你也曾曲院夺来标首⁽³⁴⁾，你也曾锦江筑就眉楼⁽³⁵⁾，你也曾么弦曲按小梁州⁽³⁶⁾。与薛涛争艳冶⁽³⁷⁾，和苏小较娇羞⁽³⁸⁾。怎辞了烟花部头⁽³⁹⁾，来学这旃檀静修⁽⁴⁰⁾。你便是玄机一流⁽⁴¹⁾，能诗解诹⁽⁴²⁾，持经诵咒⁽⁴³⁾，敢生疏了流水高山十指柔⁽⁴⁴⁾。

【四转】弹一声晴巘濯秀，弹一声晚霞凝岫。正是泠泠清响泻寒流，似一片圆珠溜。又度出孤雁林楸，潜龙夜吼。这七弦中算得个第一个玲珑手⁽⁴⁵⁾。漫撚轻拈⁽⁴⁶⁾，紧拢徐收，转调儿瑟瑟抛红豆⁽⁴⁷⁾。风过处，半林秋飕，弹出了啼月湘妃一段愁⁽⁴⁸⁾。

【五转】霎然的惊沙驰骤，劃然的奔涛辐辏⁽⁴⁹⁾，似丛铃碎佩响飕飗。多少离鸾怨⁽⁵⁰⁾，别鹄愁⁽⁵¹⁾，天女投壶碎玉瓯⁽⁵²⁾。山鬼哭⁽⁵³⁾，和鵾鹒⁽⁵⁴⁾。千军铁骑沙场斗，龙唇凤嗉蒙尘走⁽⁵⁵⁾。可怜他血化钟山玉一邱⁽⁵⁶⁾，广陵散尚存不⁽⁵⁷⁾？触起我清泪如铅万斛流⁽⁵⁸⁾。

【六转】这一带板桥残甃⁽⁵⁹⁾，是昔日迷香洞口⁽⁶⁰⁾，有几多莺莺燕燕住迷楼⁽⁶¹⁾？到如今变作剩粉零香薮⁽⁶²⁾，正一般绿惨红愁⁽⁶³⁾。甚的顿家娘⁽⁶⁴⁾、珠帘秀⁽⁶⁵⁾，筝琶高手；都是云影散，露华收⁽⁶⁶⁾。只剩你绿绮朱弦共唱酬⁽⁶⁷⁾。

【七转】想当日先朝恩厚⁽⁶⁸⁾，陪佳宴咬春燕九⁽⁶⁹⁾。正是兔园高会柏梁游⁽⁷⁰⁾。一处处盛觥筹⁽⁷¹⁾，禁苑中山名万寿⁽⁷²⁾，複宫内戏号千秋⁽⁷³⁾。结绮橡新声迭奏⁽⁷⁴⁾，临春阁舞翻垂手。霎时间念家山破委寒流，韩擒来骤⁽⁷⁵⁾，花庭玉树凋零久⁽⁷⁶⁾，琼枝璧月都残揉⁽⁷⁷⁾。可怜他张孔承恩只十週⁽⁷⁸⁾。看那白门衰柳⁽⁷⁹⁾，空余得换羽移宫哽咽愁⁽⁸⁰⁾。

【八转】你便是秋娘清瘦⁽⁸¹⁾，也做了念奴伤旧⁽⁸²⁾。今日个飘零重遇话离忧，诉不尽新愁旧愁！你钟磬度清修⁽⁸³⁾，也难忘三弄梅花秀⁽⁸⁴⁾。似仙韵幽也么哥⁽⁸⁵⁾，似仙乐悠也么哥！一曲才收。我欲抱瑶琴赴清流⁽⁸⁶⁾，从今后莫奏莫奏，红粉青衫一例儿休⁽⁸⁷⁾，都天涯沦落难回首⁽⁸⁸⁾，悟浮沤也么哥⁽⁸⁹⁾，步虚游也么哥⁽⁹⁰⁾！欲共你散发披缁访十洲⁽⁹¹⁾。

【九转】俺便似长卿消瘦⁽⁹²⁾，从一自文园病酒⁽⁹³⁾，这琴心空赋凤难求⁽⁹⁴⁾。阳关引声零折柳⁽⁹⁵⁾，清溪曲韵断吟秋。便学嵇中散披襟而奏，只是蔡中郎爨材空有⁽⁹⁶⁾。看那吹箫故友⁽⁹⁷⁾，击筑吾俦⁽⁹⁸⁾，都风霜义烈各千秋。可怜我身世堪羞，似寒蝉坠下螳螂口，便无弦难学渊明叟⁽⁹⁹⁾，只箕山一操未能酬⁽¹⁰⁰⁾。怎及你经卷黄庭闲静守⁽¹⁰¹⁾？

【尾煞】恰便似辞家白傅溢江口，来听你商妇琵琶诉昔游，今日开元天宝成追旧⁽¹⁰²⁾。你韦娘莫瘦⁽¹⁰³⁾，我杜陵慢愁⁽¹⁰⁴⁾，怕只怕泪尽西风数行柳。

【毛泽东评点】

毛泽东在阅读顾名编《曲选》收录的这首套数时，在［梁州第七］一曲中末五句旁，用毛笔分别加了两个、一个、一个、两个、两个墨点，用墨笔把"当日际昇平江山绵绣"的"绵"字"纟"边改为"锦"，用朱笔在"极日沧洲"的"洲"字"氵"涂去；

在［二转］一曲中把"我也曾簪笔百子池头"句末的句号改为逗号；

在［三转］一曲中末句旁，用毛笔加了两个墨点；

在［四转］一曲"正是冷冷清响泻寒流"二句和末句旁，用毛笔各画了两个墨圈；

在［煞尾］首二句旁和末句旁，用毛笔各加了两个墨点。

—— 中央档案馆整理：《毛泽东评点诗词曲精选·曲选》第136—140页，中央档案出版社1998年版

【注释】

（1）日黯，亦作"日闇"。日色无光。黯，深黑，昏暗。昏霾（mái埋），光线昏暗。唐刘禹锡《卧病闻常山旋师，策勋宥过，王泽大洽，因寄李六侍郎》："南国异气候，火旻尚昏霾。"

（2）峦岫（xiù袖），山峰。元祖铭《径山五峰·堆珠峰》："元气结峦岫，献此大宝珠。"

（3）黄冠，道士之冠。宋陆游《书喜》之六："挂冠更作黄冠计，多事常嫌贺季真。"叟，老人。

（4）西市囚，在西市行刑的囚犯，此指因抗清而被杀于西市的义士。

西市，明清时北京处决死囚的刑场，在今菜市口。清谷应泰《明史纪事本末·严嵩用事》："上从之，命斩世蕃、龙文于市……都人闻之大快，各相约持酒至西市看行刑。"

（5）孙楚楼，古酒楼名，在金陵（今江苏南京）城西。唐李白《玩月金陵城西孙楚酒楼》诗："昨玩西城月，青天垂玉钩。朝沽金陵酒，歌吹孙楚楼。"

（6）老兰成，老年的庾信。庾信字子山，小字兰成，原为南梁右卫将军。元帝时奉使北周，被留不遣，累迁骠骑大将军、开府仪同三司。信虽位望通显，常有乡关之思，乃作《哀江南赋》以致意。

（7）古秦淮，河名，流经今江苏南京，是著名的名胜之一。相传秦始皇南巡至龙藏浦，发现有王气，于是凿方山、断长垄为渎入于江，以泄王气，故名秦淮。唐杜牧《泊秦淮》："烟笼寒水月笼沙，夜泊秦淮近酒家。"

（8）当日，昔日，从前。唐李商隐《华清宫》："当日不来高处舞，可能天下有胡尘。"际，适逢，恰遇。元杨文奎《儿女团圆》第一折："幸际着太平盛世，正遇着丰稔年岁。"昇平，太平。晋袁宏《后汉纪·灵帝纪上》："今宜改葬蕃武，选其家属诸被禁锢，一宜蠲除，则灾变可消，昇平可致也。"江山绵绣，又作"锦绣江山"。形容美好的国土。元白朴《梧桐雨》第二折："统精兵直指潼关，料唐家无计遮拦，单要抢贵妃一个，非专为锦绣江山。"

（9）歌管，唱歌奏乐。南朝宋鲍照《送别王宣城》："举爵自惆怅，歌管为谁清？"咿呕，亦作"咿唔""咿喔"，象声词。

（10）夜昼，黑夜和白天。

（11）旗亭，酒楼，悬旗为酒招，故称。唐刘禹锡《武陵观火》："光县与琴焦，旗亭无酒濡。"金樽，又作"金尊"，酒杯的美称。南朝宋谢灵运《石门新营所住四面高山，回溪石濑，修竹茂林》："芳尘凝瑶席，清醑满金樽。"檀板，檀木制的拍板，调节音乐节拍之用。

（12）教坊，古时管理宫廷音乐的官署。专管雅乐以外的音乐、舞蹈、百戏的教习、排练、演出等事物。清雍正前有教坊司，隶属礼部。南唐李煜《破阵子》："最是仓皇辞庙日，教坊犹奏别离歌，垂泪对宫娥。"

蝶袂（mèi 妹）莺喉，比喻歌女的服饰和噪音。袂，衣袖。《易·归妹》："帝乙归妹，其君之袂，不如其娣之袂良。"王弼注："袂，衣袖，所以为礼容者也。"

（13）白练裙，白绢制的裙子。南朝宋羊欣年十二作隶书，为王献之所爱重。欣夏月着新绢裙昼寝，献之见之，书裙数幅而去。欣加临摹，书法益工。事见《南史·羊欣传》。唐陆龟蒙《怀杨召文杨鼎文二秀才》："重思醉墨纵横甚，书破羊欣白练裙。"吴姬，吴地的美女。唐王勃《采莲曲》："徘徊莲浦夜相逢，吴姬越女何丰茸。"

（14）桃花扇，绘有桃花的扇子，旧时多为女子所持，相映成美。宋晏几道《鹧鸪天》："舞低杨柳楼心月，歌尽桃花扇底风。"越女，古代越国多出美女，尤以西施最著名，后因以泛指越地美女。《文选·枚乘〈七发〉》："越女侍前，齐姬奉后。"刘良注："齐越二国，美人所出。"

（15）南朝，我国南北朝时期，据有江南地区的宋、齐、梁、陈四朝的总称。因四朝都建都于建康，即今南京市，故后人或借指南京。唐周贺《送康绍归建业》："南朝秋色满，君去意为何？帝业空城在，民田坏冢多。"金粉，黄金的粉末或金色的粉末，喻指繁华绮丽的生活。清吴伟业《残画》："六朝金粉地，落木更萧萧。"

（16）石头城，古城名，又名石首城，故址在今江苏省南京市清凉山。本名金陵城，汉建安十七年（212）孙权重建改名。城负山面江，南临秦淮河口，六朝时为建康军事要地。唐以后，城废。

（17）裘（qiú 求），用毛皮制成的御寒衣服。《诗经·豳风·七月》："一之日于貉，取彼狐狸，为公子裘。"《初学记》卷二六引汉班固《白虎通》："古者缁衣羔裘，黄衣狐裘，禽兽众多，独以狐羔，取其轻暖。"

（18）賸（shèng 剩），增加，增益。《说文·见部》："賸，物相增加也。"段玉裁注："賸、增叠韵。以物相益曰賸，字之本义也。"萧疏，稀疏，稀少。唐唐彦谦《秋霁夜吟寄友人》："槐柳萧疏溽暑收，金商频伏火西流。"隋堤柳，隋炀帝时治通济渠、邗沟河岸所修的御道，后人谓之隋堤，道旁所植杨柳，谓之隋堤柳。唐罗隐《隋堤柳》："夹路依依千里遥，路人回首认隋朝。春风未借宣华意，犹费工夫长绿条。"

（19）画楼，雕饰华丽的楼房。唐李峤《晚秋喜雨》："聚霭笼仙阙，连霏绕画楼。"

（20）沧洲，滨水的地方，古人常用以指隐士的居处。三国魏阮籍《为郑冲劝晋王笺》："然后临沧洲而谢支伯，登箕山以揖许由。"

（21）碧壶，青绿色的唾壶。唾壶为旧时一种小口巨腹的吐痰器皿。唾袖，即唾绒，古代妇女刺绣，每当停针换线、咬断绣线时，口中常沾留绒线，随口吐在衣袖上，谓之唾绒。

（22）箜篌，古代拨弦乐器名，有卧式和竖式两种。《史记·孝武本纪》："祠泰一、后土，始用乐舞，益召歌儿，作二十五弦及箜篌瑟自此起。"卧式七弦，竖式二十二（一作"三"）弦。

（23）榴裙，即石榴裙，朱红色的裙子，亦泛指妇女的裙子。

（24）月帔，仙子的衣饰。唐孟郊《同李益崔放送王炼师还楼观兼为群公先营山居》："霞冠遗彩翠，月帔上空虚。"

（25）霞褠（gōu 勾），以云霞为服，喻指轻柔艳丽的舞衣。褠，袖狭而直，形状如沟的单衣。《释名·释衣服》："褠，禅衣之无胡者也，言袖狭直而形如沟也。"王先谦疏证补："盖胡颈咽皮血下垂之义，因引伸为衣物下垂者……今袖紧而直无垂下者，故云无胡也。"

（26）飞琼，许飞琼，仙女名，后泛指仙女。典出《汉武帝内传》："王母乃命诸侍女……许飞琼鼓震灵之簧。"唐顾况《梁广画花歌》："王母欲过刘彻家，飞琼夜入云軿车。"

（27）曲江亭口，指曲江池，在今陕西省西安市东南，秦为宜春苑，汉为乐游原，有河水流过，水流曲折，故名曲江。隋更名芙蓉园，唐复名曲江。开元中更加疏凿，为都人中和、上巳等盛节游赏胜地。

（28）簪笔，插笔于冠或笏，以备书写。古代帝王近臣、书吏及士大夫均有此约束。《汉书·赵充国传》："[张安世]本持橐簪笔事孝武帝数十年，见谓忠谨，宜全度之。"颜师古注引张晏曰："近臣负橐簪笔，以备顾问，或有所纪也。"百子池，古代宫中池名。《三辅黄图·池沼》："七月七日[高祖]临百子池，作阆乐。"宋吴开《优古堂诗话·万年枝》："晏元献（殊）诗：'万年枝上凝烟动，百子池边瑞日长。'"

（29）御香，皇帝用的焚香。

（30）霓裳，《霓裳羽衣曲》的略称，唐代著名法曲，为开元中河西节度使杨敬忠所献。初名《婆罗门曲》。经唐玄宗润色并制作词，后改用今名。唐白居易《琵琶行》："轻拢慢抹复挑，初为《霓裳》后《绿腰》。"瀛洲，传说中的仙山。《列子·汤问》："渤海之东，不知几亿万里……其中有五山焉，一曰岱舆，二曰员峤，三曰方壶，四曰瀛洲，五曰蓬莱……所居之人，皆仙圣之种。"

（31）故宫禾黍空怀旧，《黍离》本为《诗经·王风》中篇名。《毛诗序》："《黍离》，闵宗周也。周大夫行役，至于宗周，过故宗庙宫室，尽为禾黍，闵宗周之颠覆，彷徨不忍去而作是诗也。"后遂用作感慨亡国之词。

（32）风僝（chán 蝉）雨僽（zhòu 宙），风雨摧残。僝，薄弱。僽，急骤。僝僽，折磨。宋黄庭坚《宴桃源·书赵伯充家小姬领巾》："天气把人僝僽，落絮游丝时候。茶饭可曾饮，镜中赢得消瘦。"

（33）南冠一楚囚，典出《左传·成公九年》："晋侯观于军府，见钟仪，问之曰：'南冠而絷者，谁也？'有司对曰：'郑人所献楚囚也。'"南冠，春秋时楚人之冠。楚囚，本指被俘的楚国人，后借指处境窘迫无计可施者。唐王昌龄《箜篌引》："九族分离作楚囚，深溪寂寞弦苦幽，草木悲感声飔飀。"

（34）曲院，妓院。《天雨花》第十回："公子心惊曲院事，低头失色不开声。"标首，即标首钱。《水浒传》第五十一回："雷横道：'今日忘了，不曾带得些出来，明日一发赏你。'白秀英道：'头醋不酽彻底薄。官人坐当其位，可出简标首。'"

（35）锦江，岷江之分支，在今四川成都平原。传说蜀人织锦濯其中而锦色鲜艳，濯于他水，则锦色暗淡，故称。薛涛晚年曾居成都市内的浣花溪（锦江支流），筑有眉楼。

（36）么弦，亦作"幺弦"。琵琶的第四弦，借指琵琶。小梁洲，梁洲原为唐教坊《凉州》由大曲摘遍而为小令，因称《凉州令》，后讹为《梁州令》，因称"小梁州"，以别于大曲。宋梅尧臣《莫登楼》："腰鼓百面红臂鞲，先打《六么》后《梁州》。"

（37）薛涛（768—?），字洪度，唐女妓、诗人。本长安良家女，随父郧宦蜀，父卒后，因家贫而入乐籍。熟谙音律，工诗词。韦皋镇蜀，召其侍酒赋诗，称女校书，出入幕府，经十一镇，皆以能诗受知。其间与唱和者有元稹、白居易、杜牧等，皆当世诗人名士。晚年居成都浣花溪，着女冠服。太和中卒，段文昌撰墓志，题曰"西川校书薛洪度之墓"。艳冶，艳丽妖冶，多形容女子容态。南朝梁庾肩吾《长安有狭斜行》："少妇多艳冶，花钿系石榴。"

（38）苏小，即苏小小，南朝齐钱塘名歌妓。《乐府诗集·杂歌谣辞三·〈苏小小歌〉序》："《乐府广题》曰：'苏小小，钱塘名倡也。盖南齐时人。'"唐白居易《和春深》之二十："钱塘苏小小，人道最天斜。"

（39）烟花，指妓女或艺妓。唐黄滔《闺怨》："塞上无烟花，宁思妾颜色。"部首，乐部的首领。

（40）旃（zhān 占），檀香。北魏郦道元《水经注·河水一》："以旃檀木为薪。"明李时珍《珍草纲目·木一·檀香》："释氏呼为檀，以为汤沐，犹言离垢也。番人讹为真檀。"静修，平和地调养，或谓闭门修道。《云芨七籖》卷七四："服此药能断薰血，兼静修天气，得效尤速。"

（41）玄机，天赋的灵性。唐赵磷《因话录·商上》："兵部员外郎约，汧公之子也，以近属宰相子，而雅度玄机，萧萧冲远。"

（42）能诗解讴，会作诗能歌唱。讴，没有伴奏的歌唱。

（43）持经诵咒，诵习经文。

（44）流水高山十字柔，指弹奏音乐。《高山》《流水》，琴曲名。内容据《列子·汤问》所载伯牙与钟子期的故事谱写。《列子·汤问》："伯牙善鼓琴，钟子期善听。伯牙鼓琴，志在高山，钟子期曰：'善哉！巍巍乎若泰山！'志在流水，钟子期曰：'善哉！洋洋兮若江河！'"后以"高山流水"为知音相赏或知音难遇之典，或比喻乐曲高妙。原为一曲，唐时曾分为二曲，到宋时又分《高山》为四段，《流水》为八段。一说《高山流水》本属一曲，元人始分为二。

（45）七弦，古琴的七根弦，亦借指七弦琴。汉应劭《风俗通·声音·琴》："今琴长四尺五寸，法四时五行也，七弦者，法七星也。"三国魏嵇康《酒会诗》之一："但当体七弦，寄心在知己。"第一玲珑手，歌妓中的第一把手。玲珑，指唐代歌妓商玲珑。唐白居易《醉歌》："罢胡琴，掩秦瑟，玲珑再拜歌初毕。谁道使君不解歌？听唱黄鸡与白日。"此泛指歌妓。

（46）漫撚轻拢二句，撚、拢、收为弹琴的四种指法。

（47）红豆，红豆树、海红豆和相思子等植物种子的统称。其色鲜红，文学作品中常用以象征爱情或相思。唐王维《红豆》："红豆生南国，春来发几枝。愿君多采撷，此物最相思。"

（48）湘妃，舜二妃娥皇、女英。相传二妃没于湘水，遂为湘水之神。北周庾信《拓跋竞夫人尉氏墓志铭》："西临织女之庙，南望湘妃之坟。"

（49）劃（huà 划）然，忽然，突然。唐韩愈《听颖师弹琴》："劃然交轩昂，勇士赴敌场。"辐辏，亦作"辐凑"，集中，聚集。《管子·任法》："群臣修通辐凑以事其主，百姓辑睦听令道法以从其事。"

（50）离鸾，比喻分离的配偶。唐李商隐《当初有对》："但觉游蜂饶舞蝶，岂知孤凤忆离鸾。"

（51）别鹄（hè 鹤），即别鹤，比喻离散的夫妻。晋陶潜《拟古》之五："知我故来意，取琴为我弹。上弦惊别鹤，下弦操孤鸾。"鹄，通"鹤"。唐李商隐《圣女祠》："寡鹄迷苍壑，羁凰怨翠梧。"冯浩笺注："鹄，《英华》作鹤。鹤、鹄古通。"

（52）天女，天上的神女。《魏书·序纪·圣武帝》："歘见辐軿自天而下。既至，见美妇人……对曰：'我，天女也。'"投壶，古代宴会礼制，亦为娱乐活动。宾主依次用矢投向盛酒的壶口，以投中多少决胜负，负者饮酒。参阅《礼记·投壶》。玉瓯，玉制的酒杯。瓯，杯、碗之类的饮具。宋邵雍《对酒吟》："有酒时时泛一瓯，年将七十待何求。"

（53）山鬼，山神。《史记·秦始皇本纪》："山鬼固不过知一岁事也。"或泛指山中鬼魅。唐杜甫《奉酬薛十二丈判官见赠》："卧病识山鬼，为农知地形。"

（54）鸺鹠（xiū liú 休刘），鸱鸮的一种，羽棕褐色，有横斑，尾黑褐色，腿部白色，外形和鸱鸮相似，但头部没有角状的羽毛，在古代书中常视为不祥之鸟。

（55）凤唪，凤鸟的嗉囊。

（56）血托钟山玉邱，化用苌弘化碧典故。相传苌弘被周人冤杀，死后三年，其血化为碧玉。事见《左传·哀公三年》。钟山，山名。在昆仑西北，一说即昆仑山，其地多产美玉。《吕氏春秋·士容》："故君子之容纯乎其若钟山之玉，桔乎其若陵上之木。"邱，通"丘"，山丘。

（57）广陵散（sǎn 伞），琴曲名。三国魏嵇康善弹此曲，秘不授人。后遭谮被害，临刑索琴弹之，曰："《广陵散》于今绝矣！"见《晋书·嵇康传》。后亦称事无后继、已成绝响为"广陵散"。

（58）清泪如铅万斛流，语出唐李贺《金铜仙人辞汉歌》："空将汉月出宫门，忆君清泪如铅水。"清泪如铅，言其眼泪清莹凝聚。万斛流，言其眼泪之多。斛，旧计量单位，十斗为一斛。

（59）残甃（zhòu 宙），残破的井壁。甃，井壁。《庄子·秋水》："出跳梁乎井干之上，入休乎缺甃之崖。"《释文》："李（颐）云：甃，如阑，以砖为之，著井底阑也。"

（60）迷香洞，妓女接客的上等处所。唐冯贽《云仙杂记·迷香洞》："史凤，宣城妓也。待客以等差。甚异者，有迷香洞、神鸡枕、锁莲灯；次则交红被、传香枕、八分羊；下则不相见，以闭门羹待之，使人致命曰：'请公梦中来。'"后为妓院的美称。

（61）莺莺燕燕，莺和燕，喻指众多的姬妾或妓女。语本宋苏轼《张子野年八十五尚闻买妾述古今作诗》："诗人老去莺莺在，公子归来燕燕忙。"

（62）剩粉零香薮，形容妓院残破的景象。薮，渊薮，喻人或物会聚之处。五代王仁裕《开元天宝遗事·风流渊薮》："长安有平康坊，妓女所居之地……时人谓此坊为风流薮泽。"

（63）绿惨红愁，指妇女的种种愁恨。绿、红，谓黑鬓红颜。宋罗烨《醉翁谈录·小说开辟》："讲鬼怪令羽士心寒胆战；论闺怨遣佳人绿惨红愁。"

（64）顿家娘，明代金陵名妓顿文。顿文，小字小文，琵琶顿老之孙女，善鼓琴。清王士禛《秦淮杂诗》："旧院风流数顿杨，梨园往事泪沾裳。"顿即顿文，杨是善弹琵琶的杨玉香。

（65）珠帘秀，本姓朱，后人称为朱娘娘，元代著名的杂剧女演员，兼善词曲，与关汉卿、卢挚等人常相赠答唱和。

（66）露花，露水，喻短暂。明袁宏道《过华清宫浴汤泉有述》之四："羯鼓弄《伊》《凉》，露花石光火。"

（67）绿绮，古琴名。晋傅云《〈琴赋〉序》："齐桓公有鸣琴曰号钟，楚庄有鸣琴曰绕梁，中世司马相如有绿绮，蔡融有焦尾，皆名器也。"后亦泛指琴。唐李白《听蜀僧濬弹琴》："蜀僧抱绿绮，西下峨眉峰。"朱弦，用熟丝制的琴弦。《礼记·乐记》："《清庙》之瑟，朱弦而疏越。"郑玄注："朱弦，练朱弦。练则声浊。"

（68）先朝，前朝，多指上一个朝代。此指明朝。

（69）咬春，旧时北方京津等地立春日有吃春饼和吃生萝卜的习俗，称为"咬春"。明刘若愚《酌中志·饮食好向纪略》："至次日立春之时，无贵贱皆嚼萝卜，曰咬春。"燕九，旧俗以正月十九日为"燕九节"。明刘侗于奕正《帝京景物略·白云观》："真人名处机，字通密，金皇统戊辰正月十九月生……今都人正月十九，致浆祠下，游冶纷沓，走马蒲博，谓之燕九节，又曰宴丘，亦省称'燕九'。"

（70）兔园，园圃名，亦称梁园，在今河南开封市东南，一说在今河南商丘东，汉梁孝王刘武所筑，为游赏和宴宾之所。当时著名文士司马相如、邹阳、枚乘陪梁王游宴，枚乘（一说司马相如）有《梁王菟园赋》记其盛况。柏梁游，即在柏梁台的游宴。柏梁，即柏梁台，汉代台名，故址在今陕西西安市长安区西北长安故城内。《三辅黄图·台榭》："柏梁台，武帝元鼎二年春起此台，在长安城中北门内。《三辅旧事》云：以香柏为梁也，帝尝置酒其上，诏群臣和诗，能七言者乃得上。太初中台灾。"

（71）觥（gōng公）筹，酒器和酒令筹。唐皇甫松《醉乡日月·觥录事》："觥筹尽有，犯者不问。"

（72）禁苑，帝王的园林。《史记·平准书》："是时禁苑有白鹿而少府多银锡。"万寿，万寿山，此指兔园中的主峰名。

（73）複宫，繁多的宫殿。複，繁多，复杂。戏号千秋，叫作千秋宫。千秋，旧时称人寿辰的敬辞。千秋宫当为祝寿之所。

（74）结绮椽，指结绮阁。南朝陈后主至德二年，起临春、结绮、望仙之阁，阁高数丈，并数十间，窗牖、壁带之类皆以沉檀香木为之，饰以金玉，间以珠翠，其服玩之属，瑰奇珍丽，穷极奢华，近古所未有。后主自居临春阁，张贵妃居结绮阁，龚孔二贵嫔居望仙阁，并复道交相往来。见《陈书·皇后传·后主张贵妃》。

（75）韩擒，即韩擒虎，原名豹，字子道，河南东垣人。隋大将。开皇初，为庐州总管，文帝委以平陈之任。开皇九年，大举伐陈，擒虎为先锋，以轻骑五百，直取金陵，生俘陈后主。陈平，进位上柱国。

（76）花庭玉树凋零久，花庭，花苑。玉树，用珍宝制作的树。南朝陈后主曾制《玉树后庭花》。《陈书·皇后传·后主张贵妃》：“后主每引宾客对贵妃等游宴，则使诸贵人及女学士与狎客共赋新诗，互相赠答。采其尤艳丽者以为曲词，被以新声……其曲有《玉树后庭花》《临春乐》等，大指所归，皆美张贵妃、孔贵嫔之容色也。”

（77）琼枝，传说中的玉树，喻嘉树美卉。璧月，对月亮的美称。

（78）张孔，指张贵妃和孔贵嫔。承恩，蒙受恩泽。《史记·佞幸列传赞》：“冠鸡入侍，傅粉承恩。”十週，十年。週，指一年、一岁。明瞿式耜《戊子九月书寄》：“今皇上以丙戌十月嗣统，今已两週。”

（79）白门，江苏省南京市的别名，六朝皆都建康（今南京），其正南门为宣阳门，俗呼白门，故名。《南齐书·王俭传》：“宋世外六门设竹篱。是年初，有发白虎樽者言：‘白门三重门，竹篱穿不完。’上感其言，改立都墙。”明吴从先《徐郎小传》：“芳国吴儿，父以负犇白门，因依常侍为命。”

（80）换羽移宫，亦作“移宫换羽”。乐曲换调。“宫”“商”“角”“徵”“羽”均为古代乐曲五音中之音调名。宋周邦彦《意难忘·美人》：“解移宫换羽，未怕周郎。”

（81）秋娘，文学故事人物。据唐杜牧《杜秋娘》诗序说，唐时金陵女子，姓杜，名秋。原为节度使李锜妾，善唱《金缕衣》曲。后入宫，为宪宗所宠。穆宗命为皇子傅母。后皇子被废，赐归故里，穷老以终。亦代指妓女。清钱谦益《丙戌南赠别故侯家妓人冬哥》之四：“师师垂老杜秋衰，《金缕》歌残尽此杯。”

（82）念奴，唐天宝长安妓女，以善歌著名，后用以泛指歌女。唐元稹《连昌宫词》："力士传呼觅念奴，念奴潜伴诸郎宿。"自注："念奴，天宝中名倡，善歌。每岁楼下酺宴，累日之后，万众喧隘。严安之、韦黄裳辈辟易而不能禁。众乐为之罢奏。玄宗遣高力士大呼于楼上曰：'欲遣念奴唱歌，邠二十五郎吹小管逐，看人能听否？'未尝不悄然奉诏。其为当时所重也如此！然而玄宗不欲夺侠游之盛，未尝置在宫禁。"宋柳永《木兰花》："心娘自小能歌舞，举意动容皆济楚，解教天上念奴羞，不怕掌中飞燕妒。"

（83）钟磬，钟和磬，佛教法器。唐岑参《上嘉州青衣山中峰题惠净上人幽居寄兵部杨侍中》："猿鸟乐钟磬，松萝泛天香。"清修，佛教指在家修行。《五灯会元·黄龙新禅师法嗣·空室智通道人》："空室道人智通者，龙图范珣女也，幼聪慧，长归丞相苏颂之孙悌。未几厌世相，还家求祝发，父难之，遂清修。"后用以对修行的统称。

（84）三弄梅花，即"梅花三弄"，古曲名。据明朱权《神奇秘谱》称，此曲系由晋桓伊所作的笛曲改编而成。内容写傲霜斗雪的梅花，全曲主调出现三次，故称。元朱庭玉《夜行船·春晓》："晓角《梅花三弄》曲，勾引起禁钟楼鼓。"

（85）也么哥，亦作"也波哥"，元明戏曲、散曲中常用的衬词，无义。元王实甫《西厢记》第二本楔子："是必休误了也么哥！休误了也么哥！"

（86）瑶琴，用玉装饰的琴。南朝宋鲍照《拟古》之七："明镜尘匣中，瑶琴生网罗。"赴清水，指投水而死。

（87）红粉，妇女们化装用的胭脂和铅粉。《古诗十九首·青青河畔草》："娥娥红粉妆，纤纤出素手。"青衫，古时学子所穿之服，亦借指学子、书生。宋刘过《水调歌头·寿王汝良》："斩楼兰，擒颉利，志须酬。青衫何事，犹在楚尾与吴头。"

（88）天涯沦落，语出唐白居易《琵琶行》："同是天涯沦落人，相逢何必曾相识。"天涯，天边。沦落，流落，漂泊。

（89）悟浮沤，从水面上的泡沫悟出事理。浮沤，水面上的泡沫。因其易生易灭，常比喻变化无常的世事和短暂的生命。唐姚合《酬任畴协律夏中苦雨见寄》："走童惊掣电，饥鸟啄浮沤。"

（90）步虚游，指道家传说中神仙的凌空步行。《汉武帝内传》：“可以步虚，可以隐形。长生久视，还白留青。”

（91）散发披缁，散开头发，披着青黑色衣服。十洲，道家称大海中神仙居住的十处名山胜境，亦泛指仙境。《海内十洲记》：“汉武帝既闻王母说八方巨海之中有祖洲、瀛洲、玄洲、炎洲、长洲、元洲、流洲、生洲、凤麟洲、聚窟洲。有此十洲，乃人迹所稀绝处。”唐卢照邻《赠李荣道士》：“风摇十洲影，日乱九江文。”

（92）长卿消瘦，长卿，汉代辞赋家司马相如的字。相如未遇时家徒四壁，后为汉武帝所赏识，以辞赋名世，诗文中常用以为典。晋葛洪《抱朴子·论仙》：“吾徒匹夫，加之罄困，家有长卿壁立之贫，腹怀翳桑绝粮之馁。”

（93）文园病酒，文园，指司马相如，因司马相如做过文园令。唐刘知几《史通·序传》：“至马迁，又征三闾之故事，放文园之近作，模楷二家，勒成一卷。”病酒，饮酒沉醉，或饮酒过量而生疾。

（94）琴心空赋凤难求，司马相如求卓文君，曾弹《凤求凰》曲挑之，与文君俱归成都。

（95）阳关引声零折柳，阳关引声，指《阳关三叠》，古曲名，又称《渭城曲》。典出唐王维《送元二使安西》：“渭城朝雨浥轻尘，客舍青青柳色新。劝君更尽一杯酒，西出阳关无故人。”后入乐府，以为送别之曲，反复诵唱，遂谓之《阳关三叠》。折柳，折取柳枝。语出《三辅黄图·桥》：“霸桥在长安东，跨水作桥。汉人送客至此桥折柳赠别。”后多用作赠别或送别之词。

（96）蔡中郎（132—192），即蔡邕，字伯喈，东汉陈留人，灵帝时拜郎中。董卓征为祭酒，累迁中郎将。后以卓党死狱中。邕少博学，好辞章，精音律，善鼓琴，又工书画。著有《独断》等，辑其文为《蔡中郎集》。《后汉书》有传。爨（xìn 信）材，指遭毁弃的良材。事本晋干宝《搜神记》卷十三：“吴人有烧桐以爨者，邕闻火烈声，曰：‘良材也！’因请之，削以为琴，果有美音。”即焦尾琴。

（97）吹箫故友，吹奏箫管的老朋友。此句用“吹箫散楚”之典。在传统戏曲中，楚霸王项羽被困垓下，汉军师张良令汉军于高阜上吹唱楚歌，引发楚军的思乡之情。楚军感乡音而悲，四散逃走，项羽败亡。吹奏楚歌用箫、笛，因以"吹箫散楚"谓瓦解敌军。

（98）击筑吾侪，我那击筑的朋友，喻慷慨悲歌之士。击筑，筑是古代一种弦乐器，似筝，以竹尺击之，声音悲壮。《史记·刺客列传》："至易水之上，既祖，取道，高渐离击筑，荆轲和而歌，为变徵之声，士皆垂泪涕泣。"后以"击筑"喻指慷慨悲歌或悲歌送别。明张煌言《愁泊》："往事分明堪击筑，浮生那得数衔杯。"

（99）渊明叟，东晋诗人陶潜，即陶渊明，字元亮，曾为彭泽令。因不为五斗米而折腰，弃官归隐，以诗酒自娱。叟，老人。

（100）箕山一操，箕山之节操，典出《吕氏春秋·求人》："昔尧朝许由于沛泽之中，曰：'……请属天下于夫子。'许由辞曰：'为天下之不治与？而既已治矣。自为与？鹪鹩巢于林，不过一枝；偃鼠饮于河，不过满腹。归已君乎！恶用天下？遂之箕山之下，颍水之阳，耕而食，终身无经天下之色。'"后因"箕山之节"谓隐居不仕的节操。

（101）经卷黄庭，指《黄庭经》，道教的经典著作。唐李白《送贺宾客归越》："山阴道士如相见，应写《黄庭》换白鹅。"

（102）恰便似辞家白傅溢江口三名，用唐白居易《琵琶行》故事。白傅，诗人白居易的代称。白晚年官太子少傅，故称。白居易于唐宪宗十年（815）贬为江州司马，次年（816）秋一天送客溢浦口（在今江西省九江市西，是溢江流入长江的地方）。商妇，指琵琶女。《琵琶行》有"老大嫁作商人妇"之句。琵琶女诉昔游说："自言本是京城女，家在虾蟆陵下住。十三学得琵琶成，名属教坊第一部。曲罢曾教善才服，妆成每被秋娘妒。五陵年少争缠头，一曲红绡不知数。钿头银篦击节碎，血色罗裙翻酒污。今年欢笑复明年，秋月春风等闲度。"开元、天宝，唐玄宗的两个年号。开元（713—741），天宝（742—756）。唐代最强盛的时期。

（103）韦娘，即杜韦娘，唐代著名歌妓，后用作一般歌妓的美称。元马祖常《次前韵》之四："乐部韦娘舞小垂，病来能召翰林医。"

（104）杜陵，指唐代诗人杜甫，居杜陵，自称杜少陵、杜陵野老，杜陵，地名。在今陕西省西安市东南。古为杜伯国，秦置杜县，汉宣帝筑陵于东原上，因名杜陵。

【赏析】

这首套数正文之前原有一个小序云："卞玉京为秦淮八艳之一，后为女道士。吴梅村有《听女道士卞玉京弹琴歌》。偶摭其事，以散套谱之。第六转用挑袍体，余用货郎担体。"吴梅村《听女道士卞玉京弹琴歌》见于《梅村诗集》卷三，是首五言排律，记叙了诗人与卞玉京在金陵大功坊比邻而居时的交往、卞氏在南明时期的不幸遭遇，以及卞氏入为女道士后居苏州虎丘时的重逢。题下小注引《板桥杂记》云："卞赛，字赛赛，后称玉京道人。乱后游吴门作道人装，然有间有所主。"又《梅村诗话》："玉京，字云装。"吴氏尚有《琴河感旧并序》七律四首，也是记叙诗人与卞玉京交往的。序中有云卞玉京"将委身于人矣"，注云："交将适郑建德先生。"综上所述，我们大抵上可以了解卞玉京这位艺术家的简单经历，有助于我们对此套曲的解读。

《拟吴梅村听卞玉京弹琴》散套共包括十一支曲子，大抵可分为三个部分。前四支曲子为第一部分，写明清易代后作者（代吴梅村）与卞玉京的重逢景况。首支曲子［南吕一枝花］写诗人与卞玉京在酒楼邂逅。卞玉京这位秦淮名妓，如今是怎样一副形象呢？作者进行了生动的描绘：在社会变乱之后的一天傍晚，天日昏暗，云气缭绕山间。一位头戴黄冠的女道士，鬈发苍白，形容消瘦，好像要被西市问斩的死囚一样，在酒楼上低声吟唱。寥寥几句，就道出了卞玉京在历经沧桑之变后年老色衰但英气仍在的风貌。诗人接着把她比作南北朝时出使被羁留北周不能南返故国的著名诗人庾信（小字兰成），而不再把她视为点缀秦淮繁华的花柳。接下来［梁州第七］［正宫九转货郎儿］和［二转］三支曲子则是写卞玉京在明清易代时出为女道士的经历及作者对她的同情。回想南明小朝廷，歌舞升平之时，在备尽风月繁华之盛的秦淮河畔，"白练裙吴姬领袖，桃花扇越女班头"，金樽檀板，婉转歌喉，不仅艺压群芳，也是貌若天仙。经清兵入关，明朝灭亡，"秦淮水变作了淘浪污池，石头城化作了残砖败甓"，

"只賸得萧疏一片隋堤柳"。昔日的繁华，如今的残破，形成了鲜明对比，寄寓了作者的家国之愁。［二转］一曲作者又由第三人称，转化为第一人称，代吴梅村抒发亡国之恨。想当年"侍宴曲江"，"簪笔百子池"，袍拭御香，瀛洲听唱，是何等荣耀。如今江山落入他人手，变成了"孤子南冠一楚囚"，字里行间流露出不得已仕清的愧疚和不安。

　　［三转］至［七转］五支曲子是卞玉京正传，着力写作为秦淮八艳之一的卞玉京高超的技艺。［三转］开始作者又换成第二人称写法，读来更加亲切。作者以"曲院夺来标首"，"烟花部头"来写卞玉京的技艺压群芳，以"与薛涛争艳冶，和苏小较娇羞"来写卞玉京的美艳绝伦，说明她是一个色艺双绝的艺伎，如今却作了女道士，致使"生疏了流水高山十指柔"。［四转］和［五转］描状卞玉京的高超琴艺，二曲又有分工：［四转］写卞玉京善弹柔婉之曲，［五转］则写其善弹阳刚之调。弹柔婉之曲则如"晴巖濯秀""晚霞凝岫"，像孤雁出林、"潜龙夜吼"，"这七弦中算得个第一个玲珑手"。作者拿她和历史上著名的艺人薛涛、苏小小、商玲珑作比，说明她是第一流的艺术家。她的演奏技巧十分高妙，"漫撚轻挡，紧拢徐收，转调儿瑟瑟抛红豆"。不仅技法娴熟，而且感情丰富。［五转］写卞玉京所弹阳刚之调：如"惊沙驰骤""奔涛辐辏""似丛铃碎佩响飕飗""天女设壶碎玉瓯""千军铁骑沙场斗，龙唇凤嗪蒙尘走"。写得激昂慷慨，十分感人。这两支曲子对卞玉京琴艺的描写，使我们想起唐代诗人白居易在《琵琶行》对琵琶女弹琵琶的绝妙刻画，虽然不及白氏描写出色，但也十分精彩，把无形的音乐化为生动的形象，则是其共同的特色。［七转］则进一步通过回忆当年繁华之时，卞氏曾"陪佳宴咬春燕九"。这种盛况就像"兔园高会柏梁游"，又像南朝陈后主在临春阁演奏《玉树后庭花》。这些典故的运用，不仅描述了卞玉京的艺术生涯，更抒发了她的亡国之痛。

　　［八转］［九转］和［尾声］是该套曲的第三部分，合写卞玉京与作者的亡国之痛。［八转］开始仍用第二人称抒写，把卞玉京比作历史上著名歌伎杜秋娘和念奴，今日飘零重遇，"诉不尽新愁旧愁"，虽然做了女道士，仍然不能忘怀她心爱的音乐，而且风韵不减当年，依然"仙乐悠悠"。

也许是卞玉京的高尚节操使作者（代吴伟业）无地自容，所以说："我欲抱瑶琴赴清流"，一死了之，以报前朝。想到二人都"天涯沦落"不堪回首，悟透了世事就像水中的浮泡，想同去学道家凌空步虚求仙访道。[九转]一曲则代吴伟业以汉代辞赋家司马相如自喻，虽没有嵇康东市临刑索琴弹奏《广陵散》的豪气，却有汉末名士蔡邕那种高超的琴艺。可遭逢易代之患，看着像汉高祖谋士张良在垓下之战时提出"吹箫散楚"的计策，像荆轲刺秦易水送别时高渐离击筑慷慨悲歌，"都风霜义烈各千秋"。自己却身仕清朝，好像"寒蝉坠下螳螂口"，既不能学陶渊明不为五斗米而折腰罢官而去，也没有像洗耳的许由一样有隐居不仕的节操，比较起来，远不如卞玉京度为女道士，愧疚之情，溢于言表。[尾煞]一曲则合写二人：前三句化用白居易《琵琶行》典故，代吴梅村以江州司马白居易自居，而把卞玉京比作沦落为商人之妇的琵琶女，感叹"开元天宝成追旧"。时世变迁，江山易主，你就是杜韦娘也不要消瘦，我像杜少陵也慢些发愁，因为即使把我们的眼泪哭干也无济于事，无可奈何中终此长调。

这首散套写来激昂慷慨，大气磅礴，辞新华茂，寄慨遥深，描述卞玉京色艺双绝，生动形象，对其易代之愁、亡国之痛的民族思想和爱国之志给予高度赞扬，也代吴梅村流露出屈服仕清的内疚和不安。其写法上，第一、第二、第三人称交替使用，既易于状写卞玉京的经历和风貌，又易于寄寓作者的同情，运用十分得体。此外，这是一曲拟作，不可轻看这一"拟"字，题目作《拟吴梅村听卞玉京弹琴》，曲中的作者（"我""俺"）不是许之衡，而是吴梅村。因为许是晚清入民国时的人，与明末清初的卞玉京自然无涉，作者是用原作者"吴梅村"的口气写曲，这样才合情理。这是需要交代清楚的。

毛泽东在顾名编《曲选》中读到这首散套，并进行了圈点，所画圈加点的几处，或是描写卞玉京的琴艺，或是抒写其亡国之痛的，表明了他欣赏此曲的着眼点与着重点，给我们不少启发。

任 讷

任讷（1897—1991），字中敏，笔名二北、半塘，江都（今江苏扬州）人，近代戏曲史家、敦煌学家。1920年毕业于北京大学，参与五四运动。历任四川大学、扬州师范学院教授。毕生从事戏曲史、戏曲理论和唐代音乐文艺的研究。主要著作有《唐戏弄》《教坊记笺注》《敦煌曲初探》《敦煌歌辞集总编》《作词十法疏证》《散曲概论》《散曲丛刊》等。这些论著对唐代戏曲、音乐和敦煌学作了有益的研究。

《唐戏弄》是继王国维《宋元戏曲史》后，专门研究唐至五代的戏曲发展过程的著作。它从辨体、剧录、伎艺、脚色、演员、设备等方面，详细论述唐戏已粗具戏曲表演艺术的初期形态，并进而探索和考证了唐戏的脚本、戏台、音乐、化装、服饰、道具等特征，从而提出"我国演故事之戏剧，固始于汉，而盛于唐"，以及周有"戏礼"，汉迄隋有"戏象"，唐有"戏弄"，宋以后有"戏曲"的主张。《敦煌曲初探》以唐代歌辞（包括曲子、曲辞）论证词源于曲，提出"曲、词、曲"的主张，对宋词和散曲的研究有了新的见解。上述见解，在学术研究上产生了较大影响。

【原文】

〖仙吕〗寄生草

咏冤家

凤世里安排定⁽¹⁾，来生又缔结牢⁽²⁾。莽冤家，处处亲投到⁽³⁾，狠冤家，个个无圈套⁽⁴⁾，蠢冤家，对对成虚耗⁽⁵⁾。咒冤家都道个命难长，想冤家又只记得冤家俏。

【毛泽东评点】

毛泽东在阅读顾名编《曲选》收录的这首小令时，先后两次进行圈点，先用铅笔在末二句旁各画了三个小圈，又用毛笔在"处处亲投到""个个无圈套""对对成虚耗"三句和末二句旁各画了两个墨圈。

——中央档案馆整理：《毛泽东评点诗词曲精选·曲选》第55页，中央档案出版社1998年版

【注释】

（1）夙（sù宿）世，前世。《宣和画谱·李得柔》："得柔幼喜读书，工诗文，至于丹青之技，不学而能，益验其夙世之余习也。""夙世里安排定"，即"夙世冤家"，用以昵称所钟爱的人。明无名氏《双调夜行船序·重会》套曲："兜的夙世冤家，却如何一见两情寄牵掣。"

（2）来生，也叫来世，下一世。南朝宋颜延之《又释何衡阳书》："何必陋积庆之延祚，希元验于来生。"佛教宣扬人死后会重新投生，因称转生之世为来生。缔结牢，结下不解之缘。缔，结而不可解。

（3）莽，鲁莽，言语、行动粗率而不谨慎。二句说，鲁莽的情人，虽然面面俱到而不可人意。

（4）"狠冤家"二句，凶狠的情人只会直来直去。圈套，引诱人上当或受害的计策。

（5）"蠢冤家"二句，愚蠢的情人，一对对都是虚度光阴，不能领略爱情的甜蜜。虚耗，白白地消耗，浪费。清郑观应《盛世危言·电报》："电报，学生测量未准，停报久而虚耗多。"

【赏析】

任讷的［仙吕］寄生草《咏冤家》见于顾名编《曲选》。寄生草，民间曲调名，五十八字或四十八字，可加衬字。平仄通押。流行于元、明、清三代。冤家，旧时对所爱的人的昵称，为爱极的反语。黄庭坚《昼夜乐》词："其奈冤家无定据，约云朝、又还暮雨。"这支曲子描述了情人之间的种种相爱情态。

此曲分三层意思来写：首二句"夙世里安排定，来生又缔结牢。"这是曲的第一层，写情人是命中注定：今生今世的婚姻是前世"安排定"的，不能违忤，下辈子的爱情又是今生"缔结牢"，冲也冲不破。这样说难免有宿命论之嫌。但如果我们拨开迷信的迷雾，是否可以这样理解：今生今世的美满爱情是前生修就，而且希望它能在来世得到延续，这样意义比较积极。接下来六句："莽冤家，处处亲投到，狠冤家，个个无圈套，蠢冤家，对对成虚耗。"这是曲的第二层，写三种情人之间的不同关系：言语粗鲁、行为鲁莽的情人，虽然方方面面都十分周到，无可指责，但不可人意；心狠的情人只会直来直去，不会设置个引人上钩的套曲，缺乏生活情趣；愚蠢的情人，一对对都是白白虚度光阴，丝毫不能领略爱情的甜蜜。在作者笔下，三种情人对爱情的处理都不尽如人意，遗憾的是作者也没有能够给出一个满意的答卷。末二句："咒冤家都道个命难长，想冤家只记得冤家俏。"这是曲的第三层：写情人的龃龉和相思。情人之间也不总是甜言蜜语、你恩我爱的，有时也不免发生误会、挫折，甚至矛盾，这时情人就会诅咒对方，而诅咒时通常用的一句话就是"命难长"，或者换个说法，就是"狠心贼""短命鬼"之类；而想念情人时也有一个规律，那就是"只记得冤家俏"，换句话说就是"情人眼里出西施"。总之，此曲所写情人间种种相爱之态及矛盾挫折，都有真实体验为基础，极富生活情趣，曲词也写得明快流利，意蕴丰厚，耐人寻味。

毛泽东在顾名编的《曲选》读到这首小令时，先后两次分别用铅笔和毛笔进行圈画，对描写三种情人间的不同情态和情人间"咒""想"时的用语的字句，都画了圈，表示比较欣赏。

【原文】

〖北大石〗青杏子

和卢子见赠

【青杏子】缘合费寻思⁽¹⁾，莽心情权解双眉⁽²⁾。平生几洒知音泪⁽³⁾。堂前肃拜⁽⁴⁾，门东小步，算后悲啼⁽⁵⁾。

【归塞北】当年事，此日有谁知？台上书声何故歇，洲前白鹭几时飞⁽⁶⁾？空有夕阳肥⁽⁷⁾。

【么篇】风光别，偏与我相期。触手杯盘茶座密，回头城郭绿杨齐。情绪越披离⁽⁸⁾。

【尾声】握别河梁言活计⁽⁹⁾，世事这般滋味！风尘又满衣，狂客一声才叹已⁽¹⁰⁾。

【毛泽东评点】

毛泽东在阅读顾名编《曲选》收录的这首套曲时，在［归塞北］一曲"台上书声何故歇"等三句旁，用毛笔各加了两个墨点；

在［么篇］一曲"触手杯盘"等二句旁，用毛笔各加了两个墨点，并将"情绪越披离"原错排的句子"情离越绪披"，加以勾画改正。

——中央档案馆整理：《毛泽东评点诗词曲精选·曲选》第142页，中央档案出版社1998年版

【注释】

（1）缘合，缘分相合。缘分是一种由于以往因缘致有当今的机遇。寻思，思索，考虑。

（2）莽心情，迷茫的心情。莽，渺茫，迷茫。

（3）平生，一生，此生，有生以来。知音，典出《列子·汤问》：伯牙善鼓琴，子期善听琴。伯牙琴音志在高山，子期说"峨峨分若泰山"；琴音意在流水，子期说"洋洋分若江河"。伯牙所念，子期必得之。后世遂以"知音"比喻知己、同志。

（4）肃拜，古九拜之一。《周礼·春官·大祝》："辨九拜……九曰肃拜。"一说即今之所谓"揖"，一说"跪而举下手"。《朱子语类》卷九一："何谓肃拜？曰：两膝齐跪，手至地而头不下为肃拜。"

（5）算后，推测，料想之后。宋姜夔《扬州慢》："杜郎俊赏，算而今，重到须惊。"

（6）洲前白鹭几时飞，语出唐张志和《渔歌子》："西塞山前白鹭飞，桃花流水鳜鱼肥。"

（7）夕阳，比喻晚年。晋刘琨《重赠卢谌》："功业未及建，夕阳忽西流。"李周翰注："夕阳，谓晚景，喻己之老也。"

（8）披离，分散之状，散乱之态。《文选·宋玉〈风赋〉》："至其将衰也，被丽披离，衡孔动楗。"李善注："被丽披离，四散之貌也。"

（9）握别河梁，指送别。河梁，桥梁。典出旧题汉李陵《与苏武》诗之三："携手上河梁，游子暮何之？……行人难久留，各言长相思。"后因以"河梁"为送别之地。

（10）狂客，放荡不羁的人。唐李白《醉后答丁十八以诗讥余捶碎黄鹤楼》："一州笑我为狂客，少年往往来相讥。"

【赏析】

这首套曲题作《和卢子见赠》。见赠，即赠送给我。就是说有卢子赠曲在前，才有和曲于后。卢子，即卢前（1904—1950），前字冀野，号小疏，别署江南才子、饮虹园丁、饮虹簃主，江苏江宁（今南京）人，近代戏曲家、学者。少与任讷同治宋元乐府，师事于吴梅先生。

卢前寄任讷曲，见其《饮虹乐府》，题作《喜二北至》原文是：

> ［北大石调青杏子］相见复相思，恨春光撮上峰眉，近来多少青衫泪！有莫愁花月，秦淮夜雨，钟岭鹃啼。
> ［归塞北］春已老，往事怕人知。寻梦何曾云岫出，知心难遇鸟林飞，小圃荀方肥。
> ［么篇］何日共，尊酒结交期。岂独论心烧烛短，当从说剑引杯齐，词卷不停披。
> ［尾声］五斗弯腰原非计，弦索别余风味，飘飘白袷衣，这时节指点宫商歌未已。

这首套曲表现了和任讷欢会时的喜悦心情，畅叙二人友谊及生活感慨。任讷的和曲，也是依韵奉和，抒写二人的交往与感触。

全套共四曲，我们先看第一支曲子［青杏子］："缘合费寻思，莽心情权解双眉。平生几洒知音泪。"前三句抒情，写二人久别重逢的喜悦。是说两人重逢是缘分投合，颇费思索，自己带着一种迷茫的心情笑展双眉。像这样的知己欢聚一生中又能有几次呢？欣喜之情溢于言表。"堂前肃拜，门东小步，算后悲啼。"后三句叙事，追忆二人的同窗之谊。二人早年投拜著名曲家吴梅先生门下，"堂前肃拜"，当指此事。"门前小步"后指二人交往，"算后悲啼"，是指推测前途，不容乐观，这是叙旧。

第二支曲子〔归塞北〕紧承上曲，继续叙旧："当年事，此日有谁知？"承接无痕。"台上书声何故歇，洲前白鹭几时飞？空有夕阳肥。"当年事分为两个方面：一是读书，"台上书声何故歇"当有故事，别人不好妄猜。为前句所写；二是游玩，也可能最令人难忘的是到白鹭洲前捕鱼，为后句所叙。这些当年趣事，知者已经不多，二人忆及，分外亲切。"空有夕阳肥"，夕阳喻晚境，是说二人也都年老了，身体发福了。

第三支曲子〔么篇〕，转笔再写今日重逢。"风光别，偏与我相期。"二句叙事。首句"风光别"由追忆过去回到现在，又写出风光不同。二句"偏与我相期"。虽然时世变化但友谊长青，故都期盼相会。相见后还是那样投机："触手杯盘茶座密，回头城郭绿杨齐。情绪越披离。"三句描写，重逢后，大家围坐在一起吃酒品茶，殷勤相劝，共话今昔，感慨万千，回头眺望，城外的绿杨已经高与城齐，感情就更加激动了。

〔尾声〕一曲写分别。挚友的欢聚是美好的，也是短暂的，为生计所迫，还得各奔东西。"握别河梁言活计，世事这般滋味！"前句用汉李陵携手河梁送别好友苏武的典故，言卢子送别自己，谈到日后生活门路，二人都感慨世事艰辛，谋生不易！"风尘又满衣，狂客一声才叹已。"结末二句倒装，寄托感慨。"狂客"是作者自称。一声长叹才罢，又风尘仆仆踏上了谋生的征程，言简意赅，感慨遥深。

总之，这首套曲写两位知识分子的求学和生活，他们的分离聚合，反映了旧社会知识分子谋生不易，可谓我国旧时知识分子生活的一个侧影。

毛泽东在顾名编的《曲选》中读到这首散套时，用毛笔进行了圈画，对描写作者当年生活和现在重叙友谊的佳句，每句都加了两个墨点，表示比较喜欢，其他一般的句子则未加圈点，还把一个词序错乱的句子改正过来，说明他读得十分认真、细致。

清
曲

卢　前

卢前（1904—1950），字季野，号小疏，别署江南才子、饮虹园丁、饮虹簃主，江苏江宁（今南京）人，近代曲家、学者。少治宋元乐府，师事于吴梅先生。历任金陵大学、暨南大学、河南大学、华西大学、成都大学教授。善度曲，著有杂剧《琵琶赚》《茱萸会》《无为州》《仇宛娘》《燕子僧》，总题《饮虹簃五种曲》及传奇《楚凤烈》《窥帘》，尚有《饮虹曲话》《曲雅》《续曲雅》《饮虹乐府》，辑刊《饮虹簃所刻曲》等。

【原文】

〔中吕〕驻云飞

吴门感旧

细雨黄昏，落叶萧萧深闭门[1]。一片片无凭准[2]，一点点添新恨。纷襟上湿啼痕，愁惭紧。那王谢堂前，燕子无人问，羞说乌衣旧子孙[3]。

【毛泽东评点】

毛泽东在顾名编的《曲选》中读到这首小令时，用毛笔修改了两个标点符号：把"纷襟上湿啼痕"句末的句号改为逗号，"愁惭紧"句末的逗号改为句号。

—— 中央档案馆整理：《毛泽东评点诗词曲精选·曲选》第55页，中央档案出版社1998年版

【注释】

（1）细雨黄昏二句，化用唐杜甫《登高》："无边落木萧萧下，不尽

长江滚滚来"和南宋李重元［忆王孙］《春词》"欲黄昏，雨打梨花深闭门"诗意。

（2）凭准，准则。宋辛弃疾［蝶恋花］《戊申元日立春席间作》："今岁花期消息定，只愁风雨无凭准。"

（3）那王谢堂前三句，语出唐刘禹锡《乌衣巷》："朱雀桥边野草花，乌衣巷口夕阳斜。旧时王谢堂前燕，飞入寻常百姓家。"

【赏析】

卢前的这首小令题作《吴门感旧》。吴门是吴县（今江苏苏州）的别称。吴县为春秋吴都，因称吴县城为吴门。《韩诗外传》："颜回从孔子登日观，望吴门焉。"《唐诗纪事》二五张继《闾门即事》："试上吴门看郡郭，清明几处有新烟。"建业（今江苏南京）为三国吴都城，故又以吴门称南京，此题中"吴门"即指南京。卢前为南京人，又长期在南京求学和任教，故对南京之变迁不仅熟稔，且感慨良多。此曲通过南京秋雨之夜凄凉景象和世家大族变迁的描写，抒发了物是人非、今非昔比的悲凉感情。

"细雨黄昏，落叶萧萧深封门。"二句化用唐杜甫"无边落木萧萧下"（《登高》）和宋李重元"欲黄昏，雨打梨花深闭门"（《忆王孙·春词》）诗意，描绘了一幅深秋傍晚风雨凄冷的图景，为人物活动营造了一种悲凉的氛围。"一片片无凭准，一点点添新恨。"二句描写，紧承上文而来：一片片承"落叶"，一点点承"细雨"，落叶萧萧而下，没完没了，细雨点点飘洒，新愁不断增加。"纷襟上湿啼痕，愁惭紧。"二句抒情，感情加浓。纷乱的衣襟都被泪水打湿，忧愁幽思越来越紧迫。一个"湿"字，状写泪水之多；一个"紧"字，描摹愁恨之重，平凡字眼，都很生动。人们不禁要问：诗人为什么愁怀不解呢？难道仅仅是因为风雨交加的坏天气吗？答曰：非也。除了自然条件的因素外，主要还在于人事方面的原因："那王谢堂前，燕子无人问，羞说乌衣旧子孙。"末三句化用唐刘禹锡《乌衣巷》"旧时王谢堂前燕，飞入寻常百姓家"诗意。晋代时乌衣巷是王导、王敦和谢安、谢石、谢玄等世家大族聚居之处，不仅居住的世家子弟无上荣光，就这堂前的燕子也十分尊贵；而现在的情况是，不仅王谢堂前的燕子无人理睬，就连乌衣子孙在人前自报家门，亦感到羞耻。天上人间，今非昔比，世家子弟的沦落，社会的衰败，都于此三句出之，感慨可谓良深矣。总之，此曲通过对秋天傍晚雨景的描写，对人事和社会的变迁产生了一种深沉的感慨。在艺术表现上，语言生动，用典妥帖，字句的锤炼，颇为精工。

毛泽东在顾名编的《曲选》一书中读到这首小令时，修改了两个标点，说明他读得很认真，很有兴致。

陈翠娜

陈翠娜（1902—1968），名璂，又字小翠，浙江钱塘（今杭州）人，近代文学家、戏曲家。陈栩之女。工词曲，善书画。曾任上海女子文学专校、上海无锡国专教授，女子画会编辑，上海画院画师。著有《翠楼文草》《翠楼吟草》《翠吟楼词曲稿》，《自由花》《护花幡》《除夕祭诗》《黛玉葬花》《梦游月宫》杂剧，《焚琴记》《灵鹣影》传奇，以及《薰莸录》《疗妒针》《情天劫》《视听奇谈》《露蒔婚史》《法兰西之魄》《望夫楼》《自杀堂》等小说，并编中国女子书画会刊。

【原文】

洞天歌（摘）

美人睡态

罗帏窈窕垂[1]，薰暖沉檀气[2]。他懒微微斜裹鸳衾[3]，软梦如烟扶难起[4]。香肰娇枕小蝤蛴[5]。散云丝[6]，枕畔垂，微坦着酥胸[7]，一抹娇还腻[8]。

【毛泽东评点】

毛泽东在阅读顾名编《曲选》收录的这首小令时，用毛笔加以圈点，在"他懒微微斜裹鸳衾"句旁加了两个墨点，在"软梦如烟扶难起"等二句旁各加了三个墨点，在"散云丝"等二句旁各加了一个墨点，在末二句旁各加了两个墨点。

——中央档案馆整理：《毛泽东评点诗词曲精选·曲选》第56页，中央档案出版社1998年版

清

曲

【注释】

（1）罗帏，罗帐。唐卢照邻《长安古意》："双燕双飞绕画梁，罗帏翠被郁金香。"窈窕（yáo tiǎo 夭条），深远、秘奥之状。《文选·王延寿〈鲁灵光殿赋〉》："旋室娟娟以窈窕，洞房叫窱而幽邃。"张铣注："窈窕，深也。"

（2）沉檀，亦作"沈檀"，用沉香木和檀木做的两种著名的薰香料。《梁书·诸夷传·盘盘国》："中大通元年五月，累遣使贡牙像及塔，并献沉香等数十种。"唐李中《宫词》之二："金波寒透水精帘，烧尽沈檀手自添。"

（3）鸳衾，指夫妻所共用的大被。鸳，凤凰一类的鸟。衾，大被。

（4）软梦，温柔甜蜜的梦。

（5）香肱（gōng 共），指女子的手臂。肱，手臂。《诗经·小雅·无羊》："麾之以肱，毕来既升。"毛传："肱，臂也。"蝤蛴（qiú qí 求歧），蝎虫，天牛的幼虫，色白身长，多比喻美女之颈。《诗经·卫风·硕人》："领如蝤蛴。"毛传："蝤蛴，蝎虫也。"《埤雅·释虫》："盖蝤蛴之体有丰洁且白者，故《诗》况庄姜之颈，《七辩》曰'蝤蛴之领，阿那宜顾'是也。"

（6）云丝，指飘动的鬓发。

（7）酥胸，指洁白润泽的胸脯。《宣和遗事》前集："帘儿底笑语喧呼，门儿里《箫韵》盈耳，一个粉颈酥胸，一个桃腮杏脸，天子观之私喜。"

（8）一抹，一条，一片（用于痕迹、景物等）。唐罗虬《比红儿》之十七："一抹浓红傍脸斜，妆成不语独攀花。"娇，艳丽。南朝梁江淹《别赋》："珠与玉兮艳暮秋，罗与绮兮娇上春。"腻，润泽、细腻。《楚辞·招魂》："靡颜腻理，遗视绵些。"王逸注："靡，微也。腻，滑也。"

【赏析】

陈翠娜这首［洞天歌］《美人睡态》先写美人睡的环境："罗帏窈窕垂，薰暖沉檀气。"美人的卧室内，罗帏帐低低下垂，温暖的沉香木和檀木薰香气味氤氲。这是美人的卧房。再出人物："他懒微微斜裹鸳衾，软梦如烟扶难起。""他"就是题目中的"美人"，这支曲子的主人公。这美人娇懒地斜裹着夫妻合盖的大被，点明她是有夫之妇，正做着温暖甜蜜的美梦，扶也扶不起来。二句写出美人娇软之态。这是总写。再看分写："香肱娇枕小蝤蛴。散云丝，枕畔垂，微坦着酥胸，一抹娇还腻。"香肱，指美人的手臂。蝤蛴，天牛的幼虫，色白细长，比喻美人的脖颈。这五句是说美人雪白的颈子枕在手臂上。散乱的头发垂到枕边，微微坦露的艳丽的胸脯，一片娇嫩润泽。从手臂、脖颈、头发、胸脯等几个方面写出美人睡态之美。此曲通过美人睡态的生动描绘，热情赞颂了女性美，描写得细腻，体现了女作家的特色。

毛泽东在顾名编的《曲选》中读到这支曲子时，用毛笔进行了圈点，除了开头两句外，其他各句都加了墨点，由此我们可以看出他对这篇作品还是比较欣赏的。

无名氏

【原文】

水花儿

水花儿聚了还散[1]，蛛网儿到处去牵，锦缆儿与你暂时牵绊[2]。风筝儿线断了来不及扳[3]，匾担儿担不起你不要担[4]。正月半的花灯[5]，也亮不上三五晚。同心带[6]，结就了剖做两段。双飞燕遭弹打怎得成双[7]，并头莲才开放被风儿吹断[8]。青鸾音信杳[9]，红叶御沟干[10]，交颈的鸳鸯也被钓鱼人来赶[11]。

【毛泽东评点】

毛泽东在阅读顾名编《曲选》收录的这首小令时，用毛笔作了圈点，在"风筝儿线断了来不及扳"等二句旁各加了三个墨点，在"也亮不了三五晚""结就了剖做两段""双飞燕遭弹打怎得成双"等二句和末句旁各加了两个墨点。

——中央档案馆整理：《毛泽东评点诗词曲精选·曲选》，第62页，中央档案出版社1998年版

【注释】

（1）水花儿，浪花，受激而四溅的水。唐李白《送崔氏昆季之金陵》："峡石入水花，碧流日更长。"

（2）锦缆，锦制的缆绳，精美的缆绳。南朝陈张正见《公无渡河》："金隄分锦缆，白马渡莲舟。"

（3）扳（bān 班），拉，转动。宋梅尧臣《和孙瑞叟蚕具十五首其六·桑钩》："长钩扳桑枝，短钩挂桑笼。"

（4）匾担，亦作"扁担"，一种扁而长的挑物工具，用竹或木制成。

（5）正（zhēng 征）月半，农历正月十五日，即元宵节，也称灯节。我国有放花灯、吃元宵的习俗。花灯一般放三天（十四、十五、十六）。正月，农历一年的第一个月，汉以前（夏、商、周）具体所指月份不同，这是汉以后的说法。

（6）同心带，绾有同心结的丝带。同心结是旧时用锦带编成的连环回文样式的结子，用以象征坚贞的爱情。唐杨衡《夷陵郡内叙别》："留念同心带，赠远芙蓉簪。"

（7）双飞燕，雌雄并飞的两只燕子。《古诗十九首·东城高且长》："思为双飞燕，衔泥巢君屋。"

（8）并头莲，亦称"并蒂莲"，两朵荷花并排地长在同一个茎上。

（9）青鸾，即青鸟，借指传说信息的使者。青鸟是神话中为西王母取食传信的神鸟，事见旧题汉班固《汉武故事》："七月七日，上（汉武帝）于承华殿斋，正中，忽有一青鸟从西方来，集殿前。上问东方朔，朔曰：'此西王母欲来也。'有倾，王母至，有两青鸟如乌，夹侍王母旁。"后遂以"青鸟"为信使的代称。宋赵令畤《蝶恋花》："废寝忘餐思想偏。赖有青鸾，不必凭鱼雁。"音信杳（yǎo 咬），没有一点消息。音信，音讯，信息。杳，消失，不见踪影。

（10）红叶御沟干，此用"红叶题诗"典故，后因以"红叶"为传情的媒介。唐代红叶题诗，结成良缘的故事较多，情节略同而人各异。其中流传最广的是，僖宗时，宫女韩氏以红叶题诗，自御沟流出，为于祐所得。祐亦题一叶，投沟上游，亦为韩氏所得。不久，宫中放宫女三千选举人，祐适娶韩氏。礼成日，各取红叶相示，方知红叶是良媒。事见宋刘斧《青琐高议·流红记》。御沟，流经宫苑的河道。晋崔豹《古今注·都邑》："长安御沟谓之杨沟，谓植高杨于其上也。一曰羊沟，谓羊抵触墙垣，故为沟以隔之，故曰羊沟也。"

（11）交颈的鸳鸯，颈与颈相互倚摩的雌雄鸳鸯，比喻夫妻恩爱，男女亲昵。唐王氏妇《与李章武赠答诗》："鸳鸯绮，知结几千丝。别后寻交颈，应伤未别时。"鸳鸯，鸟名，旧传雌雄偶居不离，古称"匹鸟"，故用以比喻夫妻。汉司马相如《琴歌》之一："室迩人遐毒我肠，何缘交颈为鸳鸯。"

【赏析】

清人无名氏这首《水花儿》，借水花儿的聚合分离和其他生活现象，多方设喻，抒发了女主人公对爱情的执着追求和担心，风格朴实，文字流畅，值得一读。

"水花儿聚了还散"，首句切题，借水花儿的聚合与分散，兴起对爱情的担心。"蛛网儿到处乱牵，锦缆儿与你暂时牵绊。"二句从女主人公的主观努力写，意谓我就像蛛网一样要把你网住，要像丝制的缆绳一样把你这只船儿拴牢。但爱情是男女双方的事情，有时不是我一个人力量所能达到的，好像"风筝儿线断了来不及扳"，你也负有责任，"匾担儿担不起你不要担"，言外之意，要担就要担得起，喻指要相爱就要爱到底。况且花无常好，月无常圆，"正月半的花灯，也亮不上三五晚。同心带，结就了剖做两段。"那正月十五的花灯虽好，但亮的时间不长，誓结同心的鸳带，也能剖两段作比，说明爱情之花虽美，也容易发生情变，需要男女双方共同呵护。况且，有时还受外力作用，即受家人左右和社会干扰，身不由己。像比翼双飞的燕子突然遭到弹丸袭击，并蒂开放的荷花茎秆被风吹断，颈与颈相互倚摩的鸳鸯被钓鱼人驱赶。这些外力的作用，有时是很大的，相爱的男女情人是抵御不了的。作品中女主人公的爱情，似乎也遭到了这样的厄运。这从"青鸾音信杳，红叶御沟干"可知。二句用典，青鸟句用神话中青鸟为西王母取食传信的典故，但现在青鸟所传音信不见踪影；"红叶"句用唐"红叶题诗"典故，于祐与韩氏因御沟流传红叶题诗其上而得成婚姻，但现在御沟之水已"干"，再不能流传红叶，以作良媒。由此推断，女子的爱情碰到了不可逾越的障碍，与她的情人天各一方，联系已被隔断。总之，此曲用一系列的排比，众多的比喻，一气呵成，恰切地表现了女主人公的一往情深和对爱情的执着追求与担心，十分感人。

毛泽东在顾名编的《曲选》一书中读到这首小令时，用毛笔对不少佳句都加了两个或三个墨点，表明他是比较喜读这篇作品的。

后　记

　　本书为集体努力完成，其间收集资料和整理体例，耗时耗力，注释赏析亦为多方执笔献智，后期由本人审读修改，并增补部分篇目。参与相关工作人员包括：毕桂发、毕英男、毕国民、毕晓莹、东民、孙瑾、孙本华、赵悦、赵善修、赵庆华、朱东方、许娜、张涛、张豫东、张昌在、张瑞华、王汇涓、范冬冬、范登高、李会平、闫青等。

　　必须提及的是，在进行毛泽东同志相关研究的过程中，本人荣幸地得到过著名诗人臧克家、魏传统，著名学者周振甫，著名毛泽东研究专家张贻玖，著名古典文学研究家、我的恩师高文教授、于安澜教授的热心指导，著名诗人雷抒雁的大力支持，这是永远不能忘记的！

　　在本书的编写过程中，我们认真研读了毛泽东的相关著作，也参阅了大量有关的研究专著、文章，恕不一一注明，在此一并致谢！

　　本书为多人撰稿完成，水平难免参差不齐；一人统稿，难免模式单一，这些缺点是可以预见的，敬希见谅！

毕桂发

2023 年冬